U0131669

曲青山论文精选

—— 上 卷 ——

曲青山　著

中央文献出版社

目　录

2017 年

2016 年

2015 年

2023 年

中国共产党百年历史经验研究[*]

我们党自 1921 年成立以来，始终把为中国人民谋幸福、为中华民族谋复兴作为自己的初心使命，始终坚持共产主义理想和社会主义信念，团结带领全国各族人民为争取民族独立、人民解放和实现国家富强、人民幸福而不懈奋斗，已经走过 100 多年光辉历程。党领导人民进行伟大奋斗，在进取中突破，于挫折中奋起，从总结中提高，积累了宝贵的历史经验。

党的十九届六中全会制定的《中共中央关于党的百年奋斗重大成就和历史经验的决议》（以下简称《决议》），对党的百年奋斗历史经验进行了全面总结，概括提炼了"十个坚持"。这就是：坚持党的领导，坚持人民至上，坚持理论创新，坚持独立自主，坚持中国道路，坚持胸怀天下，坚持开拓创新，坚持敢于斗争，坚持统一战线，坚持自我革命。①

"十个坚持"历史经验不是从天上掉下来的，也不是从书

---

　* 本文发表于《中共党史研究》2023 年第 1、2 期。
　① 《中共中央关于党的百年奋斗重大成就和历史经验的决议》，人民出版社 2021 年版，第 65—71 页。

本上抄下来的，更不是从别的国家照搬过来的，而是党团结带领人民历经千辛万苦、饱经雨雪风霜、付出各种代价，在长期的探索、实践、奋斗、创造中积累下来的，饱含着成败和得失，凝结着鲜血和汗水，充满着智慧和勇毅。

"十个坚持"历史经验是在以习近平同志为核心的党中央的坚强领导下，在集中全党智慧、听取各方面意见建议的基础上认真总结的；是在唯物史观、大历史观、正确党史观的指导下，充分尊重党作出的前两个历史决议和改革开放以来历次党的全国代表大会、中央全会以及党的主要领导人对党的重大事件、重要会议、重要人物所作的评价的基础上认真总结的；是在及时采纳和吸收党史研究最新成果的基础上认真总结的。可以说，"十个坚持"历史经验是站在新的历史起点、立足新的历史方位、观照未来历史发展所作的全方位总结。

"十个坚持"历史经验是相互贯通、相互联系、有机统一的。习近平同志指出："这十条历史经验是系统完整、相互贯通的有机整体，揭示了党和人民事业不断成功的根本保证，揭示了党始终立于不败之地的力量源泉，揭示了党始终掌握历史主动的根本原因，揭示了党永葆先进性和纯洁性、始终走在时代前列的根本途径。"①"十个坚持"历史经验是一个环环相扣的完整链条，涉及党和人民事业的方方面面，涉及革命建设改革的方方面面，涉及治党治国治军的方方面面，涉及内政外交国防的方方面面。"十个坚持"历史经验既讲到了领导力量、价值立场、思想旗帜、自信自立、方向途径问题，也讲到了世界

---

① 《中国共产党第十九届中央委员会第六次全体会议文件汇编》，人民出版社2021年版，第122页。

情怀、前进动力、策略手段、团结联合、生机活力问题，是对党百年奋斗历史经验全面、系统、完整、深刻的总结。

"十个坚持"历史经验提供给我们的是标尺，它告诉我们什么是正确的、什么是错误的，什么是真理、什么是谬误，从而使我们能够分清是非、统一思想、加强团结、凝聚力量。"十个坚持"历史经验提供给我们的是启示，它告诉我们什么是主观、什么是客观，什么是普遍性、什么是特殊性，从而使我们能够坚持一切从实际出发，实事求是，不断深化对历史规律的认识。"十个坚持"历史经验提供给我们的是动力，它告诉我们什么是物质、什么是精神，什么是主动、什么是被动，从而使我们能够更加振奋精神、鼓舞斗志、坚定信心、勇毅前行。

一、领导力量问题：坚持党的领导

《决议》指出："中国共产党是领导我们事业的核心力量。中国人民和中华民族之所以能够扭转近代以后的历史命运、取得今天的伟大成就，最根本的是有中国共产党的坚强领导。历史和现实都证明，没有中国共产党，就没有新中国，就没有中华民族伟大复兴。"[1]

坚持党的领导，是党总结百年奋斗历程得出的第一条历史经验。这条历史经验是从党的初心和使命来讲的，强调的是中国共产党是什么、要干什么这个根本问题，阐述的是近代以来历史和人民为什么选择了中国共产党，党的领导在革命、建设

---

[1]《中共中央关于党的百年奋斗重大成就和历史经验的决议》，人民出版社 2021 年版，第 65 页。

和改革实践中的重要作用是如何发挥的。这一条历史经验是最大的、最重要的、最根本的、最核心的，在"十个坚持"中起着打头和管总的作用，其他所有历史经验都是围绕着这一条而展开和叙述的，也都是对这一条历史经验的充分论证和强有力支撑。

党的领导地位是历史的选择、人民的选择。我国是一个具有悠久历史的文明大国，中华民族是世界上古老而伟大的民族，创造了绵延5000多年的灿烂文明，为人类文明进步作出了不可磨灭的贡献。1840年鸦片战争以后，由于西方列强的入侵和封建统治的腐败，中国逐步成为半殖民地半封建社会，国家蒙辱、人民蒙难、文明蒙尘，中华民族遭受了前所未有的劫难。为了拯救民族危亡，中国人民奋起反抗，仁人志士奔走呐喊，进行了可歌可泣的斗争。首先，中国农民阶级进行了抗争。1851年至1864年洪秀全等发动了太平天国运动，1899年至1900年中国农民发起了义和团运动。这两次以农民为主体的运动给外国侵略者和本国封建统治者以沉重的打击，但由于农民阶级的历史局限性，最终遭到失败。其次，晚清时中国封建统治阶级内部的洋务派进行了自救，提出"师夷长技以制夷"，主张"中学为体，西学为用"。1894年至1895年在中日甲午战争中中国战败，宣告了洋务运动的破产。再次，1898年以康有为、梁启超等为主要代表的资产阶级改良派，掀起了一场维新变法运动，由于仅仅依靠一个没有实权的皇帝，在封建守旧势力的打击下很快失败。最后，以孙中山等为代表的资产阶级革命派举起了民族民主革命的大旗，1911年发动辛亥革命，推翻了清王朝的统治，结束了在中国长达几千年的君主专制制度，但未能改变中国半殖民地半封建的社会性质和中国人民的悲惨命运，仍然以失败而告终。中国迫切需要新的思想引领救亡运动，迫切需要新的组织凝聚革命力量。十月革命一声炮响，给中国送来了马克思列宁主义。五四运动促进了马克思主义在中国的传播。在中国人民和中华民族的伟大觉醒中，在马克思列宁主义同中国工人运动的紧密结合中，1921年7月中国共产党应运而生。中国产生了共产党，这是开天辟地的大事变。"自从有了中国共产党，中国革命的面目就焕然一新了。"① 从此，中国共产党肩负起了实现中华民族伟大复兴的历史使命。

　　党领导人民创造了新民主主义革命的伟大成就。我们党一成立就在党的纲领中鲜明提出："党的根本政治目的是实行社会革命"，"推翻资本家阶级的政权"，"承认无产阶级专政，直到阶级斗争结束"，"消灭资本家私有制"② 。这表明我们党一开始就把实现社会主义和共产主义确定为自己的奋斗目标，并肩负起了民族复兴的历史使命。党的二大在全中国人民面前第一次明确提出了反帝反封建的民主革命纲领。党发动工人运动、青年运动、农民运动、妇女运动，推进并帮助国民党改组和国民革命军建立，领导全国反帝反封建伟大斗争，掀起大革命高潮。大革命失败后，党又领导了土地革命战争，创建了一系列革命根据地，建立了中华苏维埃共和国临时中央政府。抗日战争爆发后，党率先高举武装抗日旗帜，广泛开展抗日救亡运动，实行正确的抗日民族统一战线政策，坚持全面抗战路线，开辟广大敌后战场和抗日根据地，领导人民抗日武装英勇作战，成为全民族抗战的中流砥柱。全面内战爆发后，党领导广

---

① 《毛泽东选集》第4卷，人民出版社1991年版，第1357页。
② 《建党以来重要文献选编》第1册，中央文献出版社2011年版，第1页。

大军民进行解放战争，消灭国民党反动派 800 万军队，推翻国民党反动政府，推翻帝国主义、封建主义、官僚资本主义三座大山，建立中华人民共和国，实现了中国从几千年封建专制政治向人民民主的伟大飞跃。事实充分证明，"没有中国共产党领导，民族独立、人民解放是不可能实现的"①。

党领导人民创造了社会主义革命和建设的伟大成就。新中国成立后，党领导人民战胜政治、经济、军事等方面一系列严峻挑战，肃清国民党反动派残余武装力量和土匪，和平解放西藏，实现祖国大陆完全统一。稳定物价，统一财经工作，完成土地改革，进行社会各方面民主改革，镇压反革命，开展"三反""五反"运动，荡涤旧社会留下的污泥浊水，社会面貌焕然一新。赢得抗美援朝战争的伟大胜利，捍卫了新中国安全，彰显了新中国大国地位。党领导建立和巩固国家政权。1949 年，中国人民政治协商会议第一届全体会议制定《中国人民政治协商会议共同纲领》。1953 年，党正式提出过渡时期的总路线。1954 年，召开第一届全国人民代表大会第一次会议，通过《中华人民共和国宪法》。1956 年，我国基本上完成对生产资料私有制的社会主义改造，基本上实现生产资料公有制和按劳分配，建立起社会主义经济制度。党领导确立人民代表大会制度、中国共产党领导的多党合作和政治协商制度、民族区域自治制度，为人民当家作主提供了制度保证。党领导实现和巩固了全国各族人民的大团结，形成和发展各民族平等互助的社会主义民族关系，实现和巩固全国工人、农民、知识分子和其他各阶层人

---

① 《中共中央关于党的百年奋斗重大成就和历史经验的决议》，人民出版社 2021 年版，第 8—9 页。

民的大团结，加强和扩大了广泛统一战线。社会主义制度的建立，为我国一切进步和发展奠定了重要基础。党的八大后，党领导人民开展全面的大规模的社会主义建设。经过实施几个五年计划，我国建立起独立的比较完整的工业体系和国民经济体系，国防尖端科技不断取得突破，社会教育、科学、文化、卫生、体育事业得到很大发展。在这个时期，党领导人民完成社会主义革命，消灭一切剥削制度，实现了中华民族有史以来最为广泛而深刻的社会变革，实现了一穷二白、人口众多的东方大国大步迈进社会主义社会的伟大飞跃。事实充分证明，"只有社会主义才能救中国，只有社会主义才能发展中国"[①]。

党领导人民创造了改革开放和社会主义现代化建设的伟大成就。1978 年 12 月，党召开十一届三中全会，果断结束"以阶级斗争为纲"，实现党和国家工作中心战略转移，开启了改革开放和社会主义现代化建设新时期，实现了新中国成立以来党的历史上具有深远意义的伟大转折。为了推进改革开放，党重新确立马克思主义的思想路线、政治路线、组织路线，明确中心任务，提出小康社会目标，在各方面工作中恢复并制定一系列正确政策。党领导我国改革从农村实行家庭联产承包责任制率先突破，逐步转向城市经济体制改革并全面铺开。在推进经济体制改革的同时，进行政治、文化、社会等领域体制改革。党把对外开放确立为基本国策，从兴办深圳等经济特区、开发开放浦东、推动沿海沿边沿线和内陆中心城市对外开放到加入世界贸易组织，从"引进来"到"走出去"，充分利

---

① 《中共中央关于党的百年奋斗重大成就和历史经验的决议》，人民出版社 2021 年版，第 14 页。

用国际国内两个市场、两种资源。为了加快推进社会主义现代化，党领导人民进行经济建设、政治建设、文化建设、社会建设，取得一系列重大成就。党坚持四项基本原则，坚决排除各种干扰，从容应对关系我国改革发展稳定全局的一系列考验。党把完成祖国统一大业作为历史重任，为此进行了不懈努力。以"一国两制"科学构想，开辟了以和平方式实现祖国统一的新途径。我国政府相继对香港、澳门恢复行使主权，洗雪了中华民族百年耻辱。在改革开放和社会主义现代化建设中，党领导人民取得的伟大成就举世瞩目。我国实现了从生产力相对落后的状况到经济总量跃居世界第二的历史性突破，实现了人民生活从温饱不足到总体小康、奔向全面小康的历史性跨越，推进了中华民族从站起来到富起来的伟大飞跃。事实充分证明，"改革开放是决定当代中国前途命运的关键一招，中国特色社会主义道路是指引中国发展繁荣的正确道路"[①]。

党领导人民创造了新时代中国特色社会主义的伟大成就。从党的十八大开始，中国特色社会主义进入新时代。党以伟大历史主动精神，统筹推进"五位一体"总体布局、协调推进"四个全面"战略布局，贯彻党的基本理论、基本路线、基本方略，统揽伟大斗争、伟大工程、伟大事业、伟大梦想，采取一系列战略性举措，推进一系列变革性实践，实现一系列突破性进展，取得一系列标志性成果，攻克了许多长期没有解决的难题，办成了许多事关长远的大事要事，党和国家事业取得历史性成就、发生历史性变革。党加强对经济工作的战略谋划和

①《中共中央关于党的百年奋斗重大成就和历史经验的决议》，人民出版社2021年版，第23页。

统一领导，我国经济实力、科技实力、综合国力跃上新台阶。党不断推动全面深化改革开放，党和国家事业焕发出新的生机活力。党领导人民加强政治建设，我国社会主义民主政治制度化、规范化、程序化全面推进，中国特色社会主义法治体系不断健全，法治中国建设迈出坚实步伐。党加强文化建设和社会建设，全党全国各族人民文化自信明显增强，全社会凝聚力和向心力极大提升，人民生活全方位改善，续写了社会长期稳定奇迹。党中央以前所未有的力度抓生态文明建设，美丽中国建设迈出重大步伐，我国生态环境保护发生历史性、转折性、全局性变化。在党的坚强领导下，人民军队实现整体性革命性重塑、重整行装再出发，国防实力得到进一步提升。国家安全得到全面加强。中国特色大国外交全面推进，我国国际影响力、感召力、塑造力显著提升。在党成立 100 周年之际，我国全面建成小康社会，踏上了全面建设社会主义现代化国家、向第二个百年奋斗目标进军新征程。中华民族迎来了从站起来、富起来到强起来的伟大飞跃。事实充分证明，"坚持党的全面领导是坚持和发展中国特色社会主义的必由之路"，"中国特色社会主义是实现中华民族伟大复兴的必由之路"[1]。

党在各个历史时期对坚持党的领导的认识不断深化。坚持党的领导是马克思主义政党的基本原则和本质要求。马克思恩格斯在创立世界上第一个无产阶级政党共产主义者同盟时，就强调要建立一个自觉的阶级政党作为实现阶级解放的领导者和组织者。列宁在领导革命和创建俄国布尔什维克党时，也深刻论述过党的领导的重要性。中国共产党成立后不久，就明确

---

[1]《习近平谈治国理政》第 4 卷，外文出版社 2022 年版，第 34 页。

提出"中国共产党是中国无产阶级政党"，是"为无产阶级做革命运动的急先锋"，"为代表中国无产阶级及贫苦农人群众的利益而奋斗的先锋军"①，并很快投入大革命的洪流。但由于这一时期党处于幼年，忽视和放弃了对领导权的争取，使革命遭到失败。在土地革命战争时期，党积累了在革命根据地坚持党的领导的宝贵经验，但领导的范围还是局部的，被领导的阶级和阶层还不是全部的。抗日战争爆发后，民族矛盾上升，阶级矛盾缓和，党深化了对自身领导地位和作用的认识。我们党提出了中国共产党是中国无产阶级的先锋队，同时又是全民族的先锋队的政治论断。毛泽东同志在总结中国革命战争的战略问题时，提出了中国革命战争的领导责任问题，阐述了中国共产党在民族战争中的地位，论证了建立抗日民族统一战线的重要性和可能性。毛泽东同志在总结中国革命和中国共产党的关系时，阐述了中国共产党在中国革命中的领导地位。他指出："中国革命是包括资产阶级民主主义性质的革命（新民主主义的革命）和无产阶级社会主义性质的革命、现在阶段的革命和将来阶段的革命这样两重任务的。而这两重革命任务的领导，都是担负在中国无产阶级的政党——中国共产党的双肩之上，离开了中国共产党的领导，任何革命都不能成功。"②他强调："领导中国民主主义革命和中国社会主义革命这样两个伟大的革命到达彻底的完成，除了中国共产党之外，是没有任何一个别的政党（不论是资产阶级的政党或小资产阶级的政党）能够担负的。"③在党的七大上，毛泽东同志明确作出了这样的结论：

---

① 《建党以来重要文献选编》第1册，中央文献出版社2011年版，第133、162、148页。
② 《毛泽东选集》第2卷，人民出版社1991年版，第651页。
③ 《毛泽东选集》第2卷，人民出版社1991年版，第652页。

"没有中国共产党的努力，没有中国共产党人做中国人民的中流砥柱，中国的独立和解放是不可能的，中国的工业化和农业近代化也是不可能的"①，深刻阐述了党的领导在抗日战争中的地位和作用。在解放战争中，我们党加强党中央集中统一领导，在全国人民的拥护和支持下，很快取得全国革命的胜利。中国人民政治协商会议第一届全体会议通过的《中国人民政治协商会议共同纲领》，以临时宪法的形式确立了中国共产党在全国的领导地位和执政地位。在第一届全国人民代表大会第一次会议上，毛泽东同志在开幕词中第一次对党的领导给予了明确定位："领导我们事业的核心力量是中国共产党。"② 大会通过的《中华人民共和国宪法》，以国家根本大法的形式进一步确立了党在全国的领导地位和执政地位。在社会主义革命和建设中，毛泽东同志继续提出了这样一些重要思想："中国共产党是全中国人民的领导核心。没有这样一个核心，社会主义事业就不能胜利"③，"工、农、商、学、兵、政、党这七个方面，党是领导一切的。党要领导工业、农业、商业、文化教育、军队和政府"④。党的十一届三中全会后，面对在改革开放和发展社会主义市场经济的条件下如何坚持和改善党的领导的问题，邓小平同志指出："从根本上说，没有党的领导，就没有现代中国的一切"⑤，"在中国这样一个大国，没有共产党的领导，必然四分五裂，一事无成"⑥，"要建设社会主义，没有共产党的

① 《毛泽东选集》第3卷，人民出版社1991年版，第1098页。
② 《毛泽东文集》第6卷，人民出版社1999年版，第350页。
③ 《毛泽东文集》第7卷，人民出版社1999年版，第303页。
④ 《毛泽东文集》第8卷，人民出版社1999年版，第305页。
⑤ 《邓小平文选》第2卷，人民出版社1994年版，第266页。
⑥ 《邓小平文选》第2卷，人民出版社1994年版，第358页。

领导是不可能的"①，"共产党的领导就是我们的优越性"②。同时，邓小平同志强调："为了坚持党的领导，必须努力改善党的领导。"③党的十二大把中国共产党"是中国社会主义事业的领导核心"写入党章。党的十三届四中全会后，江泽民同志继续反复强调加强党的领导的重要性，指出："坚持中国共产党的领导，是全国各族人民在长期奋斗实践中深刻认识到的真理。"④党的十五大把依法治国确立为党领导人民治理国家的基本方略，提出"保证党始终发挥总揽全局、协调各方的领导核心作用"⑤。在庆祝中国共产党成立80周年大会上，江泽民同志在讲话中提出"我们党要始终成为中国工人阶级的先锋队，同时成为中国人民和中华民族的先锋队"的重要思想⑥，党的十六大把"两个先锋队"写入了党章。党的十六大后，胡锦涛同志强调要提高党的领导水平和执政能力，指出："坚持党的领导，必须改善党的领导，切实提高党的领导水平和执政能力"⑦，"党的领导核心地位不是一劳永逸的，过去拥有不等于现在拥有，现在拥有不等于永远拥有"⑧。党的十七大把"坚持科学执政、民主执政、依法执政"作为加强党的领导的重要内容写入党章。党的十八大以来，在新时代的伟大实践中，习近平同志对加强党的领导提出了一系列新观点新思想新论断，把我们党对这一问题的认识提升到了新境界。他强调"中国特色社

---

① 《邓小平文选》第3卷，人民出版社1993年版，第208页。
② 《邓小平文选》第3卷，人民出版社1993年版，第256页。
③ 《邓小平文选》第2卷，人民出版社1994年版，第268页。
④ 《十三大以来重要文献选编》（下），人民出版社1993年版，第1651页。
⑤ 《十五大以来重要文献选编》（上），人民出版社2000年版，第31页。
⑥ 《江泽民文选》第3卷，人民出版社2006年版，第292页。
⑦ 《胡锦涛文选》第2卷，人民出版社2016年版，第233页。
⑧ 《胡锦涛文选》第3卷，人民出版社2016年版，第11页。

会主义最本质的特征是中国共产党领导，中国特色社会主义制度的最大优势是中国共产党领导"①，"党政军民学，东西南北中，党是领导一切的，是最高的政治领导力量"②，"坚持和完善党的领导，是党和国家的根本所在、命脉所在，是全国各族人民的利益所在、幸福所在"③，"我国社会主义政治制度优越性的一个突出特点是党总揽全局、协调各方的领导核心作用，形象地说是'众星捧月'，这个'月'就是中国共产党"④。党的十九大把"最本质的特征"和"最大优势"写入党章，十三届全国人大一次会议把"最本质的特征"载入宪法。党的十九届四中全会通过的决定把党的领导制度作为根本领导制度纳入中国特色社会主义制度体系，明确了这一制度在国家制度和治理体系中的统领地位。

新时代新征程必须坚持党的领导。党的第三个历史决议指出："治理好我们这个世界上最大的政党和人口最多的国家，必须坚持党的全面领导特别是党中央集中统一领导，坚持民主集中制，确保党始终总揽全局、协调各方。"当今世界百年未有之大变局加速演进，中华民族伟大复兴正处在一个关键时期。越往前走，我们遇到的风浪会越高越大，甚至是惊涛骇浪。现在形势环境变化之快，矛盾风险挑战之多，改革发展稳定任务之重，对党治国理政考验之大，都前所未有。中华民族伟大复兴绝不是轻轻松松、敲锣打鼓就能实现的，必须准备进行具有许多新的历史特点的伟大斗争，进行长期艰苦的努力。

---

① 习近平：《论坚持党对一切工作的领导》，中央文献出版社 2019 年版，第 59 页。
② 习近平：《论坚持党对一切工作的领导》，中央文献出版社 2019 年版，第 9 页。
③ 习近平：《论坚持党对一切工作的领导》，中央文献出版社 2019 年版，第 59 页。
④ 习近平：《论坚持党对一切工作的领导》，中央文献出版社 2019 年版，第 9 页。

越是在这样的时候，越要坚持党的领导。党的领导是我国革命、建设、改革事业取得胜利的根本政治保证。"只要我们坚持党的全面领导不动摇，坚决维护党的核心和党中央权威，充分发挥党的领导政治优势，把党的领导落实到党和国家事业各领域各方面各环节，就一定能够确保全党全军全国各族人民团结一致向前进。"① 我们要深刻领悟"两个确立"的决定性意义，增强"四个意识"，坚定"四个自信"，做到"两个维护"。

二、价值立场问题：坚持人民至上

《决议》指出："党的根基在人民、血脉在人民、力量在人民，人民是党执政兴国的最大底气。民心是最大的政治，正义是最强的力量。党的最大政治优势是密切联系群众，党执政后的最大危险是脱离群众。党代表中国最广大人民根本利益，没有任何自己特殊的利益，从来不代表任何利益集团、任何权势团体、任何特权阶层的利益，这是党立于不败之地的根本所在。"②

坚持人民至上，是党总结百年奋斗历程得出的第二条历史经验。坚持人民至上，才能拥有党的领导。这条历史经验是从党的根本立场和价值观来讲的，强调的是为了谁、依靠谁的问题，阐述的是党在革命、建设和改革的实践中，是如何为人民的利益而奋斗的。坚持党的领导必须坚持人民至上。坚持党的领导与坚持人民至上，相辅相成、相互依存，有着不可分割的

---

① 《中共中央关于党的百年奋斗重大成就和历史经验的决议》，人民出版社 2021 年版，第 65 页。

② 《中共中央关于党的百年奋斗重大成就和历史经验的决议》，人民出版社 2021 年版，第 66 页。

内在联系。党为人民而生，因人民而兴。党离不开人民，人民离不开党。

党领导人民进行新民主主义革命是为了人民。人民立场是党的根本政治立场。党的全部工作的出发点和归宿是为人民谋利益。坚持人民至上是党的立党之本、执政之基。全心全意为人民服务，密切联系群众，是我们党区别于其他政党的一个显著标志。马克思恩格斯在《共产党宣言》中指出："过去的一切运动都是少数人的，或者为少数人谋利益的运动。无产阶级的运动是绝大多数人的，为绝大多数人谋利益的独立的运动。"[①] 这是无产阶级运动性质所在，是马克思主义政党的历史使命和本质规定。

1921年我们党诞生时就定名为"中国共产党"，确定的奋斗目标是实现社会主义和共产主义。1922年党的二大通过的《关于共产党的组织章程决议案》强调，党"应当是无产阶级中最有革命精神的大群众组织起来为无产阶级之利益而奋斗的政党"，"要'到群众中去'要组成一个大的'群众党'"[②]。1941年毛泽东同志在陕甘宁边区参议会的演说中指出："共产党是为民族、为人民谋利益的政党，它本身决无私利可图。"[③]1943年毛泽东同志在中央党校第二部开学典礼上的讲话中生动阐明了中国共产党同人民不可分离的关系。他指出："国民党也需要老百姓，也讲'爱民'。不论是中国还是外国，古代还是现在，剥削阶级的生活都离不了老百姓。他们讲'爱民'是为了剥削，为了从老百姓身上榨取东西，这同喂

---

① 《马克思恩格斯选集》第1卷，人民出版社2012年版，第411页。
② 《建党以来重要文献选编》第1册，中央文献出版社2011年版，第162页。
③ 《毛泽东选集》第3卷，人民出版社1991年版，第809页。

牛差不多。喂牛做什么？牛除耕田之外，还有一种用场，就是能挤奶。剥削阶级的'爱民'同爱牛差不多。我们不同，我们自己就是人民的一部分，我们的党是人民的代表，我们要使人民觉悟，使人民团结起来。在这个问题上，我们同国民党是对立的，一个要人民，一个脱离人民。"①1944年毛泽东同志在张思德同志追悼会上发表讲话，提出了"为人民服务"，并指出："我们这个队伍完全是为着解放人民的，是彻底地为人民的利益工作的。"②1945年在党的七大上，毛泽东同志在所作的《论联合政府》的书面报告中指出："全心全意地为人民服务，一刻也不脱离群众；一切从人民的利益出发，而不是从个人或小集团的利益出发；向人民负责和向党的领导机关负责的一致性；这些就是我们的出发点。"③他还强调指出："共产党人的一切言论行动，必须以合乎最广大人民群众的最大利益，为最广大人民群众所拥护为最高标准。"④党的七大把为人民服务确定为党的宗旨，并正式写入党章。我们党在土地革命战争时期，领导人民打土豪、分田地，是为了人民群众；在抗日战争时期，领导人民抗击日本帝国主义侵略，把日本帝国主义赶出中国去，是为了人民群众；在解放战争时期，打倒蒋介石、解放全中国，也还是为了人民群众。正是因为坚持人民至上，一切为了人民，一切依靠人民，党获得了人民的支持和拥护，领导人民取得了新民主主义革命的伟大胜利，建立了新中国。

党领导人民进行社会主义革命和建设是为了人民。新中国

---

① 《毛泽东文集》第3卷，人民出版社1996年版，第57—58页。
② 《毛泽东选集》第3卷，人民出版社1991年版，第1004页。
③ 《毛泽东选集》第3卷，人民出版社1991年版，第1094—1095页。
④ 《毛泽东选集》第3卷，人民出版社1991年版，第1096页。

成立后，人民真正翻身解放，当了国家和社会的主人。1954年毛泽东同志在国防委员会第一次会议上的讲话中强调，我们的方向就是人民的方向。① 后来他还反复强调，群众是真正的英雄，党的"力量的来源就是人民群众"②。1956年，党的八大根据我国社会主义改造基本完成后的形势，提出国内主要矛盾已经是人民对于经济文化迅速发展的需要同当前经济文化不能满足人民需要的状况之间的矛盾，全国人民的主要任务是集中力量发展社会生产力，实现国家工业化，逐步满足人民日益增长的物质和文化需要。面对一些党员、干部革命意志衰退问题，1957年毛泽东同志告诫全党："共产党就是要奋斗，就是要全心全意为人民服务，不要半心半意或者三分之二的心三分之二的意为人民服务。"③ 为了解决党员和干部队伍中存在的脱离群众的问题，毛泽东同志领导全党开展了多次反对官僚主义的斗争。

党领导人民进行改革开放和社会主义现代化建设是为了人民。改革开放是人民要求和党的主张的内在统一，是亿万人民自己的事业。实行改革开放后，邓小平同志提出了衡量一切工作是非得失的"三个有利于"标准，这就是"是否有利于发展社会主义社会的生产力，是否有利于增强社会主义国家的综合国力，是否有利于提高人民的生活水平"④。同时，他还提出全党要始终把人民拥护不拥护、赞成不赞成、高兴不高兴、答应不答应作为一切工作的出发点和归宿。这表明，党实行改革

---

① 《毛泽东文集》第6卷，人民出版社1999年版，第358页。
② 《毛泽东文集》第8卷，人民出版社1999年版，第324页。
③ 《毛泽东文集》第7卷，人民出版社1999年版，第285页。
④ 《邓小平文选》第3卷，人民出版社1993年版，第372页。

开放，目的不是别的，而是为了人民群众，为了让人民群众富起来，过上更加美好幸福的生活。党鼓励各个领域、各条战线进行大胆的探索和实践，勇于革除束缚生产力发展的体制机制的弊端，解放和发展社会生产力，增强社会活力，使人民摆脱贫困。在推进扶贫开发工作中，江泽民同志强调："我们党的宗旨是全心全意为人民服务。我们搞社会主义是要解放和发展生产力，消灭剥削和贫穷，最终实现全体人民的共同富裕。贫穷不是社会主义。一部分人富起来一部分人长期贫困，也不是社会主义。鼓励一部分地区、一部分人先富起来，先富帮助和带动未富，最终实现共同富裕是我们既定的方针，这个方针不能变。"[1] 在推进国企改革过程中，江泽民同志又强调："必须认识到，我们的改革，是要从根本上改变束缚我国生产力发展的旧的经济体制，建立充满生机和活力的社会主义市场经济新体制。从本质上讲，改革是代表工人阶级的根本、长远利益的，是让人民群众特别是广大工人、农民、知识分子得到最大的利益。"[2] 党正确处理改革发展稳定的关系，把最广大人民的根本利益作为三者内在统一的结合点，作为处理三者关系的关键，不断增强改革决策的科学性、发展的全面性、稳定的长期性。江泽民同志指出："人民群众是改革发展的主体和动力，也是稳定的力量源泉和深厚基础"[3]，"改革越深化，越要正确认识和处理各种利益关系，把个人利益与集体利益、局部利益与整体利益、当前利益与长远利益正确地统一和结合起来，把最广大人民群众的切身利益实现好、维护好、发展好，把他们的积

---

① 《十四大以来重要文献选编》（下），人民出版社 1999 年版，第 2029 页。
② 《十四大以来重要文献选编》（下），人民出版社 1999 年版，第 1936 页。
③ 《十五大以来重要文献选编》（中），人民出版社 2001 年版，第 1075 页。

极性引导好、保护好、发挥好。只有这样，我们的改革和建设才能始终获得最广泛最可靠的群众基础和力量源泉"①。针对我国经济社会发展中存在的不协调、不平衡问题，胡锦涛同志提出了以人为本的要求。他指出："解放全人类，实现人的解放和人的自由而全面的发展，是马克思主义关于人类社会进步的最高价值追求。我们提出以人为本的根本含义，就是坚持全心全意为人民服务，立党为公、执政为民，始终把最广大人民根本利益作为党和国家工作的根本出发点和落脚点，坚持尊重社会发展规律和尊重人民历史主体地位的一致性，坚持为崇高理想奋斗和为最广大人民谋利益的一致性，坚持完成党的各项工作和实现人民利益的一致性，坚持发展为了人民、发展依靠人民、发展成果由人民共享。以人为本，体现了马克思主义历史唯物论的基本原理，体现了我们党全心全意为人民服务的根本宗旨和我们推动经济社会发展的根本目的。"② 他对党的工作提出了为民务实清廉的要求，强调说："我们坚持立党为公、执政为民，坚持权为民所用、情为民所系、利为民所谋，必须体现在不断满足人民群众经济、政治、文化利益上，体现在做好关心群众生产生活各项工作上，体现在为人民群众办实事、办好事上。"③ 中国特色社会主义事业是全国各族人民实现自己利益、创造美好生活的共同事业，是亿万人民广泛参与的创造性事业。党来自人民，植根于人民，服务于人民。在改革开放和社会主义现代化建设新时期，正是因为坚持人民至上，一切为了人民，一切依靠人民，党获得了取之不尽的力量源泉，领导

---

① 《十五大以来重要文献选编》（上），人民出版社 2000 年版，第 692 页。
② 《胡锦涛文选》第 3 卷，人民出版社 2016 年版，第 4 页。
③ 《胡锦涛文选》第 2 卷，人民出版社 2016 年版，第 181 页。

人民取得举世瞩目的伟大成就。

党领导人民推进新时代中国特色社会主义是为了人民。党的十八大以来，以习近平同志为核心的党中央，牢记党的宗旨，坚持人民至上，不忘初心，砥砺前行，领导人民在中国特色社会主义新时代创造了新的历史伟业。习近平同志担任总书记伊始就鲜明提出："人民对美好生活的向往，就是我们的奋斗目标"，"在发展经济的基础上不断提高人民生活水平，是党和国家一切工作的根本目的。"① 在党的十八届三中全会部署全面深化改革工作时，习近平同志强调，要"'以百姓心为心'，把实现好、维护好、发展好最广大人民根本利益作为推进改革的出发点和落脚点，让发展成果更多更公平惠及全体人民"②。习近平同志提出了以人民为中心的发展思想："发展为了人民、发展依靠人民、发展成果由人民共享，这是中国推进改革开放和社会主义现代化建设的根本目的。"③ 他强调："全面建成小康社会，不是一个'数字游戏'或'速度游戏'，而是一个实实在在的目标。在保持经济增长的同时，更重要的是落实以人民为中心的发展思想，想群众之所想、急群众之所急、解群众之所困，在学有所教、劳有所得、病有所医、老有所养、住有所居上持续取得新进展。人民群众关心的问题是什么？是食品安不安全、暖气热不热、雾霾能不能少一点、河湖能不能清一点、垃圾焚烧能不能不有损健康、养老服务顺不顺心、能不能租得起或买得起住房，等等。相对于增长速度高一点还是低一点，这些问题更受人民群众关注。如果只实现了增长目标，而

---

① 《习近平关于尊重和保障人权论述摘编》，中央文献出版社 2021 年版，第 31 页。
② 《习近平关于尊重和保障人权论述摘编》，中央文献出版社 2021 年版，第 33 页。
③ 《习近平关于尊重和保障人权论述摘编》，中央文献出版社 2021 年版，第 35 页。

解决好人民群众普遍关心的突出问题没有进展，即使到时候我们宣布全面建成了小康社会，人民群众也不会认同。"① 面对新时代我国社会主要矛盾已经转化为人民日益增长的美好生活需要和不平衡不充分的发展之间矛盾的实际，习近平同志提出，在满足人民群众对物质文化生活要求的同时，还要满足人民群众在民主、法治、公平、正义、安全、环境等方面日益增长的要求。他强调，全党必须牢记，为什么人的问题，是检验一个政党、一个政权性质的试金石，"我们要着力解决人民群众所需所急所盼，让人民共享经济、政治、文化、社会、生态等各方面发展成果，有更多、更直接、更实在的获得感、幸福感、安全感，不断促进人的全面发展、全体人民共同富裕"②。坚持以人民为中心的发展思想，体现了党的理想信念、性质宗旨、初心使命，也是对党的奋斗历程和实践经验的深刻总结。正是以习近平同志为核心的党中央坚持以人民为中心，党领导人民坚持不懈，久久为功，打赢了脱贫攻坚战，使近 1 亿农村贫困人口脱贫，历史性地解决了绝对贫困问题，创造了世界减贫史上的奇迹。我国建成世界上规模最大的社会保障体系，人均收入水平达到世界中上国家的行列。在中华大地全面建成小康社会，实现了第一个百年奋斗目标。面对突如其来、世界百年不遇的新冠肺炎疫情，党领导人民开展抗击疫情人民战争、总体战、阻击战，打赢武汉保卫战、湖北保卫战、大上海保卫战，最大限度保护了人民生命安全和身体健康，在全球率先控制住疫情，率先恢复经济社会发展，取得疫情防控重大决定性胜利。

---

① 《习近平关于尊重和保障人权论述摘编》，中央文献出版社 2021 年版，第 35—36 页。
② 《习近平关于尊重和保障人权论述摘编》，中央文献出版社 2021 年版，第 37、40 页。

新时代新征程必须坚持人民至上。习近平同志指出："历史是人民书写的，一切成就归功于人民。只要我们深深扎根人民、紧紧依靠人民，就可以获得无穷的力量，风雨无阻，奋勇向前。"① 当前，我国发展进入战略机遇和风险挑战并存、不确定难预料因素增多的时期。前进道路上，无论是风高浪急还是惊涛骇浪，人民永远是我们最坚实的依托、最强大的底气。"只要我们始终坚持全心全意为人民服务的根本宗旨，坚持党的群众路线，始终牢记江山就是人民、人民就是江山，坚持一切为了人民、一切依靠人民，坚持为人民执政、靠人民执政，坚持发展为了人民、发展依靠人民、发展成果由人民共享，坚定不移走全体人民共同富裕道路，就一定能够领导人民夺取中国特色社会主义新的更大胜利，任何想把中国共产党同中国人民分割开来、对立起来的企图就永远不会得逞。"②

三、思想旗帜问题：坚持理论创新

《决议》指出："马克思主义是我们立党立国、兴党强国的根本指导思想。马克思主义理论不是教条而是行动指南，必须随着实践发展而发展，必须中国化才能落地生根、本土化才能深入人心。党之所以能够领导人民在一次次求索、一次次挫折、一次次开拓中完成中国其他各种政治力量不可能完成的艰巨任务，根本在于坚持解放思想、实事求是、与时俱进、求真务实，坚持把马克思主义基本原理同中国具体实际相结合、同中华优秀传统文化相结合，坚持实践是检验真理的唯一标准，

---

① 《习近平谈治国理政》第 3 卷，外文出版社 2020 年版，第 67 页。
② 《中共中央关于党的百年奋斗重大成就和历史经验的决议》，人民出版社 2021 年版，第 66 页。

坚持一切从实际出发，及时回答时代之问、人民之问，不断推进马克思主义中国化时代化。"①

坚持理论创新，是党总结百年奋斗历程得出的第三条历史经验。坚持理论创新，才能引领党的领导。这条历史经验是从党的世界观和方法论来讲的，强调的是党的指导思想的问题，阐述的是党在革命、建设和改革的实践中，是如何把马克思主义基本原理同中国具体实际相结合、同中华优秀传统文化相结合，不断开辟马克思主义中国化时代化新境界的。坚持党的领导必须坚持理论创新。我们党作为马克思主义政党，要团结带领全国各族人民奋勇前进，完成历史使命，实现崇高理想和既定的奋斗目标，必须坚持以科学的理论来指导。

马克思主义是我们党的根本指导思想。马克思主义揭示了世界发展的普遍规律特别是人类社会历史发展的普遍规律，揭示了社会主义必然代替资本主义和建设社会主义、最终实现共产主义的普遍规律，为人类社会发展进步指明了正确方向。马克思主义的产生犹如壮丽的日出，照亮了人类探索历史规律和寻求自身解放的道路。中国共产党从诞生之日起，就把马克思主义鲜明地写在自己的旗帜上。党一路走来，无论是处在顺境还是逆境，从未动摇过对马克思主义的坚定信仰。理论的生命力在于创新。恩格斯深刻指出："马克思的整个世界观不是教义，而是方法。它提供的不是现成的教条，而是进一步研究的出发点和供这种研究使用的方法。"② 他还进一步指出，我们的理论"是一种历史的产物，它在不同的时代具有完全不同的形

① 《中共中央关于党的百年奋斗重大成就和历史经验的决议》，人民出版社 2021 年版，第 66—67 页。
② 《马克思恩格斯选集》第 4 卷，人民出版社 2012 年版，第 664 页。

式，同时具有完全不同的内容"①。科学社会主义基本原则不能丢，丢了就不是社会主义。同时，科学社会主义也绝不是一成不变的教条。马克思主义要在中国发挥作用，必须与中国国情相结合，与时代发展同进步，与人民群众共命运。在领导中国革命、建设、改革的长期实践中，我们党坚持把马克思主义基本原理同中国具体实际相结合、同中华优秀传统文化相结合，不断推进马克思主义中国化时代化，始终保持马克思主义的蓬勃生机和旺盛活力。我们党的历史，就是一部推进马克思主义中国化时代化，不断丰富和发展马克思主义的历史。"中国共产党为什么能，中国特色社会主义为什么好，从根本上说，是因为马克思主义行。"②

毛泽东思想是马克思主义中国化的第一次历史性飞跃。"坚持和发展马克思主义，从理论到实践都需要全世界的马克思主义者进行极为艰巨、极具挑战性的努力"，"以毛泽东同志为主要代表的中国共产党人，把马克思列宁主义基本原理同中国具体实际相结合，对经过艰苦探索、付出巨大牺牲积累的一系列独创性经验作了理论概括，开辟了农村包围城市、武装夺取政权的正确革命道路，创立了毛泽东思想，为夺取新民主主义革命胜利指明了正确方向"③。旧中国是一个半殖民地半封建的经济科技文化十分落后且人口众多的东方大国，选择一条什么样的道路才能把中国革命引向胜利，是马克思主义发展史上前所未有的难题。年轻的中国共产党一度简单套用马克思列宁

---

① 《马克思恩格斯选集》第 3 卷，人民出版社 2012 年版，第 873 页。
② 《习近平关于社会主义精神文明建设论述摘编》，中央文献出版社 2022 年版，第 59 页。
③ 《中共中央关于党的百年奋斗重大成就和历史经验的决议》，人民出版社 2021 年版，第 63、7 页。

主义关于无产阶级革命的一般原理和照搬俄国十月革命城市武装起义的经验，没有充分考虑中国国情和中国革命实际，使中国革命遭受了严重挫折。毛泽东同志是马克思主义中国化的伟大开拓者，创造性地解决了马克思列宁主义基本原理同中国实际相结合的一系列重大问题。1938年他在党的扩大的六届六中全会上最早提出了马克思主义中国化的命题。他说："使马克思主义在中国具体化，使之在其每一表现中带着必须有的中国的特性，即是说，按照中国的特点去应用它，成为全党亟待了解并亟须解决的问题。"① 新中国成立后，毛泽东同志提出要以苏为鉴，把马克思列宁主义基本原理同中国社会主义革命和建设的具体实际进行"第二次结合"，"从各方面考虑如何按照中国的情况办事"，独立探索适合中国国情的社会主义建设道路②。毛泽东思想包含关于新民主主义革命、社会主义革命和建设、革命军队的建设和军事战略、政策和策略、思想政治工作和文化工作、党的建设等多方面内容，其活的灵魂是贯穿于各个组成部分的立场、观点、方法，体现为实事求是、群众路线、独立自主三个基本方面。毛泽东思想为党领导人民创造新民主主义革命、社会主义革命和建设伟大成就提供了科学指引。"毛泽东思想是马克思列宁主义在中国的创造性运用和发展，是被实践证明了的关于中国革命和建设的正确的理论原则和经验总结，是马克思主义中国化的第一次历史性飞跃。"③

中国特色社会主义理论体系实现了马克思主义中国化新

---

① 《毛泽东选集》第2卷，人民出版社1991年版，第534页。
② 《毛泽东年谱（1949—1976）》第2卷，中央文献出版社2013年版，第557页。
③ 《中共中央关于党的百年奋斗重大成就和历史经验的决议》，人民出版社2021年版，第13页。

的飞跃。党的十一届三中全会以后，以邓小平同志为主要代表的中国共产党人，团结带领全党全国各族人民，深刻总结新中国成立以来正反两方面经验，围绕什么是社会主义、怎样建设社会主义这一根本问题，借鉴世界社会主义历史经验，解放思想，实事求是，作出把党和国家工作中心转移到经济建设上来、实行改革开放的历史性决策，深刻揭示社会主义本质，确立社会主义初级阶段基本路线，明确提出走自己的路、建设中国特色社会主义，科学回答了建设中国特色社会主义的一系列基本问题，制定了到21世纪中叶分三步走、基本实现社会主义现代化的发展战略，创立了邓小平理论。党的十三届四中全会以后，以江泽民同志为主要代表的中国共产党人，团结带领全党全国各族人民，坚持党的基本理论、基本路线，加深了对什么是社会主义、怎样建设社会主义和建设什么样的党、怎样建设党的认识，在国内外形势十分复杂、世界社会主义出现严重曲折的严峻考验面前捍卫了中国特色社会主义，确立了社会主义市场经济体制的改革目标和基本框架，确立了社会主义初级阶段公有制为主体、多种所有制经济共同发展的基本经济制度和按劳分配为主体、多种分配方式并存的分配制度，开创全面改革开放新局面，推进党的建设新的伟大工程，形成了"三个代表"重要思想。党的十六大以后，以胡锦涛同志为主要代表的中国共产党人，团结带领全党全国各族人民，在全面建设小康社会进程中推进实践创新、理论创新、制度创新，深刻认识和回答了新形势下实现什么样的发展、怎样发展等重大问题，抓住重要战略机遇期，聚精会神搞建设，一心一意谋发展，强调坚持以人为本、全面协调可持续发展，着力保障和改善民生，促进社会公平正义，推进党的执政能力建设和先进性建设，形成了科学发展观。在改革开放和社会主义现代化建设新时期，我们党从新的实践和时代特征出发坚持和发展马克思主义，推进马克思主义中国化时代化取得的上述理论成果，科学回答了建设中国特色社会主义的发展道路、发展阶段、根本任务、发展动力、发展战略、政治保证、祖国统一、外交和国际战略、领导力量和依靠力量等一系列基本问题，形成中国特色社会主义理论体系，实现了马克思主义中国化新的飞跃。中国特色社会主义理论体系对党领导人民创造改革开放和社会主义现代化建设新时期伟大成就提供了科学指引。

习近平新时代中国特色社会主义思想实现了马克思主义中国化时代化新的飞跃。从党的十八大开始，中国特色社会主义进入新时代。面对国内外形势新变化和实践新要求，以习近平同志为主要代表的中国共产党人，坚持把马克思主义基本原理同中国具体实际相结合、同中华优秀传统文化相结合，坚持毛泽东思想、邓小平理论、"三个代表"重要思想、科学发展观，深刻总结并充分运用党成立以来的历史经验，从新的实际出发，创立了习近平新时代中国特色社会主义思想。习近平同志对关系新时代党和国家事业发展的一系列重大理论和实践问题进行了深邃思考和科学判断，就新时代坚持和发展什么样的中国特色社会主义、怎样坚持和发展中国特色社会主义，建设什么样的社会主义现代化强国、怎样建设社会主义现代化强国，建设什么样的长期执政的马克思主义政党、怎样建设长期执政的马克思主义政党等重大时代课题，提出一系列原创性的治国理政新理念新思想新战略，科学回答了新时代坚持和发展中国特色社会主义的总目标、总任务、总体布局、战略布局和发展方向、发展方式、发展动力、战略步骤、外部条件、政治保证等基本问题，并根据新的实践对经济、政治、法治、科技、文化、教育、民生、民族、宗教、社会、生态文明、国家安全、国防和军队、"一国两制"和祖国统一、统一战线、外交、党的建设等各方面作出理论分析和政策指导，以全新的视野深化了对共产党执政规律、社会主义建设规律、人类社会发展规律的认识，为推进中国特色社会主义事业提供了科学思想指引。习近平新时代中国特色社会主义思想是在新时代的伟大实践中应运而生的，是立足时代之基、回答时代之问、引领时代之变的科学理论，实现了马克思主义中国化时代化新的飞跃。习近平同志是这一思想的主要创立者，对这一思想的创立发挥了决定性作用、作出了决定性贡献。伟大时代产生伟大理论，伟大理论指引伟大实践。党的十八大以来的实践充分证明，习近平新时代中国特色社会主义思想是当代中国马克思主义、21世纪马克思主义，是中华文化和中国精神的时代精华，是党和人民实践经验和集体智慧的结晶，是新时代坚持和发展中国特色社会主义的行动指南。

新时代新征程必须坚持理论创新。当代中国正经历着人类历史上最为宏大而独特的实践创新，改革发展稳定任务之重、矛盾风险挑战之多、治国理政考验之大都前所未有，世界百年未有之大变局深刻变化前所未有，提出了大量亟待回答的理论和实践课题。推进马克思主义中国化时代化的任务不是轻了，而是更重了。习近平同志指出："当代中国的伟大社会变革，不是简单延续我国历史文化的母版，不是简单套用马克思主义经典作家设想的模板，不是其他国家社会主义实践的再版，也不是国外现代化发展的翻版。"① 面对快速变化的世界和中国，如果墨守成规、思想僵化，没有理论创新的勇气，不能科学回答中国之问、世界之问、人民之问、时代之问，不仅党和国家事业无法继续前进，马克思主义也会失去生命力、说服力。我们必须坚持运用辩证唯物主义和历史唯物主义，坚持解放思想、实事求是、与时俱进、求真务实，准确把握时代大势，勇于站在人类发展前沿，聆听人民心声，回应现实需要，把坚持马克思主义和发展马克思主义统一起来，坚持用马克思主义之"矢"去射新时代中国之"的"，继续推进马克思主义基本原理同中国具体实际相结合、同中华优秀传统文化相结合，使马克思主义呈现出更多中国特色、中国风格、中国气派，续写马克思主义中国化时代化新篇章。"只要我们勇于结合新的实践不断推进理论创新、善于用新的理论指导新的实践，就一定能够让马克思主义在中国大地上展现出更强大、更有说服力的真理力量。"②

四、自信自立问题：坚持独立自主

《决议》指出："独立自主是中华民族精神之魂，是我们立党立国的重要原则。走自己的路，是党百年奋斗得出的历史结论。党历来坚持独立自主开拓前进道路，坚持把国家和民族发展放在自己力量的基点上，坚持中国的事情必须由中国人民自己作主张、自己来处理。"③

坚持独立自主，是党总结百年奋斗历程得出的第四条历史

---

① 《习近平谈治国理政》第 3 卷，外文出版社 2020 年版，第 76 页。

② 《中共中央关于党的百年奋斗重大成就和历史经验的决议》，人民出版社 2021 年版，第 67 页。

③ 《中共中央关于党的百年奋斗重大成就和历史经验的决议》，人民出版社 2021 年版，第 67 页。

经验。坚持独立自主，才能确立党的领导。这条历史经验是从党的独立性和自主性来讲的，强调的是重要原则问题，阐述的是党在革命、建设和改革的实践中，是如何坚持独立自主的政治原则和政治立场的。坚持党的领导必须坚持独立自主。我们党领导人民在一个东方大国进行革命、建设和改革，从事的是一项前无古人的伟大事业，必须根据中国的国情，一切从实际出发，走自己的路。纵观人类历史，世界上没有一个民族、一个国家可以通过依赖外部力量、照搬外国模式、跟在他人后面亦步亦趋实现强大和振兴。那样做的结果，不是必然遭遇失败，就是必然成为他人的附庸。

独立自主是中华民族的优良传统。中华民族是一个伟大的民族，在5000多年光辉历史中创造了灿烂的中华文明，自立于世界民族之林。中华文明有着一套独特的有别于其他文明的政治、经济、文化、军事等制度，为人类文明发展作出了巨大贡献。中华民族秉持开放包容、兼收并蓄的原则，不忘本来，吸收外来，面向未来，在坚持独立自主中，与外来文明交流互鉴，不断创新发展，从而生生不息。

独立自主是党百年奋斗的历史结论。将独立自主作为立党立国的重要原则，是党在领导革命、建设和改革的实践中逐步认识和确立起来的。我们党是在第三国际（即共产国际）的指导和帮助下成立的，在党的一大通过的第一个纲领中，党作出决定，"联合第三国际"。党的二大正式通过了一个决议案，中国共产党加入第三国际。这就意味着，中国共产党成为第三国际下属的一个支部。按照党的组织原则和纪律，下级必须服从上级。这就提出了如何处理好中国共产党与第三国际的关系问题，也就提出了中国共产党如何保持自身独立性的问题。第三

国际成立于 1919 年，1943 年解散，共存在 24 年。1956 年 9
月，毛泽东同志在会见外宾时曾讲到第三国际，评价了第三国
际与中国共产党的关系。他说："第三国际两头好，中间不好。
季米特洛夫同志是较谨慎的。日本投降前，第三国际解散了，
我们的事就好办了，就像生产关系改变了，生产力得到解放一
样。"① 第三国际给中国革命很多正确的指导与帮助，但也作出
过许多错误的决定和指示，王明等人上台，在党内推行"左"
倾教条主义路线长达四年之久，与第三国际有很大的关系。毛
泽东同志在党内是较早提出要正确处理中国共产党与第三国
际关系的人。1930 年 5 月，他就明确指出："中国革命斗争的
胜利要靠中国同志了解中国情况。"② 1935 年 1 月，中央政治局
在长征途中举行的遵义会议，"开启了党独立自主解决中国革
命实际问题新阶段"，"在最危急关头挽救了党、挽救了红军、
挽救了中国革命"，"这在党的历史上是一个生死攸关的转折
点"③。为什么遵义会议在党的历史上具有这样重要的意义呢？
这是因为我们党的独立自主是从这个时候开始的。1963 年 9
月，毛泽东同志会见外宾时讲到这件事，指出："离开了先生，
学生就自己学。有先生有好处，也有坏处。不要先生，自己读
书，自己写字，自己想问题。这是一条真理。过去我们就是由
先生把着手学写字，从一九二一年党成立到一九三四年，我们
就是吃了先生的亏，纲领由先生起草，中央全会的决议也由先
生起草，特别是一九三四年，使我们遭到了很大的损失。从那

---

① 《毛泽东年谱（1949—1976）》第 2 卷，中央文献出版社 2013 年版，第 631 页。
② 《毛泽东选集》第 1 卷，人民出版社 1991 年版，第 115 页。
③ 《中共中央关于党的百年奋斗重大成就和历史经验的决议》，人民出版社 2021 年版，
第 6 页。

之后，我们就懂得要自己想问题。我们认识中国，花了几十年时间。中国人不懂中国情况，这怎么行？真正懂得独立自主是从遵义会议开始的，这次会议批判了教条主义。"①对这个问题，毛泽东同志还曾指出："中国这个客观世界，整个地说来，是由中国人认识的，不是在共产国际管中国问题的同志们认识的。共产国际的这些同志就不了解或者说不很了解中国社会，中国民族，中国革命。对于中国这个客观世界，我们自己在很长时间内都认识不清楚，何况外国同志呢？"②另外，坚持独立自主的问题，也是我们党从两次国共合作中获得的经验和教训。在第一次国共合作中，由于陈独秀右倾机会主义错误，党放弃了对大革命的领导权，致使在强大敌人突然袭击下革命遭到失败。在第二次国共合作中，党坚持独立自主，在抗日民族统一战线中发挥了政治领导作用。因此，在党的七大上，我们党总结历史经验时，将独立自主确定为党的重要方针。毛泽东同志在七大上所作的结论中指出："全党团结起来，独立自主，克服困难，这就是我们的方针。"③他还将能否实行这一方针视为对党的重大考验，"现在对中国共产党就是一个大考验，考验我们究竟成熟了没有，有本事没有"④。在解放战争中，我们党没有听取和采纳苏联共产党和斯大林的建议，作出了打过长江去、解放全中国的重大决策。1949年6月，在新中国即将成立前夕，毛泽东同志在新政治协商会议筹备会上的讲话中重申了这一方针。他强调："中国必须独立，中国必须解放，中

---

① 《毛泽东文集》第8卷，人民出版社1999年版，第338—339页。
② 《毛泽东文集》第8卷，人民出版社1999年版，第299—300页。
③ 《毛泽东文集》第3卷，人民出版社1996年版，第391—392页。
④ 《毛泽东文集》第3卷，人民出版社1996年版，第393页。

国的事情必须由中国人民自己作主张，自己来处理，不容许任何帝国主义国家再有一丝一毫的干涉。"[1] 新中国成立后，在涉及国家主权、安全、发展利益的一系列重大问题上，我们党都坚持了这一方针。我们果断拒绝赫鲁晓夫提出的有损我国主权的关于建立联合舰队和长波电台的建议。党领导人民学习借鉴国外革命和建设的有益经验，从自己的实际出发，不断创新和创造，确立了符合我国实际的国体、政体、政党制度和民族区域自治制度等，进行社会主义革命和建设。党还确立了独立自主的和平外交政策与和平共处五项原则，正确处理与其他国家、国外政党、国际组织的关系。改革开放后，面对新形势新任务，邓小平同志深入总结党坚持独立自主的历史经验，不断提出新的要求。在党的十二大开幕词中，他指出："我们的现代化建设，必须从中国的实际出发。无论是革命还是建设，都要注意学习和借鉴外国经验。但是，照抄照搬别国经验、别国模式，从来不能得到成功"，"中国的事情要按照中国的情况来办，要依靠中国人自己的力量来办。独立自主，自力更生，无论过去、现在和将来，都是我们的立足点"[2]。之后，他又反复强调："任何国家的革命道路问题，都要由本国的共产党人自己去思考和解决，别国的人对情况不熟悉，指手画脚，是要犯错误的"，"任何大党或老党都不能以最高发言人自居"，"一个党犯错误是难免的，就是犯了错误，也要由自己去总结，自己去解决问题，这样才靠得住"[3]；"改革开放必须从各国自己的条件出发。每个国家的基础不同，历史不同，所处的环境不同，

①《毛泽东选集》第4卷，人民出版社1991年版，第1465页。
②《邓小平文选》第3卷，人民出版社1993年版，第2、3页。
③《邓小平文选》第3卷，人民出版社1993年版，第27页。

左邻右舍不同，还有其他许多不同"①；"中国是这么大的国家，我们做的事是前人没有做过的。中国有自己的特点，所以我们只能按中国的实际办事，别人的经验可以借鉴，但不能照搬"②；"独立自主才真正体现了马克思主义"③。根据这些精神，党确立了对外处理党际交往关系的四项原则，这就是"独立自主、完全平等、互相尊重、互不干涉内部事务"。党的十三届四中全会后，江泽民同志继续强调独立自主的问题，提出："坚持独立自主地发展中国，是建设有中国特色社会主义的立足点。"④党的十六大后，胡锦涛同志继续重申这一问题，强调："我们必须始终坚持独立自主探索中国社会主义建设的道路，善于根据国情进行自主创新、又积极借鉴国外有益经验，不断开拓和发展中国特色社会主义道路。"⑤在改革开放新时期，我们党独立自主地制定了一系列对内对外政策，实行改革开放，建立社会主义市场经济，取得了改革开放和社会主义现代化建设举世瞩目的成就。党的十八大以来，以习近平同志为核心的党中央带领人民独立自主、守正创新，创造了新时代中国特色社会主义的伟大成就。习近平同志在一系列重要讲话中反复强调坚持独立自主的重要性："中国近代以来的全部历史告诉我们，中国的事情必须按照中国的特点、中国的实际来办，这是解决中国所有问题的正确之道"⑥；"中国共产党和中国人民扎根中国大地、吸纳人类文明优秀成果、独立自主实现国

---

① 《邓小平文选》第3卷，人民出版社1993年版，第265页。
② 《邓小平文选》第3卷，人民出版社1993年版，第229页。
③ 《邓小平文选》第3卷，人民出版社1993年版，第191页。
④ 《江泽民文选》第1卷，人民出版社2006年版，第353页。
⑤ 《胡锦涛文选》第2卷，人民出版社2016年版，第140—141页。
⑥ 习近平：《论中国共产党历史》，中央文献出版社2021年版，第89页。

家发展的战略是正确的，必须长期坚持、永不动摇"①；"独立自主是我们党从中国实际出发、依靠党和人民力量进行革命、建设、改革的必然结论。不论过去、现在和将来，我们都要把国家和民族发展放在自己力量的基点上，坚持民族自尊心和自信心，坚定不移走自己的路"，"独立自主是中华民族的优良传统，是中国共产党、中华人民共和国立党立国的重要原则。在中国这样一个人口众多和经济文化落后的东方大国进行革命和建设的国情与使命，决定了我们只能走自己的路"，"我们党在领导革命、建设、改革长期实践中，历来坚持独立自主开拓前进道路，这种独立自主的探索和实践精神，这种坚持走自己的路的坚定信心和决心，是我们党全部理论和实践的立足点，也是党和人民事业不断从胜利走向胜利的根本保证"，"坚持独立自主，就要坚持中国的事情必须由中国人民自己作主张、自己来处理"，"坚持独立自主，就要坚定不移走中国特色社会主义道路，既不走封闭僵化的老路，也不走改旗易帜的邪路"，"坚持独立自主，就要坚持独立自主的和平外交政策，坚定不移走和平发展道路"②。这些论述是习近平同志对党的独立自主思想的进一步升华，对推进新时代各项工作起了重要指导作用。

新时代新征程必须坚持独立自主。习近平同志指出："中国人民和中华民族从近代以后的深重苦难走向伟大复兴的光明前景，从来就没有教科书，更没有现成答案。党的百年奋斗成功道路是党领导人民独立自主探索开辟出来的，马克思主义的中国篇章是中国共产党人依靠自身力量实践出来的，贯穿其中

① 习近平：《论中国共产党历史》，中央文献出版社 2021 年版，第 119 页。
② 习近平：《论中国共产党历史》，中央文献出版社 2021 年版，第 63—65 页。

的一个基本点就是中国的问题必须从中国基本国情出发，由中国人自己来解答。"① 当前，以中国式现代化全面推进中华民族伟大复兴的艰巨性和复杂性前所未有，其发展途径和推进方式也必然具有自己的特点。我们要始终保持强大战略定力，在发展道路上坚持独立自主，在理论创新上坚持独立自主，在经济发展上坚持独立自主，在科技自立自强上坚持独立自主，在国防和军队建设上坚持独立自主，在外交事务上坚持独立自主。我们要以更加积极的历史担当和创造精神为发展马克思主义作出新的贡献，既不能刻舟求剑、封闭僵化，也不能照抄照搬、食洋不化。我们要坚持以推动高质量发展为主题，把实施扩大内需战略同深化供给侧结构性改革有机结合起来，增强国内大循环内生动力和可靠性，提升国际循环质量和水平，加快建设现代化经济体系。我们要坚持创新在我国现代化建设全局中的核心地位，把科技自立自强作为国家发展的战略支撑。深入实施科教兴国战略、人才强国战略、创新驱动发展战略，完善国家创新体系，加快建设科技强国，实现高水平科技自立自强。我们要全面贯彻新时代党的强军思想，贯彻新时代军事战略方针，坚持党对人民军队的绝对领导，坚持走中国特色强军之路，全面推进政治建军、改革强军、科技强军、人才强军、依法治军，把人民军队建设成为世界一流军队，以更强大的能力、更可靠的手段捍卫国家主权、安全、发展利益。我们要高举和平、发展、合作、共赢旗帜，奉行独立自主的和平外交政策，坚持走和平发展道路，推动建设新型国际关系，推动构建

---

① 习近平：《高举中国特色社会主义伟大旗帜，为全面建设社会主义现代化国家而团结奋斗——在中国共产党第二十次全国代表大会上的报告》，人民出版社 2022 年版，第 19 页。

人类命运共同体，推动共建"一带一路"高质量发展，弘扬和平、发展、公平、正义、民主、自由的全人类共同价值，坚持合作、不搞对抗，坚持开放、不搞封闭，坚持互利共赢、不搞零和博弈，反对霸权主义和强权政治。"只要我们坚持独立自主、自力更生，既虚心学习借鉴国外的有益经验，又坚定民族自尊心和自信心，不信邪、不怕压，就一定能够把中国发展进步的命运始终牢牢掌握在自己手中。"①

五、方向途径问题：坚持中国道路

《决议》指出："方向决定道路，道路决定命运。党在百年奋斗中始终坚持从我国国情出发，探索并形成符合中国实际的正确道路。中国特色社会主义道路是创造人民美好生活、实现中华民族伟大复兴的康庄大道。脚踏中华大地，传承中华文明，走符合中国国情的正确道路，党和人民就具有无比广阔的舞台，具有无比深厚的历史底蕴，具有无比强大的前进定力。"②

坚持中国道路，是党总结百年奋斗历程得出的第五条历史经验。坚持中国道路，才能展现党的领导。这条历史经验是从党的奋斗目标和前进方向来讲的，强调的是道路问题，阐述的是党在革命、建设和改革的实践中，是如何领导人民走出了一条符合中国实际的新民主主义革命道路、社会主义改造和社会主义建设道路、中国特色社会主义道路的。坚持党的领导必须

---

① 《中共中央关于党的百年奋斗重大成就和历史经验的决议》，人民出版社 2021 年版，第 67—68 页。

② 《中共中央关于党的百年奋斗重大成就和历史经验的决议》，人民出版社 2021 年版，第 68 页。

坚持中国道路。中国道路是党和人民历经千辛万苦探索和开辟出来的，是党领导人民进行的伟大创造。

道路问题至关重要。习近平同志指出："道路问题是关系党的事业兴衰成败第一位的问题，道路就是党的生命"①，"我们党在革命、建设、改革各个历史时期，坚持从我国国情出发，探索并形成了符合中国实际的新民主主义革命道路、社会主义改造和社会主义建设道路、中国特色社会主义道路，这种独立自主的探索精神，这种坚持走自己路的坚定决心，是我们党不断从挫折中觉醒、不断从胜利走向胜利的真谛"②，"走自己的路，是党的全部理论和实践立足点，更是党百年奋斗得出的历史结论"③。这是习近平同志对党的百年奋斗历程中坚持中国道路问题的精辟概括和阐述。

党领导人民开创了新民主主义革命道路。党成立后，为了争取民族独立、人民解放，对中国革命道路进行了艰辛探索。毛泽东同志在总结经验时就强调指出："革命党是群众的向导，在革命中未有革命党领错了路而革命不失败的。"④当时的中国是一个半殖民地半封建的社会，农民占人口的绝大多数，小农经济根深蒂固，经济文化十分落后。面对这样一个特殊的国情，要推翻"三座大山"，选择一条什么样的道路才能把中国革命引向胜利，成为党面临的首要问题。大革命失败后，毛泽东同志率领的秋收起义部队上了井冈山，创建了中国第一个农村革命根据地，开展工农武装割据的斗争，在实践中创造性探

① 《习近平谈治国理政》第 1 卷，外文出版社 2018 年版，第 21 页。
② 《习近平关于实现中华民族伟大复兴的中国梦论述摘编》，中央文献出版社 2013 年版，第 25 页。
③ 《习近平谈治国理政》第 4 卷，外文出版社 2022 年版，第 10 页。
④ 《毛泽东选集》第 1 卷，人民出版社 1991 年版，第 3 页。

索出一条农村包围城市、武装夺取政权的革命道路。通过这条道路，党领导人民经过土地革命战争、抗日战争、解放战争，取得了新民主主义革命的胜利，建立了新中国。

党领导人民开创了社会主义改造和社会主义建设道路。新中国建立后，为了实现国家富强、人民幸福，党又进行了艰辛探索。党不失时机地提出了过渡时期的总路线，这就是"从中华人民共和国成立，到社会主义改造基本完成，这是一个过渡时期。党在这个过渡时期的总路线和总任务，是要在一个相当长的时期内，逐步实现国家的社会主义工业化，并逐步实现国家对农业、对手工业和对资本主义工商业的社会主义改造"①。这个过渡时期的总路线概括起来就是"一化三改"。"一化"是国家独立和富强的必由之路，"三改"是"一化"的必然要求。这是党在历史关键时刻采取的一个重大战略步骤。在社会主义改造过程中，党创造了一系列适合中国特点的由初级到高级逐步过渡的形式，使个体农民、手工业者和私营工商业者能够循序渐进地改变旧的生产方式。尤其是党争取到大多数民族资本家对社会主义改造起了有益的配合作用，从而成功地实现了马克思和列宁曾经设想的对资产阶级的和平赎买。这是我们党的一个独创性经验，丰富和发展了马克思主义的科学社会主义理论。邓小平同志回忆这段历史时说："中国的社会主义道路与苏联不完全一样，一开始就有区别，中国建国以来就有自己的特点。我们对资本家的社会主义改造，是采取赎买的政策，不是剥夺的政策。所以中国消灭资产阶级，搞社会主义改造，非

---

① 《毛泽东文集》第6卷，人民出版社1999年版，第316页。

常顺利，整个国民经济没有受任何影响。"[1] 在搞社会主义方面，"我们最成功的是社会主义改造。那时，在改造农业方面我们提倡建立互助组和小型合作社，规模比较小，分配也合理，所以粮食生产得到增长，农民积极性高。对资本主义工商业，我们采取赎买政策，一方面把它们改造成公有制，另一方面也没有损害国民经济的发展。我们长期允许手工业的个体经济存在，根据自愿的原则，其中大部分组织成合作社，实行集体所有制。由于我们是根据中国自己的特点采用这些方式的，所以几乎没有发生曲折，生产没有下降还不断上升，没有失业，社会产品是丰富的"[2]。在过渡时期中，我们党创造性地开辟了一条适合中国特点的社会主义改造的道路。社会主义基本制度确立以后，如何进行社会主义建设、推进中国的现代化，我们党强调"以苏为鉴"，也开始进行了探索。1956 年毛泽东同志在中央政治局扩大会议上作《论十大关系》报告，党的八大制定了反映中国特点的社会主义建设路线，1957 年毛泽东同志作《关于正确处理人民内部矛盾的问题》的报告，1964 年周恩来同志在三届全国人大一次会议的《政府工作报告》中，正式宣布把我国建设成为一个具有现代农业、现代工业、现代国防和现代科学技术的社会主义强国的奋斗目标。这些成果表明，党对社会主义建设道路的探索有了一个良好开端。由于种种原因，探索过程经历了严重曲折，但党领导人民仍然取得了独创性理论成果和巨大成就。这些成果和成就，使中国成为在世界上有重要影响的大国，为在新的历史时期开创中国特色社会主

---

① 《邓小平文选》第 2 卷，人民出版社 1994 年版，第 235 页。
② 《邓小平文选》第 2 卷，人民出版社 1994 年版，第 313—314 页。

义提供了宝贵经验、理论准备、物质基础。

党领导人民开创了中国特色社会主义道路。"文化大革命"结束后，中国面临向何处去的艰难抉择。以邓小平同志为主要代表的中国共产党人，团结带领全党全国各族人民，在深入总结经验教训基础上提出"走自己的道路，建设有中国特色的社会主义"，作出把党和国家工作中心转移到经济建设上来、实行改革开放的历史性决策，成功开创了中国特色社会主义。党的十三届四中全会以后，以江泽民同志为主要代表的中国共产党人，团结带领全党全国各族人民，坚持党的基本理论、基本路线，捍卫了中国特色社会主义，成功把中国特色社会主义推向21世纪。党的十六大以后，以胡锦涛同志为主要代表的中国共产党人，团结带领全党全国各族人民，成功在新形势下坚持和发展了中国特色社会主义。在这条正确道路上，人民生活实现了从温饱不足到总体小康、奔向全面小康的历史性跨越。

党领导人民把中国特色社会主义推进到新时代。党的十八大以来，习近平同志对中国道路的内涵作出进一步深刻阐释："中国特色社会主义道路，是实现我国社会主义现代化的必由之路，是创造人民美好生活的必由之路。中国特色社会主义道路，既坚持以经济建设为中心，又全面推进经济建设、政治建设、文化建设、社会建设、生态文明建设以及其他各方面建设；既坚持四项基本原则，又坚持改革开放；既不断解放和发展社会生产力，又逐步实现全体人民共同富裕、促进人的全面发展。"[1] 在新时代，以习近平同志为主要代表的中国共产党人，团结带领全党全国各族人民，准确把握新的历史方位，对

---

[1]《习近平谈治国理政》第1卷，外文出版社2018年版，第9页。

我国社会主要矛盾作出新的重大判断，立足中华民族伟大复兴战略全局和世界百年未有之大变局，坚持和加强党的全面领导，立足新发展阶段，贯彻新发展理念，构建新发展格局，推动高质量发展，坚持和完善中国特色社会主义制度、推进国家治理体系和治理能力现代化，党和国家事业取得历史性成就、发生历史性变革。我们如期全面建成小康社会，踏上全面建设社会主义现代化国家、向第二个百年奋斗目标进军的新征程，实现中华民族伟大复兴进入了不可逆转的历史进程。

新时代新征程必须坚持中国道路。习近平同志指出："脚踏中华大地，传承中华文明，走符合中国国情的正确道路，党和人民就具有无比广阔的舞台，具有无比深厚的历史底蕴，具有无比强大的前进定力。"[1]"中国特色社会主义不是从天上掉下来的。"[2] 它植根于中华文化沃土、反映中国人民意愿、适应时代发展进步要求，是在改革开放 40 多年的伟大实践中得来的，是在新中国成立 70 多年的持续探索中得来的，是在我们党领导人民进行伟大社会革命 100 年的实践中得来的，是在近代以来中华民族由衰到盛 180 多年的历史进程中得来的，是在对中华文明 5000 多年的传承发展中得来的。他还强调："如果没有中华五千年文明，哪里有什么中国特色？如果不是中国特色，哪有我们今天这么成功的中国特色社会主义道路？我们要特别重视挖掘中华五千年文明中的精华，把弘扬优秀传统文化同马克思主义立场观点方法结合起来，坚定不移走中国特色社会

---

[1]《中共中央关于党的百年奋斗重大成就和历史经验的决议》，人民出版社 2021 年版，第 68 页。

[2] 习近平：《论中国共产党历史》，中央文献出版社 2021 年版，第 59 页。

主义道路"①，"中国特色社会主义道路，开拓于中国人民共同奋斗，扎根于中华大地，是给中国人民带来幸福安宁的正确道路。无论遇到什么风浪，在坚持中国特色社会主义道路这个根本问题上都要一以贯之，决不因各种杂音噪音而改弦更张。随着新时代坚持和发展中国特色社会主义的伟大实践不断向前，我们的道路必将越走越宽广，我们的制度必将越来越成熟"②。我们强调坚定不移走中国特色社会主义道路，不是说要固步自封，我们要积极学习借鉴人类文明的一切有益成果，欢迎一切有益的建议和善意的批评，但我们绝不接受"教师爷"般颐指气使的说教！中国道路是我们党把握中国国情、接续探索、持续奋进的结果。"只要我们既不走封闭僵化的老路，也不走改旗易帜的邪路，坚定不移走中国特色社会主义道路，就一定能够把我国建设成为富强民主文明和谐美丽的社会主义现代化强国。"③ 我们要以中国式现代化全面推进中华民族伟大复兴，通过中国特色社会主义道路去创造人类文明新形态，彰显中国风格和中国特点，向世界贡献中国智慧、中国方案，不断为人类作出新的更大贡献。

六、世界情怀问题：坚持胸怀天下

《决议》指出："大道之行，天下为公。党始终以世界眼光关注人类前途命运，从人类发展大潮流、世界变化大格局、中国发展大历史正确认识和处理同外部世界的关系，坚持开放、

---

① 《习近平谈治国理政》第 4 卷，外文出版社 2022 年版，第 315 页。
② 习近平：《论中国共产党历史》，中央文献出版社 2021 年版，第 282 页。
③ 《中共中央关于党的百年奋斗重大成就和历史经验的决议》，人民出版社 2021 年版，第 68 页。

不搞封闭，坚持互利共赢、不搞零和博弈，坚持主持公道、伸张正义，站在历史正确的一边，站在人类进步的一边。"①

坚持胸怀天下，是党总结百年奋斗历程得出的第六条历史经验。坚持胸怀天下，才能提升党的领导。这条历史经验是从党的天下观和世界情怀来讲的，强调的是全球视野和外部关系问题，阐述的是党在革命、建设和改革的实践中，是如何为人类和平与发展作出贡献的。坚持党的领导必须坚持胸怀天下。中国共产党不仅是为中国人民谋幸福、为中华民族谋复兴的党，也是为人类谋进步、为世界谋大同的党。

中国共产党是顺应世界大势而诞生的。勇立时代潮头是中国共产党的鲜明品格。我们党是在帝国主义和无产阶级革命时代，满足人民愿望、肩负历史使命应运而生的。党的一大提出："要特别注意组织工人，以共产主义精神教育他们。"② 我们党一开始就以世界上最先进的科学理论作为指导思想。党的二大明确提出了反帝反封建的革命纲领。反帝问题的提出，就是从对 1921 年底至 1922 年初的华盛顿会议帝国主义列强共同统治中国局面的形势分析中得出的。抗日战争期间，我们党提出建立抗日民族统一战线，制定全面抗战路线和持久战的战略总方针，并倡导和建议建立国际反法西斯统一战线。这些都是在科学分析世界形势的情况下作出的决定。在解放战争中，我们党作出战略进攻的决策更是全面分析国际国内形势的结果。

新中国是适应世界潮流而建立的。在正确研判国际形势的基础上，新中国实行"另起炉灶""打扫干净屋子再请客"和

---

① 《中共中央关于党的百年奋斗重大成就和历史经验的决议》，人民出版社 2021 年版，第 68 页。

② 《建党以来重要文献选编》第 1 册，中央文献出版社 2011 年版，第 24 页。

"一边倒"的外交方针。"一边倒"就是站在社会主义和世界和平民主阵营这一边。为了打破美国对中国的遏制，为国内建设创造有利的国际和平环境，我们党决定开展积极的外交活动和斗争。中国参加日内瓦会议、万隆会议，倡导和坚持和平共处五项原则。自20世纪50年代中期，亚非拉国家兴起反对帝国主义和殖民主义、争取和维护民族独立的运动后，中国积极支持这些国家被压迫民族和被压迫人民的解放斗争。70年代，毛泽东同志提出了划分三个世界的战略思想，有力指导了我国的外交工作战略大调整。在这个过程中，中美关系逐步缓和并走向正常化，我国在联合国的合法席位得以恢复，在世界上的地位得到提高，成为有影响力的大国。

我国是在改革开放的时代潮流中走向世界的。改革开放新时期，随着国际形势的发展变化，邓小平同志提出和平与发展是当今时代的主题，党坚持维护世界和平、促进共同发展的外交政策宗旨，及时调整对外方针政策，积极发展同各国的友好合作关系。中央先后派出多个代表团出访欧洲、日本、东南亚，作出对外开放的重大决策，中国大步走向世界，建立起全方位多层次的对外关系新格局。邓小平同志指出："中国的对外政策是一贯的，有三句话，第一句话是反对霸权主义，第二句话是维护世界和平，第三句话是加强同第三世界的团结和合作，或者叫联合和合作。"[①] 后来他还强调："要维护我们独立自主、不信邪、不怕鬼的形象。""我们对外政策还是两条，第一条是反对霸权主义、强权政治，维护世界和平；第二条是建立

---

① 《邓小平文选》第2卷，人民出版社1994年版，第415页。

国际政治新秩序和经济新秩序。这两条要反复讲。"① 江泽民同志提出："我们对外工作总的战略部署是要造成一个有利于我国现代化建设和改革开放的国际和平环境。"② 胡锦涛同志强调，中国愿"继续同世界各国人民一道推进人类和平与发展的崇高事业，推动建设持久和平、共同繁荣的和谐世界"③。党积极促进世界多极化和国际关系民主化，推动经济全球化朝着有利于共同繁荣的方向发展，坚定维护广大发展中国家利益。

新时代是在世界大变局中提出推动构建人类命运共同体的。党的十八大以来，以习近平同志为核心的党中央面对复杂严峻的国际形势和前所未有的外部风险挑战，统筹国内国际两个大局，对中国特色大国外交作出战略谋划，推动建设新型国际关系，推动构建人类命运共同体，弘扬和平、发展、公平、正义、民主、自由的全人类共同价值，引领人类进步潮流。习近平同志指出："中国人民将继续与世界同行、为人类作出更大贡献，坚定不移走和平发展道路，积极发展全球伙伴关系，坚定支持多边主义，积极参与推动全球治理体系变革，推动建设新型国际关系，推动构建人类命运共同体。"④ "我们要站在世界历史的高度审视当今世界发展趋势和面临的重大问题，坚持和平发展道路，坚持独立自主的和平外交政策，坚持互利共赢的开放战略，不断拓展同世界各国的合作，积极参与全球治理，在更多领域、更高层面上实现合作共赢、共同发展，不依附别人、更不掠夺别人，同各国人民一道努力构建人

---

① 《邓小平文选》第 3 卷，人民出版社 1993 年版，第 320、353 页。
② 《江泽民论有中国特色社会主义（专题摘编）》，中央文献出版社 2002 年版，第 528 页。
③ 《胡锦涛文选》第 3 卷，人民出版社 2016 年版，第 271 页。
④ 《习近平谈治国理政》第 3 卷，外文出版社 2020 年版，第 194 页。

类命运共同体，把世界建设得更加美好。"① 在新时代，我们高举和平、发展、合作、共赢的旗帜，积极发展全球伙伴关系。运筹大国关系，推进大国协调和合作。按照亲诚惠容理念和与邻为善、以邻为伴的周边外交方针深化同周边国家关系，打造周边命运共同体。秉持正确义利观和真实亲诚理念加强同广大发展中国家团结合作。党同世界上 160 多个国家和地区的 600 多个政党和政治组织保持着经常性联系，深化政党交流合作。经过持续努力，中国特色大国外交全面推进，构建人类命运共同体成为引领时代潮流和人类前进方向的鲜明旗帜，我国国际影响力、感召力、塑造力显著提升。

新时代新征程必须坚持胸怀天下。构建人类命运共同体适应了新时代中国与世界关系的历史性变化，为世界发展和人类未来指明了前进方向。我们要坚持和平发展道路，推动建设相互尊重、公平正义、合作共赢的新型国际关系。坚定不移在和平共处五项原则基础上发展同各国的友好合作，坚定维护国际公平正义，反对霸权主义和强权政治。我们要不断完善外交布局，打造全球伙伴关系网络。推进大国协调和合作，构建总体稳定、均衡发展的大国关系框架，深化同周边国家关系，加强同发展中国家团结合作。我们要坚持不懈推进"一带一路"建设，进一步深化全方位对外开放格局。把"一带一路"与构建人类命运共同体更加紧密结合起来，打造国际合作新平台，增添共同发展新动力。遵循共商共建共享原则，弘扬和平合作、开放包容、互学互鉴、互利共赢的丝路精神，加强同沿线国家的政策沟通、设施联通、贸易畅通、资金融通、民心相通，把

---

① 习近平：《论中国共产党历史》，中央文献出版社 2021 年版，第 208 页。

"一带一路"建成和平之路、繁荣之路、开放之路、创新之路、文明之路。我们要深度参与全球治理，积极引导国际秩序变革方向。秉持共商共建共享的全球治理观，积极参与全球治理体系改革和建设。坚定维护以《联合国宪章》宗旨和原则为核心的国际秩序和国际体系，推进国际关系民主化，支持扩大发展中国家在国际事务中的代表性和发言权。建设性参与国际和地区热点问题的解决进程，积极应对各类全球性挑战，维护国际和地区和平稳定。积极维护多边贸易体制主渠道地位，促进国际贸易和投资自由化便利化，反对一切形式的保护主义。"只要我们坚持和平发展道路，既通过维护世界和平发展自己，又通过自身发展维护世界和平，同世界上一切进步力量携手前进，不依附别人，不掠夺别人，永远不称霸，就一定能够不断为人类文明进步贡献智慧和力量，同世界各国人民一道，推动历史车轮向着光明的前途前进。"①

七、前进动力问题：坚持开拓创新

《决议》指出："创新是一个国家、一个民族发展进步的不竭动力。越是伟大的事业，越充满艰难险阻，越需要艰苦奋斗，越需要开拓创新。党领导人民披荆斩棘、上下求索、奋力开拓、锐意进取，不断推进理论创新、实践创新、制度创新、文化创新以及其他各方面创新，敢为天下先，走出了前人没有走出的路，任何艰难险阻都没能阻挡住党和人民前进的步

---

① 《中共中央关于党的百年奋斗重大成就和历史经验的决议》，人民出版社2021年版，第68—69页。

伐。"①

坚持开拓创新，是党总结百年奋斗历程得出的第七条历史经验。坚持开拓创新，才能完善党的领导。这条历史经验是从党的发展动力和前进动力来讲的，强调的是与时俱进的问题，阐述的是党在革命、建设和改革的实践中，是如何勇于变革、攻坚克难、锐意进取的。坚持党的领导必须坚持开拓创新。党领导人民进行的是一场伟大的社会革命，从事的是一项前无古人的崭新事业，必须在实践中大胆探索、开拓创新。

坚持开拓创新贯穿于党百年奋斗的全部历史。中华民族是勇于创新、开拓进取的民族。我们党继承了中华民族的优良传统，在革命、建设和改革的伟大实践中，领导人民不断开拓创新，取得了一个又一个的伟大胜利，开拓创新成为中国共产党的禀赋和特性。我们党所强调的创新，包括理论创新、实践创新、制度创新、科技创新、文化创新以及其他各方面的创新。对此，江泽民、胡锦涛、习近平同志都有深刻的论述。江泽民同志指出："实践基础上的理论创新是社会发展和变革的先导。通过理论创新推动制度创新、科技创新、文化创新以及其他各方面的创新，不断在实践中探索前进，永不自满，永不懈怠，这是我们要长期坚持的治党治国之道。"②胡锦涛同志指出："要在坚持马克思主义基本原理的前提下，以实践创新为基础，以理论创新为先导，使两方面紧密结合、相互促进，推动我们的事业和马克思主义理论不断向前发展。要紧紧围绕发展社会生产力和促进社会全面进步，推进体制创新、科技创新和其他各

---

① 《中共中央关于党的百年奋斗重大成就和历史经验的决议》，人民出版社 2021 年版，第 69 页。

② 《江泽民文选》第 3 卷，人民出版社 2006 年版，第 537—538 页。

方面创新，为现代化建设提供新的动力和保证。只有这样，我们才能永远走在时代前列、立于不败之地。"①习近平同志指出："纵观人类发展历史，创新始终是推动一个国家、一个民族向前发展的重要力量，也是推动整个人类社会向前发展的重要力量。创新是多方面的，包括理论创新、体制创新、制度创新、人才创新等，但科技创新地位和作用十分显要。"②

党在新民主主义革命时期进行的开拓创新。党在这一时期，为了寻找一条符合中国实际的革命道路进行了一系列的开拓创新。大革命失败后，党认识到了领导和掌握军队的重要性，发动南昌起义、秋收起义和广州起义等，创建了人民军队。三湾改编把支部建在连上。古田会议确立思想建党、政治建军原则。毛泽东同志领导军民建立第一个农村革命根据地，尔后，党领导人民创建中央革命根据地和其他十几块革命根据地，成立中华苏维埃共和国临时中央政府，并颁布宪法大纲、土地法令等。在抗日战争中，实行正确的抗日民族统一战线政策，开辟广大敌后战场和抗日根据地，建立"三三制"的抗日民主政权。我们党还提出一整套人民战争的战略战术，提出发展新民主主义的政治、经济和文化，提出党的建设伟大工程，形成统一战线、武装斗争、党的建设三大法宝，锻造了理论联系实际、密切联系群众、批评和自我批评的三大优良作风，把马克思列宁主义基本原理同中国具体实际相结合，创立毛泽东思想，开辟了农村包围城市、武装夺取政权的正确革命道路，取得了新民主主义革命的胜利。

---

① 《胡锦涛文选》第 1 卷，人民出版社 2016 年版，第 462 页。
② 《习近平关于科技创新论述摘编》，中央文献出版社 2016 年版，第 4 页。

　　党在社会主义革命和建设时期进行的开拓创新。党在这一时期，对中国走出一条符合自己国情的社会主义改造和社会主义建设道路进行了艰辛探索。毛泽东思想在这个时期得到丰富和发展。尽管在探索中出现了挫折和失误，但党仍然在开拓创新中取得巨大成就，建立了党的全面领导制度，创立了人民代表大会制度、中国共产党领导的多党合作和政治协商制度、民族区域自治制度等制度，颁布了一系列法律法规。在社会主义革命中，党探索和实行了对农业和手工业进行合作化、对民族资本主义工商业进行和平赎买的政策，走出了一条符合中国实际的社会主义改造道路。社会主义革命一完成，毛泽东同志就提出了技术革命的问题。他说："现在是一场新的战争，向自然界开火。革命尚未全成，同志仍须努力。"[1]后来他又强调："科学技术这一仗，一定要打，而且必须打好。过去我们打的是上层建筑的仗，是建立人民政权、人民军队。建立这些上层建筑干什么呢？就是要搞生产。搞上层建筑、搞生产关系的目的就是解放生产力。现在生产关系是改变了，就要提高生产力。不搞科学技术，生产力无法提高。"[2]"我们不能走世界各国技术发展的老路，跟在别人后面一步一步地爬行。我们必须打破常规，尽量采用先进技术，在一个不太长的历史时期内，把我国建设成为一个社会主义的现代化的强国。"[3]党中央发出了"向现代科学进军"的号召，制定和实施十二年科技发展远景规划和新的十年科技发展规划，优先发展与重工业和国防事业有关

---

　　① 毛泽东：《在整风以后要准备把注意力逐渐移到搞技术革命》（1958年1月28日），《党的文献》1991年第6期。

　　②《毛泽东文集》第8卷，人民出版社1999年版，第351页。

　　③《毛泽东文集》第8卷，人民出版社1999年版，第341页。

的尖端科技，建构起工业化基础和科技基础，取得了"两弹一星"等重大成果。在文化建设方面，党提出了"百花齐放、百家争鸣"繁荣和发展科学文化的方针，创作出一大批反映新中国革命和建设成就、人民群众精神面貌和道德风尚的优秀作品。

党在改革开放和社会主义现代化建设新时期进行的开拓创新。党在这一时期，开创、坚持、捍卫、发展了中国特色社会主义，先后创立和形成邓小平理论、"三个代表"重要思想、科学发展观，走出了一条中国特色社会主义道路。党领导实行放开搞活政策，鼓励农民实行家庭联产承包责任制，创办乡镇企业。兴办深圳等经济特区，开发开放浦东，推动沿海沿边沿江沿线和内陆中心城市对外开放。邓小平同志指出："深圳经济特区是个试验，路子走得是否对，还要看一看。它是社会主义的新生事物。搞成功是我们的愿望，不成功是一个经验嘛。搞社会主义，中心任务是发展社会生产力。一切有利于发展社会生产力的方法，包括利用外资和引进先进技术，我们都采用。这是个很大的试验，是书本上没有的。"① 他还强调："我们现在所干的事业是一项新事业，马克思没有讲过，我们的前人没有做过，其他社会主义国家也没有干过，所以，没有现成的经验可学。我们只能在干中学，在实践中摸索。"② 江泽民同志指出："我们的改革，是社会主义制度的自我完善和发展，是发扬优势、革除弊端、大胆创新的过程。"③ 胡锦涛同志强调："提高自主创新能力，建设创新型国家。这是国家发展战略的

---

① 《邓小平文选》第3卷，人民出版社1993年版，第130页。
② 《邓小平文选》第3卷，人民出版社1993年版，第258—259页。
③ 《江泽民文选》第1卷，人民出版社2006年版，第163页。

核心，是提高综合国力的关键。"①党在推进经济体制改革的同时，进行政治、文化、教育、社会等领域体制改革，实施科教兴国、可持续发展、人才强国等重大战略，推进西部大开发，振兴东北地区等老工业基地，促进中部地区崛起，支持东部地区率先发展，促进城乡、区域协调发展，推进国有企业改革和发展，鼓励和支持发展非公有制经济，加快转变经济发展方式，加强生态环境保护，推动经济持续快速发展。党领导发展社会主义民主政治，建设社会主义法治国家。党领导建设社会主义精神文明，发展社会主义先进文化。党加快推进以改善民生为重点的社会建设，改善人民生活。党积极推进中国特色军事变革，坚持"一国两制"基本方针，积极做好港澳台工作。党科学判断时代特征和国际形势，提出正确的对外方针政策，开创和推进党的建设新的伟大工程。党领导人民在改革开放和现代化建设中取得的伟大成就，都是与坚持开拓创新分不开的。

党在中国特色社会主义新时代进行的开拓创新。党在这一时期，领导人民砥砺奋进，谱写了中国特色社会主义新的篇章，创立习近平新时代中国特色社会主义思想，中华民族伟大复兴展现出前所未有的光明前景。习近平同志指出："越是伟大的事业，往往越是充满艰难险阻，越是需要开拓创新。"②"在激烈的国际竞争中，惟创新者进，惟创新者强，惟创新者胜。"③党的十八大以来，党坚持和全面加强对一切工作的领导，全面从严治党，推进新时代党的建设新的伟大工程。党作出坚持以高质量发展为主题、以供给侧结构性改革为主线、建

① 《胡锦涛文选》第2卷，人民出版社2016年版，第629页。
② 习近平：《论中国共产党历史》，中央文献出版社2021年版，第84页。
③ 《习近平谈治国理政》第1卷，外文出版社2018年版，第59页。

设现代化经济体系、把握扩大内需战略基点、打好三大攻坚战等重大决策。党坚持"两个毫不动摇"，坚持实施创新驱动发展战略，把科技自立自强作为国家发展的战略支撑，健全新型举国体制，强化国家战略科技力量，保障粮食和能源资源等安全，实施区域协调发展战略、乡村振兴战略，促进京津冀协同发展、长江经济带发展、粤港澳大湾区建设、长三角一体化发展、黄河流域生态保护和高质量发展。党推进全面深化改革开放，各领域基础性制度框架基本确立，开创了改革开放新局面。党加强政治建设，对坚持和完善支撑中国特色社会主义制度的根本制度、基本制度、重要制度作出重点部署。党坚持依法治国，不断推进社会主义法治建设。党着力解决意识形态领域党的领导弱化问题，坚持以社会主义核心价值观引领文化建设。党加强以保障和改善民生为重点的社会建设，加强和创新社会治理。党以前所未有的力度抓生态文明建设，美丽中国建设迈出重大步伐。党重构人民军队领导指挥体制、现代军事力量体系、军事政策制度。党推进国家安全体系和能力建设。党推动建立健全特别行政区维护国家安全的法律制度和执行机制。党加强对外工作顶层设计和对中国特色大国外交的战略谋划。新时代取得的历史性成就和发生的历史性变革是坚持开拓创新的结果。

新时代新征程必须坚持开拓创新。习近平同志强调，开拓创新"永远是中国共产党人应该具有的历史担当"①。"实现中华民族伟大复兴，必须合乎时代潮流、顺应人民意愿，勇于改革开放，让党和人民事业始终充满奋勇前进的强大动力。"② 我们

---

① 习近平：《论中国共产党历史》，中央文献出版社 2021 年版，第 83 页。
② 习近平：《论中国共产党历史》，中央文献出版社 2021 年版，第 180—181 页。

要统筹国内国际两个大局，始终挺立时代潮头，胸怀"国之大者"，把开拓创新作为一种常态，坚持一切从实际出发，保持锐意创新的勇气、敢为人先的锐气、蓬勃向上的朝气，不断开创工作新局面，奋力开拓中国特色社会主义更加广阔的光明前景。我们要坚持开拓创新，推进国家治理体系和治理能力现代化。改革只有进行时，没有完成时。我们要坚持守正和创新相统一，以坚持和完善中国特色社会主义制度、推进国家治理体系和治理能力现代化为主轴，不断推动全面深化改革向广度和深度进军，坚决破除传统观念和利益固化羁绊，着力固根基、扬优势、补短板、强弱项。我们要围绕建设社会主义现代化强国目标，紧扣社会主要矛盾变化，立足新发展阶段，完整、准确、全面贯彻新发展理念，深刻把握高质量发展要求，把创新摆在国家发展全局的核心位置，推动以科技创新为核心的全面创新，形成以创新为主要引领和支撑的经济体系和发展模式，加快构建新发展格局，持续推进质量变革、效率变革、动力变革，着力解决发展不平衡不充分问题，促进共同富裕。我们必须把创新作为引领发展的第一动力，激发和尊重基层首创精神，调动全社会创新热情，让创新贯穿党和国家一切工作，让创新在全社会蔚然成风。我们党靠开拓创新走到今天，必然靠开拓创新走向未来。"只要我们顺应时代潮流，回应人民要求，勇于推进改革，准确识变、科学应变、主动求变，永不僵化、永不停滞，就一定能够创造出更多令人刮目相看的人间奇迹。"①

---

① 《中共中央关于党的百年奋斗重大成就和历史经验的决议》，人民出版社 2021 年版，第 69 页。

八、策略手段问题：坚持敢于斗争

《决议》指出："敢于斗争、敢于胜利，是党和人民不可战胜的强大精神力量。党和人民取得的一切成就，不是天上掉下来的，不是别人恩赐的，而是通过不断斗争取得的。"①

坚持敢于斗争，是党总结百年奋斗历程得出的第八条历史经验。坚持敢于斗争，才能巩固党的领导。这条历史经验是从党的精神风貌和坚定意志来讲的，强调的是策略手段问题，阐述的是党领导人民在革命、建设和改革的实践中，是如何发扬敢于斗争、敢于胜利的革命精神的。坚持党的领导必须坚持敢于斗争。敢于斗争是我们党鲜明的品格。党和人民的一切成就都是通过斗争得来的。

党领导人民在新民主主义革命时期进行的伟大斗争。习近平同志指出："建立中国共产党、成立中华人民共和国、实行改革开放、推进新时代中国特色社会主义事业，都是在斗争中诞生、在斗争中发展、在斗争中壮大的。"② 中国共产党成立于内忧外患之时，党一成立就勇敢地担负起争取民族独立、人民解放的历史任务。当时党尽管力量还比较弱小，但毅然决然高举起反帝反封建的旗帜，实行国共第一次合作，掀起了大革命高潮。大地主、大资产阶级的代表蒋介石、汪精卫等叛变革命后，对共产党人和革命群众进行了血腥屠杀，我们党并没有被吓倒，而是在血泊中站起，开始进行武装斗争，发动农民开展了土地革命。中央革命根据地第五次反"围剿"失败后，红军

---

① 《中共中央关于党的百年奋斗重大成就和历史经验的决议》，人民出版社 2021 年版，第 69 页。

② 《习近平谈治国理政》第 3 卷，外文出版社 2020 年版，第 225 页。

被迫战略转移，进行了长征。长征途中，党和红军要同围追堵截的敌人斗争，要同王明"左"倾教条主义斗争，要同张国焘分裂主义斗争，要同雪山、草地的恶劣自然环境斗争，最终取得了长征的伟大胜利。在抗日战争中，党为了民族大义，推动建立了抗日民族统一战线。为了维护统一战线，党领导同国民党顽固派发动的三次反共高潮进行斗争。如何维护统一战线，毛泽东同志强调："不论何时，又团结，又斗争，以斗争之手段，达团结之目的；有理有利有节；利用矛盾，争取多数，反对少数，各个击破等项原则，必须坚持，不可忘记。"[1]党领导人民进行了14年的抗战，以艰苦卓绝的斗争，打败日本侵略者。国民党反动派发动全面内战后，在敌强我弱的情况下，我们党敢于斗争、敢于胜利，领导人民打败国民党蒋介石800万军队。毛泽东同志说："以蒋介石为首的中国反动派，和日本帝国主义的走狗汪精卫一模一样，充当美国帝国主义的走狗，将中国出卖给美国，发动战争，反对中国人民，阻止中国人民解放事业的前进。在这种时候，如果我们表示软弱，表示退让，不敢坚决地起来用革命战争反对反革命战争，中国就将变成黑暗世界，我们民族的前途就将被断送。中国共产党领导中国人民解放军坚决地进行了爱国的正义的革命的战争，反对蒋介石的进攻。"[2]毛泽东同志在党的七大上作结论报告时，在讲到"准备吃亏"时曾一口气列了17条困难[3]，提醒全党同志做好艰苦斗争的思想准备。党领导人民经过28年浴血奋斗，付

---

① 《毛泽东选集》第4卷，人民出版社1991年版，第1154页。

② 《毛泽东选集》第4卷，人民出版社1991年版，第1245页。

③ 习近平：《论把握新发展阶段、贯彻新发展理念、构建新发展格局》，中央文献出版社2021年版，第107页。

出了最大牺牲，取得新民主主义革命的胜利。

党领导人民在社会主义革命和建设时期进行的伟大斗争。新中国成立后，面对党内和党外、国内和国际、人类社会和自然界的多种复杂严峻的考验挑战，我们党都以强烈担当和巨大勇气作出历史抉择、开展坚决斗争，领导人民迎难而上、坚决斗争、从容应对，不断取得胜利。党领导人民消灭国民党在大陆的残余部队，实现大陆完全统一。清剿土匪百万，根绝旧中国历史上的匪患。进行土地改革，约 3 亿无地少地农民无偿获得约 7 亿亩土地。这里特别值得一提的是抗美援朝战争。当年，面对世界上经济实力最雄厚、军事力量最强大的美帝国主义的武装威胁和挑衅，是否出兵入朝作战，毛泽东同志说这是他一生中最难作出的决策之一。党中央和毛泽东同志以"打得一拳开，免得百拳来"的战略远见，以"不惜国内打烂了重新建设"的决心和气魄，作出抗美援朝、保家卫国的历史性决策，避免了侵略者陈兵国门的危局，捍卫了新中国安全。毛泽东同志当时就说："中华民族就是这样一个坚决战斗的民族。虽然在我们的斗争过程中，有时曾遇到一些困难，但是我们不是靠观音菩萨来救命，而是靠自己的双手去克服困难。"[1] 党领导人民同美帝国主义的军事威胁、政治孤立、经济封锁斗争，同苏联的大国沙文主义斗争，同官僚主义和不法资本家斗争，同 1954 年的特大洪水和 1959 年至 1961 年的三年经济困难斗争，同林彪、江青两个反革命集团进行了坚决斗争。在这一系列斗争中，党和人民取得社会主义革命和建设的巨大成就。

党领导人民在改革开放和社会主义现代化建设新时期进行

---

①《毛泽东文集》第 6 卷，人民出版社 1999 年版，第 92 页。

的伟大斗争。改革开放之初，党领导人民同长期存在的"左"倾错误思想作斗争，彻底否定"两个凡是"的错误方针，同时，同否定党的领导、否定社会主义制度的资产阶级自由化思潮斗争。邓小平同志指出："我们干四个现代化，人们都说好，但有些人脑子里的四化同我们脑子里的四化不同。我们脑子里的四化是社会主义的四化。他们只讲四化，不讲社会主义。这就忘记了事物的本质，也就离开了中国的发展道路。这样，关系就大了。在这个问题上我们不能让步。这个斗争将贯穿在实现四化的整个过程中，不仅本世纪内要进行，下个世纪还要继续进行。"①党领导了真理标准问题的讨论，领导了冤假错案的大规模平反和社会关系的调整。上个世纪 80 年代末 90 年代初，东欧剧变、苏共垮台、苏联解体，世界社会主义遭受严重曲折，我国也发生了 1989 年春夏之交的严重政治风波。党紧紧依靠人民，以坚定意志和历史担当，采取果断措施，打赢了这场关系党和国家生死存亡的斗争，并顶住了西方国家所谓"制裁"的压力，保证了中国特色社会主义的正确航向和改革发展的正确方向。邓小平同志强调："只要中国社会主义不倒，社会主义在世界将始终站得住。"②江泽民同志指出："西方某些人甚至想把社会主义在地球上消灭掉，这是绝对办不到的。西方国家不能忽视中国作为社会主义大国在国际上特别是在第三世界中的作用。我们共产党人要坚定信念，还要不断积累经验。我们要承认世界社会主义处在低潮，但我们要顶住，硬着头皮顶住，同时要把我们的社会主义事业发展好。"③习近平同志后来强调指

---

① 《邓小平文选》第 3 卷，人民出版社 1993 年版，第 204 页。
② 《邓小平文选》第 3 卷，人民出版社 1993 年版，第 346 页。
③ 《江泽民文选》第 1 卷，人民出版社 2006 年版，第 136 页。

出："如果中国共产党领导和我国社会主义制度也在那场多米诺骨牌式的变化中倒塌了，或者因为其他原因失败了，那社会主义实践就可能又要长期在黑暗中徘徊了，中华民族伟大复兴的进程也必然会被打断。"① 在这一时期，党领导人民成功应对亚洲金融危机和世界金融危机的冲击，取得 1998 年抗洪的伟大胜利，果断进行了反对"法轮功"邪教组织的重大政治斗争，从政治、军事、外交、舆论等方面开展了反分裂反"台独"斗争，同日方就"购买"钓鱼岛及其附属岛屿进行了坚决斗争，依法坚决平息和妥善处理 2008 年 3 月 14 日西藏拉萨等地打砸抢烧严重暴力犯罪事件和 2009 年 7 月 5 日新疆乌鲁木齐打砸抢烧严重暴力犯罪事件，坚决打击了暴力恐怖势力、民族分裂势力和宗教极端势力的破坏活动。胡锦涛同志指出："在涉及我国主权、安全、国家利益等大是大非问题上，我们必须坚决斗争，绝不能含糊。"② 党还领导人民取得了抗击非典疫情、抗击南方雨雪冰冻极端天气、汶川抗震救灾、玉树抗震救灾、舟曲特大泥石流抢险救灾等的胜利。党领导人民进行的这一系列斗争，保证了我国改革开放和社会主义现代化建设的顺利进行。

党领导人民在中国特色社会主义新时代进行的伟大斗争。党的十八大以来，党领导人民进行了具有许多新的历史特点的伟大斗争，掌握应对风险挑战的战略主动，对危及党的执政地位、国家政权稳定，危害国家核心利益，危害人民根本利益，有可能迟滞甚至打断中华民族复兴进程的重大风险挑战，果断出手、坚决斗争，防范和化解了许多重大风险，解

① 《习近平谈治国理政》第 4 卷，外文出版社 2022 年版，第 82 页。
② 《胡锦涛文选》第 2 卷，人民出版社 2016 年版，第 74 页。

决了许多长期想解决而没有解决的难题，办成了许多过去想办而没有办成的大事。党加强和维护党中央集中统一领导，清除"两面人"。全面从严治党，纠治"四风"，反对特权思想和特权现象，坚定不移"打虎""拍蝇""猎狐"，清除一切腐败分子，消除党、国家、军队内部存在的严重隐患。推进全面深化改革，敢于啃硬骨头，敢于涉险滩，有效破除各方面体制机制弊端。警惕和防范西方所谓"宪政"、多党轮流执政、"三权鼎立"等政治思潮侵蚀影响，在意识形态领域立破并举、激浊扬清。组织实施人类历史上规模最大、力度最强的脱贫攻坚战。开展抗击新冠肺炎疫情人民战争、总体战、阻击战，取得疫情防控重大决定性胜利。实施大气、水、土壤污染防治三大行动计划，打好蓝天、碧水、净土保卫战。从严治军，果断决策整肃人民军队政治纲纪。严密防范和严厉打击敌对势力渗透、破坏、颠覆、分裂活动，顶住和反击外部极端打压遏制，开展涉港、涉台、涉疆、涉藏、涉海等斗争。坚决防范和遏制外部势力干预港澳事务，坚决反对"台独"分裂行径，坚决反对外部势力干涉。坚决反对单边主义、保护主义、霸权主义、强权政治。新时代党领导人民进行的这一系列斗争，使我们赢得了主动，推动中华民族伟大复兴进入不可逆转的历史进程。

新时代新征程必须坚持敢于斗争。我们党依靠斗争创造历史，更要依靠斗争赢得未来。习近平同志指出："想一帆风顺推进我们的事业，想顺顺当当实现我们的奋斗目标，那是不可能的。可以预见，在今后的前进道路上，来自各方面的困难、风险、挑战肯定还会不断出现，关键看我们有没有克服它们、战胜它们、驾驭它们的本领。"①新征程上，我们面临的风险考验只会越来越复杂，甚至会遇到难以想象的惊涛骇浪。我们面临的各种斗争不是短期的而是长期的，将伴随实现第二个百年奋斗目标全过程。在重大风险、强大对手面前，总想过太平日子、不想斗争是不切实际的，得"软骨病"、患"恐惧症"是无济于事的。唯有主动迎战、坚决斗争才有生路出路，才能赢得尊严、求得发展，逃避退缩、妥协退让只会招致失败和屈辱，只能是死路一条。习近平同志强调："我们必须积极主动、未雨绸缪，见微知著、防微杜渐，下好先手棋，打好主动仗，做好应对任何形式的矛盾风险挑战的准备，做好经济上、政治上、文化上、社会上、外交上、军事上各种斗争的准备，层层负责、人人担当。"②我们必须把握新的伟大斗争的历史特点，发扬斗争精神，把握斗争方向，把握斗争主动权，坚定斗争意志，掌握斗争规律，增强斗争本领，有效应对重大挑战、抵御重大风险、克服重大阻力、解决重大矛盾，战胜前进道路上的一切艰难险阻，不断夺取新时代伟大斗争的新胜利。"只要我们把握新的伟大斗争的历史特点，抓住和用好历史机遇，下好先手棋、打好主动仗，发扬斗争精神，增强斗争本领，凝聚起全党全国人民的意志和力量，就一定能够战胜一切可以预见和难以预见的风险挑战。"③

①《习近平谈治国理政》第 1 卷，外文出版社 2018 年版，第 402 页。
②《习近平谈治国理政》第 2 卷，外文出版社 2017 年版，第 222—223 页。
③《中共中央关于党的百年奋斗重大成就和历史经验的决议》，人民出版社 2021 年版，第 69—70 页。

九、团结联合问题：坚持统一战线

《决议》指出："团结就是力量。建立最广泛的统一战线，是党克敌制胜的重要法宝，也是党执政兴国的重要法宝。党始终坚持大团结大联合，团结一切可以团结的力量，调动一切可以调动的积极因素，促进政党关系、民族关系、宗教关系、阶层关系、海内外同胞关系和谐，最大限度凝聚起共同奋斗的力量。"①

坚持统一战线，是党总结百年奋斗历程得出的第九条历史经验。坚持统一战线，才能实现党的领导。这条历史经验是从党的阶级基础和群众基础来讲的，强调的是争取人心和壮大力量的问题，阐述的是党在革命、建设和改革的实践中，是如何建立最广泛统一战线的。坚持党的领导必须坚持统一战线。统一战线只有在党的领导下才能发展壮大。党的领导是统一战线的根本，统一战线则是党在革命、建设和改革发展事业中的重要法宝。

统一战线是马克思主义的一个基本战略和策略。统一战线涉及很多问题，但根本问题是解决无产阶级解放运动中的自身团结统一和同盟军问题。在百年奋斗历程中，我们党先后倡导和领导建立了国民革命联合战线、工农民主统一战线、抗日民族统一战线、人民民主统一战线、新时期爱国统一战线和新时代爱国统一战线，为实现党在各个历史时期的使命任务，争取民族独立和人民解放、实现国家富强和人民幸福作出了重要贡献。

①《中共中央关于党的百年奋斗重大成就和历史经验的决议》，人民出版社 2021 年版，第 70 页。

　　党在新民主主义革命时期的统一战线。党在这一时期的统一战线，为推翻"三座大山"，实现民族独立、人民解放，发挥了重要作用。我们党成立后，把马克思主义基本原理同中国革命实际相结合，在实践中逐步认识到，中国革命的敌人异常强大，要完成新民主主义革命的任务，必须团结一切可以团结的力量，建立革命的统一战线。毛泽东同志指出："中国新民主主义的革命要胜利，没有一个包括全民族绝大多数人口的最广泛的统一战线，是不可能的。"①"中国无产阶级应该懂得：他们自己虽然是一个最有觉悟性和最有组织性的阶级，但是如果单凭自己一个阶级的力量，是不能胜利的。而要胜利，他们就必须在各种不同的情形下团结一切可能的革命的阶级和阶层，组织革命的统一战线。"②党通过分析中国半殖民地半封建的社会性质及其阶级状况，鉴于工人阶级特别是产业工人力量还十分薄弱，提出联合其他阶级、实现民众大联合的战略思想。1922年7月，党的二大改变了党的一大关于不同其他党派建立任何联系的规定，提出要"联合全国革新党派，组织民主的联合战线"的主张③。1923年6月，党的三大正式决定共产党员以个人身份加入国民党，实现国共合作。1924年1月，国民党召开一大，国民革命联合战线正式形成。党领导掀起了大革命高潮。"在一九二四年至一九二七年的革命战争中，共产党和国民党联合的南方革命势力，曾经由弱小的力量变得强大起来，取得了北伐的胜利；而称雄一时的北洋军阀则被打倒

---

① 《毛泽东选集》第4卷，人民出版社1991年版，第1257页。
② 《毛泽东选集》第2卷，人民出版社1991年版，第645页。
③ 《建党以来重要文献选编》第1册，中央文献出版社2011年版，第139页。

了。"①大革命失败后，我们党领导了土地革命战争，紧紧依靠农民这个中国革命的主要同盟者，建立和巩固了工农民主统一战线，开辟了一条适合中国国情的农村包围城市、武装夺取政权的道路。1928年6月至7月，党的六大制定了工农民主统一战线的策略，提出要"巩固工人阶级与共产党在农民运动中思想上与组织上的领导"②。反封建压迫、反国民党统治成为工农民主统一战线的主要任务。抗日战争爆发后，我们党捐弃前嫌，从民族大义出发，提出了联合民族资产阶级和一切同盟者共同反抗日本帝国主义侵略的政治主张。毛泽东同志指出："中日矛盾变动了国内的阶级关系，使资产阶级甚至军阀都遇到了存亡的问题，在他们及其政党内部逐渐地发生了改变政治态度的过程。这就在中国共产党和中国人民面前提出了建立抗日民族统一战线的任务。我们的统一战线是包括资产阶级及一切同意保卫祖国的人们的，是举国一致对外的。"③"我们的统一战线是民族的。这就是说，包括全民族一切党派及一切阶级，只除开汉奸在外。"④"抗日民族统一战线是各党各派各界各军的统一战线，是工农兵学商一切爱国同胞的统一战线。"⑤"统一战线必须坚持下去；只有坚持统一战线，才能坚持战争；只有坚持统一战线和坚持战争，才能有最后胜利。"⑥1935年12月，党召开瓦窑堡会议，通过决议正式确立了建立抗日民族统一战线的新策略。通过和平解决西安事变，在1937年卢沟桥事变

①《毛泽东选集》第1卷，人民出版社1991年版，第324页。
②《建党以来重要文献选编》第5册，中央文献出版社2011年版，第432页。
③《毛泽东选集》第1卷，人民出版社1991年版，第253页。
④《毛泽东文集》第1卷，人民出版社1993年版，第479页。
⑤《毛泽东选集》第2卷，人民出版社1991年版，第365—366页。
⑥《毛泽东选集》第2卷，人民出版社1991年版，第466页。

后，实现了国共第二次合作，抗日民族统一战线正式建立。抗日民族统一战线的建立，为中国人民抗日战争的胜利起到了重要的保证作用。抗日战争胜利后，国民党蒋介石要在中国继续实行独裁统治，悍然发动全面内战。我们党及时提出了关于人民民主统一战线的方针政策。毛泽东同志强调："被蒋介石政府各项反动政策所压迫、处于团结自救地位的中国各阶层人民，包括了工人、农民、城市小资产阶级、民族资产阶级、开明绅士、其他爱国分子、少数民族和海外华侨在内。这是一个极其广泛的全民族的统一战线。"① "它和抗日时期的统一战线相比较，不但规模同样广大，而且有更加深刻的基础。"② 解放战争的胜利，为新中国的建立奠定了基础。1949 年 9 月制定的《中国人民政治协商会议共同纲领》成为全国一切党派、团体、个人的行为活动的共同准则，是新中国的建国纲领和建设蓝图。

党在社会主义革命和建设时期的统一战线。党在这一时期的统一战线，为确立社会主义基本制度、推进社会主义建设，发挥了重要作用。新中国建立后，为了巩固新生人民政权，恢复国民经济，建立社会主义基本制度，完成社会主义改造，推进社会主义建设，我们党坚持巩固和发展人民民主统一战线。毛泽东同志指出："有人说全国胜利以后怎么办？那时还要不要统一战线？是不是'一朝权在手，便把令来行'，下一个命令不要统一战线了？不是的。那时的问题是巩固胜利，没有全民族绝大多数人口参加的民族统一战线，胜利就不能巩

---

① 《毛泽东选集》第 4 卷，人民出版社 1991 年版，第 1225 页。
② 《毛泽东选集》第 4 卷，人民出版社 1991 年版，第 1213 页。

固。"①"我国的人民民主统一战线是在伟大的革命斗争中一步一步地形成的，它是一个包括全国各民族、各民主阶级、各民主党派、各人民团体以及一切爱国民主人士在内的几万万人的统一战线，它是以工人、农民为基础的，它是在工人阶级和共产党领导之下的，它又是采用自我批评方法的，因此，它就能够巩固地团结一致，它就能够越来越有生气，越来越有力量，它就是任何敌人所不能战胜的。"② 我们党在这一历史时期，作出知识分子"已经是工人阶级的一部分"的科学论断，规定了对知识分子和教育科学文化工作的正确政策。对民族资产阶级实行和平改造和赎买政策，完成对资本主义工商业的社会主义改造。提出"长期共存、互相监督"八字方针，加强与各民主党派、无党派人士团结合作。推动民族地区实行社会改革，实行民族区域自治制度，建立和发展社会主义的民族团结平等关系。支持基督教、天主教开展"三自"爱国运动和佛教、道教、伊斯兰教、藏传佛教进行宗教制度的民主改革。这些政策措施，极大地激发了各族各界群众参加社会主义革命和建设的热情和积极性。

党在改革开放和社会主义现代化建设新时期的统一战线。党在这一时期的统一战线，为推进改革开放和社会主义现代化建设、推进祖国统一大业和维护世界和平与发展，发挥了重要作用。党的十一届三中全会后，我们党根据国内阶级状况和形势任务的根本变化，推动统一战线从阶级联盟向政治联盟转变，提出了新时期爱国统一战线的新命题新论断。邓小平同志

---

① 《毛泽东文集》第 5 卷，人民出版社 1996 年版，第 25—26 页。
② 《毛泽东文集》第 6 卷，人民出版社 1999 年版，第 187 页。

指出："我们的国家进入了以实现四个现代化为中心任务的新的历史时期，我们的革命统一战线也进入了一个新的历史发展阶段。"① "新时期统一战线，可以称为社会主义劳动者和爱国者的联盟。" "统一战线的对象，清楚得很，顾名思义，是把一切能够联合的都联合起来，范围以宽为宜，宽有利，不是窄有利。" "统一战线的性质，叫革命的爱国的统一战线，就是社会主义劳动者和爱国者的联盟。这样范围就宽了，具有广泛的性质。"② "统一战线仍然是一个重要法宝，不是可以削弱，而是应该加强，不是可以缩小，而是应该扩大。它已经发展成为全体社会主义劳动者、拥护社会主义的爱国者和拥护祖国统一的爱国者的最广泛的联盟。新时期统一战线的任务，就是要调动一切积极因素，团结一切可以团结的力量，为在本世纪内把我国建设成为现代化的社会主义强国而共同奋斗，还要为促进台湾归回祖国，完成祖国统一大业而共同努力。"③ 江泽民同志指出："统一战线历来是为党的总路线、总任务服务的。统一战线工作的根本任务就是争取人心、凝聚力量，为实现党和国家的宏伟目标而团结奋斗。进入新世纪，党对统一战线的基本要求是：高举爱国主义、社会主义的旗帜，团结一切可以团结的力量，调动一切积极因素，化消极因素为积极因素，为建设有中国特色社会主义的经济、政治、文化服务，为维护安定团结的政治局面服务，为实现祖国的完全统一服务，为维护世界和平与促进共同发展服务。"④ "现在，统一战线的工作范围包

---

①《邓小平文选》第 2 卷，人民出版社 1994 年版，第 185 页。
②《邓小平论统一战线》，中央文献出版社 1991 年版，第 158—159 页。
③《邓小平文选》第 2 卷，人民出版社 1994 年版，第 203 页。
④《江泽民文选》第 3 卷，人民出版社 2006 年版，第 139 页。

括：各民主党派成员，无党派人士，党外知识分子，少数民族
人士，宗教界人士，非公有制经济人士，香港特别行政区同
胞、澳门特别行政区同胞，台湾同胞、去台湾人员留在大陆的
亲属和回大陆定居的台胞，出国和归国留学人员，海外侨胞和
归侨侨眷，原工商业者，起义和投诚的原国民党军政人员等。
统一战线工作的重点是社会有关方面的党外代表性人士。我们
要适应我国社会主义初级阶段的发展要求，努力巩固和发展最
广泛的爱国统一战线，使海内外中华儿女为实现中国的现代化
和中华民族的伟大复兴而达到新的团结和联合。"① 胡锦涛同志
指出："在实现中华民族伟大复兴的征程上，我们一定要大力
弘扬爱国主义精神，巩固和加强全国各族人民大团结，巩固和
加强海内外中华儿女大团结，巩固和壮大最广泛的爱国统一战
线，促进政党关系、民族关系、宗教关系、阶层关系、海内外
同胞关系的和谐，广泛凝聚中华民族一切智慧和力量，团结一
切可以团结的力量，万众一心为实现中华民族伟大复兴而奋
斗。"② "要高举爱国主义、社会主义旗帜，巩固统一战线的思
想政治基础，正确处理一致性和多样性的关系。"③ 新时期爱国
统一战线的范围和规模不断扩大，形成了"两个范围"的联
盟，即由大陆全体劳动者、爱国者组成的，以社会主义为政治
基础的联盟；团结台湾同胞、港澳同胞、国外侨胞，以拥护祖
国统一为政治基础的联盟。党还提出了"长期共存、互相监
督、肝胆相照、荣辱与共"十六字方针，出台关于坚持和完善
中国共产党领导的多党合作和政治协商制度的意见，落实知识

---

① 《江泽民文选》第3卷，人民出版社2006年版，第142—143页。
② 《胡锦涛文选》第3卷，人民出版社2016年版，第560页。
③ 《胡锦涛文选》第3卷，人民出版社2016年版，第636页。

分子和民族、宗教政策，颁布实施民族区域自治法，提出"和平统一、一国两制"方针，团结各方面人士投身改革开放和社会主义现代化建设事业。在我国进入全面建设小康社会新的发展阶段后，党把统一战线进一步表述为由中国共产党领导的，有各民主党派、各人民团体参加的，包括全体社会主义劳动者、社会主义事业的建设者、拥护社会主义的爱国者、拥护祖国统一和致力于中华民族伟大复兴的爱国者的联盟，并载入宪法和党章。党强调政党关系、民族关系、宗教关系、阶层关系、海内外同胞关系是需要全面把握和正确处理的重大关系，着力推动"五大关系"和谐，充分调动了各族各界群众共同致力于全面建设小康社会的积极性。

党在中国特色社会主义新时代的统一战线。党在这一时期的统一战线，为实现"两个一百年"奋斗目标和中华民族伟大复兴的中国梦凝聚广泛共识和磅礴力量，发挥了重要作用。党的十八大以来，以习近平同志为核心的党中央统筹国内国际两个大局，对做好统一战线工作、团结一切可以团结的力量作出系统谋划和全面部署。习近平同志强调："现在，我们党所处的历史方位、所面临的内外形势、所肩负的使命任务发生了重大变化。越是变化大，越是要把统一战线发展好、把统战工作开展好。"[1]"世界百年未有之大变局加速演进，统一战线在维护国家主权、安全、发展利益上的作用更加重要。全面建设社会主义现代化国家、实现中华民族伟大复兴，统一战线在围绕中心、服务大局上的作用更加重要。我国社会结构发生深刻变化，统一战线在增强党的阶级基础、扩大党的群众基础上的作

---

① 习近平：《论坚持人民当家作主》，中央文献出版社 2021 年版，第 129 页。

用更加重要。"① "人心向背、力量对比是决定党和人民事业成败的关键，是最大的政治。统战工作的本质要求是大团结大联合，解决的就是人心和力量问题。这是我们党治国理政必须花大心思、下大气力解决好的重大战略问题。"② "要高举爱国主义、社会主义旗帜，牢牢把握大团结大联合的主题，坚持一致性和多样性统一，找到最大公约数，画出最大同心圆。"③ "我们在实践中形成了关于做好新时代党的统一战线工作的重要思想，就加强和改进统战工作提出了一系列新理念新思想新战略，主要是必须充分发挥统一战线的重要法宝作用，必须解决好人心和力量问题，必须正确处理一致性和多样性关系，必须坚持好发展好完善好中国新型政党制度，必须以铸牢中华民族共同体意识为党的民族工作主线，必须坚持我国宗教中国化方向，必须做好党外知识分子和新的社会阶层人士统战工作，必须促进非公有制经济健康发展和非公有制经济人士健康成长，必须发挥港澳台和海外统战工作争取人心的作用，必须加强党外代表人士队伍建设，必须把握做好统战工作的规律，必须加强党对统战工作的全面领导。关于做好新时代党的统一战线工作的重要思想，是党的统一战线百年发展史的智慧结晶，是新时代统战工作的根本指针，全党必须完整、准确、全面贯彻落实。"④2015 年 5 月，党中央召开的中央统战工作会议，明确了新时代爱国统一战线的新定位和新任务，科学回答了新时代统

①《促进海内外中华儿女团结奋斗　为中华民族伟大复兴汇聚伟力》，《人民日报》2022 年 7 月 31 日。

② 习近平：《论坚持人民当家作主》，中央文献出版社 2021 年版，第 128—129 页。

③ 习近平：《论坚持人民当家作主》，中央文献出版社 2021 年版，第 179 页。

④《促进海内外中华儿女团结奋斗　为中华民族伟大复兴汇聚伟力》，《人民日报》2022 年 7 月 31 日。

一战线面临的一系列重大问题。2020 年 12 月，党中央印发了《中国共产党统一战线工作条例》，对新时代统一战线各领域的理论、方针、政策进行了进一步完善，确立了统一战线工作的基本原则、组织领导、保障监督等。同时，党中央还先后召开中央民族工作会议、全国高校统战工作会议、全国宗教工作会议、全国新的社会阶层人士统战工作会议等专项会议，对新时代爱国统一战线各领域的工作作出了具体安排和部署。所有这些工作，凝聚了全国人民和中华儿女的力量，开创了新时代党的统一战线工作的新局面。

新时代新征程必须坚持统一战线。面对我国发展内外环境深刻变化，所有制形式、社会阶层、社会思想观念更加多样，做好凝聚人心的工作、做好团结的工作尤为重要。我们必须坚持中国共产党的领导。中国共产党领导是团结一切可以团结力量的根本保证。我们党建立和发展统一战线的目的，就是团结带领各方面党外人士同我们党一道前进。要引导各方面人士自觉接受和维护党的领导，听党话，跟党走。我们必须正确处理好一致性和多样性的关系。统一战线是一致性和多样性的统一体，只有一致性、没有多样性，或者只有多样性、没有一致性，都不能建立和发展统一战线。我们所讲的一致性是共同思想政治基础的一致，我们所讲的多样性是利益多元、思想多样的反映。正确处理两者的关系，关键是坚持求同存异、聚同化异。要不断巩固共同思想政治基础，同时要充分发扬民主、尊重包容差异，尽可能通过耐心细致的工作找到最大公约数，画出最大同心圆。我们必须用共同奋斗目标凝聚人心和力量。实现中华民族伟大复兴是近代以来中国人民最伟大的梦想。全面建成社会主义现代化强国、以中国式现代化全面推进中华民族伟大复兴是我们党确立的第二个百年奋斗目标。这个目标是中国人民的共同奋斗目标。要团结不同党派、不同民族、不同宗教、不同阶层的人士和群众，为实现这个目标而努力奋斗。我们必须深入细致做好思想政治工作。要深化中国特色社会主义理想信念教育实践活动，大力弘扬和践行社会主义核心价值观，引导各族各界人士深入学习党的创新理论，学习时事政策，学习中共党史、新中国史和统一战线历史、人民政协历史等，树立正确的历史观和大局观。通过有效的思想政治工作，提高认识，统一思想，凝聚共识，共同行动。我们必须加强制度建设。做好新时代统战工作，离不开制度机制的保障，需要通过制度建设，进一步提高各项工作的科学化、规范化、程序化水平。要不断健全相关法律、政策、制度，进一步完善同党外知识分子、民族宗教界人士、非公有制经济人士、新的社会阶层人士等沟通联络机制，进一步建立和完善港澳台侨同胞工作、联谊、交流机制，把统战工作纳入党委重要议事日程和党政领导班子工作考核内容，纳入宣传工作计划和党校（行政学院）、干部学院、社会主义学院的重要教学内容。要完善统战工作领导小组机制，加强民族、宗教、侨务、新的社会阶层等领域工作的协调配合，形成做好新时代统战工作的强大合力。"只要我们不断巩固和发展各民族大团结、全国人民大团结、全体中华儿女大团结，铸牢中华民族共同体意识，形成海内外全体中华儿女心往一处想、劲往一处使的生动局面，就一定能够汇聚起实现中华民族伟大复兴的磅礴伟力。"①

---

① 《中共中央关于党的百年奋斗重大成就和历史经验的决议》，人民出版社 2021 年版，第 70 页。

十、生机活力问题：坚持自我革命

《决议》指出："勇于自我革命是中国共产党区别于其他政党的显著标志。自我革命精神是党永葆青春活力的强大支撑。先进的马克思主义政党不是天生的，而是在不断自我革命中淬炼而成的。党历经百年沧桑更加充满活力，其奥秘就在于始终坚持真理、修正错误。党的伟大不在于不犯错误，而在于从不讳疾忌医，积极开展批评和自我批评，敢于直面问题，勇于自我革命。"①

坚持自我革命，是党总结百年奋斗历程得出的第十条历史经验。坚持自我革命，才能保证党的领导。这条历史经验是从党的自身建设来讲的，强调的是政治保证问题，阐述的是党在革命、建设和改革的实践中，是如何全面从严治党、实现自我革命的。坚持党的领导必须坚持自我革命。只有坚持自我革命才能确保党的领导。这条历史经验是收尾的、压底的，在"十个坚持"中起着关键作用，与第一条历史经验遥相呼应，形成完整的链条和体系。坚持自我革命，党就能始终得到人民群众的拥护和支持，就会永远立于不败之地。这是党能够取得百年辉煌的根本所在，也是党总结百年历史经验的归宿和落脚点。

自我革命是中国共产党区别于其他政党的显著标志，是党跳出治乱兴衰历史周期率的第二个答案。在党的历史上，我们党曾给出过第一个答案，这就是 1945 年毛泽东同志与黄炎培先生的"窑洞对"。黄炎培先生对毛泽东同志说："中共诸君从

---

① 《中共中央关于党的百年奋斗重大成就和历史经验的决议》，人民出版社 2021 年版，第 70 页。

过去到现在，我略略了解的了。就是希望找出一条新路，来跳出这周期率的支配。"① 毛泽东同志说："我们已经找到新路，我们能跳出这周期率。这条新路，就是民主。只有让人民来监督政府，政府才不敢松懈。只有人人起来负责，才不会人亡政息。"② 党的十八大以来，习近平同志深刻总结党的历史经验特别是新时代以来的新鲜经验，提出了自我革命的重要政治论断。人民监督与自我革命，都是我们党在加强马克思主义政党建设方面获得的规律性认识。习近平同志指出："一百年来，党外靠发展人民民主、接受人民监督，内靠全面从严治党、推进自我革命，勇于坚持真理、修正错误，勇于刀刃向内、刮骨疗毒，保证了党长盛不衰、不断发展壮大。"③ 人民监督与自我革命是我们党跳出历史周期率的一体两翼，它们具有内在的一致性，彼此之间是相互促进的。自我革命的命题虽然是党的十八大以后我们党正式提出的，但是，由于我们党是一个马克思主义的政党，党的性质宗旨、理想信念、奋斗目标决定党必须自我革命，党除了人民利益以外没有任何自己的利益，更没有特殊利益。自我革命源于党的初心使命。这也是党敢于自我革命的勇气之源、底气所在。纵观党的全部历史，自我革命是贯穿始终的一条红线，是党永葆生机活力的力量源泉。

党在新民主主义革命时期自我革命的探索实践。我们党一成立就高度重视自身建设。在大革命时期，党的中央和地方各级组织注意对干部、党员进行马克思主义世界观人生观教育，进行党的纪律教育，进行反对和防止贪污腐化的教育。1926 年

---

① 《毛泽东传（1893—1949）》，中央文献出版社 2004 年版，第 745—746 页。
② 《毛泽东传（1893—1949）》，中央文献出版社 2004 年版，第 746 页。
③ 《习近平谈治国理政》第 4 卷，外文出版社 2022 年版，第 549—550 页。

8月，党中央发出了《中共中央扩大会议通告——坚决清洗贪污腐化分子》，这是党的历史上制定的第一个惩治贪污腐败的文件。1927年6月，中央政治局通过的《中国共产党第三次修正章程决案》专门将"党的建设"列为一章。1929年12月，红四军召开古田会议，确立了思想建党的原则，强调了加强党的思想建设的重要性，指明了党内各种非无产阶级思想的表现、来源及纠正办法。1932年7月，《中华苏维埃共和国中央执行委员会训令第十四号》提出厉行廉洁政治，反对贪污和浪费，依法严惩腐败行为。《训令》强调："对苏维埃中贪污腐化的分子，各级政府一经查出，必须给以严厉的纪律上的制裁。谁要隐瞒、庇护和放松对这种分子的检查与揭发，谁也要同样受到革命的斥责。"[①]1939年10月，毛泽东同志发表《〈共产党人〉发刊词》，提出党的建设总目标、总任务，把党的建设称为"伟大的工程"。将党的建设作为伟大的工程来实施，这表明党对加强自身建设重要性的认识更加自觉和深刻。1942年2月开始，党以延安为中心，在全党范围开展了一场反对主观主义、宗派主义、党八股的整风运动。解放战争时期，各解放区进行了整党工作，通过查阶级、查思想、查作风和整顿组织、整顿思想、整顿作风，采取党内党外结合等办法，解决基层党组织存在的突出问题。经过整党，党同群众的联系更加密切，为争取土地改革和解放战争的胜利提供了重要保证。

党在社会主义革命和建设时期自我革命的有效实践。新中国成立前夕，我们党召开七届二中全会，毛泽东同志向全党提出了"务必使同志们继续地保持谦虚、谨慎、不骄、不躁的作

---

① 《中华苏维埃共和国中央执行委员会训令第十四号》，《红色中华》1932年7月21日。

风，务必使同志们继续地保持艰苦奋斗的作风"的重要思想①，告诫全党必须警惕敌人用"糖衣裹着的炮弹"的攻击。1950 年下半年开始，全党全军开展了整风运动。1951 年下半年开始，全党进行了整党。在整党进行过程中，全国开展了反贪污、反浪费、反官僚主义的"三反"运动。1952 年，党中央将正在开展的"三反"运动与整党相结合，严肃查处部分党员干部存在的贪污、浪费、受贿等腐化堕落行为。毛泽东同志指出："自从我们占领城市两年至三年以来，严重的贪污案件不断发生，证明一九四九年春季党的二中全会严重地指出资产阶级对党的侵蚀的必然性和为防止及克服此种巨大危险的必要性，是完全正确的，现在是全党动员切实执行这项决议的紧要时机了。再不切实执行这项决议，我们就会犯大错误。"②毛泽东同志在下发的指示中强调："反贪污、反浪费一事，实是全党一件大事，我们已告诉你们严重地注意此事。我们认为需要来一次全党的大清理，彻底揭露一切大、中、小贪污事件，而着重打击大贪污犯，对中小贪污犯则取教育改造不使重犯的方针，才能停止很多党员被资产阶级所腐蚀的极大危险现象，才能克服二中全会所早已料到的这种情况，并实现二中全会防止腐蚀的方针，务请你们加以注意。"③"三反"运动有力地惩治了部分党员干部的违纪违法行为，整顿了党的队伍，纯洁了党的组织，尤其是从严查处"新中国反腐第一案"刘青山、张子善案，起到了极大震慑作用。

党在改革开放和社会主义现代化建设新时期自我革命的

---

① 《毛泽东选集》第 4 卷，人民出版社 1991 年版，第 1438—1439 页。
② 《毛泽东文集》第 6 卷，人民出版社 1999 年版，第 208 页。
③ 《毛泽东文集》第 6 卷，人民出版社 1999 年版，第 190 页。

创新实践。党的十一届三中全会后，为了保证经济建设和改革开放的顺利进行，全会同时对加强党的建设进行了一系列部署，决定健全党规党法，严肃党纪，整顿党的作风。这次全会上重新成立中央纪律检查委员会担负起这项重要任务。1980年2月，党的十一届五中全会审议通过《关于党内政治生活的若干准则》并向全国公布，对恢复党的优良传统和作风，加强党的建设，起到了重要的作用。为了解决党内存在的突出问题，1983年10月，党的十二届二中全会根据党的十二大的部署，作出关于整党的决定，随后在全党分期分批开展了一次以统一思想、整顿作风、加强纪律、纯洁组织为基本任务的全面整党。面对改革开放以来，党内出现的一些消极现象，邓小平同志指出："开放、搞活，必然带来一些不好的东西，不对付它，就会走到邪路上去。所以，开放、搞活政策延续多久，端正党风的工作就得干多久，纠正不正之风、打击犯罪活动就得干多久，这是一项长期的工作，要贯穿在整个改革过程之中，这样才能保证我们开放、搞活政策的正确执行。"①1989年我国发生了严重政治风波，针对部分党员不同程度卷入政治风波问题和党内滋生的腐败现象，1989年7月28日，党中央、国务院作出《关于近期做几件群众关心的事的决定》，要求从党中央、国务院的领导同志做起，在惩治腐败和带头廉洁奉公、艰苦奋斗方面先做七件事。当时，邓小平同志强调："要扎扎实实做几件事情，体现出我们是真正反对腐败，不是假的。""腐败的事情，一抓就能抓到重要的案件，就是我们往往下不了手。这就会丧失人心，使人们以为我们在包庇腐败。这个关我

---

① 《邓小平文选》第3卷，人民出版社1993年版，第164页。

们必须过，要兑现。"① 他还特别指出："要整好我们的党，实现我们的战略目标，不惩治腐败，特别是党内的高层的腐败现象，确实有失败的危险。"② 江泽民同志也强调："在改革开放的条件下，资产阶级思想时刻侵蚀着党的肌体，使党内消极腐败现象有所滋长，脱离群众的倾向有所发展，严重影响了党在群众中的崇高威信。这种严峻的现实告诉我们，能不能把我们党建设好，不仅关系到党的兴衰，而且关系到四化建设和改革开放的成败。"③8 月 28 日，党中央发出《关于加强党的建设的通知》。1990 年 3 月，党的十三届六中全会作出《关于加强党同人民群众联系的决定》。1994 年 9 月，党的十四届四中全会作出《关于加强党的建设几个重大问题的决定》，把党的建设提到新的伟大工程的高度，明确提出了党的建设的总目标和总任务。2000 年 1 月 14 日，江泽民同志在十五届中央纪委第四次全会上指出，治国必先治党，治党务必从严，并完整提出了"提高领导水平和执政水平、提高拒腐防变和抵御风险的能力"这两大历史性课题。1993 年，党中央作出加大反腐败斗争力度的重大决策，此后每年都对党风廉政建设和反腐败工作进行专门研究，在党内形成了以领导干部廉洁自律、查处大案要案、纠正部门和行业不正之风为主要内容的反腐败三项工作格局。1998 年 7 月，党中央决定，军队、武警部队和政法机关一律不再从事经商活动。1998 年 11 月，党中央决定在全国县级以上党政领导班子、领导干部中深入开展以"讲学习、讲政

---

① 《邓小平文选》第 3 卷，人民出版社 1993 年版，第 297 页。
② 《邓小平文选》第 3 卷，人民出版社 1993 年版，第 313 页。
③ 《江泽民论加强和改进执政党建设（专题摘编）》，中央文献出版社、研究出版社 2004 年版，第 558 页。

治、讲正气"为主要内容的党性党风教育。2005 年 1 月起，全党开展了为期一年半的以实践"三个代表"重要思想为主要内容的保持共产党员先进性教育活动。2008 年 9 月起，全党开展了为期一年半的深入学习实践科学发展观活动。2009 年 9 月，党的十七届四中全会作出了《关于加强和改进新形势下党的建设若干重大问题的决定》。而后，党中央根据党章，制定了一系列反腐倡廉制度规定。面对反腐败斗争的复杂形势，胡锦涛同志指出："各级领导班子和领导干部要头脑清醒、居安思危，充分认识腐败现象蔓延的严重危害性，认识开展反腐败斗争的极端重要性。全党一定要统一思想、形成共识，既不要失去信心，更不能掉以轻心；既要看到斗争的长期性，又要有现实的紧迫感。"[1] 经过坚持不懈的探索和努力，在这一时期，党风廉政建设和反腐败斗争取得明显成效，为改革开放和社会主义现代化建设提供了有力保证。但是，由于各种原因，滋生腐败的土壤和条件依然存在，反腐败斗争形势依然严峻复杂。

党在中国特色社会主义新时代自我革命的成功实践。党的十八大以来，以习近平同志为核心的党中央把全面从严治党纳入"四个全面"战略布局，以前所未有的勇气和定力推进党风廉政建设和反腐败斗争，全面从严治党取得了历史性、开创性成就，产生了全方位、深层次影响，党焕发出新的强大生机活力，开辟了百年大党自我革命的新境界。党的十八大后不久，2012 年 11 月 17 日，习近平同志在主持十八届中央政治局第一次集体学习时指出："一个政党，一个政权，其前途和命运最终取决于人心向背。如果我们脱离群众、失去人民拥护和

---

[1]《胡锦涛文选》第 1 卷，人民出版社 2016 年版，第 74 页。

支持，最终也会走向失败。我们要适应新形势下群众工作的新特点新要求，深入做好组织群众、宣传群众、教育群众、服务群众工作，虚心向群众学习，诚心接受群众监督，始终植根人民、造福人民，始终保持党同人民群众的血肉联系，始终与人民心连心、同呼吸、共命运。"①2012 年 12 月 4 日，中央政治局审议通过了关于改进工作作风、密切联系群众的八项规定，从八项规定破题，纠治了一些多年未除的顽瘴痼疾，党风政风和社会风气为之一新。2013 年起全党分批开展了以为民务实清廉为主要内容的党的群众路线教育实践活动。2015 年在全国县处级以上领导干部中开展了"三严三实"专题教育。2016 年在全党开展了"两学一做"学习教育。2019 年以县处级以上领导干部为重点在全党分批开展"不忘初心、牢记使命"主题教育。2021 年在全党开展了党史学习教育。通过这一系列不同形式的学习教育，党员干部的党性修养得到提升，政治理论素养得到提高，党员队伍建设得到进一步加强，显著改善了党群干群关系。为了强化纪律执行，党中央先后修订和印发了《中国共产党廉洁自律准则》《中国共产党纪律处分条例》《中国共产党问责条例》等。与此同时，党中央以创新精神推动纪检监察体制改革，领导完善党和国家监督体系，加强对权力运行的制约和监督。推进纪律监督、监察监督、派驻监督、巡视监督统筹衔接，构建以党内监督为主、各类监督贯通协调的大格局。腐败是危害党的生命力和战斗力的最大毒瘤。习近平同志指出："人民群众反对什么、痛恨什么，我们就要坚决防范和打击。人民群众最痛恨腐败现象，我们就必须坚定不移反对

---

① 习近平：《论坚持党对一切工作的领导》，中央文献出版社 2019 年版，第 3 页。

腐败。要坚持用制度管权管事管人，抓紧形成不想腐、不能腐、不敢腐的有效机制，让人民监督权力，让权力在阳光下运行，把权力关进制度的笼子里。"①党中央以"得罪千百人、不负十四亿"的使命担当，领导开展了史无前例的反腐败斗争，坚持反腐败无禁区、全覆盖、零容忍，坚持重遏制、强高压、长震慑，坚持受贿行贿一起查，坚持有案必查、有腐必惩，以猛药去疴、重典治乱的决心，以刮骨疗毒、壮士断腕的勇气，坚定不移"打虎""拍蝇""猎狐"。经过持续坚决的斗争，全面从严治党的政治引领和政治保障作用充分发挥，党的自我净化、自我完善、自我革新、自我提高能力显著增强，管党治党宽松软状况得到根本扭转，反腐败斗争取得压倒性胜利并全面巩固，党在革命性锻造中更加坚强有力。

新时代新征程必须坚持自我革命。全面建设社会主义现代化国家、全面推进中华民族伟大复兴，关键在党。我们党作为世界上最大的马克思主义执政党，要始终赢得人民拥护、巩固长期执政地位，必须时刻保持解决大党独有难题的清醒和坚定。经过党的十八大以来的全面从严治党，我们解决了党内许多突出问题，但党面临的"四大考验"和"四种危险"将长期存在，因此，全面从严治党永远在路上，党的自我革命永远在路上，必须持之以恒推进全面从严治党，深入推进新时代党的建设新的伟大工程，以党的自我革命引领社会革命，落实新时代党的建设总要求，健全全面从严治党体系。我们要坚持和加强党中央集中统一领导。健全总揽全局、协调各方的党的领导制度体系，完善党中央重大决策部署落实机制，严明政治纪律

---

① 习近平：《论坚持人民当家作主》，中央文献出版社 2021 年版，第 78 页。

和政治规矩，深刻领悟"两个确立"的决定性意义，增强"四个意识"、坚定"四个自信"、做到"两个维护"。我们要坚持不懈用习近平新时代中国特色社会主义思想凝心铸魂。全面加强党的思想建设，加强理想信念教育，把党的创新理论转化为坚定理想、锤炼党性和指导实践、推动工作的强大力量。我们要完善党的自我革命制度规范体系。坚持制度治党、依规治党，以党章为根本，以民主集中制为核心，完善党内法规制度体系，增强党内法规权威性和执行力，形成坚持真理、修正错误，发现问题、纠正偏差的机制。我们要建设堪当民族复兴重任的高素质干部队伍。坚持党管干部原则，坚持德才兼备、以德为先、五湖四海、任人唯贤，把新时代好干部标准落到实处。我们要增强党组织的政治功能和组织功能。各级党组织要履行党章赋予的各项职责，把党的路线方针政策和党中央决策部署贯彻落实好。我们要坚持以严的基调强化正风肃纪。弘扬党的光荣传统和优良作风，锲而不舍落实中央八项规定精神，抓住"关键少数"以上率下，持续深化纠治"四风"，重点纠治形式主义、官僚主义，坚决破除特权思想和特权行为。全面加强党的纪律建设。我们要坚决打赢反腐败斗争攻坚战持久战。坚持不敢腐、不能腐、不想腐一体推进，同时发力、同向发力、综合发力，不断取得更多制度性成果和更大治理效能。"只要我们不断清除一切损害党的先进性和纯洁性的因素，不断清除一切侵蚀党的健康肌体的病毒，就一定能够确保党不变质、不变色、不变味，确保党在新时代坚持和发展中国特色社会主义的历史进程中始终成为坚强领导核心。"[1]

---

[1]《中共中央关于党的百年奋斗重大成就和历史经验的决议》，人民出版社 2021 年版，第 70—71 页。

　　以上十个方面，是我们党经过长期实践积累的宝贵经验，是党和人民共同创造的精神财富，我们必须倍加珍惜、长期坚持，并在新时代实践中不断丰富和发展。"十个坚持"贯穿着马克思主义的立场、观点、方法，深刻回答了中国共产党为什么能、马克思主义为什么行、中国特色社会主义为什么好的历史逻辑、理论逻辑、实践逻辑，蕴含着丰富的历史智慧、政治智慧、思想智慧，既是"过去我们为什么能够成功"的深刻总结，更是"未来我们怎样才能继续成功"的行动指南，必将激励我们以更加昂扬的姿态奋进新征程、建功新时代。

2022 年

牢记党的初心和使命[*]

党的十九届六中全会审议通过的《中共中央关于党的百年奋斗重大成就和历史经验的决议》开宗明义指出："中国共产党自一九二一年成立以来，始终把为中国人民谋幸福、为中华民族谋复兴作为自己的初心使命。"初心要回答的问题是"我是谁"，我从哪里来、要到哪里去？使命要回答的问题是"为了谁"，我要干什么、应该干什么？这两个问题涉及的都是我们党立党执政的根本性问题。本文从三个维度谈谈对党的初心和使命的认识和体会。

一、从党的旗帜看初心和使命

党的旗帜是践行党的初心和使命的行动指南。我们党的旗帜是马克思列宁主义、毛泽东思想、邓小平理论、"三个代表"重要思想、科学发展观、习近平新时代中国特色社会主义思想，这是写入《中国共产党章程》的。马克思列宁主义、毛

---

* 本文发表于《中国新闻发布》2022 年第 1 期。

泽东思想、邓小平理论、"三个代表"重要思想、科学发展观、习近平新时代中国特色社会主义思想是一脉相承、与时俱进的关系。马克思列宁主义是中国共产党指导思想的"源"。毛泽东思想、邓小平理论、"三个代表"重要思想、科学发展观、习近平新时代中国特色社会主义思想，是马克思列宁主义在中国的运用和发展，是中国共产党指导思想的"流"。毛泽东思想既是马克思列宁主义在中国运用发展的"流"，又是马克思主义中国化的"源"。习近平新时代中国特色社会主义思想是当代中国马克思主义、21 世纪马克思主义。这就是中国共产党的"道统"。

革命导师马克思、恩格斯、列宁和我们党的领袖毛泽东、邓小平、江泽民、胡锦涛、习近平同志关于共产党人初心和使命的论述，是我们理解和把握中国共产党人初心和使命的第一个维度。

马克思、恩格斯是怎样论述共产党人初心和使命的呢？《共产党宣言》是马克思、恩格斯合写的，1848 年《共产党宣言》的发表标志着马克思主义的诞生。《共产党宣言》指出："共产党人不是同其他工人政党相对立的特殊政党。他们没有任何同整个无产阶级的利益不同的利益。""过去的一切运动都是少数人的，或者为少数人谋利益的运动。无产阶级的运动是绝大多数人的，为绝大多数人谋利益的独立的运动。""代替那存在着阶级和阶级对立的资产阶级旧社会的，将是这样一个联合体，在那里，每个人的自由发展是一切人的自由发展的条件。"马克思、恩格斯阐述了共产党的性质、特点、基本纲领、策略原则，提出了共产党人的最高理想和最终目标。

列宁是怎样论述共产党人初心和使命的呢？列宁把马克

思主义同俄国革命和建设实际相结合，创立了列宁主义。他强调，工人阶级不仅要通过革命来夺取政权，还要通过建立政权来为人民谋利益。1921 年 4 月，他在全俄工会中央理事会共产党党团会议上作关于租让问题的报告时强调："只要能够改善工农的生活状况，我们不惜让外国资本家拿走 2000% 的利润——而改善工农生活状况这一点则是无论如何应当实现的。"他提出，无产阶级政党在夺取政权后，一定要代表人民群众的利益，一定要为提高和改善人民群众的生活，为维护和实现人民群众的利益而继续奋斗。

毛泽东同志是怎样论述共产党人初心和使命的呢？毛泽东同志用中国气派、中国风格的中国语言，高度概括提炼了中国共产党的宗旨。1941 年 11 月，毛泽东同志在陕甘宁边区参议会演说时说："共产党是为民族、为人民谋利益的政党，它本身决无私利可图。"1944 年 9 月，毛泽东同志在中央警备团张思德同志追悼会上发表演讲，指出："我们的共产党和共产党所领导的八路军、新四军，是革命的队伍。我们这个队伍完全是为着解放人民的，是彻底地为人民的利益工作的。"1945 年 4 月，毛泽东同志在党的七大上所作的政治报告指出："全心全意地为人民服务，一刻也不脱离群众；一切从人民的利益出发，而不是从个人或小集团的利益出发；向人民负责和向党的领导机关负责的一致性；这些就是我们的出发点。"从此，全心全意为人民服务作为中国共产党的根本宗旨被写入党章。新中国成立后，毛泽东同志还特别强调："共产党就是要奋斗，就是要全心全意为人民服务，不要半心半意或者三分之二的心三分之二的意为人民服务。"他不断提醒全党不要忘记和违背党的性质宗旨。

邓小平同志是怎样论述共产党人初心和使命的呢？ 在改革开放和社会主义现代化建设新时期，邓小平同志反复强调要提高和改善人民的生活。1979 年 12 月，邓小平同志在会见日本首相大平正芳时说："所谓四个现代化，就是要改变中国贫穷落后的面貌，不但使人民生活水平逐步有所提高，也要使中国在国际事务中能够恢复符合自己情况的地位，对人类作出比较多一点的贡献。"1985 年 9 月，邓小平同志在中国共产党全国代表会议上讲话指出："现在人们说中国发生了明显的变化。我对一些外宾说，这只是小变化。翻两番，达到小康水平，可以说是中变化。到下世纪中叶，能够接近世界发达国家的水平，那才是大变化。到那时，社会主义中国的分量和作用就不同了，我们就可以对人类有较大的贡献。"邓小平同志提出，把"三个有利于"作为判断我们一切工作是非得失的根本标准。他还强调，把人民拥护不拥护、赞成不赞成、高兴不高兴、答应不答应作为我们制定方针政策和作出决策的出发点和归宿。

江泽民同志是怎样论述共产党人初心和使命的呢？ 进入新世纪，江泽民同志总结我们党始终获得人民拥护的历史经验和根本原因时，提出了"三个代表"重要思想。他说："总结我们党七十多年的历史，可以得出一个重要结论，这就是：我们党所以赢得人民的拥护，是因为我们党在革命、建设、改革的各个历史时期，总是代表着中国先进生产力的发展要求，代表着中国先进文化的前进方向，代表着中国最广大人民的根本利益，并通过制定正确的路线方针政策，为实现国家和人民的根本利益而不懈奋斗。"贯彻落实"三个代表"重要思想的本质要求，就是党执政是为了人民。

胡锦涛同志是怎样论述共产党人初心和使命的呢？ 新阶段，胡锦涛同志提出了科学发展观。科学发展观的主要内容是坚持以人为本，全面协调可持续发展。关于如何贯彻落实科学发展观，胡锦涛同志强调："第一要义是发展，核心是以人为本，基本要求是全面协调可持续，根本方法是统筹兼顾。"他强调，要以实现人的全面发展为目标，让发展的成果惠及全体人民，要"权为民所用、情为民所系、利为民所谋"。

习近平同志又是怎样论述共产党人初心和使命的呢？ 党的十八大以来，习近平同志围绕共产党人的初心和使命，提出了一系列新思想新论断。2012 年 11 月，习近平同志在十八届中央政治局常委同中外记者见面时提出了"人民对美好生活的向往，就是我们的奋斗目标"的论断。这实际上是用一种通俗的语言，对党的为人民服务根本宗旨进行了具体形象生动的表述和概括。11 月 29 日，习近平同志在参观《复兴之路》展览时指出："每个人都有理想和追求，都有自己的梦想。现在，大家都在讨论中国梦，我以为，实现中华民族伟大复兴，就是中华民族近代以来最伟大的梦想。这个梦想，凝聚了几代中国人的夙愿，体现了中华民族和中国人民的整体利益，是每一个中华儿女的共同期盼。"2017 年 10 月，习近平同志在党的十九大报告中更是鲜明地提出了中国共产党人初心和使命的命题。他特别强调指出："不忘初心，方得始终。中国共产党人的初心和使命，就是为中国人民谋幸福，为中华民族谋复兴。这个初心和使命是激励中国共产党人不断前进的根本动力。全党同志一定要永远与人民同呼吸、共命运、心连心，永远把人民对美好生活的向往作为奋斗目标，以永不懈怠的精神状态和一往无前的奋斗姿态，继续朝着实现中华民族伟大复兴的宏伟目标奋勇前进。"2019年5月，习近平同志在"不忘初心、牢记使命"主题教育工作会议上的讲话中强调："守初心，就是要牢记全心全意为人民服务的根本宗旨，以坚定的理想信念坚守初心，牢记人民对美好生活的向往就是我们的奋斗目标；以真挚的人民情怀滋养初心，时刻不忘我们党来自人民、根植人民，人民群众的支持和拥护是我们胜利前进的不竭力量源泉；以牢固的公仆意识践行初心，永远铭记人民是共产党人的衣食父母，共产党人是人民的勤务员，永远不能脱离群众、轻视群众、漠视群众疾苦。""担使命，就是要牢记我们党肩负的实现中华民族伟大复兴的历史使命，勇于担当负责，积极主动作为，用科学的理念、长远的眼光、务实的作风谋划事业；保持斗争精神，敢于直面风险挑战，知重负重、攻坚克难，以坚忍不拔的意志和无私无畏的勇气战胜前进道路上的一切艰难险阻；在实践历练中增长经验智慧，在经风雨、见世面中壮筋骨、长才干。"2021年6月，习近平同志在主持十九届中央政治局第三十一次集体学习时的讲话中指出："牢记和践行为中国人民谋幸福、为中华民族谋复兴的初心使命，是贯穿我们党百年奋斗史的一条红线。我们党能够在那么弱小的情况下发展壮大起来，能够在千难万险中一次次浴火重生，根本原因就在于我们党始终牢记初心使命，忠实践行全心全意为人民服务的根本宗旨，从而赢得了人民衷心拥护和支持。"

由此可见，从党的旗帜看，从党的指导思想看，中国共产党人的初心和使命，是一脉相承、一以贯之的，也是承前启后、与时俱进的。因此，中国共产党作为马克思主义政党，有了这样一个特殊的思想理论优势，再加上它的先进的阶级基础、广大的群众基础，它就能够摆脱以往一切政治力量追求自身特殊利益的局限，始终以唯物辩证的科学精神，无私无畏的博大胸怀，敢于做、能够做其他政党和政治力量做不了、做不到的事，带领中国人民创造出一个又一个人间奇迹，在中国近现代历史上干成了大事，在世界人类文明进步历史上建立了伟业。

二、从党的历史看初心和使命

党的历史是对践行党的初心和使命的真实记录。2021 年 2 月，习近平同志在党史学习教育动员大会上的讲话中指出："我们党的百年历史，就是一部践行党的初心使命的历史，就是一部党与人民心连心、同呼吸、共命运的历史。"建立中国共产党、成立中华人民共和国、推进改革开放和中国特色社会主义事业、推动中国特色社会主义进入新时代是五四运动以来我国发生的四大历史性事件，是近代以来实现中华民族伟大复兴的四大里程碑。党的历史是我们理解和把握中国共产党人初心和使命的第二个维度。

第一大历史性事件和第一大里程碑：建立中国共产党。中国共产党的建立是遵循历史发展规律、顺应历史发展大势、掌握历史主动的必然产物。"十月革命一声炮响，给我们送来了马克思列宁主义。"十月革命后，马克思列宁主义在中国得到广泛传播，这为中国共产党的成立提供了一个重要条件。五四运动中，以上海工人自发举行声援学生的罢工为标志，中国工人阶级开始作为独立的政治力量登上了历史舞台，这为中国共产党的成立提供了另一个重要条件。在中国人民和中华民族的伟大觉醒中，在马克思列宁主义同中国工人运动的紧密结合中，中国共产党应运而生。毛泽东同志在总结党的创建的历史时说："中国产生了共产党，这是开天辟地的大事变。""从此以后，中国改换了方向。"我们党团结带领中国人民，浴血奋战、百折不挠，创造了新民主主义革命的伟大成就。我们经过北伐战争、土地革命战争、抗日战争、解放战争，以武装的革命反对武装的反革命，推翻帝国主义、封建主义、官僚资本主义三座大山，建立了人民当家作主的中华人民共和国，实现了民族独立、人民解放。

第二大历史性事件和第二大里程碑：成立中华人民共和国。成立中华人民共和国，是遵循历史发展规律、顺应历史发展大势、掌握历史主动的必然结果。新中国的成立，标志着中华民族和中国人民站起来了！新中国成立后，我们党带领人民开始为国家富强、人民幸福而奋斗，这是我们党所肩负的第二大历史任务。我们党团结带领中国人民，自力更生、发愤图强，创造了社会主义革命和建设的伟大成就。我们进行社会主义革命，消灭在中国延续几千年的封建剥削压迫制度，确立社会主义基本制度，推进社会主义建设，战胜帝国主义、霸权主义的颠覆破坏和武装挑衅，实现了中华民族有史以来最为广泛而深刻的社会变革，实现了一穷二白、人口众多的东方大国大步迈进社会主义社会的伟大飞跃，为实现中华民族伟大复兴奠定了根本政治前提和制度基础。

第三大历史性事件和第三大里程碑：推进改革开放和中国特色社会主义事业。推进改革开放和中国特色社会主义事业，是遵循历史发展规律、顺应历史发展大势、掌握历史主动的必然抉择。我们党实行改革开放是基于对党和国家前途命运的深刻把握，是基于对我国社会主义革命和建设实践的深刻总结，是基于对时代潮流的深刻洞察，是基于对人民群众期盼和需要的深刻体悟；是对"文化大革命"的反思，是对我国发展落后的反思，是对世界发展潮流的反思。1978年12月，邓小平同志在中央工作会议闭幕会上讲话强调："如果现在再不实行改革，我们的现代化事业和社会主义事业就会被葬送。"我们党团结带领中国人民，解放思想、锐意进取，创造了改革开放和社会主义现代化建设的伟大成就。我们实现新中国成立以来党的历史上具有深远意义的伟大转折，确立党在社会主义初级阶段的基本路线，坚定不移推进改革开放，战胜来自各方面的风险挑战，开创、坚持、捍卫、发展中国特色社会主义，实现了从高度集中的计划经济体制到充满活力的社会主义市场经济体制、从封闭半封闭到全方位开放的历史性转变，实现了从生产力相对落后的状况到经济总量跃居世界第二的历史性突破，实现了人民生活从温饱不足到总体小康、奔向全面小康的历史性跨越，为实现中华民族伟大复兴提供了充满新的活力的体制保证和快速发展的物质条件。

第四大历史性事件和第四大里程碑：推动中国特色社会主义进入新时代。推动中国特色社会主义进入新时代，是遵循历史发展规律、顺应历史发展大势、掌握历史主动的必然趋势。我们党团结带领中国人民，自信自强、守正创新，统揽伟大斗争、伟大工程、伟大事业、伟大梦想，创造了新时代中国特色社会主义的伟大成就。我们坚持和加强党的全面领导，统筹推进"五位一体"总体布局、协调推进"四个全面"战略布局，坚持和完善中国特色社会主义制度、推进国家治理体系和治理能力现代化，坚持依规治党、形成比较完善的党内法规体系，战胜一系列重大风险挑战，实现第一个百年奋斗目标，明确实现第二个百年奋斗目标的战略安排，党和国家事业取得历史性成就、发生历史性变革，为实现中华民族伟大复兴提供了更为完善的制度保证、更为坚实的物质基础、更为主动的精神力量。中华民族迎来了从站起来、富起来到强起来的伟大飞跃，实现中华民族伟大复兴进入了不可逆转的历史进程！

习近平同志在庆祝中国共产党成立一百周年大会上的讲话中指出："一百年来，中国共产党团结带领中国人民进行的一切奋斗、一切牺牲、一切创造，归结起来就是一个主题：实现中华民族伟大复兴。"党的历史表明，我们党的百年奋斗是为了争取民族独立、人民解放和实现国家富强、人民幸福。这就是从中国共产党一百年的历史看党的初心和使命。

三、从党的擘画看初心和使命

党的擘画是对未来践行党的初心和使命蓝图的描绘。中国共产党有最高理想和最终奋斗目标，也有现阶段理想和不同阶段奋斗目标。党的最高理想和最终奋斗目标是实现共产主义。党在社会主义初级阶段的共同理想和现阶段奋斗目标是建设中国特色社会主义，全面建成社会主义现代化强国，实现中华民族伟大复兴的中国梦。党的擘画是我们理解和把握中国共产党人初心和使命的第三个维度。

我们党对发展蓝图的擘画。新中国成立后，我们党提出了实现四个现代化的奋斗目标。改革开放后，邓小平同志总结我国社会主义建设的经验和教训，提出了"中国式的四个现代化"的目标以及"小康社会"的构想。1982 年 9 月，党的十二大根据邓小平同志关于小康社会的构想，提出了到 20 世纪末全国工农业总产值翻两番，实现小康的目标。1987 年 10 月，党的十三大又根据邓小平同志的设想，规划了"三步走"的发展战略。1997 年 9 月，党的十五大在第二步到第三步之间，又规划了一个"新三步走"发展战略。2002 年 11 月，党的十六大提出了全面建设小康社会的目标。2007 年 10 月，党的十七大进一步完善了这一目标。2012 年 11 月，党的十八大提出了全面建成小康社会和"两个一百年"奋斗目标。2017 年 10 月，党的十九大将 2020 年到本世纪中叶分成两个阶段进行战略安排。第一个阶段，从 2020 年到 2035 年，在全面建成小康社会的基础上，再奋斗 15 年，基本实现社会主义现代化。第二个阶段，从 2035 年到本世纪中叶，在基本实现现代化的基础上，再奋斗 15 年，把我国建成富强民主文明和谐美丽的社会主义现代化强国。这个目标的实现也就是中华民族伟大复兴中国梦的实现。实现了这个奋斗目标，也就是完成了新时代中国共产党人的历史使命，完成了我们党肩负的国家富强、人民幸福的第二大历史任务。

新时代是民族复兴的关键时期。党的十八大以来，中国特色社会主义进入新时代，这是我国发展新的历史方位。这个新时代，是承前启后、继往开来、在新的历史条件下继续夺取中国特色社会主义伟大胜利的时代，是决胜全面建成小康社会、进而全面建设社会主义现代化强国的时代，是全国各族人民团结奋斗、不断创造美好生活、逐步实现全体人民共同富裕的时代，是全体中华儿女勠力同心、奋力实现中华民族伟大复兴中国梦的时代，是我国不断为人类作出更大贡献的时代。它既是中国共产党领导人民进行伟大社会革命的成果，也是中国共产党领导人民进行伟大社会革命的继续。现在，我们比历史上任何时期都更接近中华民族伟大复兴的目标，比历史上任何时期都更有信心、有能力实现这个目标。但是，同时我们也清醒地认识到，行百里者半九十。中华民族伟大复兴，绝不是轻轻松松、敲锣打鼓就能实现的。全党必须准备付出更为艰巨、更为艰苦的努力。习近平同志指出："我们现在所处的，是一个船到中流浪更急、人到半山路更陡的时候，是一个愈进愈难、愈进愈险而又不进则退、非进不可的时候。"我们面临着各种严峻风险的挑战。摆在全党全国各族人民面前的使命更光荣、任务更艰巨、挑战更严峻、工作更伟大。我们必须进行具有许多新的历史特点的伟大斗争，增强忧患意识、始终居安思危，贯彻总体国家安全观，统筹发展和安全，统筹中华民族伟大复兴战略全局和世界百年未有之大变局，深刻认识我国社会主要矛盾变化带来的新特征新要求，深刻认识错综复杂的国际环境带来的新矛盾新挑战，敢于斗争，善于斗争，逢山开道、遇水架桥，勇于战胜一切风险挑战！

信仰、信念、信心至关重要。2018 年 12 月，习近平同志在庆祝改革开放四十周年大会上讲话指出："信仰、信念、信心，任何时候都至关重要。小到一个人、一个集体，大到一个政党、一个民族、一个国家，只要有信仰、信念、信心，就会愈挫愈奋、愈战愈勇，否则就会不战自败、不打自垮。无论过去、现在还是将来，对马克思主义的信仰，对中国特色社会主义的信念，对实现中华民族伟大复兴中国梦的信心，都是指引和支撑中国人民站起来、富起来、强起来的强大精神力量。"习近平新时代中国特色社会主义思想是当代中国马克思主义，是 21 世纪马克思主义。党的十八大以来，党和国家事业之所以取得历史性成就、发生历史性变革，最根本的原因是有以习近平同志为核心的党中央的坚强领导，有习近平新时代中国特色社会主义思想的科学指引。我们要增强"四个意识"，坚定"四个自信"，做到"两个维护"。这是我们实现党的十九大宏伟蓝图的根本思想保证和政治保障。

1945 年 4 月，在党的七大预备会上，毛泽东同志在讲到 24 年来我们党的发展壮大时，用了《庄子》里的两句话："其作始也简，其将毕也必巨。"党的一大召开时，参加一大的代表只有十几人，代表全国的 50 多名党员。代表中年龄最大的 45 岁，最小的 19 岁，平均年龄 28 岁。建党时，我们党是多么"简"啊！今天，我们党已经成为世界上最大的马克思主义执政党，有 9600 多万名党员、490 多万个基层党组织，在 14 亿多人口的大国长期执政。新中国成立也已经 70 多年了。中国已经成为世界第二大经济体。今天，我们党又是多么"巨"啊！越是这个时候，我们越要谦虚谨慎、戒骄戒躁。2016 年 7 月，习近平同志在庆祝中国共产党成立九十五周年大会上的讲话中指出："一切向前走，都不能忘记走过的路；走得再远、走到再光辉的未来，也不能忘记走过的过去，不能忘记为什么出发。面向未来，面对挑战，全党同志一定要不忘初心、继续前进。"2017 年 10 月，党的十九大闭幕不久，习近平同志带领新当选的中央政治局常委前去瞻仰上海中共一大会址和浙江嘉兴南湖红船，他在瞻仰时强调："事业发展永无止境，共产党人的初心永远不能改变。唯有不忘初心，方可告慰历史、告慰先辈，方可赢得民心、赢得时代，方可善作善成、一往无前。"2021 年 7 月，习近平同志在庆祝中国共产党成立一百周年大会上的讲话中发出伟大号召，要求全体中国共产党员"牢记初心使命，坚定理想信念，践行党的宗旨，永远保持同人民群众的血肉联系，始终同人民想在一起、干在一起，风雨同舟、同甘共苦，继续为实现人民对美好生活的向往不懈努力，努力为党和人民争取更大光荣！"

过去一百年，中国共产党向人民、向历史交出了一份优异的答卷。现在，中国共产党团结带领中国人民又踏上了实现第二个百年奋斗目标新的赶考之路。只要我们不忘初心、牢记使命，全党就能同心同德、团结一致，凝聚起磅礴的力量，我们党就能团结带领全国各族人民胜利实现全面建成社会主义现代化强国的宏伟目标、实现中华民族伟大复兴的中国梦。

发扬伟大的历史主动精神[*]

发扬历史主动精神，是习近平总书记提出的一个重要论断，也是向全党发出的一个伟大号召。党的十八大以来，尤其是全党开展党史学习教育以来，习近平总书记多次论述和提及这个重要论断，对历史主动精神的科学内涵作出深刻阐释。深入学习领会习近平总书记关于发扬伟大的历史主动精神的重要论断，对于我们深刻把握马克思主义政党的独特优势，深刻理解党创造伟大成就的制胜秘笈，牢记新时代新征程上全党肩负的伟大历史使命，走好新的赶考之路，具有重大历史意义和现实意义。

掌握历史主动是马克思主义政党的独特优势

习近平总书记指出："必须顺应世界大势。'世界潮流，浩浩荡荡，顺之则昌，逆之则亡。'正确处理中国和世界的关系，是事关党的事业成败的重大问题"，"历史发展有其规律，但人

---

* 本文发表于《人民日报》2022 年 5 月 26 日。

在其中不是完全消极被动的"，"只有按历史规律办事，我们才能无往而不胜"，"一百年来，不管形势和任务如何变化，不管遇到什么样的惊涛骇浪，我们党都始终把握历史主动、锚定奋斗目标，沿着正确方向坚定前行"。习近平总书记的这些重要论述，阐明了我们党从小到大、由弱到强，不断从胜利走向胜利的重要原因。

唯物史观科学阐明了人类历史发展的规律，是马克思主义政党发扬历史主动精神的思想基础。唯物史观认为，人类社会发展有其自身的客观规律。人类社会发展是生产力与生产关系、经济基础与上层建筑矛盾运动的结果。人们与外部世界相处，就要去认识世界，而认识世界的最终目的是为了改造世界。毛泽东同志指出："'自由是必然的认识'——这是旧哲学家的命题。'自由是必然的认识和世界的改造'——这是马克思主义的命题。"社会存在决定社会意识，社会意识反作用于社会存在。一种思想合乎客观规律就是真理，不合乎客观规律就是谬论。只有根据正确思想展开的行动，才能是正确的行动。这种"自觉的能动性"，是人之所以区别于物的特点。

马克思主义政党以其先进性，肩负着发扬历史主动精神、掌握历史主动的伟大使命。马克思主义是人类的最高智慧，无产阶级是世界上最革命、最进步、最有前途的阶级。无产阶级以马克思主义哲学为精神武器，马克思主义哲学以无产阶级为物质武器。因此，以马克思主义为指导思想的无产阶级政党，在推进人类社会发展的历史进程中，在尊重客观规律的前提下，可以而且应该积极作为、主动作为，也可以大有作为。这正是马克思主义政党的一个独特优势。

历史主动精神具有深厚的历史底蕴、鲜明的时代特征和广泛的现实基础。发扬历史主动精神，必须始终坚持合规律性与合目的性的高度统一，这是对马克思主义政党的一个基本要求。规律不能自己说明自己，只有通过对历史进程的科学阐述才能得到说明，只有通过人民群众的伟大实践才能得到验证。马克思主义所强调的历史主动精神，是指作为历史主体的人充分发挥主观能动性，在深刻把握历史规律的基础上，立足所处的历史方位，顺应历史发展大势，勇于抓住历史机遇，自觉肩负历史责任，主动担当历史使命，勇于开创未来的精神品质。这种精神品质对马克思主义政党永葆生机活力至关重要。

中国共产党在掌握历史主动中创造伟大成就

党的十九届六中全会审议通过的《中共中央关于党的百年奋斗重大成就和历史经验的决议》指出："中国共产党自一九二一年成立以来，始终把为中国人民谋幸福、为中华民族谋复兴作为自己的初心使命，始终坚持共产主义理想和社会主义信念，团结带领全国各族人民为争取民族独立、人民解放和实现国家富强、人民幸福而不懈奋斗，已经走过一百年光辉历程。"党的百年奋斗波澜壮阔，党的百年历史成就辉煌。一百年来，党领导人民创造了新民主主义革命的伟大成就，创造了社会主义革命和建设的伟大成就，创造了改革开放和社会主义现代化建设的伟大成就，创造了新时代中国特色社会主义的伟大成就。党在百年奋斗历程中，科学分析和把握历史大势，正确处理各种矛盾关系，善于抓住和用好各种历史机遇，始终掌握事业发展的历史主动。

中国共产党的诞生，是把握历史发展规律和大势、掌握历史主动的必然产物。俄国十月革命的胜利、社会主义的兴起，反映了当时的世界大势。十月革命一声炮响，给我们送来了马克思列宁主义，使正处于彷徨和苦闷中的中国人民看到了民族解放的希望。在十月革命的影响下，在中国人民和中华民族的伟大觉醒中，在马克思列宁主义同中国工人运动的紧密结合中，中国共产党应运而生。我们党从世界无产阶级革命的大势中产生出来，走在了时代前列，成为时代的弄潮儿。

党领导人民夺取新民主主义革命的伟大胜利，建立中华人民共和国，是把握历史发展规律和大势、掌握历史主动的必然结果。党成立之初就提出反帝反封建的民主革命纲领，因应革命形势，积极推动第一次国共合作，掀起轰轰烈烈的大革命高潮。抗日战争时期，党从世界反法西斯战争和中国人民抗日救亡强烈愿望的大势出发，促成了抗日民族统一战线的形成，实现了由国内革命战争向民族解放战争的重大转变，并最终团结带领人民赢得了抗日战争的伟大胜利。抗战结束后，中华民族面临着两个前途、两种命运的决战。我们党顺应时代潮流和人民意愿，明确提出"和平、民主、团结"的口号。国民党反动派悍然发动全面内战后，我们党又准确把握民心所向，提出"打倒蒋介石，解放全中国"的口号，以摧枯拉朽之势消灭了国民党 800 万军队，解放了全中国。

党领导人民进行社会主义革命和建设，建立社会主义制度，是把握历史发展规律和大势、掌握历史主动的必然方向。20 世纪四五十年代，社会主义发展壮大，亚非拉被压迫民族和被压迫人民的解放斗争风起云涌，出现了"东风压倒西风"的气象。沐浴着这个东风，新中国诞生并站稳了脚跟。新中国的建立，冲破了帝国主义在东方的战线，极大地改变了世界政治格局，壮大了世界和平民主和社会主义的力量，鼓舞了全世界被压迫民族和被压迫人民争取解放的斗争。新中国成立后，党适时提出过渡时期的总路线，对生产资料私有制进行社会主义改造。社会主义制度确立后，党基于战后总体和平的国际环境，准确把握人民对于建立先进的工业国的要求同落后的农业国的现实之间的矛盾，开始探索适合我国情况的社会主义建设道路，尽管其间经历了严重曲折，但仍取得了独创性理论成果和巨大成就。特别是20世纪70年代，我们党适应国际形势重大变化，及时调整外交政策，提出关于三个世界的战略思想，推动外交工作打开了新局面。

党领导人民实行改革开放，进行社会主义现代化建设，是把握历史发展规律和大势、掌握历史主动的必然抉择。"文化大革命"结束后，在党和国家面临何去何从的重大历史关头，党深刻认识到，只有实行改革开放才是唯一出路，否则我们的现代化事业和社会主义事业就会被葬送。基于对党和国家前途命运的深刻把握、对社会主义革命和建设实践的深刻总结、对时代潮流的深刻洞察、对人民群众期盼和需要的深刻体悟，党科学判断世界大势，确立和平与发展是时代主题的新认识，正确认识我国国情，满足人民群众的愿望，作出把党和国家工作中心转移到经济建设上来、实行改革开放的历史性决策，实现了新中国成立以来党的历史上具有深远意义的伟大转折，开启了我国改革开放和社会主义现代化建设新时期。这是中国共产党人在新的时代条件下的伟大觉醒，正是这个伟大觉醒孕育了新时期从理论到实践的伟大创造。

党领导人民开创中国特色社会主义新时代，全面建成小康社会，开启全面建设社会主义现代化国家新征程，是把握历史发展规律和大势、掌握历史主动的必然趋势。进入21世纪的第二个十年，世界处于大发展大变革大调整之中，中国与世界的关系发生深刻变化，与世界的互联互动空前紧密。面对中华民族伟大复兴战略全局和世界百年未有之大变局，以习近平同志为核心的党中央，以伟大的历史主动精神、巨大的政治勇气、强烈的责任担当，统筹国内国际两个大局，贯彻党的基本理论、基本路线、基本方略，统揽伟大斗争、伟大工程、伟大事业、伟大梦想，坚持稳中求进工作总基调，出台一系列重大方针政策，推出一系列重大举措，推进一系列重大工作，战胜一系列重大风险挑战，解决了许多长期想解决而没有解决的难题，办成了许多过去想办而没有办成的大事，推动党和国家事业取得历史性成就、发生历史性变革。同时，我们党顺应和平、发展、合作、共赢的国际大势，提出并推动建设新型国际关系、构建人类命运共同体，推动共建"一带一路"高质量发展，积极参与全球治理体系改革和建设，做世界和平的建设者、全球发展的贡献者、国际秩序的维护者、公共产品的提供者，为解决人类面临的共同问题、为建设美好世界贡献了中国智慧和中国方案。中华民族迎来了从站起来、富起来到强起来的伟大飞跃。

发扬历史主动精神，为实现中华民族伟大复兴的中国梦不懈奋斗

习近平总书记指出："马克思、恩格斯早在170多年前就科学揭示了社会主义必然代替资本主义的历史规律。这是人类社会发展不可逆转的总趋势，但需要经历一个很长的历史过程。在这个过程中，我们要立足现实，把握好每个阶段的历史大势，做好当下的事情。"发扬历史主动精神，掌握历史主动，

对实现第二个百年奋斗目标、实现中华民族伟大复兴的中国梦具有重大意义。

把握世界发展大势，顺应时代发展潮流。"虽有智慧，不如乘势。"只有顺应历史潮流，积极应变、主动求变，才能与时代同行。一个国家能不能富强，一个民族能不能振兴，最重要的就是看这个国家、这个民族能不能顺应时代潮流，掌握历史前进的主动权。我们要胸怀中华民族伟大复兴战略全局和世界百年未有之大变局，树立大历史观，从历史长河、时代大潮、全球风云中分析演变机理、探究历史规律，提出因应的战略策略，增强工作的系统性、预见性、创造性，积极参与和引领时代潮流。

抓住历史机遇，抢占未来发展制高点。当前，国际形势继续发生深刻复杂变化，百年变局和世纪疫情相互交织，经济全球化遭遇逆流，大国博弈日趋激烈，世界进入新的动荡变革期，国内改革发展稳定任务艰巨繁重。我们面临着难得的发展机遇，也面临着严峻的挑战，危中有机，危可转机。我们要坚定不移贯彻落实党中央战略决策和工作部署，立足新发展阶段、贯彻新发展理念、构建新发展格局，准确把握新机遇、应对新挑战，紧紧锚定全面建设社会主义现代化国家的既定目标，牢牢把握具有中国特色、符合中国实际的社会主义现代化建设方向，沉着应对世界经济低迷、新冠肺炎疫情持续蔓延、乌克兰危机等严重冲击和影响，加快推进科技自立自强，补短板、强弱项，推动高质量发展，以钉钉子精神做好各项工作，以强烈政治责任感和历史使命感履职尽责、抢抓机遇。

总结历史经验，坚定历史自信，强化历史自觉。对历史进程的认识越全面，对历史规律的把握越深刻，党的历史智慧越丰富，对前途的掌握就越主动。党的历史是最生动、最有说服力的教科书。党百年奋斗的历史经验深刻揭示了党和人民事业不断成功的根本保证，揭示了党始终立于不败之地的力量源泉，揭示了党始终掌握历史主动的根本原因，揭示了党永葆先进性和纯洁性、始终走在时代前列的根本途径。我们要把党的历史经验作为正确判断形势、科学预见未来、把握历史主动的重要思想武器，作为想问题、作决策、办事情的重要遵循，作为判断重大政治是非的重要依据，作为加强党性修养的重要指引。

坚定担当责任，增强斗争本领。当今中国正处于实现中华民族伟大复兴的关键时期，国家强盛、民族复兴需要物质文明的积累，更需要精神文明的升华。前进道路不可能是一片坦途，我们必然要面对各种重大挑战、重大风险、重大阻力、重大矛盾，决不能失去不畏强敌、不惧风险、敢于斗争、敢于胜利的勇气。只有全党继续发扬担当和斗争精神，才能实现中华民族伟大复兴的宏伟目标。担当和斗争是一种精神，最需要的是无私的品格和无畏的勇气。无私者无畏，无畏者才能担当、才能斗争。担当和斗争是一种责任，敢于负责才叫真担当、真斗争。党员干部特别是领导干部要发扬历史主动精神，在机遇面前主动出击，不犹豫、不观望；在困难面前迎难而上，不推诿、不逃避；在风险面前积极应对，不畏缩、不躲闪，在担当和斗争中开创新局面、打开新天地。

全面从严治党，坚持自我革命。勇于自我革命是中国共产党区别于其他政党的显著标志。自我革命精神是党永葆青春活力的强大支撑。我们党历经百年沧桑更加充满活力，其奥秘就在于始终坚持真理、修正错误。党的伟大不在于不犯错误，而在于从不讳疾忌医，积极开展批评和自我批评，敢于直面问题，勇于自我革命。我们要认真贯彻全面从严治党的战略方针，全面推进党的各项建设，深入推进反腐败斗争，落实管党治党政治责任，不断清除一切损害党的先进性和纯洁性的因素，不断清除一切侵蚀党的健康肌体的病毒，确保党在新时代坚持和发展中国特色社会主义的历史进程中始终成为坚强领导核心。

从理论维度认识把握
"两个确立" *

　　"两个确立"是党的十九届六中全会审议通过的《中共中央关于党的百年奋斗重大成就和历史经验的决议》（以下简称《决议》），对中国特色社会主义进入新时代所取得的历史性成就和发生的历史性变革的根本原因，作出的重大政治判断和历史结论。这个政治判断和历史结论，虽然是特指的，有特定的对象，但抽象地说，具有一般性的普遍意义。一般寓于特殊之中。从一般性上说，"两个确立"的实质性问题是两个：一个是组织问题，一个是思想理论问题。组织问题是需要通过法定的组织程序，确立党的领导核心，决定党的领袖的问题。思想理论问题是通过承前启后、继往开来，进行党的理论创新，确立党的指导思想，决定党的行动指南的问题。中国共产党作为一个马克思主义政党，提出"两个确立"的理论依据是什么呢？马克思是共产党人的老祖宗，马克思主义是中国共产党指导思想的理

　　* 本文发表于《时事报告（党委中心组学习）》2022 年第 4 期。

论基础，总结党的百年奋斗光辉历程，我们党作出这样一个重大政治判断和历史结论，其理论依据自然是马克思主义。

一、"两个确立"的理论依据来自马克思主义的唯物史观

（一）唯物史观的创立

马克思是全世界无产阶级和劳动人民的革命导师，是马克思主义的主要创始人，是马克思主义政党的缔造者和国际共产主义的开创者，是近代以来最伟大的思想家。马克思对人类社会的贡献是多方面的。但他的思想贡献概括起来讲主要有两个方面，这正如恩格斯在马克思墓前的讲话中所指出的那样："马克思在他所研究的每一个领域，甚至在数学领域，都有独到的发现，这样的领域是很多的，而且其中任何一个领域他都不是浅尝辄止。"然而，他最重要的发现是两个：一个是唯物史观，一个是剩余价值学说。唯物史观的发现，揭示了人类社会发展的规律；剩余价值学说的发现，揭示了资本主义社会的运动规律。这两个发现是破天荒的，在人类社会发展史上具有里程碑的意义。

社会变革的动力是什么？是英雄创造历史，还是奴隶创造历史？人类社会发展有没有规律？这些重大的问题，自人类社会进入阶级社会以来，就成为无数哲学家、思想家、政治家要回答的问题。由此也就产生了唯物论与唯心论、辩证法与形而上学的矛盾对立和斗争，世界上也就创立和形成了无数个不同的哲学派别和思想体系。以往的"哲学家们只是用不同的方式解释世界，而问题在于改变世界"。在马克思主义诞生以前，世界上还没有一种哲学和思想学说能够如此深刻阐述和科学揭

示人类社会发展规律的。马克思主义是马克思、恩格斯共同创立的，因为马克思在创立的过程中起了决定性作用，故以马克思的名字来命名。马克思主义是马克思、恩格斯在工人阶级斗争实践和对人类先进文化思想的批判继承中创立的。马克思主义的创立实现了人类认识史上的伟大变革，在人类思想史上树起了一座前无古人的不朽丰碑。这一理论犹如壮丽的日出，照亮了人类探索历史规律和寻求自身解放的道路。

马克思主义由其哲学、政治经济学、科学社会主义三个部分组成。马克思主义哲学即辩证唯物主义和历史唯物主义，马克思本人称之为"新唯物主义"。与以往的哲学相比，马克思主义哲学之所以被称为"新唯物主义"，新就新在：从哲学对象上看，马克思主义哲学正确解决了哲学与具体科学的相互关系，科学确定了自然界、人类社会和思维最一般规律是哲学的研究对象；从哲学内容上看，马克思主义哲学克服了旧哲学中唯物主义和辩证法相分离、自然观与历史观相矛盾的缺陷，建立了唯物主义和辩证法高度统一、辩证唯物主义自然观和历史观高度统一的科学体系；从哲学使命上看，马克思主义哲学把"改变世界"、使"世界革命化"作为根本任务，形成了在实践基础上的科学性和革命性相统一的不断发展的哲学。历史唯物主义又被称为唯物史观。唯物史观的发现，"在整个世界史观上实现了变革"。在马克思主义哲学产生以前，唯心史观一直占据统治地位。它的主要缺陷是：至多考察了人们活动的思想动机，而没有进一步考究思想动机背后的物质动因和经济根源，因而从社会意识决定社会存在的前提出发，把社会历史看成是精神发展史，否认社会历史的客观规律，否认人民群众在社会历史发展中的决定性作用。"正像达尔文发现有机界的发展规律一样，马克思发现了人类历史的发展规律"，"历史破天荒第一次被置于它的真正基础上；一个很明显的而以前完全被人忽略的事实，即人们首先必须吃、喝、住、穿，就是说首先必须劳动，然后才能争取统治，从事政治、宗教和哲学等等，——这一很明显的事实在历史上的应有之义此时终于获得了承认"。唯物史观的发现，使唯物主义原则由自然领域拓展并贯彻到社会历史领域，使社会主义由空想变为科学。列宁评价唯物史观为"科学的社会学""唯一科学的历史观"。他还强调指出："马克思加深和发展了哲学唯物主义，而且把它贯彻到底，把它对自然界的认识推广到对人类社会的认识。马克思的历史唯物主义是科学思想中的最大成果。""马克思的哲学是完备的哲学唯物主义，它把伟大的认识工具给了人类，特别是给了工人阶级。"学习贯彻党的十九届六中全会精神，深刻领悟"两个确立"的决定性意义，我们看到，马克思主义的唯物史观为"两个确立"提供了理论依据。

"两个确立"是建立在唯物史观的两个基本原理基础之上的：一个是人民群众是历史创造者的原理；一个是社会存在决定社会意识、社会意识反作用于社会存在的原理。从第一个基本原理看，这个原理强调的是，人民群众是社会物质财富的创造者，是社会精神财富的创造者，是社会变革的决定力量。同时，又承认个人对社会发展的影响作用，甚至是重大的影响作用。从第二个基本原理看，这个原理强调的是，正确反映事物和合乎客观规律的思想、认识就是真理，不能正确反映事物和不合乎客观规律的思想、认识就是谬误。真理对认识和改造世界具有极大的能动的指导作用。唯物史观的这两个基本原理，都阐述了一个决定和被决定、作用和反作用的辩证关系。它们一方面从根本上划清了历史唯物主义和历史唯心主义的界限，另一方面又从根本上划清了辩证唯物主义和旧唯物主义的界限。我们应该认真学习，全面准确地领会。如果我们重视和强调了一个方面，而忽视和丢掉了另一个方面，就会犯机械论、片面性的错误，就不能科学地解释历史，也就无法正确地认识和把握历史发展规律。

（二）关于人民群众是历史创造者的基本原理

这个原理是"两个确立"依据唯物史观的第一个原理。对这个原理我们除要学习领会人民是历史的创造者，群众是真正的英雄，人民是创造世界历史的动力等基本观点外，还需要学习领会包含在唯物史观中的其他重要观点。这些重要观点实际上是对基本原理的具体展开。

1. 关于社会历史发展是无数个人合力作用的结果，每个人在历史发展过程中都起一定作用的观点。唯物史观认为，每个人尽管在历史上发挥作用的性质和程度各不相同，但都会在历史上留下自己的印记。离开了每一个个人的作用，也就不可能有群众的作用。恩格斯在《路德维希·费尔巴哈和德国古典哲学的终结》中指出："无论历史的结局如何，人们总是通过每一个人追求他自己的、自觉预期的目的来创造他们的历史，而这许多按不同方向活动的愿望及其对外部世界的各种各样作用的合力，就是历史。"这里，恩格斯已经指出了历史就是每一个人合力作用的结果。后来，恩格斯在给约瑟夫·布洛赫的信中进一步深刻指出："历史是这样创造的：最终的结果总是从许多单个的意志的相互冲突中产生出来的"，"这样就有无数互相交错的力量，有无数个力的平行四边形，由此就产生出一个合力，即历史结果"，"每个意志都对合力有所贡献"。

2.关于历史人物在历史发展过程中起着特殊作用，特别是杰出人物、伟大人物对历史发展有着深刻影响的观点。唯物史观强调，尽管每个人在历史发展中都起一定作用，但是作用的性质、大小是不一样的。历史人物的作用大一些，普通个人的作用小一些。同样是历史人物，杰出人物、伟大人物顺应历史发展的潮流，代表人民意愿，对历史发展起加速作用；反动人物、反面人物逆历史潮流而动，违背人民意愿，对历史发展起阻碍作用。在历史发展进程中，新的历史任务往往是由杰出人物、伟大人物首先发现并提出来的。因为他们比一般人站得高、看得远，解决历史任务的愿望比别人更强烈、更主动，能为群众指明革命斗争的方向，在革命斗争中起着领导核心作用。被誉为"俄国马克思主义之父""教育了整整一代马克思主义者"的普列汉诺夫，在其代表作《论个人在历史上的作用问题》中，系统论述了杰出人物、伟大人物在历史上的地位作用。列宁将这部著作列为马克思主义的经典文献之一。普列汉诺夫所研究的"个人"特指杰出人物、伟大人物。他指出："一个伟大人物之所以伟大，并不是因为他的个人特点使伟大的历史事变具有个别的外貌，而是因为他所具备的特点，使他自己最能为当时在一般的和特殊的原因影响下所发生的伟大社会需要服务。""因为他的见识要比别人的远些，他的愿望要比别人的强烈些。他把先前的社会智慧发展进程所提出的科学任务拿来加以解决；他把先前的社会关系发展过程所造成的新的社会需要指明出来；他担负起满足这些需要的发起责任。"杰出人物、伟大人物是历史规律的发现者，是历史任务的提出者，是历史方向的指导者，是历史力量的凝聚者，是历史潮流的引领者，是历史变革的谋划者。同时，唯物史观认为，杰出人物、伟大人物对历史发展的作用要受社会历史条件的制约，受人民群众及其实践活动的制约。马克思在《哲学的贫困》中有非常深刻的阐述，即每个人既是历史的"剧中人"，又是历史的"剧作者"。杰出人物、伟大人物只有顺应历史发展的要求和人民群众的意愿，才能起到推动人类社会历史前进的积极作用。

3. 关于每一个时代一定会出现自己的杰出人物、伟大人物，无产阶级必须要有自己的领袖的观点。唯物史观认为，时势造英雄，杰出人物、伟大人物的出现具有历史必然性。马克思在《1848年至1850年的法兰西阶级斗争》中指出："每一个社会时代都需要有自己的大人物，如果没有这样的人物，它就要把他们创造出来。"恩格斯在致瓦尔特·博尔吉乌斯的信中指出："每当需要有这样一个人的时候，他就会出现"。同时，唯物史观还认为，无产阶级必须要有自己的领袖。列宁指出："在历史上，任何一个阶级，如果不推举出自己的善于组织运动和领导运动的政治领袖和先进代表，就不可能取得统治地位。"他还科学论证了领袖与群众、阶级、政党之间的辩证关系，指出："群众是划分为阶级的；……在通常情况下，在多数场合，至少在现代的文明国家内，阶级是由政党来领导的；政党通常是由最有威信、最有影响、最有经验、被选出担任最重要职务而称为领袖的人们所组成的比较稳定的集团来主持的。"并强调"造就一批有经验、有极高威望的党的领袖是一件长期的艰难的事情。但是做不到这一点，无产阶级专政、无产阶级的'意志统一'就只能是一句空话"。邓小平同志结合中国革命的实际曾强调指出："没有领袖和核心，就要培养领袖和核心。要革命的话，就应该建立这样的党。就是工人运动、农民运动，没有领袖行吗？领袖就是团结的核心，他本身就是力量。中国革命之所以取得胜利，就是因为有了毛泽东这样的领袖。""对于领袖的爱护——本质上是表现对于党的利益、阶级的利益、人民的利益的爱护，而不是对于个人的神化。"

4. 关于无产阶级领袖具有以往任何阶级的杰出人物、伟大人物所不可比拟的优秀品质和伟大作用的观点。唯物史观强调，无产阶级是大工业的产物，符合生产社会化的发展趋势，代表着先进生产力。同时，由于他们一无所有，政治上受压迫最大，经济上受剥削最深，因此，革命最彻底，最大公无私，也最有前途。其他阶级都会随着工业化和现代化发展的进程而逐渐消亡，而无产阶级会不断发展壮大，它是最后一个自行消亡的阶级。所以，无产阶级领袖所代表的是历史上最革命、最先进的阶级。无产阶级的历史地位和历史使命，决定了无产阶级领袖，既是实践家，又是理论家；既是人民的领导者，又是人民的公仆；既具有卓越的才能，又善于集中群众的智慧。无产阶级领袖在历史上的作用，取决于他们对历史发展规律的认识程度以及同人民群众的结合程度。

5. 关于无产阶级政党必须坚定不移地维护领袖权威的观点。唯物史观认为，无产阶级政党不是"个人的偶然凑合"。无产阶级政党担负着实现共产主义的崇高理想和历史使命，如果缺乏权威人物，没有领导核心，无产阶级政党就难以发挥严密的组织性和纪律性的优势，无产阶级就难以作为一个整体而行动，从而在一致的行动中改变旧世界、建设新世界。马克思指出："一个单独的提琴手是自己指挥自己，一个乐队就需要一个乐队指挥。"恩格斯在《论权威》中深刻论证了确立和维护权威的重要性和必要性。他指出："能最清楚地说明需要权威，而且是需要专断的权威的，要算是在汪洋大海上航行的船了。那里，在危急关头，大家的生命能否得救，就要看所有的人能否立即绝对服从一个人的意志。"这个人是谁，就是船长。他强调，反权威主义者只有两种情况："或者是反权威主义者自己不知所云，如果是这样，那他们只是在散布糊涂观念；或者他们是知道的，如果是这样，那他们就背叛了无产阶级运动。在这两种情况下，他们都只是为反动派效劳。"对这个问题，我们党的领袖，在长期革命斗争的实践中，在总结党领导人民进行伟大奋斗的历史经验中，都有过许多深刻的论述。毛泽东同志指出："要建立领导核心，反对'一国三公'。"领导核心只能有一个，一个桃子剖开来有几个核心？只有一个核心。邓小平同志在对党的第三代中央领导集体作政治交代时强调："任何一个领导集体都要有一个核心，没有核心的领导是靠不住的"，"要有意识地维护一个核心"。习近平总书记强调指出："党的历史、新中国发展的历史都告诉我们：要治理好我们这个大党、治理好我们这个大国，保证党的团结和集中统一至关重要，维护党中央权威至关重要。"我们这样一个有着14亿多人口的大国，有着9600多万名党员的大党，必须有一个坚强的领导核心。如果没有党中央的核心、全党的核心，就没有党中央的权威和集中统一领导，就会导致各自为阵、各自为政，那就什么事情都干不成。

（三）关于社会存在决定社会意识、社会意识反作用于社会存在的原理

这个原理是"两个确立"依据唯物史观的第二个原理。对

这个原理我们也需要进一步深入学习领会。

唯物史观在实践的基础上，科学地解决了社会存在与社会意识的关系，在承认社会存在决定社会意识的同时，又指出了社会意识对社会存在具有的反作用，这有力地论证了科学理论武装的巨大作用与重大意义。

1.关于科学理论对实践具有巨大的指导作用，无产阶级政党必须以科学理论武装自己的观点。唯物史观认为，社会存在决定社会意识，社会意识对社会存在具有能动的反作用。恩格斯指出："一切观念都来自经验，都是现实的反映——正确的或歪曲的反映。"毛泽东同志说："反映不是被动的摄取对象，而是一个能动的过程。在生产和阶级斗争中，认识是能动的因素，起着改造世界的作用。"列宁说："当我们不知道自然规律的时候，自然规律是在我们的认识之外独立地存在着并起着作用，使我们成为'盲目的必然性'的奴隶。一经我们认识了这种不依赖于我们的意志和我们的意识而起着作用的（如马克思千百次反复说过的那样）规律，我们就成为自然界的主人。在人类实践中表现出来的对自然界的统治是自然现象和自然过程在人脑中客观正确的反映的结果，它证明这一反映（在实践向我们表明的范围内）是客观的、绝对的、永恒的真理。"科学的理论，作为先进社会意识的集中反映形式，会对社会发展起巨大的促进作用。毛泽东同志认为："马克思主义的哲学认为十分重要的问题，不在于懂得了客观世界的规律性，因而能够解释世界，而在于拿了这种对于客观规律性的认识去能动地改造世界。在马克思主义看来，理论是重要的，它的重要性充分地表现在列宁说过的一句话：'没有革命的理论，就不会有革命的运动。'然而马克思主义看重理论，正是，也仅仅是，因为它能够指导行动。如果有了正确的理论，只是把它空谈一阵，束之高阁，并不实行，那末，这种理论再好也是没有意义的。认识从实践始，经过实践得到了理论的认识，还须再回到实践去。认识的能动作用，不但表现于从感性的认识到理性的认识之能动的飞跃，更重要的还须表现于从理性的认识到革命的实践这一个飞跃。抓着了世界的规律性的认识，必须把它再回到改造世界的实践中去，再用到生产的实践、革命的阶级斗争和民族斗争的实践以及科学实验的实践中去。"无产阶级政党的整个世界观是以马克思主义为基础的，有马克思主义这个科学的理论作为指导，是无产阶级政党的优点。马克思指出："哲学把无产阶级当做自己的物质武器，同样，无产阶级也把哲学当做自己的精神武器"。恩格斯强调："我们党有个很大的优点，就是有一个新的科学的世界观作为理论的基础"。反之，没有马克思主义这个科学理论作为指导，就不会有坚强的无产阶级政党。列宁在《马克思主义的三个来源和三个组成部分》中说："马克思加深和发展了哲学唯物主义，而且把它贯彻到底，把它对自然界的认识推广到对人类社会的认识"，"马克思学说具有无限力量，就是因为它正确。它完备而严密，它给人们提供了决不同任何迷信、任何反动势力、任何为资产阶级压迫所作的辩护相妥协的完整的世界观"。他在《唯物主义和经验批判主义》一文中还说："沿着马克思的理论的道路前进，我们将愈来愈接近客观真理（但决不会穷尽它）；而沿着任何其他的道路前进，除了混乱和谬误之外，我们什么也得不到。"毛泽东同志在《论人民民主专政》一文中联系到我们党的历史，说得更具体、更生动、更形象。他说："我们党走过二十八年了，大家知道，不是和平地走过的，而是在困难的环境中走过的，我们要和国内外党内外的敌人作战。谢谢马克思、恩格斯、列宁和斯大林，他们给了我们以武器。这武器不是机关枪，而是马克思列宁主义。"因此，无产阶级政党必须以科学的理论即马克思主义来武装自己。

2. 关于理论一经掌握群众，也会变成物质力量，无产阶级政党必须向广大群众灌输科学的理论，引导他们前进的观点。唯物史观认为，思想本身并不能实现什么，要实现什么就要诉诸实践，而社会实践的主体是人民群众。马克思恩格斯指出："思想本身根本不能实现什么东西。思想要得到实现，就要有使用实践力量的人。"因此，一种社会意识发挥作用的程度及范围大小、时间长短，同它掌握群众的深度和广度密切地联系在一起。马克思还强调："批判的武器当然不能代替武器的批判，物质力量只能用物质力量来摧毁；但是理论一经掌握群众，也会变成物质力量。"然而，群众并不是自然而然地就能够接受理论，哪怕是科学的理论。列宁在《怎么办？》一文中指出："工人阶级单靠自己本身的力量，只能形成工联主义的意识"，"阶级政治意识只能从外面灌输给工人"，"为了向工人灌输政治知识，社会民主党人应当到居民的一切阶级中去，应当派出自己的队伍分赴各个方面"。他还特别强调："思想一旦掌握群众，就变成力量"，"任何一个代表着未来的政党的第一个任务，都是说服大多数人民相信其纲领和策略的正确。"因此，思想领导是无产阶级政党领导的灵魂所在，无产阶级政党必须把科学理论贯穿于党的章程和纲领之中，灌输到最广大群众之中，贯彻到最实际的无产阶级运动全过程。毛泽东同志在总结中国土地革命战争时期的经验教训时曾强调："'自由是必然的认识'——这是旧哲学家的命题。'自由是必然的认识和世界的改造'——这是马克思主义的命题。一个马克思主义者如果不懂得从改造世界中去认识世界，又从认识世界中去改造世界，就不是一个好的马克思主义者。一个中国的马克思主义者，如果不懂得从改造中国中去认识中国，又从认识中国中去改造中国，就不是一个好的中国的马克思主义者。""人们的社会存在，决定人们的思想。而代表先进阶级的正确思想，一旦被群众掌握，就会变成改造社会、改造世界的物质力量。"

3.关于科学理论必须随着时代和实践的发展而发展，无产阶级政党要与时俱进、不断推进理论创新的观点。唯物史观认为，社会意识对社会存在的依赖性，决定了社会意识会随着社会存在的发展相应地或迟或早地发生变化和发展。科学理论，作为正确反映社会发展规律的先进社会意识，也必须随着实践的发展而不断发展，把科学理论当作行动的指南而不是教条。早在唯物史观创立之初，马克思就指出："新思潮的优点又恰恰在于我们不想教条地预期未来，而只是想通过批判旧世界发现新世界。"恩格斯说："每一个时代的理论思维，包括我们这个时代的理论思维，都是一种历史的产物，它在不同的时代具有完全不同的形式，同时具有完全不同的内容。""我们的理论不是教条，而是对包含着一连串互相衔接的阶段的发展过程的阐明。"列宁指出："我们决不把马克思的理论看作某种一成不变的和神圣不可侵犯的东西；恰恰相反，我们深信：它只是给一种科学奠定了基础，社会党人如果不愿落后于实际生活，就应当在各方面把这门科学推向前进。"毛泽东同志在《实践论》中说："实践、认识、再实践、再认识，这种形式，循环往复以至无穷，而实践和认识之每一循环的内容，都比较地进到了高一级的程度。这就是辩证唯物论的全部认识论，这就是辩证唯物论的知行统一观。""社会实践中的发生、发展和消灭的过程是无穷的，人的认识的发生、发展和消灭的过程也是无穷的。根据于一定的思想、理论、计划、方案以从事于变革客观现实的实践，一次又一次地向前，人们对于客观现实的认识也就一次又一次地深化。客观现实世界的变化运动永远没有完结，人们在实践中对于真理的认识也就永远没有完结。马克思列宁主义并没有结束真理，而是在实践中不断地开辟认识真理的道路。"他后来还特别指出："人类的历史，就是一个不断地从必然王国向自由王国发展的历史。这个历史永远不会完结。在有阶级存在的社会内，阶级斗争不会完结。在无阶级存在的社会内，新与旧、正确与错误之间的斗争永远不会完结。在生产斗争和科学实验范围内，人类总是不断发展的，自然界也总是不断发展的，永远不会停止在一个水平上。因此，人类总得不断地总结经验，有所发现，有所发明，有所创造，有所前进。停止的论点，悲观的论点，无所作为和骄傲自满的论点，都是错误的。"他还说："马克思列宁主义的伟大力量，就在于它是和各个国家具体的革命实践相联系的。"在改革开放和社会主义现代化建设新时期，邓小平同志敏锐地指出："世界形势日新月异，特别是现代科学技术发展很快。现在的一年抵得上过去古老社会几十年、上百年甚至更长的时间。不以新的思想、观点去继承、发展马克思主义，不是真正的马克思主义者。"党的十八大以来，习近平总书记强调，"马克思主义理论不是教条，而是行动指南，必须随着实践的变化而发展"，"坚持用马克思主义之'矢'去射新时代中国之'的'，继续推进马克思主义基本原理同中国具体实际相结合、同中华优秀传统文化相结合，续写马克思主义中国化时代化新篇章"。因此，与时俱进确立党的科学理论的指导地位，是马克思主义的本质要求，也是无产阶级政党永葆先进性的必然要求。

二、与"两个确立"相关的几个理论问题

学习领会马克思主义唯物史观的基本原理和思想观点，联系实际，我们还需要把握好与"两个确立"相关的几个理论问题。

（一）关于党的领袖与党的理论创新的关系问题

党的领袖是党领导人民在进行伟大斗争的实践中产生出来的。党的领袖具有一系列优秀品质，他们站得高、看得远，眼界开阔、胸怀天下，对党忠诚、不负人民，敢于斗争、勇于担当，乐于奉献、夙夜在公，注重实际、开拓创新，谦虚谨慎、不骄不躁，信念坚定、意志顽强，作风优良、人格伟大，联系群众、不怕牺牲。从个人条件上看，他们最有威信、最有影响、最有经验；从产生方式上看，他们在伟大斗争的实践中产生出来，又通过一定的组织程序被选拔和推荐出来；从所处地位看，他们责任重大，使命崇高，担负着最重要的职责。党的领袖不但要成为党中央的核心、全党的核心，在实践中起掌舵领航的作用，而且在推进党的理论创新中要起决定性作用。毛泽东同志是我们党的第一代中央领导集体的核心，毛泽东思想是马克思主义中国化的第一次历史性飞跃。毛泽东同志为党领导人民创造新民主主义革命的伟大成就、创造社会主义革命和建设的伟大成就发挥了重大作用，是毛泽东思想的主要创立

者，为毛泽东思想的创立起了决定性作用。党的十八大以来，以习近平同志为核心的党中央团结带领全国各族人民，创造了新时代中国特色社会主义的伟大成就。在这个实践过程中，党坚持把马克思主义基本原理同中国具体实际相结合、同中华优秀传统文化相结合，创立了习近平新时代中国特色社会主义思想，实现了马克思主义中国化新的飞跃。习近平同志为这一思想的创立起了决定性作用、作出了决定性贡献，是这一思想的主要创立者。新时代的伟大斗争产生了党的坚强领导核心，党的坚强领导核心领导了新时代的伟大斗争。新时代的伟大实践孕育和催生了党的创新理论，党的创新理论引领了新时代的伟大实践。理论与实践相互交织、相互影响、相互促进、相互转化。正是因为有习近平总书记掌舵领航，全党才有了顶梁柱，全国 14 亿多人民才有了主心骨；正是因为有习近平新时代中国特色社会主义思想的科学引领，全党全国各族人民才有了思想上的"定盘星"、行动上的"指南针"。党的领导核心的确立与党的理论创新是统一的，是两位一体的。党的领导核心都是党的创新理论的主要创立者，都为党的创新理论作出了决定性贡献；党的创新理论都对党的领导核心作用的发挥起了重大的支撑作用。两者相互联系、相互促进，相辅相成、相得益彰。

（二）关于党的领袖与人民群众的关系问题

党的领袖与人民群众是相互依存、相互离不开的辩证统一关系。一方面，人民群众需要党的领袖，党的领袖来自于人民群众之中，是人民群众利益的忠实代表。没有党的领袖，人民群众的斗争和实践就会陷于自发、涣散、盲目、摸索的状态。党的领袖顺应时代的潮流，满足人民的愿望，领导、组织、团结、带领人民群众前进。党的领袖的抱负、能力、担当、情怀，对党、国家、民族发展的影响至关重要。党的领袖的形象是党、国家、民族人格化的具体体现，能够产生巨大的向心力、凝聚力、感召力。邓小平同志指出："工人阶级政党的领袖，不是在群众之上，而是在群众之中，不是在党之上，而是在党之中。正因为这样，工人阶级政党的领袖，必须是密切联系群众的模范，必须是服从党的组织、遵守党的纪律的模范。"党的领袖的作用主要体现在这样几个方面：科学预见、教育引领、团结凝聚、举旗定向、领导指挥。具体地说就是依据社会发展的规律和现实状况，总结经验，创新理论，谋划蓝图，预见未来；动员群众，宣传群众，组织群众，使人民群众认识自己的利益，了解自己的前途，明确奋斗的方向；加强团结，坚定信心，攻坚克难，开拓前进。另一方面，党的领袖必须依靠人民群众，从群众中来，到群众中去，倾听人民群众的呼声，集中人民群众的正确意见，密切同人民群众的联系，代表最广大人民群众的根本利益，把人民放在心中最高位置，坚持人民至上。党的领袖来自于人民，根植于人民，服务于人民，党的领袖同人民群众密不可分。刘少奇同志在论述毛泽东同志同人民群众的关系时说过这样一段话："毛泽东同志，是我们党的领袖，但他又是我们党的一个普通党员，……他是人民群众的领袖，但他的一切都根据人民群众的意志，他在人民面前是最忠实的勤务员和最恭谨的小学生。"他还说："真正的我们党的历史，中国无产阶级与中国人民的正确的革命方向，是在毛泽东同志那里，是以毛泽东同志为代表为中心而继续着，存在着，发展着；而不是在任何其他的地方，也不是以任何其他的人为中心而存在，而发展。"周恩来同志在《学习毛泽东》一文中强调指出："我们必须有一个大家共同承认的领袖，这样的领袖能够带着我们前进。""我们的领袖是从人民当中生长出来的，是跟中国人民血肉相联的，是跟中国的大地、中国的社会密切相关的，是从中国近百年来和'五四'以来的革命运动、多少年革命历史的经验教训中产生的人民领袖。因此，学习毛泽东必须全面地学习，从他的历史发展来学习，不要只看今天的成就伟大而不看历史的发展。"他在《七大开幕演说》中说："我们依靠了全党同志的努力奋斗。我们依靠了数十万党内外革命先烈的流血牺牲。我们依靠了上万万人民大众的共同奋斗。我们依靠了国内民主党派的合作和国外进步人士的同情。最主要的，我们还是依靠了我党领袖毛泽东同志的英明领导。他指示了我们以新民主主义的方向，他教育了我们以中国马克思主义的思想和学说，他领导了我们经过中国革命三个历史时期，创造了伟大的革命力量，经历了无数次革命斗争，克服了无数次艰难困苦，达到了今天的初步胜利。"任弼时同志《在中国共产党第七次全国代表大会开幕典礼上的讲话》中也说："在二十四年的奋斗过程中，我们党产生了自己的领袖毛泽东同志。毛泽东同志的思想，已经掌握了中国广大的人民群众，成为不可战胜的力量。毛泽东三个字不仅成为中国人民的旗帜，而且成为东方各民族争取解放的旗帜！我们应该感到荣幸，我们应该庆贺这个成功。"这些论述，都深刻阐述了党的领袖与人民群众的关系问题。

党的十八大以来，习近平总书记以其特有的睿智、远见、朴实、亲和而又坚毅的风格，以其深刻洞察能力、科学决策能力、高超驾驭能力，以马克思主义政治家、思想家、战略家的恢宏气魄、远见卓识、雄韬伟略，展现了一个风华正茂大党、复兴崛起大国的领袖形象。习近平总书记从人民中走来，又始终在人民之中，他急人民之所急，想人民之所想，办人民之所需，与人民心心相印，息息相通，同广大人民群众始终保持着密切的联系。习近平总书记是我们党的领袖，也是中国人民的领袖。

（三）关于党的领袖与民主集中制的关系问题

民主集中制是马克思主义政党的根本组织原则，是共产党特有的政治优势、组织优势、制度优势和工作优势。民主集中制的原则和制度有两个方面，一个是民主，一个是集中。民主强调的是发扬民主，集中集体的智慧、全党的智慧。集中强调的是正确集中，凝聚全党的意志，形成集体的力量。民主是正确集中的前提和基础，集中是民主的必然要求和归宿，两者相辅相成、内在统一、不可分割。民主集中制是民主与集中的有机结合。毛泽东同志指出：民主集中制，"它是民主的，又是集中的，就是说，在民主基础上的集中，在集中指导下的民主"。集中以民主为基础，民主通过集中加以体现。没有民主就没有集中，没有集中也没有民主。邓小平同志曾说："我们党的组织原则是高度的民主和高度的集中相结合，把列宁提出的民主集中制原则精神发挥了。一个党不集中不行，如果没有中央的和各级党委的集中领导，这个党就没有战斗力。这种集中，如果没有高度的民主作基础，集中也是假的。"民主集中制的民主与集中是在矛盾运动中实现统一的。从贯彻落实民主集中制进行决策的过程看，任何一项决策都是先从正确指导下的高度民主开始的，又是在充分发扬民主的基础上进行高度集中后而结束的。民主集中制是马克思主义认识论在党的制度中的体现，是党的群众路线在党内生活中的运用。党的领袖要经常深入基层、深入群众，了解民情、体察民意、倾听民声，问政于民、问需于民、问计于民，善于从广大人民群众中汲取智慧和力量。在重大问题的决策前，要广泛深入地调研，这是实行民主集中制进行决策的前提。同时，党的领袖又要遇事不避难、不推诿，不犹豫徘徊、不优柔寡断，敢于负责、勇于担当，在重大问题上善于发挥引领作用，善于集中领导集体大多数人的意见，最后果断拍板，一锤定音。党的领袖的作用就是通过民主集中制来发挥的、来实现的，是建立在民主集中制基础之上的。党的领袖应该是贯彻执行民主集中制的榜样和典范。党的十四届四中全会在总结党的领导集体和核心关系时，是将其作为坚持民主集中制的一个重大问题来强调的。全会通过的决定指出："党的历史表明，必须有一个在实践中形成的坚强的中央领导集体，在这个领导集体中必须有一个核心。如果没有这样的领导集体和核心，党的事业就不能胜利。这是坚持民主集中制的一个重大问题。"

对以上所述的唯物史观的基本原理及与之相关的理论问题进行思考，我们可以看到，这些基本原理、理论观点和理论问题，在中国共产党百年奋斗的历程中都给予了充分的历史说明和实践验证。

深入学习领会党的二十大精神[*]

党的二十大是一次承前启后、继往开来的大会，必将以"高举旗帜、凝聚力量、团结奋进"，开创党和国家事业发展新局面而载入史册。当前和今后一个时期全党全国的首要政治任务，就是认真学习党的二十大精神，把党的二十大精神贯彻落实到党和国家工作各方面全过程。贯彻落实的前提是深入学习领会，那么，应该怎样深入学习领会党的二十大精神呢？通览党的二十大报告、党章修正案以及党的二十大的其他重要文件，至少需要关注八个方面的重大问题，在"八个深入学习领会"上下功夫。

深入学习领会党的二十大的重大意义

党的二十大召开的历史方位。党的二十大是在全党全国各族人民迈上全面建设社会主义现代化国家新征程、向第二个百年奋斗目标进军的关键时刻召开的一次十分重要的大会。大会

---

* 本文发表于《中国纪检监察报》2022 年 11 月 3 日。

对动员全党全国各族人民在新时代新征程夺取中国特色社会主义新胜利、全面建设社会主义现代化国家、全面推进中华民族伟大复兴具有重大现实意义和深远历史意义。

党的二十大取得的重大成果。党的二十大取得的重大成果，主要体现在两个方面：一是选举产生了新一届中央委员会和中央纪律检查委员会，选举产生了以习近平同志为核心的新一届中央领导集体。党的二十届一中全会体现全党意志、凝聚全党共识、反映人民期待，继续选举习近平同志担任中共中央总书记、决定习近平同志为中共中央军事委员会主席，这是党的二十大取得的最重要的政治成果。有以习近平同志为核心的党中央领航掌舵，风雨来袭时中国人民就有了最可靠的主心骨、定盘星，这个成果对党和人民的事业发展至关重要。二是批准了习近平同志代表十九届中央委员会所作的《高举中国特色社会主义伟大旗帜，为全面建设社会主义现代化国家而团结奋斗》的报告，批准了十九届中央纪律检查委员会的工作报告，审议通过了《中国共产党章程（修正案）》。党的二十大深入分析了国际国内形势，全面回顾总结了过去五年的工作和新时代十年的伟大变革，科学擘画了新征程的宏伟蓝图，系统部署了今后五年乃至未来更长时期党和国家事业各方面各领域的任务。这个决策部署事关中国特色社会主义前途命运，事关全面建设社会主义现代化国家，事关全面推进中华民族伟大复兴。党章修正案将党的十九大以来党的重大理论创新、实践创新、制度创新成果及时写入党章，为全党提供了根本遵循。

党的二十大报告的定位和意义。党的二十大报告是党和人民的集体智慧，是我们党团结带领全国各族人民在新时代新征程夺取中国特色社会主义新胜利的政治宣言和行动纲领，是马克思主义的纲领性文献。

深入学习领会党的二十大的主题

　　党的二十大的主题是大会的灵魂，是党和国家事业发展的总纲。习近平总书记在党的二十大报告中开宗明义、鲜明地提出了大会的主题。这就是：高举中国特色社会主义伟大旗帜，全面贯彻新时代中国特色社会主义思想，弘扬伟大建党精神，自信自强、守正创新，踔厉奋发、勇毅前行，为全面建设社会主义现代化国家、全面推进中华民族伟大复兴而团结奋斗。这86个字，字字千钧，内涵极其丰富，思想极其深刻，意义极其重大。

　　这个主题明确宣示了中国共产党和中国人民在全面建设社会主义现代化国家新征程上举什么旗、走什么路、以什么样的精神状态、朝着什么样的目标继续前进。

　　这个主题强调了高举中国特色社会主义伟大旗帜。旗帜决定方向，方向决定命运。马克思主义是我们中国共产党人的信仰，中国特色社会主义是我们中国共产党人的信念。在新时代新征程我们必须高举中国特色社会主义伟大旗帜。

　　这个主题强调了全面贯彻习近平新时代中国特色社会主义思想。以科学理论为指导，是马克思主义政党的独特优势。习近平新时代中国特色社会主义思想，是当代中国马克思主义、21世纪马克思主义，是中华文化和中国精神的时代精华。在新时代新征程我们必须全面贯彻习近平新时代中国特色社会主义思想。

　　这个主题强调了弘扬伟大建党精神。强大的精神是马克思主义政党的力量源泉。伟大建党精神是中国共产党的特质。

一百多年前，中国共产党的先驱们创建了中国共产党，形成了坚持真理、坚守理想，践行初心、担当使命，不怕牺牲、英勇斗争，对党忠诚、不负人民的伟大建党精神，这是中国共产党的精神之源。在新时代新征程我们必须弘扬伟大建党精神。

这个主题强调了自信自强、守正创新，踔厉奋发、勇毅前行。优良传统和工作作风是马克思主义政党的政治状态和精神风貌。自信自强、守正创新，踔厉奋发、勇毅前行，是我们党的优良传统和工作作风，是新时代彰显的党的精神风貌。在新时代新征程我们必须自信自强、守正创新，踔厉奋发、勇毅前行。

这个主题强调了为全面建设社会主义现代化国家、全面推进中华民族伟大复兴而团结奋斗。全面建成社会主义现代化强国是我们党的第二个百年奋斗目标，是中国人民实现中华民族伟大复兴的美好梦想。在新时代新征程我们必须为全面建设社会主义现代化国家、全面推进中华民族伟大复兴而团结奋斗。

中国共产党已走过百年奋斗历程。我们党立志于中华民族千秋伟业，致力于人类和平与发展崇高事业，责任无比重大，使命无上光荣。党的二十大确立这样一个主题，其目的就是鼓舞和激励全党全国各族人民勇于变革、勇于创新，万众一心、团结奋斗，奋力开创社会主义现代化建设新局面。

深入学习领会过去五年工作和新时代十年伟大变革的重大意义

党的十九大以来的五年和新时代以来的十年，极不寻常、极不平凡。事非经过不知难，成如容易却艰辛。五年来，我们坚持加强党的全面领导和党中央集中统一领导，立足新发展阶段，贯彻新发展理念，构建新发展格局，推动高质量发展，稳步推进改革，扎实推进全过程人民民主，全面推进依法治国，积极发展社会主义先进文化，突出保障和改善民生，集中力量实施脱贫攻坚战，大力推进生态文明建设，坚决维护国家安全，防范化解重大风险，保持社会大局稳定，大力度推进国防和军队现代化建设，全方位开展中国特色大国外交，全面推进党的建设新的伟大工程。特别是面对突如其来的新冠肺炎疫情，我们开展抗击疫情人民战争、总体战、阻击战，统筹疫情防控和经济社会发展取得重大积极成果。面对香港局势动荡变化，我们制定实施香港特别行政区维护国家安全法，香港局势实现由乱到治的重大转折。面对"台独"势力分裂活动和外部势力干涉台湾事务的严重挑衅，我们坚决开展反分裂、反干涉重大斗争，进一步掌握了实现祖国完全统一的战略主动。面对国际局势急剧变化，特别是面对外部讹诈、遏制、封锁、极限施压，我们保持战略定力，发扬斗争精神，展示不畏强权的坚定意志，在斗争中维护国家尊严和核心利益，牢牢掌握了我国发展和安全主动权。五年来，我们党团结带领人民，攻克了许多长期没有解决的难题，办成了许多事关长远的大事要事，推动党和国家事业取得举世瞩目的重大成就。

党的十八大后，我们面临着艰难复杂的形势和艰巨的改革发展任务。当时的形势是，改革开放和社会主义现代化建设取得巨大成就，党的建设新的伟大工程取得显著成效，但同时也存在着一系列长期积累及新出现的突出矛盾和问题。面对这些影响党长期执政、国家长治久安、人民幸福安康的突出矛盾和问题，党中央审时度势、果敢抉择，锐意进取、攻坚克难，团结带领全党全军全国各族人民撸起袖子加油干、风雨无阻向前行，义无反顾进行具有许多新的历史特点的伟大斗争。

十年来，我们经历了对党和人民事业具有重大现实意义和深远历史意义的三件大事：一是迎来中国共产党成立一百周年，二是中国特色社会主义进入新时代，三是完成脱贫攻坚、全面建成小康社会的历史任务，实现第一个百年奋斗目标。十年来，我们坚持马克思列宁主义、毛泽东思想、邓小平理论、"三个代表"重要思想、科学发展观，全面贯彻习近平新时代中国特色社会主义思想，全面贯彻党的基本路线、基本方略，采取一系列战略性举措，推进一系列变革性实践，实现一系列突破性进展，取得一系列标志性成果。我国经济实力实现历史性跃升，国内生产总值从54万亿元增长到114万亿元，我国经济总量占世界经济的比重达18.5%。人均国内生产总值从39800元增加到81000元。城镇化率达到64.7%。建成世界上规模最大的教育体系、社会保障体系、医疗卫生体系，基本养老保险覆盖10.4亿人，基本医疗保险参保率稳定在95%。人均预期寿命增长到78.2岁。打赢人类历史上规模最大的脱贫攻坚战，全国832个贫困县全部摘帽，近1亿农村贫困人口实现脱贫，历史性解决了绝对贫困问题。我们经受住了来自政治、经济、意识形态、自然界等方面的风险挑战考验。这十年，有涉滩之险，有爬坡之艰，有闯关之难，党领导人民攻坚克难，砥砺前行，推动党和国家事业取得历史性成就、发生历史性变革，推动我国迈上全面建设社会主义现代化国家新征程。

新时代十年的伟大变革，在党史、新中国史、改革开放史、社会主义发展史、中华民族发展史上具有里程碑意义。如果以宏阔的历史视野，将其放到40多年的改革开放史、70多年的新中国史、100 多年的中国共产党史、500 多年的社会主义发展史、5000 多年的中华民族发展史中去考察，它的里程碑意义就会进一步凸显，主要体现在以下四个方面：一是中国共产党在革命性锻造中更加坚强有力，这是对中国共产党而言所产生和具有的意义；二是中国人民焕发出更为强烈的历史自觉和主动精神，这是对中国人民而言所产生和具有的意义；三是实现中华民族伟大复兴进入了不可逆转的历史进程，这是对中华民族而言所产生和具有的意义；四是科学社会主义在 21 世纪的中国焕发出新的蓬勃生机，这是对科学社会主义而言所产生和具有的意义。

新时代十年的伟大变革是深层次的、根本性的，是全方位的、开创性的。新时代十年的伟大变革，体现在改革发展稳定、内政外交国防、治党治国治军各个领域各个方面。我们之所以能取得这些历史性成就、发生这些历史性变革，最根本的原因就在于有习近平总书记作为党中央的核心、全党的核心领航掌舵，在于有习近平新时代中国特色社会主义思想的科学指引。"两个确立"，对新时代党和国家事业发展、对推进中华民族伟大复兴历史进程具有决定性意义。

深入学习领会习近平新时代中国特色社会主义思想的世界观和方法论

习近平新时代中国特色社会主义思想实现了马克思主义中国化时代化新的飞跃。马克思主义是我们立党立国、兴党兴国的根本指导思想。实践告诉我们，中国共产党为什么能，中国特色社会主义为什么好，归根到底是马克思主义行，是中国化时代化的马克思主义行。拥有马克思主义科学理论指导是我们党坚定信仰信念、把握历史主动的根本所在。开辟马克思主义中国化时代化新境界，是习近平总书记在二十大报告中提出和阐述的一个具有深刻思想内涵和重大政治意义的命题。

推进马克思主义中国化时代化是一个追求真理、揭示真理、笃行真理的过程。党的十八大以来，面对国内外形势新变化和实践新要求，以习近平同志为主要代表的中国共产党人，坚持把马克思主义基本原理同中国具体实际相结合、同中华优秀传统文化相结合，坚持毛泽东思想、邓小平理论、"三个代表"重要思想、科学发展观，深刻总结并充分运用党成立以来的历史经验，从新的实际出发，创立习近平新时代中国特色社会主义思想。以全新的视野深化对共产党执政规律、社会主义建设规律、人类社会发展规律的认识，为推进中国特色社会主义事业提供了科学思想指引。

坚持和发展马克思主义，必须同中国具体实际相结合。马克思主义的生命力、活力、魅力在于创新，在于同各个国家、民族的具体实际和时代特征相结合。马克思主义是我们行动的指南，而不是一成不变的教条。我们必须坚持解放思想、实事求是、与时俱进、求真务实，一切从实际出发，着眼解决新时代改革开放和社会主义现代化建设的实际问题，不断回答中国之问、世界之问、人民之问、时代之问，作出符合中国实际和时代要求的正确回答，得出符合客观规律的科学认识，形成与时俱进的理论成果，更好指导中国实践。

坚持和发展马克思主义，必须同中华优秀传统文化相结合。只有植根本国、本民族历史文化沃土，马克思主义真理之树才能根深叶茂。中华优秀传统文化源远流长、博大精深，是中华文明的智慧结晶，其中蕴含的天下为公、民为邦本、为政以德、革故鼎新、任人唯贤、天人合一、自强不息、厚德载物、讲信修睦、亲仁善邻等，是中国人民在长期生产生活中积累的宇宙观、天下观、社会观、道德观的重要体现，同科学社会主义价值观主张具有高度契合性。我们必须坚定历史自信、文化自信，坚持古为今用、推陈出新，把马克思主义思想精髓同中华优秀传统文化精华贯通起来、同人民群众日用而不觉的共同价值观念融通起来，不断赋予科学理论鲜明的中国特色，不断夯实马克思主义中国化时代化的历史基础和群众基础，让马克思主义在中国牢牢扎根。

坚持好、运用好贯穿习近平新时代中国特色社会主义思想的立场观点方法。实践没有止境，理论创新也没有止境。不断谱写马克思主义中国化时代化新篇章，是当代中国共产党人的庄严历史责任。继续推进实践基础上的理论创新，首先要把握好习近平新时代中国特色社会主义思想的世界观和方法论，坚持好、运用好贯穿其中的立场观点方法。

"六个必须坚持"是贯穿习近平新时代中国特色社会主义思想的立场观点方法。"六个必须坚持"是，必须坚持人民至上、坚持自信自立、坚持守正创新、坚持问题导向、坚持系统观念、坚持胸怀天下。人民性是马克思主义的本质属性，党的理论是来自人民、为了人民、造福人民的理论，人民的创造性实践是理论创新的不竭源泉。自信自立是党和人民历史经验的深刻总结。党的百年奋斗成功道路是党领导人民独立自主探索开辟出来的，马克思主义的中国篇章是中国共产党人依靠自身力量实践出来的，贯穿其中的一个基本点就是中国的问题必须从中国基本国情出发，由中国人自己来解答。守正创新是我们党在实践探索中坚持的一个重大原则。我们从事的是前无古人的伟大事业，守正才能不迷失方向、不犯颠覆性错误，创新才能把握时代、引领时代。问题是时代的声音，回答并指导解决问题是理论的根本任务。万事万物是相互联系、相互依存的。只有用普遍联系的、全面系统的、发展变化的观点观察事物，才能把握事物发展规律。我们党是为中国人民谋幸福、为中华民族谋复兴的党，也是为人类谋进步、为世界谋大同的党。我们要拓展世界眼光，深刻洞察人类发展进步潮流，积极回应各国人民普遍关切，为解决人类面临的共同问题作出贡献，以海纳百川的宽阔胸襟借鉴吸收人类一切优秀文明成果，推动建设更加美好的世界。坚持人民至上，是推进马克思主义中国化时代化的根本出发点；坚持自信自立，是推进马克思主义中国化时代化的基本立足点；坚持守正创新，是推进马克思主义中国化时代化的主要着力点；坚持问题导向，是推进马克思主义中国化时代化的现实着眼点；坚持系统观念，是推进马克思主义中国化时代化的关键统筹点；坚持胸怀天下，是推进马克思主义中国化时代化的重要站位点。

深入学习领会以中国式现代化全面推进中华民族伟大复兴的使命任务

党的二十大明确了新时代新征程中国共产党的使命任务。党在新时代新征程的使命任务是什么？习近平总书记在党的二十大报告中指出："从现在起，中国共产党的中心任务就是团结带领全国各族人民全面建成社会主义现代化强国、实现第二个百年奋斗目标，以中国式现代化全面推进中华民族伟大复兴。"

中国式现代化创造了人类文明新形态。在新中国成立特别是改革开放以来长期探索和实践基础上，经过党的十八大以来在理论和实践上的创新突破，我们党成功推进和拓展了中国式现代化。中国式现代化，是中国共产党领导的社会主义现代化，既有各国现代化的共同特征，更有基于自己国情的中国特色。

中国式现代化具有五个中国特色。中国式现代化是人口规模巨大的现代化，是全体人民共同富裕的现代化，是物质文明和精神文明相协调的现代化，是人与自然和谐共生的现代化，是走和平发展道路的现代化。我国十四亿多人口整体迈进现代化社会，规模超过现有发达国家人口的总和，艰巨性和复杂性前所未有，发展途径和推进方式也必然具有自己的特点。共同富裕是中国特色社会主义的本质要求，也是一个长期的历史过程。物质富足、精神富有是社会主义现代化的根本要求。物质贫困不是社会主义，精神贫乏也不是社会主义。人与自然是生命共同体。我们坚持可持续发展，坚持节约优先、保护优先、自然恢复为主的方针，像保护眼睛一样保护自然和生态环境，坚定不移走生产发展、生活富裕、生态良好的文明发展道路，实现中华民族永续发展。我国不走一些国家通过战争、殖民、掠夺等方式实现现代化的老路，那种损人利己、充满血腥罪恶的老路给广大发展中国家人民带来深重苦难。我们坚定站在历史正确的一边、站在人类文明进步的一边，高举和平、发展、合作、共赢旗帜，在坚定维护世界和平与发展中谋求自身发展，又以自身发展更好维护世界和平与发展。

中国式现代化具有自己的本质要求。这个本质要求是九句话九个方面，这就是：坚持中国共产党领导，坚持中国特色社会主义，实现高质量发展，发展全过程人民民主，丰富人民精神世界，实现全体人民共同富裕，促进人与自然和谐共生，推动构建人类命运共同体，创造人类文明新形态。坚持中国共产党领导是对中国式现代化领导力量的本质要求，这是最根本、最重要的一条，彰显领导优势，起政治保证作用。坚持中国特色社会主义是对中国式现代化社会制度的本质要求，彰显制度优势，起方向引领作用。实现高质量发展是对中国式现代化经济建设的本质要求。发展全过程人民民主是对中国式现代化政治建设的本质要求。丰富人民精神世界是对中国式现代化文化建设的本质要求。实现全体人民共同富裕是对中国式现代化社会建设的本质要求。促进人与自然和谐共生是对中国式现代化生态文明建设的本质要求。推动构建人类命运共同体是对中国式现代化对外交往的本质要求。创造人类文明新形态是对中国式现代化文明形态的本质要求。中国式现代化就其内涵而言是新的，不是旧的，是基于中国的国情、自己走出来、探索出来的，而不是模仿别人、照抄外国、照搬西方的。中国式现代化的本质要求是，领导力量＋社会制度＋"五位一体"总体布局的五大建设＋对外交往＋文明形态，是对我国社会主义现代化建设长期探索和实践的科学总结，是党的现代化理论系统集成的重大创新，是对世界现代化理论的重大丰富和发展。

中国式现代化的目标是全面建成社会主义现代化强国。总的战略安排是分两步走：从二〇二〇年到二〇三五年基本实现社会主义现代化；从二〇三五年到本世纪中叶把我国建成富强民主文明和谐美丽的社会主义现代化强国。

未来五年是全面建设社会主义现代化国家开局起步的关键时期。党的二十大确定的主要目标任务是：经济高质量发展取得新突破，科技自立自强能力显著提升，构建新发展格局和建设现代化经济体系取得重大进展；改革开放迈出新步伐，国家治理体系和治理能力现代化深入推进，社会主义市场经济体制更加完善，更高水平开放型经济新体制基本形成；全过程人民民主制度化、规范化、程序化水平进一步提高，中国特色社会主义法治体系更加完善；人民精神文化生活更加丰富，中华民族凝聚力和中华文化影响力不断增强；居民收入增长和经济增长基本同步，劳动报酬提高与劳动生产率提高基本同步，基本公共服务均等化水平明显提升，多层次社会保障体系更加健全；城乡人居环境明显改善，美丽中国建设成效显著；国家安全更为巩固，建军一百年奋斗目标如期实现，平安中国建设扎实推进；中国国际地位和影响进一步提高，在全球治理中发挥更大作用。

全面建设社会主义现代化国家任重而道远。前进道路上，必须牢牢把握五个重大原则：一是坚持和加强党的全面领导。坚决维护党中央权威和集中统一领导，把党的领导落实到党和国家事业各领域各方面各环节，使党始终成为风雨来袭时全体人民最可靠的主心骨，确保我国社会主义现代化建设正确方向，确保拥有团结奋斗的强大政治凝聚力、发展自信心，集聚起万众一心、共克时艰的磅礴力量。二是坚持中国特色社会主义道路。坚持以经济建设为中心，坚持四项基本原则，坚持改革开放，坚持独立自主、自力更生，坚持道不变、志不改，既不走封闭僵化的老路，也不走改旗易帜的邪路，坚持把国家和民族发展放在自己力量的基点上，坚持把中国发展进步的命运牢牢掌握在自己手中。三是坚持以人民为中心的发展思想。维护人民根本利益，增进民生福祉，不断实现发展为了人民、发展依靠人民、发展成果由人民共享，让现代化建设成果更多更公平惠及全体人民。四是坚持深化改革开放。深入推进改革创新，坚定不移扩大开放，着力破解深层次体制机制障碍，不断彰显中国特色社会主义制度优势，不断增强社会主义现代化建设的动力和活力，把我国制度优势更好转化为国家治理效能。五是坚持发扬斗争精神。增强全党全国各族人民的志气、骨气、底气，不信邪、不怕鬼、不怕压，知难而进、迎难而上，统筹发展和安全，全力战胜前进道路上各种困难和挑战，依靠顽强斗争打开事业发展新天地。

深入学习领会对未来五年党和国家各项事业发展的战略部署

党的二十大对经济建设、教育科技人才工作、民主政治建设、全面依法治国、文化建设、保障和改善民生、生态文明建设、维护国家安全和稳定、国防和军队建设作出部署。在党的全国代表大会的报告中，将教育科技人才工作单独列一个部分，这在党的历史上还是第一次。报告强调发展是党执政兴国的第一要务。没有坚实的物质技术基础，就不可能全面建成社会主义现代化强国。高质量发展是全面建设社会主义现代化国家的首要任务。要加快构建新发展格局，着力推动高质量发展。要构建高水平社会主义市场经济体制，建设现代化产业体系，全面推进乡村振兴，促进区域协调发展，推进高水平对外开放。报告强调教育、科技、人才是全面建设社会主义现代化国家的基础性、战略性支撑，必须坚持科技是第一生产力、人才是第一资源、创新是第一动力，办好人民满意的教育，完善科技创新体系，加快实施创新驱动发展战略，深入实施人才强国战略。报告强调发展全过程人民民主，保障人民当家作主，加强人民当家作主制度保障，全面发展协商民主，积极发展基层民主，巩固和发展最广泛的爱国统一战线。报告强调要坚持全面依法治国，推进法治中国建设，完善以宪法为核心的中国特色社会主义法律体系，扎实推进依法行政，严格公正司法，加快建设法治社会。报告强调要推进文化自信自强，铸就社会主义文化新辉煌，建设具有强大凝聚力和引领力的社会主义意识形态，广泛践行社会主义核心价值观，提高全社会文明程度，繁荣发展文化事业和文化产业，增强中华文明传播力影响力。报告强调要增进民生福祉，提高人民生活品质，完善分配制度，实施就业优先战略，健全社会保障体系，推进健康中国建设。报告强调要推动绿色发展，促进人与自然和谐共生，加快发展方式绿色转型，深入推进环境污染防治，提升生态系统多样性、稳定性、持续性，积极稳妥推进碳达峰碳中和。报告强调要推进国家安全体系和能力现代化，坚决维护国家安全和社会稳定，健全国家安全体系，增强维护国家安全能力，提高公共安全治理水平，完善社会治理体系。报告强调要实现建军一百年奋斗目标，开创国防和军队现代化新局面，全面加强人民军队党的建设，全面加强练兵备战，全面加强军事治理，巩固拓展国防和军队改革成果。

党的二十大对港澳台工作作出部署。报告强调坚持和完善"一国两制"，推进祖国统一，全面准确、坚定不移贯彻"一国两制"、"港人治港"、"澳人治澳"、高度自治的方针，坚持依法治港治澳，维护宪法和基本法确定的特别行政区宪制秩序，支持香港、澳门发展经济、改善民生、破解经济社会发展中的深层次矛盾和问题，坚决打击反中乱港乱澳势力，坚决防范和遏制外部势力干预港澳事务。报告强调解决台湾问题、实现祖国完全统一，是党矢志不渝的历史任务，是全体中华儿女的共同愿望，是实现中华民族伟大复兴的必然要求，坚持贯彻新时代党解决台湾问题的总体方略，牢牢把握两岸关系主导权和主动权，坚定不移推进祖国统一大业。

党的二十大对对外工作作出部署。报告强调要促进世界和平与发展，推动构建人类命运共同体，中国始终坚持维护世界和平、促进共同发展的外交政策宗旨，致力于推动构建人类命运共同体，中国坚定奉行独立自主的和平外交政策，中国坚持在和平共处五项原则基础上同各国发展友好合作，推动构建新型国际关系，中国坚持对外开放的基本国策，坚定奉行互利共赢的开放战略，中国积极参与全球治理体系改革和建设，践行共商共建共享的全球治理观，推动全球治理朝着更加公正合理的方向发展。

深入学习领会以党的伟大自我革命引领伟大社会革命的重要要求

自我革命，是我们党区别于其他政党最显著的标志，是跳出治乱兴衰历史周期率的第二个答案，也是我们党不断从胜利走向新的胜利的关键所在。全面建设社会主义现代化国家、全面推进中华民族伟大复兴，关键在党。我们党作为世界上最大的马克思主义执政党，要始终赢得人民拥护、巩固长期执政地位，必须时刻保持解决大党独有难题的清醒和坚定。经过党的十八大以来全面从严治党，我们解决了党内许多突出问题。党领导开展了史无前例的反腐败斗争，以"得罪千百人、不负十四亿"的使命担当祛疴治乱，不敢腐、不能腐、不想腐一体推进，"打虎""拍蝇""猎狐"多管齐下，反腐败斗争取得压倒性胜利并全面巩固，消除了党、国家、军队内部存在的严重隐患。党的十八大以来，全国纪检监察机关共立案 464.8 万余件，其中，立案审查调查中管干部 553 人，处分厅局级干部 2.5 万多人、县处级干部 18.2 万多人。但是，党面临的执政考验、改革开放考验、市场经济考验、外部环境考验将长期存在，精神懈怠危险、能力不足危险、脱离群众危险、消极腐败危险将长期存在。

党的二十大报告强调全面从严治党永远在路上，党的自我革命永远在路上，决不能有松劲歇脚、疲劳厌战的情绪，必须持之以恒推进全面从严治党，深入推进新时代党的建设新的伟大工程，以党的自我革命引领社会革命。要落实新时代党的建设总要求，健全全面从严治党体系，全面推进党的自我净化、自我完善、自我革新、自我提高，使我们党坚守初心使命，始终成为中国特色社会主义事业的坚强领导核心。

党的二十大报告强调要坚持和加强党中央集中统一领导，健全总揽全局、协调各方的党的领导制度体系，完善党中央重大决策部署落实机制，确保全党在政治立场、政治方向、政治原则、政治道路上同党中央保持高度一致，确保党的团结统一。要加强党的政治建设，严明政治纪律和政治规矩，落实各级党委（党组）主体责任，提高各级党组织和党员干部政治判断力、政治领悟力、政治执行力。坚持科学执政、民主执政、依法执政，贯彻民主集中制，创新和改进领导方式，提高党把方向、谋大局、定政策、促改革能力，调动各方面积极性。增强党内政治生活政治性、时代性、原则性、战斗性，用好批评和自我批评武器，持续净化党内政治生态。要坚持不懈用习近平新时代中国特色社会主义思想凝心铸魂，坚持用习近平新时代中国特色社会主义思想统一思想、统一意志、统一行动，加强理想信念教育，引导全党牢记党的宗旨，解决好世界观、人生观、价值观这个总开关问题，自觉做共产主义远大理想和中国特色社会主义共同理想的坚定信仰者和忠实实践者。要完善党的自我革命制度规范体系，坚持制度治党、依规治党，以党章为根本，以民主集中制为核心，完善党内法规制度体系，增强党内法规权威性和执行力，形成坚持真理、修正错误，发现问题、纠正偏差的机制。要建设堪当民族复兴重任的高素质干部队伍，坚持党管干部原则，坚持德才兼备、以德为先、五湖四海、任人唯贤，把新时代好干部标准落到实处。树立选人用人正确导向，选拔忠诚干净担当的高素质专业化干部，选优配强各级领导班子。坚持把政治标准放在首位，做深做实干部政治素质考察，突出把好政治关、廉洁关。加强实践锻炼、专业训练，注重在重大斗争中磨砺干部，增强干部推动高质量发展本领、服务群众本领、防范化解风险本领。加强干部斗争精神和斗争本领养成，着力增强防风险、迎挑战、抗打压能力，带头担当作为，做到平常时候看得出来、关键时刻站得出来、危难关头豁得出来。完善干部考核评价体系，引导干部树立和践行正确政绩观，推动干部能上能下、能进能出，形成能者上、优者奖、庸者下、劣者汰的良好局面。抓好后继有人这个根本大计。要增强党组织政治功能和组织功能，坚持大抓基层的鲜明导向，抓党建促乡村振兴，加强城市社区党建工作，推进以党建引领基层治理，持续整顿软弱涣散基层党组织，把基层党组织建设成为有效实现党的领导的坚强战斗堡垒。全面提高机关党建质量，推进事业单位党建工作。推进国有企业、金融企业在完善公司治理中加强党的领导，加强混合所有制企业、非公有制企业党建工作，理顺行业协会、学会、商会党建工作管理体制。加强新经济组织、新社会组织、新就业群体党的建设。要坚持以严的基调强化正风肃纪，锲而不舍落实中央八项规定精神，抓住"关键少数"以上率下，持续深化纠治"四风"，重点纠治形式主义、官僚主义，坚决破除特权思想和特权行为。把握作风建设地区性、行业性、阶段性特点，抓住普遍发生、反复出现的问题深化整治，推进作风建设常态化长效化。全面加强党的纪律建设，督促领导干部特别是高级干部严于律己、严负其责、严管所辖，从思想上固本培元，提高党性觉悟，增强拒腐防变能力。要坚决打赢反腐败斗争攻坚战持久战，腐败是危害党的生命力和战斗力的最大毒瘤，反腐败是最彻底的自我革命。只要存在腐败问题产生的土壤和条件，反腐败斗争就一刻不能停，必须永远吹冲锋号。坚持不敢腐、不能腐、不想腐一体推进，同时发力、同向发力、综合发力。

深入学习领会发扬斗争精神、增强斗争本领、坚持团结奋斗的时代要求

发扬斗争精神、增强斗争本领是形势和任务的需要。当前，世界百年未有之大变局加速演进，新一轮科技革命和产业变革深入发展，国际力量对比深刻调整，我国发展面临新的战略机遇。同时，世纪疫情影响深远，逆全球化思潮抬头，单边主义、保护主义明显上升，世界经济复苏乏力，局部冲突和动荡频发，全球性问题加剧，世界进入新的动荡变革期。我国改革发展稳定面临不少深层次矛盾躲不开、绕不过，党的建设特别是党风廉政建设和反腐败斗争面临不少顽固性、多发性问题，来自外部的打压遏制随时可能升级。我国发展进入战略机

遇和风险挑战并存、不确定难预料因素增多的时期，各种"黑天鹅""灰犀牛"事件随时可能发生。我们必须增强忧患意识，坚持底线思维，做到居安思危、未雨绸缪，准备经受风高浪急甚至惊涛骇浪的重大考验。全党全军全国各族人民要紧密团结在以习近平同志为核心的党中央周围，发扬斗争精神，增强斗争本领，知难而进、迎难而上，全力战胜前进道路上各种困难和挑战，依靠顽强斗争打开事业发展新天地。全党同志务必不忘初心、牢记使命，务必谦虚谨慎、艰苦奋斗，务必敢于斗争、善于斗争。

团结奋斗是中国共产党和中国人民的精神标识。团结就是力量，团结才能胜利。全面建设社会主义现代化国家，必须充分发挥亿万人民的创造伟力。我们党领导人民靠团结奋斗创造了辉煌历史，还要靠团结奋斗开辟美好未来。新时代新征程，我们要坚持全心全意为人民服务的根本宗旨，树牢群众观点，贯彻群众路线，尊重人民首创精神，坚持一切为了人民、一切依靠人民，从群众中来、到群众中去，始终保持同人民群众的血肉联系，始终接受人民批评和监督，始终同人民同呼吸、共命运、心连心。我们要铸牢中华民族共同体意识，不断巩固全国各族人民大团结，努力寻求最大公约数、画出最大同心圆，加强海内外中华儿女大团结，形成同心共圆中国梦的强大合力。

在党的二十大报告中，习近平总书记对全党同志提出了牢记"五个必由之路"的要求。这就是"全党必须牢记，坚持党的全面领导是坚持和发展中国特色社会主义的必由之路，中国特色社会主义是实现中华民族伟大复兴的必由之路，团结奋斗是中国人民创造历史伟业的必由之路，贯彻新发展理念是新时代我国发展壮大的必由之路，全面从严治党是党永葆生机活力、走好新的赶考之路的必由之路。这是我们在长期实践中得出的至关紧要的规律性认识，必须倍加珍惜、始终坚持，咬定青山不放松，引领和保障中国特色社会主义巍巍巨轮乘风破浪、行稳致远"。这是新时代的最强音。

最后，习近平总书记向全党发出了伟大号召，这是新时代的进军号角。习近平总书记指出："党用伟大奋斗创造了百年伟业，也一定能用新的伟大奋斗创造新的伟业。全党全军全国各族人民要紧密团结在党中央周围，牢记空谈误国、实干兴邦，坚定信心、同心同德，埋头苦干、奋勇前进，为全面建设社会主义现代化国家、全面推进中华民族伟大复兴而团结奋斗！"让我们把力量凝聚到党的二十大确定的各项任务上来，在新征程的战鼓声中奋勇向前。

2021 年

中国共产党百年历史与历史主动[*]

2021 年 2 月 20 日，习近平同志在党史学习教育动员大会上发表重要讲话，系统总结了我们党在各个历史时期的经验，深刻揭示了历史发展的规律，准确把握时代进步的潮流，悉心洞察世界前进的大势，全面阐述了马克思主义唯物史观的重要原理。习近平同志指出："在一百年的奋斗中，我们党始终以马克思主义基本原理分析把握历史大势，正确处理中国和世界的关系，善于抓住和用好各种历史机遇。""历史发展有其规律，但人在其中不是完全消极被动的。只要把握住历史发展规律和大势，抓住历史变革时机，顺势而为，奋发有为，我们就能够更好前进。马克思、恩格斯早在 170 多年前就科学揭示了社会主义必然代替资本主义的历史规律。这是人类社会发展不可逆转的总趋势，但需要经历一个很长的历史过程。在这个过程中，我们要立足现实，把握好每个阶段的历史大势，做好当下的事情。"这一重要论述，为我们深刻认识党的百年历史提

---

* 本文发表于《光明日报》2021 年 6 月 9 日。

供了根本遵循，也为我们进一步把握历史发展规律和大势，始终掌握党和国家事业发展的历史主动，把新时代中国特色社会主义伟大事业推向前进，提供了科学指南。

马克思主义唯物史观认为，人类社会发展有其自身的客观规律。人类社会的发展是生产力与生产关系、经济基础与上层建筑矛盾运动的结果。人们与外部世界相处，就要去认识世界，而认识世界的最终目的是改造世界。社会存在决定社会意识，社会意识反作用于社会存在。某种思想合乎客观规律的就是真理，不合乎客观规律的就是谬论。一切根据于正确思想的行动是正确的行动。人类特殊的这种"自觉的能动性"，是人之所以区别于物的特点。

马克思主义是人类的最高智慧，无产阶级是世界上最进步、最有前途的阶级。无产阶级以马克思主义哲学为精神武器，马克思主义哲学以无产阶级为物质武器。因此，以马克思主义为指导思想的无产阶级政党，在推进人类社会发展的历史进程中，在尊重客观规律的前提下，可以而且应该积极作为、主动作为。换句话说，也就是要始终坚持合规律性与合目的性的高度统一。这样，对马克思主义政党来说，就提出了一个把握历史发展规律和大势、掌握历史主动性的问题。

历史发展的必然产物：成立中国共产党

历史在人民的探索和奋斗中造就了中国共产党，中国共产党的诞生是遵循历史发展规律、顺应历史发展大势、掌握历史主动的必然产物。

中华民族有着5000多年的文明历史，创造了灿烂的中华文明，为人类作出了卓越贡献，成为世界上伟大的民族。但是，鸦片战争以后，由于西方列强的入侵和封建统治的腐朽，中国逐渐成为半殖民地半封建的社会，战乱频仍、山河破碎，生灵涂炭、民不聊生，中华民族遭受了前所未有的苦难。

为了民族复兴，无数仁人志士不屈不挠、前仆后继，进行了可歌可泣的斗争。太平天国起义、戊戌变法、义和团运动先后失败了。辛亥革命推翻了清王朝统治，建立了中华民国，结束了统治中国长达两千多年的君主专制制度，但没有改变中国的社会性质，没有改变中国人民的悲惨命运。从这个意义上说，它仍然是失败的。历史呼唤着真正能够带领中华民族实现伟大复兴使命的领导者、承担者。

辛亥革命后，为了总结历史经验教训，一些先进的知识分子从思想启蒙入手，发起了提倡民主与科学的新文化运动，在中国掀起了一股思想解放的浪潮。第一次世界大战的爆发又使资本主义的弊端突出地呈现出来，中国人对学习西方建立资产阶级共和国的方案产生了怀疑。恰在此时，俄国十月革命的发生给中国人民带来了新的希望。

"十月革命一声炮响，给我们送来了马克思列宁主义。"十月革命"唤醒了中国人，中国人学得了一样新的东西"，这就是马克思列宁主义。"自从中国人学会了马克思列宁主义以后，中国人在精神上就由被动转入主动"。从此以后，"中国改换了方向"。以十月革命为标志，世界开始了无产阶级社会主义革命的时代。从此以后，世界殖民地半殖民地国家的民族民主解放斗争都纳入了这一革命的范畴，成为世界无产阶级社会主义革命的一部分。十月革命后，马克思列宁主义在中国得到广泛传播，五四运动起了进一步促进作用，这为中国共产党的成立提供了一个重要条件。

中国工人阶级是近代中国新产生的一个阶级。这个阶级伴随着帝国主义侵略中国、在华开办工矿企业和中国封建地主阶级开办洋务而来。它的资格老于中国民族资产阶级。它具有代表先进生产力、大公无私、富有组织性纪律性革命性的一般优点，还具有大部分人由中国破产农民而来、与农民有着天然联系、相对集中等独特优点。因此，中国工人阶级就成为中国革命最基本的动力，成为中国革命的领导阶级。五四运动前夕，中国产业工人已达 200 万人左右，人数虽然不多，但主要集中在中国的沿海地区和大城市。五四运动中，以上海工人自发举行声援学生的罢工为标志，中国工人阶级有了政治诉求，这表明中国工人阶级已经从自在转向自为，中国工人阶级开始作为独立的政治力量登上了历史舞台，这为中国共产党的成立提供了另一个重要条件。

五四运动促进了马克思列宁主义同中国工人运动的结合，为中国共产党成立作了思想上干部上的准备。随后，在列宁领导的共产国际的帮助下，在上海、北京等地先后建立了共产党的早期组织。1921 年 7 月党的第一次全国代表大会召开，宣告了中国共产党的正式诞生。

十月革命的胜利，社会主义的兴起，是当时的世界大势。我们党的诞生就是顺应了世界发展的大势，从这个世界大势中产生，走在了时代前列。"中国产生了共产党，这是开天辟地的大事变。"至此，近代以来，中国人民和中华民族面临的争取民族独立、人民解放和实现国家富强、人民幸福这两大历史任务，就这样光荣地落到了中国工人阶级及其政党中国共产党的肩上。

历史发展的必然结果：建立中华人民共和国

中国共产党团结带领人民夺取新民主主义革命的全国性胜利，建立中华人民共和国，是遵循历史发展规律、顺应历史发展大势、掌握历史主动的必然结果。

党成立时只有 50 多名党员，到 1922 年召开党的第二次全国代表大会时也只增加到 195 人。但是，我们党在二大上就鲜明地提出并制定了反帝反封建的民主革命纲领。会后就开始发动轰轰烈烈的工人运动，开展反帝反封建的斗争，全身心地投入到大革命的洪流之中，很快显示了中国共产党的力量。

大革命失败后，以毛泽东同志为核心的党的第一代中央领导集体，把马克思列宁主义基本原理同中国革命具体实际相结合，创立毛泽东思想，团结带领中国人民，进行艰辛探索、浴血奋战，成功开辟了农村包围城市、武装夺取政权的正确革命道路。

在日本帝国主义加紧对我国侵略、民族危机空前严重的关头，我们党从世界反法西斯战争和中国人民抗日救亡强烈愿望的大势出发，准确把握国内主要矛盾和阶级关系的新变化，决定和实行了正确的抗日民族统一战线政策，实现了由国内革命战争向民族解放战争的重大转变。中国共产党成为全民族抗日战争的中流砥柱，并最终团结带领人民赢得了中国人民抗日战争的伟大胜利。

抗日战争胜利后，全国人民热切希望和平民主，建设一个新中国。但是，国民党蒋介石要继续维持国民党一党专政，坚持走老路，要"建立一个大地主大资产阶级专政的半殖民地半封建的国家"。他们不顾人民的反对，逆历史潮流而动，悍然挑起全面内战。在中国向何处去的重大历史关头，我们党顺应时代潮流，满足人民愿望，提出争取实现和平民主团结的主张。随着历史的发展进程，准确把握民心所向，正确判断战争发展趋势，及时响亮地提出了"打倒蒋介石，解放全中国"的口号。在人民解放军转入战略反攻后，我军发起了辽沈、淮海、平津三大战役。接着又发起了渡江战役并向全国进军，以摧枯拉朽之势消灭了国民党 800 多万军队，取得了解放战争的胜利。

我们党还及时发布中共中央纪念五一国际劳动节口号，揭开了中国共产党同各党派、各团体、各族各界人士协商建国的序幕。新民主主义革命在全国的胜利，基本上完成了争取民族独立、人民解放的历史任务。

党领导人民取得新民主主义革命胜利和建立中华人民共和国具有重大历史意义。它彻底结束了旧中国半殖民地半封建社会的历史，彻底结束了旧中国一盘散沙的局面，彻底废除了列强强加给中国的不平等条约和帝国主义在中国的一切特权。新中国以崭新的姿态屹立于世界的东方，开启了中国历史新纪元。

同时，中国革命的胜利冲破了帝国主义在东方的战线，极大地改变了世界的政治格局，壮大了世界和平民主和社会主义的力量，鼓舞了世界被压迫民族和被压迫人民争取解放的斗争，是继十月社会主义革命和反法西斯战争胜利之后世界历史中最重大的事件，具有重要的世界意义。

历史发展的必然方向：进行社会主义革命和建设

中国共产党团结带领人民进行社会主义革命，建立社会主义基本制度，开展社会主义建设，是遵循历史发展规律、顺应历史发展大势、掌握历史主动的必然方向。

中国革命胜利后，党领导人民要建立一个什么样的国家？国体、政体应该怎样确立？国家政权应该怎样组织？国家应该怎样治理？对这一系列重大问题，我们党把马克思主义的国家学说同中国的具体实际相结合，总结历史经验，把握历史规律和大势，进行了伟大的探索和创造。毛泽东同志在《新民主主义论》《论人民民主专政》等光辉著作中，对这些问题给予了正确回答，强调新民主主义革命的发展前途必然是社会主义，指出新中国实行的是人民民主专政。随着中国人民政治协商会议第一届全体会议的召开并通过共同纲领，第一届全国人民代表大会第一次会议的召开并通过宪法，我国现行的国体和政体正式确立。

新中国建立后，党领导人民取得抗美援朝战争的胜利，同时进行了土地制度改革和其他民主改革，进行了镇压反革命运动和"三反""五反"运动。基于战后总体和平的国际环境和我国经济社会生活中出现的一些新矛盾新问题，我们党适时提出了党在过渡时期的总路线，逐步实行"一化三改"，进行社会主义改造，建立起社会主义基本制度。社会主义制度的建立，成功实现了中国历史上最深刻最伟大的社会变革，为当代中国一切发展进步奠定了根本政治前提和制度基础。之后，我们党又准确把握人民对于建立先进的工业国的要求同落后的农业国的现实之间的矛盾，开始探索适合我国情况的社会主义建设道路，建立了独立的比较完整的工业体系和国民经济体系，这期间以"两弹一星"为标志的国防尖端技术取得突破性进展。

在社会主义革命和建设时期，毛泽东思想得到进一步丰富和发展，这个时期我们党领导人民所取得的巨大成就，都是在毛泽东思想的指引下取得的。其间我们虽然经历了严重曲折，但取得的独创性理论成果和巨大成就，为新的历史时期开创中国特色社会主义提供了宝贵经验、理论准备、物质基础。

需要特别指出的是，在 20 世纪 70 年代初，我们党顺应国际形势的重大变化，及时调整外交战略，毛泽东同志提出了关于三个世界划分的理论，推动外交工作打开新的局面，这对此后我国发展产生了广泛而深远的影响。

历史发展的必然抉择：实行改革开放

中国共产党团结带领人民实行改革开放，推进社会主义现代化建设，是遵循历史发展规律、顺应历史发展大势、掌握历史主动的必然抉择。

我们党作出实行改革开放的历史性决策，是基于对党和国家前途命运的深刻把握，是基于对社会主义革命和建设实践的深刻总结，是基于对时代潮流的深刻洞察，是基于对人民群众期盼和需要的深刻体悟。"文化大革命"是党在探求中国自己的社会主义道路的过程中遭到的严重挫折，我们党依靠自己的力量，最终纠正了这一严重错误。

面对"文化大革命"造成的困难局面，面对世界经济快速发展、科技进步日新月异，面对我国经济发展落后的现实，邓小平同志强调指出："贫穷不是社会主义"，"我们要赶上时代，这是改革要达到的目的。""如果现在再不实行改革，我们的现代化事业和社会主义事业就会被葬送。"

在邓小平同志领导下和老一辈革命家支持下，党的十一届三中全会冲破长期"左"的错误的严重束缚，批评"两个凡是"的错误方针，果断结束"以阶级斗争为纲"，重新确立马克思主义的思想路线、政治路线、组织路线。从此，我国改革开放拉开了大幕。

改革开放极大地激发了广大人民群众的创造性，极大地解放和发展了社会生产力，极大地增强了社会发展活力。我国实现了从高度集中的计划经济体制到充满活力的社会主义市场经济体制、从封闭半封闭到全方位对外开放的历史性转变，实现了从落后于时代到大踏步赶上时代、再到引领时代的历史性转变。中国加入世界贸易组织，全面深度地融入了世界。中国从对外开放中受益，也为世界的发展作出贡献。中国的发展离不开世界，世界的繁荣也需要中国。

改革开放是我们党的一次伟大觉醒，正是这个伟大觉醒孕育了我们党从理论到实践的伟大创造。改革开放是中国人民和中华民族发展史上一次伟大革命，正是这个伟大革命推动了中国特色社会主义事业的伟大飞跃。

党的十一届三中全会以后，以邓小平同志为核心的党的第二代中央领导集体，团结带领全党全国各族人民，深刻总结新中国成立以来正反两方面经验，借鉴世界社会主义历史经验，创立邓小平理论，解放思想，实事求是，作出把党和国家工作中心转移到经济建设上来、实行改革开放的历史性决策，明确提出走自己的路，建设中国特色社会主义，深刻揭示社会主义本质，确立社会主义初级阶段基本路线，科学回答了建设中国特色社会主义的一系列基本问题，制定了到21世纪中叶分三步走、基本实现社会主义现代化的发展战略，成功开创了中国特色社会主义。

党的十三届四中全会以后，以江泽民同志为核心的党的第三代中央领导集体，团结带领全党全国各族人民，坚持党的基本理论、基本路线，加深了对什么是社会主义、怎样建设社会主义和建设什么样的党、怎样建设党的认识，形成了"三个代表"重要思想，在国内外形势十分复杂、世界社会主义出现严重曲折的严峻考验面前捍卫了中国特色社会主义，确立了社会主义市场经济体制的改革目标和基本框架，确立了社会主义初级阶段的基本经济制度和分配制度，开创全面改革开放新局面，推进党的建设新的伟大工程，成功把中国特色社会主义推向 21 世纪。

党的十六大以后，以胡锦涛同志为总书记的党中央，团结带领全党全国各族人民，在全面建设小康社会进程中推进实践创新、理论创新、制度创新，深刻认识和回答了新形势下实现什么样的发展、怎样发展等重大问题，形成了科学发展观，抓住重要战略机遇期，聚精会神搞建设，一心一意谋发展，强调坚持以人为本、全面协调可持续发展，提出构建社会主义和谐社会，着力保障和改善民生，促进社会公平正义，推动建设和谐世界，推进党的执政能力建设和先进性建设，成功在新的形势下坚持和发展了中国特色社会主义。

历史发展的必然趋势：中国特色社会主义进入新时代

中国共产党团结带领人民推动中国特色社会主义进入新时代，全面建成小康社会，开启全面建设社会主义现代化国家新征程，向"第二个百年"奋斗目标进军，是遵循历史发展规律、顺应历史发展大势、掌握历史主动的必然趋势。

进入 21 世纪的第二个十年，世界多极化、经济全球化、社会信息化、文化多样化深入发展，新兴市场国家和发展中国家快速崛起，国际力量对比更趋均衡，全球治理体系深刻重塑，国际格局加速演变，世界处于大变革大调整之中。中国与世界的关系发生深刻变化，我国前所未有地走近世界舞台的中央，与世界的互联互动空前紧密。同时，我国国内改革发展稳定也进入关键时期。经过改革开放以来经济社会的快速发展，我国经济实力、科技实力、国防实力、综合国力显著增强，人民生活显著改善，国际地位显著提高。但是，在发展过程中，也积累了大量矛盾和问题。这些矛盾和问题，既有旧的、延续下来的，也有新的、后来出现的。

面对世界百年未有之大变局，面对中华民族伟大复兴的战略全局，以习近平同志为核心的党中央，以巨大的政治勇气和强烈的责任担当，团结带领全党全国各族人民，统揽伟大斗争、伟大工程、伟大事业、伟大梦想，从理论和实践结合上系统回答了新时代坚持和发展什么样的中国特色社会主义、怎样坚持和发展中国特色社会主义这个重大时代课题，创立习近平新时代中国特色社会主义思想，统筹推进"五位一体"总体布局，协调推进"四个全面"战略布局，加强党的全面领导，坚持和完善中国特色社会主义制度，推进国家治理体系和治理能力现代化，着力提升人民群众获得感、幸福感、安全感，提出一系列新理念新思想新战略，出台一系列重大方针政策，推出一系列重大举措，推进一系列重大工作，解决了许多长期想解决而没有解决的难题，办成了许多过去想办而没有办成的大事，推动党和国家事业取得历史性成就、发生历史性变革，推动中国特色社会主义进入新时代，党的面貌、国家的面貌、人民的面貌、军队的面貌、中华民族的面貌发生了前所未有的变化，中华民族正以崭新姿态屹立于世界的东方。

我们党还顺应和平、发展、合作、共赢的国际大势，提出并积极推动构建新型国际关系，推动构建人类命运共同体，推动共建"一带一路"，促进全球治理体系变革，做世界和平的建设者、全球发展的贡献者、国际秩序的维护者，为解决人类面临的共同问题、为建设美好世界贡献了中国智慧和中国方案，赢得了国际社会特别是广大发展中国家的普遍赞誉，深刻地改变和影响了世界。

展望未来，新时代的中国共产党人，一定能够带领全国各族人民，团结一致，砥砺奋进，全面建成社会主义现代化强国，胜利实现"第二个百年"奋斗目标、实现中华民族伟大复兴的中国梦。

中国共产党掌握历史主动的经验启迪

习近平同志指出："'虽有智慧，不如乘势。'了解历史才能看得远，理解历史才能走得远。要教育引导全党胸怀中华民族伟大复兴战略全局和世界百年未有之大变局，树立大历史观，从历史长河、时代大潮、全球风云中分析演变机理、探究历史规律，提出因应的战略策略，增强工作的系统性、预见性、创造性。"我们党在百年的非凡奋斗历程中，科学分析和把握历史大势，正确处理各种矛盾关系，善于抓住和用好各种历史机遇，始终掌握事业发展的历史主动，带领人民迎来了中华民族从站起来、富起来到强起来的伟大飞跃，迎来了实现中华民族伟大复兴的光明前景。

在百年历史中，我们党掌握历史主动，积累了十分丰富的经验，这些经验是党和人民的宝贵财富，对我们开启全面建设社会主义现代化国家新征程、实现中华民族伟大复兴的中国梦具有重要启迪。

必须始终坚守初心使命。初心使命是党的性质宗旨、理想信念、奋斗目标的集中体现。它是激励中国共产党人不断前进的根本动力。一百年来，我们党之所以能够遵循历史规律、顺应历史大势、掌握历史主动，就是因为始终坚守了初心使命。今天，我们要开启新征程，奋进新时代，必须始终牢记党的初心使命，不忘来时的路，走好前行的路。

必须始终顺应时代潮流。时代潮流浩浩荡荡，顺之者昌，逆之者亡。它体现的是世界的本质和客观规律。一百年来，我们党之所以能够遵循历史规律、顺应历史大势、掌握历史主动，就是因为勇于追赶和引领时代潮流。今天，我们要开启新征程，奋进新时代，必须顺应世界多极化、经济全球化的浪潮，乘势而上、顺势而为。

必须始终把握历史方位。历史方位是社会历史发展的纵横坐标。它反映的是一个政党、一个国家、一个民族的发展阶段和所处的位置。一百年来，我们党之所以能够遵循历史规律、顺应历史大势、掌握历史主动，就是因为在历史的每个关键节点，看清了所处的历史方位。今天，我们要开启新征程，奋进新时代，必须启航中国特色社会主义新时代，立足新发展阶段。

必须始终明确奋斗目标。奋斗目标引领努力方向。它规定的是每个历史阶段、每个历史时期所要完成的历史任务。一百年来，我们党之所以能够遵循历史规律、顺应历史大势、掌握历史主动，就是因为不断规划自己的阶段性任务，号召全党和全国人民为之奋斗。今天，我们要开启新征程，奋进新时代，必须锚定我国到2035年和2050年两个阶段的战略安排而奋发努力。

必须始终抓住主要矛盾。主要矛盾是诸多矛盾中起主要作用的矛盾。它是决定事物性质和本质的主要因素。一百年来，我们党之所以能够遵循历史规律、顺应历史大势、掌握历史主动，就是因为在纷繁复杂的各种矛盾中抓住了主要矛盾和矛盾的主要方面。今天，我们要开启新征程，奋进新时代，必须紧紧抓住新时代人民日益增长的美好生活需要和不平衡不充分的发展之间的矛盾这个社会主要矛盾，一切工作围绕着解决这个社会主要矛盾而展开。

必须始终发扬斗争精神。斗争精神是马克思主义政党的鲜明品格。它体现着敢于斗争、敢于胜利的特质。一百年来，我们党之所以能够遵循历史规律、顺应历史大势、掌握历史主动，就是因为不怕困难、无所畏惧，因而奋斗出一片新天地。今天，我们要开启新征程，奋进新时代，必须进行具有许多新的历史特点的伟大斗争，发扬斗争精神，提高斗争本领，不断夺取伟大斗争新胜利。

必须始终勇于改革创新。改革创新是中华民族的优良传统。它内含着"周虽旧邦，其命维新"的哲思意蕴。一百年来，我们党之所以能够遵循历史规律、顺应历史大势、掌握历史主动，就是因为敢于大胆实践，勇于创新，从而创造了一个又一个奇迹。今天，我们要开启新征程，奋进新时代，必须全面深化改革，高水平对外开放，把改革开放进行到底。

必须始终坚持加强团结。团结就是力量，团结就是胜利。它集聚了最大的正能量，画出了最大的同心圆。中国共产党百年史是一部团结带领人民为美好生活共同奋斗的历史。一百年来，我们党之所以能够遵循历史规律、顺应历史大势、掌握历史主动，就在于全党团结成"一块坚硬的钢铁"，把全国各族人民团结起来，形成万众一心、无坚不摧的磅礴力量，战胜一切强大敌人、一切艰难险阻。今天，我们要开启新征程，奋进新时代，必须巩固和发展最广泛的爱国统一战线，化消极因素为积极因素，团结一切可以团结的人。

必须始终推进人类进步事业。"天下大同""协和万邦"是中华民族的宽广胸怀。它反映了中国人民的伟大情怀。一百年来，我们党之所以能够遵循历史规律、顺应历史大势、掌握历史主动，就是因为为世界谋大同，肩负着实现共产主义的崇高使命。今天，我们要开启新征程，奋进新时代，必须推动构建新型国际关系，推动构建人类命运共同体，努力建设一个"持久和平、普遍安全、共同繁荣、开放包容、清洁美丽"的世界。

马克思主义与中国共产党 *

今年是中国共产党成立100周年，也是马克思主义诞生173周年。在庆祝党的诞辰之际，我们不能忘记革命导师马克思、恩格斯，更不能忘记由他们共同创立的马克思主义。习近平同志指出："中国共产党是用马克思主义武装起来的政党，马克思主义是中国共产党人理想信念的灵魂。""马克思主义是我们立党立国的根本指导思想。背离或放弃马克思主义，我们党就会失去灵魂、迷失方向。"100年来，中国共产党人正是不丢老祖宗，又讲新话，从小到大、由弱到强，一路走到今天。深刻认识和准确把握马克思主义与中国共产党的内在关系，对于我们深入学习贯彻习近平新时代中国特色社会主义思想，更好地坚持和发展中国特色社会主义，具有十分重要的现实意义。

一、中国的先进分子为什么选择马克思主义

中国共产党是一个马克思主义政党，它以马克思主义作

* 本文发表于《理论学习与探索》2021 年第 4 期。

为自己的指导思想和理论基础。马克思主义是世界的，也是中国的；它诞生于欧洲，却在今天的中国显示出蓬勃的生机和旺盛的活力。我们党为什么把马克思主义作为自己的指导思想？在我们党成立100周年之际，全党同志深刻认识这样一个重要问题，明确奋斗目标，坚定必胜信念，不仅十分重要，也非常必要。

中国的先进分子是怎样选择马克思主义的？辛亥革命失败后，中国的先进分子沉浸在苦闷和彷徨之中，感到资产阶级共和国的方案并不是包治中国百病的良方，开始探索和寻找新的出路。当时，在思想界流传着各种各样的社会主义，如无政府主义、无政府工团主义、互助主义、新村主义、合作主义、泛劳动主义、基尔特社会主义、伯恩斯坦主义，等等，中国的先进分子经过反复比较、分析，最后选择了马克思主义的科学社会主义。在这个过程中，俄国十月革命的发生起了重要的推动和促进作用。十月革命第一次把马克思主义的科学社会主义从书本上的学说变成了活生生的现实，这次革命由于发生在情况和中国相近似的俄国，对中国人民就具有特殊的吸引力。李大钊、陈独秀等人在中国早期的马克思主义思想运动中，对马克思主义的传播起了主要作用。

中国共产党是马克思列宁主义同中国工人运动相结合的产物。中国工人阶级作为一支独立的政治力量登上历史舞台是在五四运动中。由于马克思主义在中国的广泛传播，五四运动中涌现的一批比较年轻的左翼骨干像毛泽东、邓中夏、蔡和森、周恩来同志等开始思想转变，接受了马克思主义，并把它作为观察世界和国家命运的工具。有了马克思列宁主义，有了中国工人运动，两者的结合便产生了中国共产党。1921年7月，党的第一次全国代表大会召开，马克思列宁主义被确定为党的指导思想。可以说，马克思列宁主义是中国共产党产生的一个重要条件，如果没有马克思主义在中国的广泛传播，没有中国的先进分子对马克思主义的选择，也就没有中国共产党。

二、中国共产党是如何把马克思主义基本原理与中国实际相结合的

刘少奇同志曾说过："中国党有一极大的弱点，这个弱点，就是党在思想上的准备、理论上的修养是不够的，是比较幼稚的"。由于我们党在思想上准备不够的弱点，在党的早期历史上，党还没有自己的创新理论。在对待马克思主义的态度上，有一个时期存在着两种错误倾向：一种倾向是理论脱离实际，以教条主义的态度对待马克思主义，不从中国的实际出发，一切照抄本本，照搬教条；另一种倾向是轻视马克思主义的理论指导，以经验主义的态度对待马克思主义，不重视理论学习，满足于自己狭隘的经验。这两种倾向都曾在党的历史上给中国革命带来严重后果。

我们应该坚持什么样的马克思主义呢？毛泽东同志在党的七大所作的口头政治报告中说："我们历史上的马克思主义有很多种，有香的马克思主义，有臭的马克思主义，有活的马克思主义，有死的马克思主义，把这些马克思主义堆在一起就多得很。我们所要的是香的马克思主义，不是臭的马克思主义；是活的马克思主义，不是死的马克思主义。"科学对待马克思主义的态度，就是把马克思主义基本原理与中国实际相结合，走自己的路。马克思主义是我们行动的指南，"马克思的整个世界观不是教义，而是方法。它提供的不是现成的教条，而是

进一步研究的出发点和供这种研究使用的方法"。我们党以马克思主义的态度对待马克思主义,在继承中创新,在创新中继承,在坚持中发展,在发展中坚持,不断推进马克思主义中国化,取得了丰硕的理论成果。

马克思主义中国化是一个持续不断的历史过程。在 100 年历史进程中,我们党紧紧依靠人民,把马克思主义基本原理同中国实际和时代特点相结合,不断推进马克思主义中国化,创立了毛泽东思想,创立了邓小平理论,形成了"三个代表"重要思想,形成了科学发展观,创立了习近平新时代中国特色社会主义思想,取得了革命、建设、改革的伟大胜利,开创和发展了中国特色社会主义。毛泽东同志是马克思主义中国化的伟大开拓者。以毛泽东同志为主要代表的中国共产党人,根据马克思列宁主义的基本原理,把中国长期革命实践中的一系列独创性经验作了理论概括,形成了适合中国情况的科学指导思想——毛泽东思想。党的七大把毛泽东思想写入党章,作为党的指导思想,这是我们党第一次有了自己的创新理论。在毛泽东思想指引下,中国共产党领导全国各族人民完成新民主主义革命,建立了中华人民共和国;完成社会主义革命,确立社会主义基本制度,实现了中华民族有史以来最为广泛而深刻的社会变革,为当代中国一切发展进步奠定了根本政治前提和制度基础。以邓小平同志为主要代表的中国共产党人,深刻总结我国社会主义建设正反两方面经验,借鉴世界社会主义历史经验,创立邓小平理论,科学回答了建设中国特色社会主义的一系列基本问题,成功开创了中国特色社会主义。党的十五大把邓小平理论写入党章,作为党的指导思想。以江泽民同志为主要代表的中国共产党人,在国内外形势十分复杂、世界社会主义出现严重曲折的严峻考验面前捍卫了中国特色社会主义，形成"三个代表"重要思想，成功把中国特色社会主义推向21世纪。党的十六大把"三个代表"重要思想写入党章，作为党的指导思想。以胡锦涛同志为主要代表的中国共产党人，在全面建设小康社会进程中推进实践创新、理论创新、制度创新，形成科学发展观，成功在新的历史起点上坚持和发展了中国特色社会主义。党的十八大把科学发展观写入党章，作为党的指导思想。党的十八大以来，以习近平同志为主要代表的中国共产党人，面对实现中华民族伟大复兴的战略全局和世界百年未有之大变局，从理论和实践结合上深刻回答了新时代坚持和发展什么样的中国特色社会主义、怎样坚持和发展中国特色社会主义这个重大时代课题，创立了习近平新时代中国特色社会主义思想。党的十九大把习近平新时代中国特色社会主义思想写入党章作为党的指导思想。

"相结合"的过程不是一蹴而就的，也不是一劳永逸的。马克思主义基本原理同中国实际和时代特点相结合的过程，是我们党艰苦探索的过程，也是广大人民群众实践的过程。这个过程是动态的、发展的、永无止境的。这就要求我们一切从实际出发，吃透两头，"上接天线""下接地气"，创造具有中国特色、中国风格、中国气派的理论成果。

三、用当代中国马克思主义的最新理论成果武装全党、教育人民

党的历史表明，理论兴则党兴，思想强则党强。如果说，在党的历史的早期，我们党在思想上准备不够是一个弱点的话，从党的七大以后，我们党推进马克思主义中国化，始终重

视和不断推进实践基础上的理论创新，并坚持用理论创新成果武装全党，则又成为我们党的一个突出特点和优点。党在理论上的成熟是政治上成熟的重要标志。在新民主主义革命时期，我们能够取得抗日战争和解放战争的胜利，建立新中国；在社会主义革命和建设时期，我们能够顺利完成社会主义革命，确立社会主义基本制度，取得社会主义革命和建设的伟大成就；在改革开放和社会主义现代化建设新时期，我们能够很快成为世界第二大经济体，人民生活显著改善，综合国力显著增强，国际地位显著提高，取得举世瞩目的辉煌成就；在中国特色社会主义新时代，我们能够解决许多长期想解决而没有解决的难题，办成许多过去想办而没有办成的大事，推动党和国家事业取得历史性成就、发生历史性变革，中华民族伟大复兴展现出前所未有的光明前景。这一切得益于我们党始终把马克思主义这一科学理论作为自己的行动指南，并坚持在实践中不断丰富和发展马克思主义。党的理论创新每前进一步，理论武装就跟进一步，"精神变物质"产生了强大力量，发挥了巨大作用。

新的伟大斗争需要新的理论指导。我们正在进行具有许多新的历史特点的伟大斗争，这个伟大斗争是以世情、国情、党情的深刻变化为基本内涵和基本特征的。从世情看，世界多极化、经济全球化、社会信息化深入发展，科技革命和产业变革步伐不断加快。从国情看，我国进入新发展阶段，改革发展稳定的任务异常艰巨繁重。从党情看，党所处的历史方位发生重大变化，面临的"四大考验""四种危险"严峻复杂现实地摆在我们面前。与时俱进是马克思主义理论的品格，"苟日新，日日新，又日新"，只有不断推进理论创新，以理论创新带动科技创新、文化创新、体制创新、机制创新以及其他各领域、各方面的创新，才能适应形势和任务发展变化的需要，指导好这个具有许多新的历史特点的伟大斗争。党的十八大以来，党和国家各项事业之所以不断取得新成就、开创新局面，根本就在于以习近平同志为核心的党中央的坚强领导，在于习近平新时代中国特色社会主义思想的科学指引。习近平新时代中国特色社会主义思想，是马克思主义中国化最新成果，是当代中国马克思主义、21世纪马克思主义，是指导具有许多新的历史特点的伟大斗争的鲜活的马克思主义。在当代中国，坚持习近平新时代中国特色社会主义思想，就是真正坚持马克思主义。

列宁说："没有革命的理论，就不会有革命的运动。"当前，我们要坚持和发展好中国特色社会主义就必须始终坚持以党的创新理论作指导。要进一步认识深入学习贯彻习近平新时代中国特色社会主义思想的重要性，深刻理解和准确把握它的历史地位、时代背景、实践基础、科学内涵、精神实质和根本要求，掌握其精髓要义。要原原本本学，联系实际学，反复不断学，及时跟进学，拓展内容学，持之以恒学，学用结合、以用促学、学用相长，切实做到真学、真懂、真信、真用，不断武装头脑、指导实践、推动工作。要把学习习近平新时代中国特色社会主义思想，同学习马克思列宁主义、毛泽东思想、邓小平理论、"三个代表"重要思想、科学发展观结合起来，深刻理解党的科学理论既一脉相承又与时俱进的内在联系，坚定中国特色社会主义道路自信、理论自信、制度自信、文化自信。让当代中国马克思主义放射出更加灿烂的真理光芒，去照亮中华民族伟大复兴的前进道路。

中国共产党执政的历史经验[*]

习近平同志指出，"历史是一个民族、一个国家形成、发展及其盛衰兴亡的真实记录，是前人各种知识、经验和智慧的总汇"，"历史是最好的老师"，"历史是最好的教科书"①。中国共产党成立100年了，在全国执政70多年了。回顾总结中国共产党百年走过的光辉历程，特别是执政的历史经验，对我们开启全面建设社会主义现代化国家新征程、实现中华民族伟大复兴的中国梦，为人类文明进步事业贡献中国智慧和中国方案，无疑具有极其重要的历史意义和现实意义。

中国共产党百年历史，可以划分为四个历史时期：从1921年7月中国共产党成立至1949年10月中华人民共和国建立，是党的新民主主义革命时期；从1949年10月至1978年12月党的十一届三中全会召开，是党的社会主义革命和社会

---

* 本文发表于《历史研究》2021年第2期。

① 《习近平在中央党校秋季开学典礼上强调 领导干部要读点历史》，《人民日报》2011年9月2日；习近平：《思政课是落实立德树人根本任务的关键课程》，《求是》2020年第17期；习近平：《在纪念全民族抗战爆发七十七周年仪式上的讲话》，《人民日报》2014年7月8日。

主义建设时期；从 1978 年 12 月至 2012 年 11 月党的十八大召开，是党的改革开放和社会主义现代化建设新时期；从 2012 年 11 月至今是党的中国特色社会主义新时代，这个时期如果划下限的话，从历史学、政治学角度可以划到 21 世纪中叶。[①]

中国共产党在全国执政是从中华人民共和国建立开始的，在局部执政是从 20 世纪 20 年代末开始的。[②] 所以，对中国共产党执政经验的研究应当贯通党的整个历史。本文试图对中国共产党执政的奠基、新路、新境界，进行纵向论述和横向分析，最后对党的执政经验进行概括总结。以此探微，与学术界同仁作一交流。

一、中国共产党执政基础的奠定和探索

中国共产党的产生是历史的必然。政党政治不是从来就有的，而是世界历史进入近代以后才出现的。政党是阶级斗争发展到一定阶段的产物，是阶级组织最集中、最复杂、最高级的形态。中国共产党是在近代中国社会矛盾的剧烈冲突中、在中国人民反抗封建统治和外来侵略的激烈斗争中、在马克思列宁主义同中国工人运动的结合过程中应运而生的。

中国共产党在中国的领导地位是历史的选择和人民的选择。鸦片战争后，中国逐渐成为半殖民地半封建社会，中国人民和中华民族逐步陷入苦难深重、悲惨屈辱的深渊。同时争取民族独立、人民解放和实现国家富强、人民幸福，就成为中

---

① 参见曲青山：《新时代在党史新中国史上的重要地位和意义》，人民出版社 2019 年版，第 2—4 页。

② 1927 年大革命失败后，中国共产党创建发展了红军和农村革命根据地，逐步开辟了农村包围城市、武装夺取政权的道路，开始了在局部执政的伟大实践。

华民族面临的两大历史任务。在近代中国，谁能肩负和完成这两大历史任务，历史和人民就会选择谁。在中国共产党成立之前的 80 多年时间里，中国人民进行了不屈不挠的斗争。封建统治阶级开展自救，发起洋务运动，进行预备立宪；农民阶级举行太平天国起义，掀起义和团运动；资产阶级改良派发起戊戌变法，资产阶级革命派发动辛亥革命。这些斗争都在一定历史条件下推动了中国社会进步，但一次次都归于失败。辛亥革命虽然推翻了清王朝的统治，结束了统治中国两千多年的封建君主专制制度，但由于历史进程和社会条件的制约，仍然没有改变旧中国的社会性质，没有改变中国人民的悲惨命运。这样，肩负两大历史任务的重任就落到了中国工人阶级及其先锋队——中国共产党的肩上。

中国共产党是一个新型的马克思主义政党。与以往中国其他政党和政治组织不同的是，中国共产党一经成立就把实现共产主义作为最高理想和最终目标，确立起为中国人民谋幸福、为中华民族谋复兴的初心和使命。中国共产党坚持把马克思主义基本原理同中国革命具体实际相结合，团结带领中国人民找到了一条农村包围城市、武装夺取政权的正确革命道路，经过 28 年浴血奋战，打败日本帝国主义，推翻国民党反动统治，完成新民主主义革命，建立新中国，在全国取得执政地位。

中国共产党在全国的执政基础是逐步奠定的。早在土地革命战争时期，中国共产党就开始了局部执政，这为后来在全国执政积累了初步经验。1949 年 9 月召开的中国人民政治协商会议第一届全体会议通过的《中国人民政治协商会议共同纲领》，以临时宪法的形式规定了新中国的国体、政体、政党制度等，确立了新中国的建国纲领。1954 年 9 月召开的第一届全国人民代表大会第一次会议通过的《中华人民共和国宪法》，对新中国建国纲领作了进一步确认和完善。由此，人民代表大会制度成为我国的根本政治制度，中国共产党领导的多党合作和政治协商制度、民族区域自治制度则成为我国的基本政治制度。1956年我国社会主义改造完成，建立起社会主义基本制度并开始大规模社会主义建设。这一切是以毛泽东同志为核心的党的第一代中央领导集体，团结带领全党全国各族人民进行的伟大创造，体现了中国人民的意愿，符合中国的实际，顺应了历史发展的潮流。这场广泛而深刻的社会历史变革，为当代中国一切发展进步奠定了根本政治前提和制度基础。

中国共产党执政经历了从学习苏联到"以苏为鉴"的历史转变。新中国成立之初，怎样建设社会主义，如何推进中国的现代化，对中国共产党来说是一个全新课题。因此，中国在很多方面开始学习和模仿苏联。然而在实践中，中国共产党很快发现苏共在执政中存在的弊端和问题，提出"以苏为鉴"，开始探索中国自己的社会主义建设道路。毛泽东同志《论十大关系》《关于正确处理人民内部矛盾的问题》的发表，党的八大路线的制定，新中国成立初期开展的整党和一系列反对官僚主义、形式主义、命令主义的斗争，调节各种社会政治关系，以及一些法律法规的制定，就是这一时期党治国理政所取得的初步成果。而后来在经济建设上急于求成，在政治思想领域搞阶级斗争扩大化以致最后发展到"以阶级斗争为纲"，则是党在探索中的失误。其结果导致了"大跃进"、人民公社化运动的出现和"文化大革命"的发生。这一时期中国共产党在执政道路探索中积累的正反两方面经验十分宝贵，所取得的初步成果为以后接续探索打下了重要基础。

中国共产党在新民主主义革命时期、社会主义革命和社会主义建设时期执政基础的奠定和探索，所取得的最大成果和最显著标识，就是实现了中华民族从"东亚病夫"到站起来的伟大飞跃，完成了救国、兴国的历史任务。

二、中国共产党执政新路的开创和拓展

中国共产党在拨乱反正和改革开放中开创执政新路。1978年党的十一届三中全会召开，实现了新中国成立以来党的历史上具有深远意义的伟大转折，开启了改革开放和社会主义现代化建设新时期，开辟了党执政的新局面。党的十一届三中全会后，以邓小平同志为核心的党的第二代中央领导集体，面对"文化大革命"造成的危难局面，以巨大的政治勇气和理论勇气，团结带领全党全国各族人民，深刻总结中国社会主义建设正反两方面经验，借鉴世界社会主义历史经验，解放思想、实事求是，作出把党和国家工作重心转移到经济建设上来、实行改革开放的历史性决策；明确提出走自己的路、建设中国特色社会主义，制定"三步走"发展战略；确立社会主义初级阶段基本路线，深刻揭示社会主义本质，创立邓小平理论，初步回答了建设中国特色社会主义的一系列基本问题；在拨乱反正和改革开放中，成功开创了中国特色社会主义，开辟了党执政的新路，引领和推进中国社会主义现代化事业不断向前发展。

中国共产党在发展社会主义市场经济中拓展执政新路。党的十三届四中全会后，以江泽民同志为核心的党的第三代中央领导集体，面对国内外纷繁复杂的形势，在世界社会主义出现严重曲折的严峻考验面前，团结带领全党全国各族人民，坚持党的基本理论、基本路线，坚定捍卫中国特色社会主义，依据

新的实践确立党的基本纲领、基本经验，确立社会主义市场经济体制的改革目标和基本框架，确立社会主义初级阶段的基本经济制度和分配制度，提出依法治国基本方略，推进党的建设新的伟大工程，形成"三个代表"重要思想，在发展社会主义市场经济中开拓了马克思主义发展的新境界，拓展了党执政的新路，开创了全面改革开放的新局面，成功将中国特色社会主义推向 21 世纪。

中国共产党在全面建设小康社会中坚持和拓展执政新路。党的十六大后，以胡锦涛同志为总书记的党中央，坚持以邓小平理论和"三个代表"重要思想为指导，紧紧抓住和用好重要战略机遇期，团结带领全党全国各族人民，积极推进实践创新、理论创新、制度创新，坚持以人为本、全面协调可持续发展，构建社会主义和谐社会，加快生态文明建设，着力保障和改善民生，促进社会公平正义，推动建设和谐世界，推进党的执政能力建设和先进性建设，形成科学发展观，在全面建设小康社会的伟大实践中，坚持和拓展了党执政的新路，在新的历史起点坚持和发展了中国特色社会主义。

中国共产党在改革开放和社会主义现代化建设新时期执政新路的开创和拓展，所取得的最大成果和最显著标识，就是实现了中华民族从站起来到富起来的伟大飞跃，完成了富国的历史任务。

三、中国共产党执政新境界的开辟和升华

经过长期努力，中国特色社会主义进入新时代。党的十八大以来，以习近平同志为核心的党中央，团结带领全党全国各族人民，举旗定向，谋篇布局，统揽伟大斗争、伟大工程、伟

大事业、伟大梦想，开辟中国共产党治国理政新境界，开创党和国家事业发展新局面。新时代我国社会主要矛盾发生重大变化，全面建成小康社会、开启全面建设社会主义现代化国家新征程、实现中华民族伟大复兴的中国梦，成为当代中国共产党人的庄严历史使命和主要历史任务。

面对新时代的新形势新任务，中国共产党统筹推进"五位一体"总体布局和协调推进"四个全面"战略布局。党的十八大后，习近平同志强调和提出了统筹推进中国特色社会主义经济建设、政治建设、文化建设、社会建设、生态文明建设总体布局，协调推进全面建成小康社会（第一个百年奋斗目标实现后，全面建成小康社会接续转换为全面建设社会主义现代化国家）、全面深化改革、全面依法治国、全面从严治党战略布局。总体布局和战略布局明确了新时代中国共产党执政的根本任务和基本要求、工作的重点领域和主攻方向。

新时代中国共产党提出了新发展理念。党的十八大后，针对我国发展存在的突出矛盾和问题，习近平同志提出了创新、协调、绿色、开放、共享的新发展理念。强调使创新成为第一动力，协调成为内生特点，绿色成为普遍形态，开放成为必由之路，共享成为根本目的。新发展理念的提出，进一步明确了中国共产党执政的根本立场和目的，明确了新的发展手段、方法和路径。

新时代中国共产党坚持统筹发展和安全两件大事。党的十八大后，习近平同志提出总体国家安全观，强调越是接近民族复兴就越要增强忧患意识，做到居安思危。在保持发展的同时，要防控各种风险，特别是要重点防控那些可能迟滞或中断中华民族伟大复兴进程的全局性风险。

新时代中国共产党提出了对外关系的新理念新主张。党的十八大后，习近平同志提出了"推动构建新型国际关系""推动构建人类命运共同体"。这是中国共产党执政对外关系的新理念新主张，这个理念和主张用中国智慧把对外关系的正确处理提升到一个前所未有的新高度。

新时代中国共产党全面加强党的领导。党的十八大后，习近平同志强调要加强党的领导和全面从严治党。提出加强党中央权威和集中统一领导，以党的政治建设为统领，全面推进党的建设，进一步完善党的领导体制机制，加强党在意识形态领域的主导地位，健全党和国家监督体系，坚持和完善党对人民军队的绝对领导等，建构了以党的领导制度为统领地位的中国特色社会主义根本制度、基本制度、重要制度的制度体系。党的领导得到极大加强，党的领导优势和组织优势得以充分发挥。

新时代中国共产党实现了指导思想的与时俱进。党的十九大将习近平新时代中国特色社会主义思想写入党章，同马克思列宁主义、毛泽东思想、邓小平理论、"三个代表"重要思想、科学发展观一道确立为党的行动指南。习近平新时代中国特色社会主义思想系统回答了新时代坚持和发展什么样的中国特色社会主义、怎样坚持和发展中国特色社会主义的重大时代课题。这个思想由"八个明确"和"十四个坚持"构成，"八个明确"回答了"是什么"的问题，"十四个坚持"回答了"怎么办"的问题，为新时代党治国理政提供了科学的思想指引。

中国共产党在中国特色社会主义新时代执政新境界的开辟和升华，所取得的最大成果和最显著标识，就是中华民族迎来从富起来到强起来的伟大飞跃，迎来了实现中华民族伟大复兴的光明前景。经过这个时期的奋斗，新时代将完成强国的历史任务。

四、中国共产党执政的基本经验

总结中国共产党局部执政和建立新中国后执政的经验，特别是改革开放和党的十八大以来执政的新鲜经验，对于全面建设社会主义现代化国家、实现中华民族伟大复兴的中国梦，对于国家长治久安、人民幸福安康，对于中国共产党长期执政，对于推进人类文明进步事业，具有十分重要的意义。

必须坚持党对一切工作的领导。这条基本经验涉及中国共产党执政的领导地位问题。近代以来的历史表明，没有共产党就没有新中国，没有共产党就没有中国特色社会主义。习近平同志指出："党政军民学，东西南北中，党是领导一切的。""中国特色社会主义最本质的特征是中国共产党领导，中国特色社会主义制度的最大优势是中国共产党领导。"① 中国共产党是中国人民的主心骨，是中华民族的中流砥柱，是中国特色社会主义事业的坚强领导核心。我们要坚决维护党中央权威和集中统一领导，完善坚持党的全面领导的体制机制，提高党把方向、谋大局、定政策、促改革的能力和定力。

必须坚持马克思主义的指导地位。这条基本经验涉及中国共产党执政的指导思想问题。毛泽东同志指出："领导我们事业的核心力量是中国共产党。指导我们思想的理论基础是马克

---

① 习近平：《中国共产党领导是中国特色社会主义最本质的特征》，《求是》2020 年第14 期。

思列宁主义。"①恩格斯曾强调，"我们党有个很大的优点，就是有一个新的科学的世界观作为理论的基础"②。中国共产党是在马克思列宁主义指导下建立起来的无产阶级政党。中国共产党之所以能够完成近代以来各种政治力量不可能完成的历史任务，不断从胜利走向胜利，就在于始终把马克思主义这一科学理论作为自己的行动指南，把马克思主义基本原理同中国实际和时代特征相结合，不断推进马克思主义中国化，接续实现指导思想的承前启后和与时俱进。马克思主义是中国共产党的思想旗帜、精神旗帜。我们要坚持不懈用习近平新时代中国特色社会主义思想武装全党、教育人民，不断开辟当代中国马克思主义、21世纪马克思主义发展新境界。

必须坚持走中国特色社会主义道路。这条基本经验涉及中国共产党执政的道路问题。方向决定前途，道路决定命运。中国共产党执政的根本方向就是马克思主义的科学社会主义。但是历史表明，要取得中国革命、建设、改革、复兴的成功，必须把马克思主义基本原理同中国实际相结合，走出一条中国自己的道路，照抄照搬别人从来不能取得成功。列宁指出："一切民族都将走向社会主义，这是不可避免的，但是一切民族的走法却不会完全一样，在民主的这种或那种形式上，在无产阶级专政的这种或那种形态上，在社会生活各方面的社会主义改造的速度上，每个民族都会有自己的特点。"③中国特色社会主义是党带领人民执政取得的最根本成就，是改革开放以来党的全部理论和实践的主题。我们必须始终不渝地坚持既不走封闭

---

① 《毛泽东文集》第6卷，人民出版社1999年版，第350页。
② 《马克思恩格斯选集》第2卷，人民出版社2012年版，第10页。
③ 《列宁选集》第2卷，人民出版社1995年版，第777页。

僵化的老路，也不走改旗易帜的邪路，而是坚定不移走中国特色社会主义道路。

必须坚持以人民为中心。这条基本经验涉及中国共产党执政的出发点和落脚点以及依靠力量问题。马克思主义认为，历史是人民群众创造的，群众是真正的英雄。人民群众是党的根基、血脉和力量源泉。中国共产党除了工人阶级和最广大人民群众的利益外，没有自己的特殊利益。一切为了人民、一切依靠人民，是中国共产党全部工作的出发点和落脚点。全心全意为人民服务是中国共产党的根本宗旨。坚持不断促进人的全面发展和全体人民共同富裕是社会主义的本质特征和根本要求。因此，坚持以人民为中心就成为中国共产党的根本政治立场。我们必须把人民利益摆在至高无上的地位，坚守这一立场，任何时候不动摇不偏移。

必须坚持把发展作为党执政兴国的第一要务。这条基本经验涉及中国共产党执政的根本任务问题。邓小平同志指出："社会主义的任务很多，但根本一条就是发展生产力，在发展生产力的基础上体现出优于资本主义，为实现共产主义创造物质基础。"① 社会主义的根本任务是解放和发展生产力。中国共产党在总结历史经验基础上，确定了党在社会主义初级阶段的基本路线，坚持以经济建设为中心，坚持发展是硬道理，坚持解放和发展社会生产力，坚持全面协调可持续发展，坚持把发展成果更多更公平地惠及全体人民。"发展是解决我国一切问题的基础和关键"②。我们必须坚持新发展理念，坚定不移推动

① 《邓小平文选》第3卷，人民出版社1993年版，第137页。
② 习近平：《中国共产党领导是中国特色社会主义最本质的特征》，《求是》2020年第14期。

经济高质量发展。

必须坚持深化改革开放。这条基本经验涉及中国共产党执政的动力问题。改革开放是当代中国发展进步的活力之源，是党和人民大踏步赶上时代前进步伐的重要法宝，是坚持和发展中国特色社会主义的必由之路。改革开放是党在新的历史条件下领导人民进行的新的伟大革命，是决定当代中国命运的关键一招，也是决定实现全面建设社会主义现代化国家、实现中华民族伟大复兴的关键一招。改革开放发展了中国，发展了社会主义，发展了马克思主义。我们必须坚持改革开放的正确方向，改革不停顿，开放不止步，把改革开放进行到底。

必须坚持民主集中制。这条基本经验涉及中国共产党执政的组织制度和领导制度问题。民主集中制是马克思主义政党的根本组织原则。党在革命、建设、改革、复兴的长期实践中，丰富发展了民主集中制的内容，使之成为党特有的政治优势、组织优势、制度优势、工作优势。民主集中制正确规范了党内政治生活、处理党内关系的基本准则，是反映体现全党同志和全国人民利益和愿望，保证党的路线方针政策正确制定和执行的科学合理有效的制度。中国共产党要建好党、管好党，为人民掌好权、执好政，必须坚持这一根本组织原则，保持和发挥好我们党这个特有的制度优势。

必须坚持科学执政、民主执政、依法执政。这条基本经验涉及中国共产党执政的方式问题。科学执政、民主执政、依法执政是党在长期执政实践中探索形成的符合中国国情的执政方式。科学执政就是探索和遵循执政规律，以科学的思想、方法和制度进行执政。民主执政就是正确认识和处理党和人民群众的关系，为人民执政，靠人民执政。依法执政就是党坚持依法治国的基本方略。这三者之间相互联系、辩证统一、不可分割。科学执政是基本前提，民主执政是基本内容，依法执政是基本途径，这是中国共产党长期执政经验的科学总结。我们必须将这个执政方式坚持好、发展好、完善好。

必须坚持社会主义意识形态。这条基本经验涉及中国共产党执政的共同思想基础问题。马克思恩格斯指出："统治阶级的思想在每一时代都是占统治地位的思想。"[1] 在不同时代、不同社会制度、不同意识形态的社会和国家中都是如此。在中国共产党长期执政的中国，毫无疑问，全社会共同的思想基础不能是别的，只能是马克思主义和马克思主义中国化的创新理论。新中国成立以来，我国先后通过法定程序将马克思列宁主义、毛泽东思想、邓小平理论、"三个代表"重要思想、科学发展观、习近平新时代中国特色社会主义思想载入宪法，确立了马克思主义在国家社会政治生活中的指导地位。这是我国社会团结奋斗的共同思想基础，是中国共产党执政的重要条件。我们党要长期执政，就必须始终坚持马克思主义在意识形态领域的指导地位，坚定文化自信，坚持以社会主义核心价值观引领文化建设，围绕举旗帜、聚民心、育新人、兴文化、展形象的使命任务推进宣传思想文化工作。

必须坚持党对人民军队的绝对领导。这条基本经验涉及中国共产党执政的战略支撑和国家柱石问题。毛泽东同志指出："没有一个人民的军队，便没有人民的一切。"[2] 拥有强大军队和巩固国防，是无产阶级政党夺取政权并长期执政的基本条件。

---

① 《马克思恩格斯选集》第 1 卷，人民出版社 2012 年版，第 178 页。
② 《毛泽东选集》第 3 卷，人民出版社 1991 年版，第 1074 页。

我们的人民军队是在党的领导下孕育产生、发展壮大的。坚持党对人民军队的绝对领导，是人民军队永远不变的军魂，是党长期执政、国家长治久安的根本保障。我们要坚定不移走中国特色强军之路，坚持政治建军、改革强军、科技强军、人才强军、依法治军，全面提高国防和军队现代化水平，建设一支听党指挥、能打胜仗、作风优良的人民军队，把人民军队建设成为世界一流军队。

必须坚持巩固和发展最广泛的爱国统一战线。这条基本经验涉及中国共产党执政的社会基础和群众基础问题。统一战线是中国共产党的重要法宝。大革命时期党建立了国民革命统一战线，抗日战争时期党倡导建立了抗日民族统一战线，新中国成立后党巩固和加强了人民民主统一战线，改革开放新时期党建立了最广泛的爱国统一战线。建立统一战线，实现最广泛的政治团结，扩大社会基础，团结一切可以团结的力量，这是中国共产党执政的一条成功经验。我们要不断发展壮大新时代的爱国统一战线，促进政党关系、民族关系、宗教关系、阶层关系、海内外同胞关系和谐，为祖国统一和实现中华民族伟大复兴的中国梦，寻找最大公约数，画出最大同心圆。

必须坚持推动构建人类命运共同体。这条基本经验涉及中国共产党执政的外部条件问题。良好的外部条件是执政的重要资源。新中国成立后，中国共产党开展了一系列对外交往，成效卓著。从处理国家关系的和平共处五项原则、处理政党关系的四项原则，到奉行互利共赢的开放战略、推动构建人类命运共同体，中国共产党提出和制定的正确对外方针政策，为我国营造了良好的外部发展环境，为世界和平与发展作出了重要贡献。我们必须坚持独立自主的和平外交政策，坚定不移走和平发展道路，坚持推动构建新型国际关系，推动构建人类命运共同体。

必须坚持全面从严治党。这条基本经验涉及中国共产党执政的自身建设问题。习近平同志指出，"打铁必须自身硬。办好中国的事情，关键在党，关键在坚持党要管党、全面从严治党"，"不忘初心，牢记使命，就不要忘记我们是共产党人，我们是革命者，不要丧失了革命精神"[①]。中国共产党是一个具有远大理想和负有历史使命的政党。党要始终拥有领导伟大社会革命的资格，就必须勇于进行伟大的自我革命，不断增强党自我净化、自我完善、自我革新、自我提高能力，保持党的先进性和纯洁性，"把党建设成为始终走在时代前列、人民衷心拥护、勇于自我革命、经得起各种风浪考验、朝气蓬勃的马克思主义执政党"[②]。中国共产党坚强有力，全国各族人民就有了根本依靠，中华巨轮就有了压舱石，全面建设社会主义现代化国家、实现中华民族伟大复兴的中国梦，就有了强大的政治保障。

---

① 《习近平谈治国理政》第 3 卷，外文出版社 2020 年版，第 188、70 页。
② 《习近平谈治国理政》第 3 卷，外文出版社 2020 年版，第 48 页。

中国共产党百年辉煌[*]

从 1921 年到 2021 年，中国共产党走过了整整一百年的历程。这是用鲜血、汗水、泪水、勇气、智慧、力量写就的百年；是筚路蓝缕、披荆斩棘、艰苦创业、砥砺前行、充满艰险、充满神奇的百年；是苦难中铸就辉煌、挫折后毅然奋起、探索中收获成功、失误后拨乱反正、转折中开创新局、奋斗后赢得未来的百年。争取民族独立、人民解放和实现国家富强、人民幸福，是中国共产党百年历史的主题和主线；"不懈奋斗史""理论探索史""自身建设史"，是中国共产党百年历史的主流和本质；把革命、建设、改革、复兴事业不断推向前进，是中国共产党百年历史的鲜明特征；逐步实现救国、兴国、富国、强国的奋斗目标，是中国共产党百年历史的庄严使命。

中国共产党百年历史，可以划分为四个历史时期：从 1921 年 7 月中国共产党建立至 1949 年 10 月中华人民共和国

* 本文发表于《光明日报》2021 年 2 月 3 日。

成立，是新民主主义革命时期；从 1949 年 10 月至 1978 年 12 月党的十一届三中全会召开，是社会主义革命和建设时期；从 1978 年 12 月至 2012 年 11 月党的十八大召开，是改革开放和社会主义现代化建设新时期；从 2012 年 11 月至今是中国特色社会主义新时代。在这四个历史时期，中国共产党完成和推进了四件大事。四件大事铸就了中国共产党百年辉煌。

开天辟地：中国共产党在新民主主义革命时期完成救国大业

中国的近代史是从 1840 年鸦片战争开始的。从那时起，中国逐渐成为半殖民地半封建社会。为了改变中华民族悲惨屈辱的命运，中国人民和无数仁人志士进行了千辛万苦的探索和不屈不挠的斗争。封建统治阶级发起洋务运动，农民阶级发动太平天国起义和义和团运动，资产阶级改良派、革命派先后发动戊戌变法、辛亥革命，但都最终归于失败。中国共产党就是在这样的历史背景下登上中国政治舞台的。中国共产党是在近代中国社会矛盾的剧烈冲突中、在中国人民反抗封建统治和外来侵略的激烈斗争中、在马克思列宁主义同中国工人运动的结合过程中应运而生的。

1921 年 7 月 23 日，党的一大在上海召开，几天后在浙江嘉兴南湖的红船上结束。一大的召开标志着中国共产党的正式建立。在这之前各地建立的党组织，都是党的早期组织。关于一大的召开，党史大家胡乔木同志曾写过这样一段话：一大开过了，似乎什么也没有发生，连报纸上也没有一点报道。但是，中国的伟大事变在实质上却开始了。毛泽东同志在总结党的创建的历史时说："中国产生了共产党，这是开天辟地的大事变。""从此以后，中国改换了方向。"与以往中国其他政党和政治组织不同的是，中国共产党一经成立就把实现共产主义作为最高理想和最终目标，确立起为中国人民谋幸福、为中华民族谋复兴的初心和使命。

中国共产党对中国革命道路的探索经历了艰难的历程。在艰辛的探索实践中，中国共产党坚持把马克思主义基本原理同中国革命具体实际相结合，团结带领中国人民找到了一条农村包围城市、武装夺取政权的正确革命道路，进行了28年浴血奋战，打败日本帝国主义，推翻了国民党反动统治，完成了新民主主义革命，建立了中华人民共和国。在这个过程中，党带领人民流血牺牲，历经千难万险。可以说，红色政权来之不易，新中国来之不易。它是红色的，是由无数革命先烈用生命和鲜血换来的。毛泽东同志在党的七大上曾指出："我们党尝尽了艰难困苦，轰轰烈烈，英勇奋斗。从古以来，中国没有一个集团，像共产党一样，不惜牺牲一切，牺牲多少人，干这样的大事。"东北抗日联军领导人杨靖宇同志在同日寇作战最后弹尽粮绝剩下一人时，面对他人的劝降，掷地有声地说："老乡，我们中国人都投降了，还有中国吗？"据不完全统计，从1921年至1949年，牺牲的全国有名可查的革命烈士达370多万人，平均每天牺牲370多人。他们真正用行动诠释了"为有牺牲多壮志，敢教日月换新天"的豪情与壮志。

新中国的成立，标志着中国共产党领导的人民大众的反帝反封建的新民主主义革命的胜利，宣告中国人民从此站立起来了！它彻底结束了旧中国半殖民地半封建社会的历史，彻底结束了旧中国一盘散沙的局面，彻底废除了列强强加给中国的不平等条约和帝国主义在中国的一切特权，中国人民真正成为国家和社会的主人，实现了中国从几千年封建专制政治向人民民主的伟大飞跃。中华民族走上了实现伟大复兴的壮阔道路，"以勇敢而勤劳的姿态工作着，创造自己的文明和幸福，同时也促进世界的和平和自由"。

改天换地：中国共产党在社会主义革命和建设时期完成兴国大业

新中国成立之初，我国面临的国际国内形势是异常艰难和复杂的。由于长期战争，国内经济凋敝，民不聊生。国民党残余伺机破坏，匪患严重。有些地方还未得到解放，很多基层还未建立政权。以美国为首的西方国家在政治上孤立我们、在经济上封锁我们、在军事上威胁我们。1950年6月25日，朝鲜内战爆发，随后美国入侵朝鲜，同时派第七舰队侵入台湾海峡。新生的中华人民共和国遭到严重安全威胁。"打得一拳开，免得百拳来。"经过充分讨论和全面衡量，党中央和毛泽东主席作出了"抗美援朝，保家卫国"的战略决策。抗美援朝战争打出了新中国的国威军威，提高了中国共产党在全国人民中的威望，提高了中国人民的民族自信心和民族自豪感，维护了亚洲和世界和平，新中国站稳了脚跟。正像后来邓小平同志所说的那样，新中国的成立，"中国取得了一个资格：人们不敢轻视我们"。

同样，怎样建设社会主义，如何推进中国的现代化，对新中国成立之初的中国共产党来说，也是一个全新的课题。中国共产党从学习苏联到"以苏为鉴"，开始探索中国自己的社会主义建设道路。1956年，我国社会主义改造完成，确立起社会主义基本制度，并开始大规模进行社会主义建设，取得巨大的成就。1954 年 6 月，毛泽东同志曾这样提出过问题："现在我们能造什么？能造桌子椅子，能造茶碗茶壶，能种粮食，还能磨成面粉，还能造纸，但是，一辆汽车、一架飞机、一辆坦克、一辆拖拉机都不能造。"在中国共产党的坚强领导下，经过全国人民自力更生、艰苦奋斗，我们很快有了中国历史上的无数个第一：生产出第一架飞机、第一辆汽车、第一台拖拉机，自行研制第一颗原子弹、氢弹先后爆炸成功，自行研制第一颗人造地球卫星发射成功，自行研制第一艘核潜艇顺利下水，自行设计建造第一座大桥——南京长江大桥，在世界上首次人工合成牛胰岛素，首次培育成功强优势籼型杂交水稻等。经过 20 多年的奋斗，初步建立起独立的比较完整的工业体系和国民经济体系。邓小平同志说："如果六十年代以来中国没有原子弹、氢弹，没有发射卫星，中国就不能叫有重要影响的大国，就没有现在这样的国际地位。"在这一时期，我国还初步解决了几亿人的吃饭穿衣问题，这在当时也被公认为是创造了一个世界奇迹。

在那个激情燃烧的岁月，全党保持了良好精神状态，全社会形成了良好社会风气，进而转化为推进社会主义革命和建设的强大力量。大庆工人王进喜同志喊出"石油工人一声吼，地球也要抖三抖"，铁人精神给全国人民带来了难忘的印象、记忆和感动，激励和鼓舞全国人民不畏艰难、勇往直前。河南林县人民用简陋的工具，劈开太行山的重峦叠嶂，引漳河水入林县，建成"人造天河"红旗渠的事迹，就是这时全国人民奋发图强的一个缩影。

进行社会主义革命，确立社会主义基本制度，这是以毛泽东同志为核心的党的第一代中央领导集体，团结带领全党全国各族人民进行的伟大创造，体现了中国人民的意愿，符合中国的实际，顺应了历史发展的潮流。这场中华民族有史以来最为广泛而深刻的社会变革，为当代中国一切发展进步奠定了根本政治前提和制度基础，为开创中国特色社会主义提供了宝贵经验、理论准备、物质基础。

中国共产党在新民主主义革命时期、社会主义革命和建设时期团结带领中国人民实现了中华民族从"东亚病夫"到站起来的伟大飞跃。

翻天覆地：中国共产党在改革开放和社会主义现代化建设新时期推进富国大业

如何结合国情，在一个经济文化落后的国家里，探索中国自己的社会主义建设道路，是一件极不容易的事情。既然是探索，就会有失误。我们党在取得探索成果的同时，从1958年以后也开始出现失误甚至是严重失误，发生了"大跃进"、人民公社化运动的挫折以及影响全局长达十年之久的"文化大革命"内乱。面对"左"的错误造成的严重后果，我们党进行了深刻反思。1978年9月16日至18日，邓小平同志在东北考察时讲："社会主义要表现出它的优越性，哪能像现在这样，搞了二十多年还这么穷，那要社会主义干什么？"同年12月13日，他在中央工作会议上发表重要讲话，这就是那篇著名的《解放思想，实事求是，团结一致向前看》。他强调指出："如果现在再不实行改革，我们的现代化事业和社会主义事业就会被葬送。"这个讲话实际上成为此后召开的党的十一届三中全会的主题报告，成为新时期解放思想、实事求是的宣言书。

1978 年党的十一届三中全会的召开，实现了新中国成立以来党的历史上具有深远意义的伟大转折，开启了改革开放和社会主义现代化建设新时期。党的十一届三中全会后，以邓小平同志为核心的党的第二代中央领导集体，面对"文化大革命"造成的危难局面，以巨大的政治勇气和理论勇气，团结带领全党全国各族人民，深刻总结中国社会主义建设正反两方面经验，借鉴世界社会主义历史经验，解放思想、实事求是，作出把党和国家工作中心转移到经济建设上来、实行改革开放的历史性决策，明确提出走自己的路、建设中国特色社会主义，制定"三步走"发展战略，确立社会主义初级阶段基本路线，深刻揭示社会主义本质，创立邓小平理论，科学回答了建设中国特色社会主义的一系列基本问题，在拨乱反正和改革开放中成功开创了中国特色社会主义。

1989 年党的十三届四中全会后，以江泽民同志为核心的党的第三代中央领导集体，面对国内外纷繁复杂的形势，在世界社会主义出现严重曲折的严峻考验面前，团结带领全党全国各族人民，坚持党的基本理论、基本路线，坚定捍卫中国特色社会主义，依据新的实践确立党的基本纲领、基本经验，确立社会主义市场经济体制的改革目标和基本框架，确立社会主义初级阶段的基本经济制度和分配制度，提出依法治国基本方略，推进党的建设新的伟大工程，形成"三个代表"重要思想，开创了全面改革开放新局面，成功把中国特色社会主义推向 21 世纪。

2002 年党的十六大后，以胡锦涛同志为总书记的党中央，紧紧抓住和用好重要战略机遇期，团结带领全党全国各族人民，积极推进实践创新、理论创新、制度创新，坚持以人为本、全面协调可持续发展，构建社会主义和谐社会，加快生态文明建设，着力保障和改善民生，促进社会公平正义，推动建设和谐世界，推进党的执政能力建设和先进性建设，形成科学发展观，在全面建设小康社会的伟大实践中，成功坚持和发展了中国特色社会主义。

改革开放和社会主义现代化建设新时期，我国经济得到快速发展，社会保持长期稳定。从 1978 年至 2012 年，我国经济高速增长，国内生产总值先后超过意大利、法国、英国、德国，2010 年超过日本，成为世界第二大经济体。同时，出口超过德国，成为世界第一大出口国。成为 18 世纪工业革命以来继英国、美国、日本、德国之后的"世界工厂"，并于 2010 年跨入上中等收入国家的行列。

中国共产党在改革开放和社会主义现代化建设新时期团结带领中国人民实现了中华民族从站起来到富起来的伟大飞跃。

惊天动地：中国共产党在中国特色社会主义新时代推进并将在本世纪中叶实现强国大业

2012 年党的十八大以来，以习近平同志为核心的党中央，团结带领全党全国各族人民，举旗定向，谋篇布局，从理论和实践结合上深刻回答了新时代坚持和发展什么样的中国特色社会主义、怎样坚持和发展中国特色社会主义这个重大时代课题，创立习近平新时代中国特色社会主义思想，统揽伟大斗争、伟大工程、伟大事业、伟大梦想，统筹推进"五位一体"总体布局、协调推进"四个全面"战略布局，坚持完善和发展中国特色社会主义制度，推进国家治理体系和治理能力现代化，解决了许多长期想解决而没有解决的难题，办成了许多过去想办而没有办成的大事，推动党和国家事业取得历史性成就、发生历史性变革，推动中国特色社会主义进入新时代。

新时代党和国家事业的历史性成就和历史性变革，体现在以下几个方面：坚定不移全面加强党对一切工作的领导，党的凝聚力、战斗力、领导力、号召力大大增强。坚定不移贯彻新发展理念，推动我国发展不断朝着更高质量、更有效率、更加公平、更可持续、更为安全的方向前进。我国已经成为世界第二大经济体、第一大工业国、第一大货物贸易国、第一大外汇储备国，对世界经济增长的贡献率达到 30% 左右。取得载人航天、探月工程、量子通信、超级计算、海底深潜、大飞机制造、航空母舰等一大批标志性成果。坚定不移全面深化改革，推动改革呈现出全面发力、多点突破、蹄疾步稳、纵深推进的崭新局面。各领域基础性制度框架基本确立。许多领域实现历史性变革、系统性重塑、整体性重构。坚定不移全面推进依法治国，党运用法律手段领导和治理国家的能力显著提高。全面推进科学立法、严格执法、公正司法、全民守法，法治建设取得新进展。坚定不移加强党对意识形态工作的领导，全党全社会思想上的团结统一进一步巩固。马克思主义在意识形态领域的指导地位得到加强，社会主义核心价值观大力弘扬，文化事业和文化产业繁荣发展，国家文化软实力显著增强。坚定不移坚持在发展的基础上保障和改善民生，人民群众获得感、幸福感、安全感不断提升。脱贫攻坚成果举世瞩目，现行标准下农村贫困人口全部脱贫，8 年来累计脱贫近 1 亿人，全国 832 个贫困县全部摘帽。人民生活水平显著提高，中等收入群体超过 4 亿人。高等教育进入普及化阶段。城镇新增就业连续多年年均超过千万人。建成世界上规模最大的社会保障体系，基本医疗保险覆盖超过 13 亿人，基本养老保险覆盖近 10 亿人。居民平均预期寿命提高到 77.3 岁。坚定不移推进生态文明建设，推动美丽中国建设迈出重要步伐。下大气力治理环境污染，生态环境恶化的局面得到扭转。坚定不移推进国防和军队现代化，推动国防和军队改革取得历史性突破。军队组织形态实现重大变革。坚定不移推进中国特色大国外交，营造了我国发展的国际和平环境和良好周边环境。中国在国际上的话语权得以提升，对世界的影响力不断扩大。坚定不移推进全面从严治党，党的执政基础和群众基础更加巩固。全面从严治党成效卓著，反腐败斗争压倒性态势已经形成并巩固发展。

新时代中国共产党对全面建成小康社会、开启全面建设社会主义现代化国家新征程、实现中华民族伟大复兴中国梦进行了战略谋划。党的十九大将实现第二个百年奋斗目标分为两个阶段安排。第一个阶段，从 2020 年到 2035 年，基本实现社会主义现代化；第二个阶段，从 2035 年到本世纪中叶，把我国建成富强民主文明和谐美丽的社会主义现代化强国，实现中华民族伟大复兴的中国梦。党的十九届五中全会审议通过的《中共中央关于制定国民经济和社会发展第十四个五年规划和二〇三五年远景目标的建议》，对 2035 年远景目标进行了擘画。根据党的十九大的展望，到本世纪中叶，我国物质文明、政治文明、精神文明、社会文明、生态文明将全面提升，实现国家治理体系和治理能力现代化，成为综合国力和国际影响力领先的国家，全体人民共同富裕基本实现，我国人民将享有更加幸福安康的生活，中华民族将以更加昂扬的姿态屹立于世界民族之林。

新时代在中国共产党百年历史上具有特殊重要的意义。新时代是承前启后、继往开来、在新的历史条件下继续夺取中国特色社会主义伟大胜利的时代，是全面建成小康社会、进而全面建设社会主义现代化强国的时代，是全国各族人民团结奋斗、不断创造美好生活、逐步实现全体人民共同富裕的时代，是全体中华儿女勠力同心、奋力实现中华民族伟大复兴中国梦的时代，是我国日益走近世界舞台中央、不断为人类作出更大贡献的时代。新时代中国特色社会主义是中国共产党领导人民进行伟大社会革命的成果，也是中国共产党领导人民进行伟大社会革命的继续。

新时代党的面貌、国家的面貌、人民的面貌、军队的面貌、中华民族的面貌发生了前所未有的变化。这些变化，深刻影响了中国，也深刻影响了世界。中国共产党在中国特色社会主义新时代团结带领中国人民迎来中华民族从富起来到强起来的伟大飞跃，迎来实现中华民族伟大复兴的光明前景。

宝贵经验：中国共产党百年历史总结

中国共产党百年历史积累了宝贵经验，这些经验弥足珍贵，概括起来有以下内容。

（一）必须坚持党对一切工作的领导。中国近代以来的历史表明，没有共产党就没有新中国，没有共产党就没有中国特色社会主义。习近平同志指出："党政军民学，东西南北中，党是领导一切的。"中国特色社会主义最本质的特征是中国共产党领导，中国特色社会主义制度的最大优势是中国共产党领导，党是最高政治领导力量。我们要坚决维护以习近平同志为核心的党中央权威和集中统一领导，完善坚持党的全面领导的体制机制，提高党把方向、谋大局、定政策、促改革的能力和定力。

（二）必须坚持马克思主义的指导地位。中国共产党是在马克思主义指导下建立起来的无产阶级政党。马克思主义是党的思想旗帜、精神旗帜。习近平同志指出："马克思主义是我们立党立国的根本指导思想。背离或放弃马克思主义，我们党就会失去灵魂、迷失方向。"我们必须把马克思主义基本原理同中国实际和时代特征相结合，不断推进马克思主义中国化，用党的创新理论武装全党、教育人民，不断开辟当代中国马克思主义、21 世纪马克思主义新境界。

（三）必须坚持走中国特色社会主义道路。方向决定前途，道路决定命运。习近平同志指出："中国特色社会主义不是从天上掉下来的，是党和人民历尽千辛万苦、付出巨大代价取得的根本成就。中国特色社会主义，既是我们必须不断推进的伟大事业，又是我们开辟未来的根本保证。"我们必须始终不渝地既不走封闭僵化的老路，也不走改旗易帜的邪路，而是坚定不移走中国特色社会主义道路。

（四）必须坚持以人民为中心。中国共产党除了工人阶级和最广大人民群众的利益外，没有自己的利益，更没有自己的特殊利益。习近平同志指出："人民是我们党执政的最大底气，是我们共和国的坚实根基，是我们强党兴国的根本所在。"我们党来自于人民，为人民而生，因人民而兴，必须始终与人民心心相印、与人民同甘共苦，与人民团结奋斗。我们要坚持全心全意为人民服务的根本宗旨，贯彻群众路线，尊重人民主体地位和首创精神，始终保持同人民群众的血肉联系，凝聚起众志成城的磅礴力量，团结带领人民共同创造历史伟业。

（五）必须坚持把发展作为党执政兴国的第一要务。贫穷不是社会主义，解放和发展社会生产力，增强社会主义国家的综合国力，是社会主义的本质要求。习近平同志指出："发展是解决我国一切问题的基础和关键。"我们必须坚持新发展理念，把推动高质量发展作为主题，建设现代化经济体系，为中国特色社会主义奠定强大的物质基础。

（六）必须坚持深化改革开放。改革开放是当代中国发展进步的活力之源，是党和人民大踏步赶上时代前进步伐的重要法宝，是坚持和发展中国特色社会主义的必由之路。习近平同志指出："改革开放是我们党在新的时代条件下带领人民进行的新的伟大革命，是当代中国最鲜明的特色，也是我们党最鲜明的旗帜。"改革开放只有进行时，没有完成时。我们要深化对改革开放规律的认识和运用，坚定改革开放的定力，增强改革开放的勇气，坚定不移将改革开放进行到底。

（七）必须坚持民主集中制。民主集中制是马克思主义政党的根本组织原则。我们党在长期的实践中，丰富发展了民主集中制的内容，使之成为党特有的领导制度和工作制度。习近平同志指出："民主集中制是我们党的根本组织原则和领导制度，是马克思主义政党区别于其他政党的重要标志。"在新的形势下，我们要坚持好这个根本组织原则，保持和发挥好党这个最大的制度优势。

（八）必须坚持科学执政、民主执政、依法执政。科学执政、民主执政、依法执政，是中国共产党在长期执政实践中探索形成的符合中国国情的执政方式。习近平同志指出："必须适应国家现代化总进程，提高党科学执政、民主执政、依法执政水平，提高国家机构履职能力，提高人民群众依法管理国家事务、经济社会文化事务、自身事务的能力，实现党、国家、社会各项事务治理制度化、规范化、程序化，不断提高运用中国特色社会主义制度有效治理国家的能力。"我们要将党这个科学有效的执政方式坚持好发展好完善好。

（九）必须坚持社会主义意识形态。马克思主义在意识形态领域的指导地位，是全党全国人民共同团结奋斗的思想基础。习近平同志指出："做好新形势下宣传思想工作，必须自觉承担起举旗帜、聚民心、育新人、兴文化、展形象的使命任务。"我们必须坚定文化自信，坚持以社会主义核心价值观引领文化建设，大力弘扬以爱国主义为核心的民族精神和以改革创新为核心的时代精神，加强社会主义精神文明建设，为全面建设社会主义现代化国家提供强大的思想保证和有力的文化支持。

（十）必须坚持党对人民军队的绝对领导。拥有强大军队和巩固国防，是无产阶级政党夺取政权并长期执政的基本条件。习近平同志指出："建设一支听党指挥、能打胜仗、作风优良的人民军队，是实现'两个一百年'奋斗目标、实现中华民族伟大复兴的战略支撑。"我们的军队是在党的领导下孕育产生的、发展壮大的。坚持党对军队的绝对领导，是我军永远不变的军魂，是党长期执政、国家长治久安的根本保障。我们要坚定不移走中国特色强军之路，坚持政治建军、改革强军、科技强军、人才强军、依法治军，全面提高国防和军队现代化水平，把人民军队建设成为世界一流军队。

（十一）必须坚持巩固和发展最广泛的爱国统一战线。统一战线是中国共产党的重要法宝。建立统一战线，实现最广泛的政治团结，扩大社会基础，团结一切可以团结的力量，是中国共产党在各个历史时期，取得胜利的一条成功经验。习近平同志指出："我们搞统一战线，从来不是为了好看、为了好听，而是因为有用、有大用、有不可或缺的作用。说到底，统一战线是做人的工作，搞统一战线是为了壮大共同奋斗的力量。"我们要不断发展壮大新时代的爱国统一战线，促进政党关系、民族关系、宗教关系、阶层关系、海内外同胞关系和谐，寻求最大公约数，画出最大同心圆，为祖国统一和实现中华民族伟大复兴中国梦增添强大力量。

（十二）必须坚持推进人类和平与发展的崇高事业。中国共产党是为中国人民谋幸福的政党，也是为人类进步事业而奋斗的政党。中国共产党始终把为人类作出新的更大的贡献作为自己的使命。习近平同志指出："中国共产党所做的一切，就是为中国人民谋幸福、为中华民族谋复兴、为人类谋和平与发展。"我们要高举和平、发展、合作、共赢的旗帜，坚持把握世界发展大势，始终挺立在时代发展的潮头，始终不渝走和平发展道路，始终不渝奉行互利共赢的开放战略，坚持推动构建新型国际关系，推动构建人类命运共同体，加强同各国的友好往来，同各国人民一道，不断把人类和平与发展的崇高事业推向前进。

（十三）必须坚持全面从严治党。中国共产党的伟大不在于不犯错误，而是在于从不讳疾忌医，敢于直面问题，勇于自我革命。习近平同志指出："打铁必须自身硬。办好中国的事情，关键在党，关键在坚持党要管党、全面从严治党。"我们党之所以在现代中国各种政治力量反复较量中脱颖而出，根本原因在于党始终保持自我革命精神，一次次拿起手术刀来革除自身病症，一次次靠自己解决了自身问题。我们党要始终拥有领导伟大社会革命的资格，就必须勇于进行伟大的自我革命，不断增强自我净化、自我完善、自我革新、自我提高能力，始终保持党的先进性和纯洁性。我们要不断提高管党治党水平，不断推进党的建设新的伟大工程，把党建设得更加坚强有力。

中国共产党立志千秋伟业，百年正是风华正茂。回顾历史，我们豪情万丈；展望未来，我们心潮澎湃。历史是从昨天走到今天再走向明天的，历史的联系不可割断。中国共产党建党百年，已经团结带领中国人民创造了历史的辉煌。中国共产党今天取得的辉煌，为明天取得更大的辉煌提供了前提，创造了条件，奠定了基础。不忘初心、牢记使命、永远奋斗，中国共产党一定会在执政百年即中华人民共和国成立一百年时，谱写新的篇章，创造出新的更大辉煌。历史在人民的探索和奋斗中造就了中国共产党，中国共产党团结和带领人民创造了历史的辉煌。"看历史，就会看到前途。"学习重温中国共产党百年历史，我们应该坚定中国共产党历史自信，同时，坚定中国人民和中华民族未来自信。

百年党史上开展作风建设的一个典范[*]

—— 新中国成立初期党领导开展的五次反对官僚主义的斗争

　　"党的作风就是党的形象，关系人心向背，关系党的生死存亡。"① 新中国成立初期，从 1950 年至 1955 年，我们党连续开展了五次反对官僚主义的斗争。这是为什么？回溯这段历史，总结其经验，对我们今天认真学习贯彻习近平总书记关于反对形式主义、官僚主义的重要论述，坚持不懈地加强党的作风建设，全面从严治党，具有重要现实意义。

<hr/>

　　* 本文发表于《党的文献》2021 年第 3 期。
　　① 《习近平关于党风廉政建设和反腐败斗争论述摘编》，中央文献出版社、中国方正出版社 2015 年版，第 8 页。

一、历史背景：新中国成立初期党为什么要突出地提出反对官僚主义的问题

我们党是在国家内忧外患、民族危难之时诞生的。党一成立就肩负起了争取民族独立、人民解放和实现国家富强、人民幸福两大历史任务。第一大历史任务，随着新中国的成立而宣告完成。为完成这个任务，党带领人民奋斗了28年。28年里正像毛泽东同志所说的那样："我们党尝尽了艰难困苦，轰轰烈烈，英勇奋斗。从古以来，中国没有一个集团，像共产党一样，不惜牺牲一切，牺牲多少人，干这样的大事。"① 新中国成立了，江山打下了，政权得到了，那么，党应该怎么为人民守好江山、掌好权力呢？这个问题很现实地摆在了中国共产党人的面前。

我们党是中国工人阶级的先锋队，同时是中国人民和中华民族的先锋队。党的根本宗旨是全心全意为人民服务。要保持党的性质宗旨不变，必须坚决清除一切弱化党的先进性、损害党的纯洁性的因素，坚决防范一切动摇党的执政根基的危险。官僚主义是封建残余和剥削阶级思想意识在党员领导干部作风上的反映，是党的肌体上的毒瘤，是党和人民事业的大敌。新中国的成立，标志着中国共产党开始在全国范围内执政。在这种情况下，党保持清醒头脑，反对官僚主义，避免脱离人民群众，就成为历史的必然。这也正是我们党作为一个成熟的马克思主义政党的重要表现。如何更进一步地深刻认识这一问题呢？

① 《毛泽东文集》第3卷，人民出版社1996年版，第292页。

首先，我们从毛泽东同志同黄炎培先生著名的"窑洞对"来认识。 1945年7月1日至5日，黄炎培先生等六位国民参政员由重庆到延安进行考察。毛泽东同志与黄炎培先生等进行了多次交谈。有一次毛泽东同志问黄炎培先生的感想怎么样，黄炎培先生说：我生60多年，耳闻的不说，所亲眼看到的，真所谓"其兴也浡焉"，"其亡也忽焉"，一人，一家，一团体，一地方，乃至一国，不少不少单位都没有能跳出这周期率的支配力。一部历史，"政怠宦成"的也有，"人亡政息"的也有，"求荣取辱"的也有，总之没有能跳出这周期率。中共诸君从过去到现在，我略略了解的了，就是希望找出一条新路，来跳出这周期率的支配。毛泽东同志说："我们已经找到新路，我们能跳出这周期率。这条新路，就是民主。只有让人民来监督政府，政府才不敢松懈。只有人人起来负责，才不会人亡政息。"① 这是我们党的历史上一段著名的对话。毛泽东同志的话，回答了中国共产党人取得政权后，要跳出历史周期率的途径和办法。

其次，我们从毛泽东同志在党的七届二中全会上提出的"两个务必"重要论断来认识。 1949年3月5日至13日，在新民主主义革命即将取得全国胜利的前夕，党在河北省平山县西柏坡召开了七届二中全会。这次全会着重讨论了党的工作重心的战略转移，即工作重心由乡村转移到城市的问题。毛泽东同志在会上作了报告。针对党所处的历史方位发生的根本性变化，他强调指出："我们很快就要在全国胜利了。""夺取这个胜利，已经是不要很久的时间和不要花费很大的气力了；巩

---

① 《毛泽东传》（二），中央文献出版社2011年版，第729页。

固这个胜利，则是需要很久的时间和要花费很大的气力的事情。""因为胜利，党内的骄傲情绪，以功臣自居的情绪，停顿起来不求进步的情绪，贪图享乐不愿再过艰苦生活的情绪，可能生长。""中国的革命是伟大的，但革命以后的路程更长，工作更伟大，更艰苦。这一点现在就必须向党内讲明白，务必使同志们继续地保持谦虚、谨慎、不骄、不躁的作风，务必使同志们继续地保持艰苦奋斗的作风。我们有批评和自我批评这个马克思列宁主义的武器。我们能够去掉不良作风，保持优良作风。我们能够学会我们原来不懂的东西。我们不但善于破坏一个旧世界，我们还将善于建设一个新世界。"①毛泽东同志的报告深刻表达了中国共产党人要建设一个新中国，要为中国人民执好政的坚定决心和意志。

第三，我们从毛泽东同志和周恩来同志从西柏坡到北平的"进京赶考"的经典对话来认识。党的七届二中全会后，党中央由西柏坡迁往北平。1949 年 3 月 23 日，毛泽东同志和周恩来同志乘车出发时有一段对话。毛泽东同志对周恩来同志说，今天是进京的日子，进京赶考去。周恩来同志笑着回答说，我们应当都能考试及格，不要退回来。毛泽东同志说，退回来就失败了。我们决不当李自成，我们都希望考个好成绩。②毛泽东同志和周恩来同志的对话，表现了中国共产党人准备迎接执政"大考"的清醒和良好精神状态。

以上三件事是中国共产党不同于其他任何政党的三个生动故事。故事虽小，但以小见大，从中可以窥见和了解新中国成

---

① 《毛泽东选集》第 4 卷，人民出版社 1991 年版，第 1438—1439 页。

② 参见《毛泽东年谱（1893—1949）》（修订本）下卷，中央文献出版社 2013 年版，第470 页。

立初期我们党提出反对官僚主义的历史大背景。

二、历史过程：新中国成立初期党领导开展的五次反对官僚主义的斗争

新中国刚刚成立，党就发动和开展了反对官僚主义的斗争。从1950年至1955年，短短的六年时间进行了五次。

第一次：在整风中进行的反对官僚主义斗争。1950年5月1日，新中国刚成立半年多时间，党中央就发出了《关于在全党全军开展整风运动的指示》，要求在全党全军进行一次整风运动，严格地进行全党整风尤其是干部整风。6月，党的七届三中全会对这项工作作出部署。这次整风，从1950年下半年开始，经分批整训，年底结束。主要任务是提高干部和一般党员的思想水平和政治水平，克服工作中所犯的错误，克服以功臣自居的骄傲自满情绪，克服官僚主义和命令主义，改善党和人民群众的关系。整风的重点对象是各级领导机关和干部。这次整风为在广大新区进行土地改革作了组织上和干部上的准备。

第二次：在整党中进行的反对官僚主义斗争。1950年的整风时间较短，只是初步解决了党员干部工作作风方面的问题，还没有来得及解决党内思想不纯和组织不纯等问题。随着政治形势和财政经济状况的基本好转，1951年2月，《中共中央政治局扩大会议决议要点》提出，以三年时间进行一次整党的任务。整党工作从1951年下半年开始有步骤地展开。1952年"三反"运动全面开展后，党中央先后于2月、5月发出两个指示，要求把"三反"运动同整党结合起来进行，在"三反"运动的基础上进行整党建党工作。经过这次整党，党在组织成分

和党员素质方面有了明显改善和提高。

第三次：在反对贪污、反对浪费中进行的反对官僚主义斗争。1951年12月1日，党中央作出《关于实行精兵简政、增产节约、反对贪污、反对浪费和反对官僚主义的决定》。《决定》指出，进城两年来，严重的贪污案不断发生，证明党的七届二中全会所提出的防止和克服资产阶级思想腐蚀的正确性。现在是切实执行这一方针的时候了，否则就会犯大错误。我们党为什么要作出这个《决定》呢？ 1951年10月23日，毛泽东同志在全国政协一届三次会议上提出，为了继续坚持抗美援朝这个必要的正义斗争，我们需要增加生产，厉行节约。会议向全国发出了开展增产节约运动的号召。在运动开展过程中，暴露出各级党政机关内部存在着许多惊人的贪污、浪费现象和官僚主义问题。11月1日，东北局向中央报告开展增产节约运动的情况，列举了沈阳市部分单位揭发出的问题。报告讲到，有的人奉行"厚俸才能养廉，薪水这样低不能贪污""从公家那里捞一把是可以的，只要查不出来就行""不会贪污，不会捞一把是傻瓜"等错误思想，大肆贪污。仅工商局各专业公司等单位就查出有贪污行为者3629人。揭发出来的浪费现象也很严重。比如，东北造币厂因印刷不合格造成极大浪费，东北银行金银管理处把30两黄金丢在化金炉中不知道，军区油料部仓库漏油40多吨，后勤军需部物资保管失当损失巨大。而这些现象的发生都与严重的官僚主义有关。11月29日，华北局向党中央报告了河北省揭发出刘青山、张子善二人在任中共天津地委书记、天津行署专员期间堕落成大贪污犯的严重情况。各中央局报告的情况，引起了党中央和毛泽东同志的高度重视。党中央就是在这样一种情况下决定开展"三反"运动的。"三反"运动从 1952 年 1 月开始，到 1952 年 10 月底结束。运动的开展，遏制了贪污现象，制止了浪费现象，对国家机关中的官僚主义也给予了有力打击。

第四次：在反对命令主义、反对违法乱纪中进行的反对官僚主义斗争。1953 年 1 月 5 日，党中央发出《关于反对官僚主义、反对命令主义、反对违法乱纪的指示》，要求各级党委结合整党建党及其他工作，从处理人民来信入手，认真开展一次反对官僚主义、反对命令主义、反对违法乱纪的斗争。紧接着，党中央于 1 月 24 日作出《转发天津市委关于反官僚主义斗争总结报告和华北局相关文件的批示》；于 2 月 3 日作出《关于贯彻反对官僚主义、反对命令主义、反对违法乱纪的指示给华东局的批复》；于 3 月 3 日作出《批转习仲勋关于文委党组布置反官僚主义斗争的报告》；于 3 月 4 日作出《关于反官僚主义、反命令主义、反违法乱纪斗争中有关问题的指示》；于 3 月 28 日作出《关于在中央一级机关中具体执行〈中共中央关于反对官僚主义、反对命令主义、反对违法乱纪的指示〉的决定》；于 5 月 9 日作出《批转人事部党组关于检查官僚主义的报告》等。为什么在"三反"运动结束才两个多月时间后，党中央又要继续部署开展反对官僚主义的斗争呢？中央认为："我党在'三反'中基本上解决了中央、大行政区、省市和专区四级许多工作人员中的贪污和浪费两个问题，也基本上解决了许多领导者和被领导的机关人员相脱离的这一部分官僚主义的问题；但对于不了解人民群众的痛苦，不了解离开自己工作机关稍为远一点的下情，不了解县、区、乡三级干部中存在着许多命令主义和违法乱纪的坏人坏事，或者虽然对于这些坏人坏事有一些了解，但是熟视无睹，不引起义愤，不感觉问题的严重，因而不采取积极办法去支持好人，惩治坏人，发扬好事，消灭坏事，这样一方面的官僚主义，则在许多地区、许多方面和许多部门，还是基本上没有解决。"① 这次斗争当时被称之为新"三反"斗争。这次斗争没有采取"三反"运动暴风骤雨式的方法步骤进行，而是紧密结合当时的各种工作和学习，有领导、有计划、有重点、有步骤地进行。中央一级机关和各地区的做法也有所不同。中央一级机关以反对官僚主义斗争为重点，但同时也不放松对某些命令主义与违法乱纪现象的斗争。开展的主要方法是检查工作，同时开展批评与自我批评。检查工作以自上而下与自下而上相结合，把检查工作与当前正在进行的工作联系起来，一面检查，一面建设，并注意区分不同性质的问题。各地则根据自己的不同情况，拟出具体计划和办法，将执行情况随时报告党中央。这次新"三反"反对官僚主义的斗争，在"三反"运动成效的基础上，又取得新进展，也是对"三反"运动反对官僚主义斗争成果的一个巩固。

第五次：在整编中进行的反对官僚主义斗争。1955 年 4 月 2 日，党中央批转了上海市政府机关党委关于市府几个单位组织机构中的官僚主义情况的报告及上海局、上海市委的批语。中央的批语指出："类似上海市府几个单位中的机构臃肿，人浮于事，严重浪费人力、物力、财力，滋长官僚主义的现象，是目前全国各级组织中（包括中央各部门在内）普遍存在的问题，必须引起各级党委、中央各部委党组的重视。克服这种浪费现象，节约人力、财力、物力，合理地使用到需要的方面去，并克服领导机关的官僚主义和文牍主义，改进机关工作，

---

① 《毛泽东文集》第 6 卷，人民出版社 1999 年版，第 253—254 页。

这是当前国家在大规模经济建设中一项极为重要的措施。"[1] 中央要求，各地区、各部门，仿照上海的做法，结合日常工作，对自己所领导的组织机构有领导有计划地进行一次检查，彻底清查和揭发行政机关及各工厂、企业编制中的不合理现象和各种官僚主义，提高认识，以便进一步合理地调整编制，精简机构，改进领导作风。中央各部委党组和各地区党委在接到党中央的这个指示后，都普遍进行了一次在整顿编制工作中的反对官僚主义斗争。这是继前四次之后，在全党范围内开展的又一次反对官僚主义的斗争。

在新中国成立初期的六年时间里，我们党连续发起和开展了五次反对官僚主义的斗争，这在党的历史上是极为罕见的。研究这段历史，我们可以看到，正是大力进行的反对官僚主义斗争，才确保我们党密切联系了群众，才使我们党成功领导了新中国成立初期国家的各项事业，顺利进行了政权建设、土地改革、镇压反革命、"三反""五反"运动，为抗美援朝的胜利、国民经济的恢复、第一个五年计划的实施，为新民主主义向社会主义的过渡和转变，提供了坚强的组织和政治保障。

三、历史启示：新中国成立初期党领导开展反对官僚主义斗争的历史经验

历史是最好的教科书。由于国际国内、党内党外、体制机制等各方面原因，官僚主义今天仍然是党内不良作风的一个顽瘴痼疾。要把反对官僚主义的斗争进行到底，我们就必须以习近平新时代中国特色社会主义思想为指导，思考研究现实问

---

[1]《中共中央文件选集（1949.10—1966.5）》第 19 册，人民出版社 2013 年版，第 16 页。

题，同时应借鉴历史经验，特别是我们党的历史上领导开展反对官僚主义斗争的历史经验，从中汲取智慧和力量。那么，新中国成立初期党领导开展反对官僚主义斗争的这段历史能给我们提供哪些有益的历史经验呢？

经验一：坚定斗争决心，充分认识反对官僚主义的极端重要性。我们党高度重视反对官僚主义的斗争，很早就认识到了官僚主义对党的事业的危害性。1933 年 8 月，毛泽东同志在《必须注意经济工作》中指出："动员群众的方式，不应该是官僚主义的。官僚主义的领导方式，是任何革命工作所不应有的，经济建设工作同样来不得官僚主义。要把官僚主义方式这个极坏的家伙抛到粪缸里去，因为没有一个同志喜欢它。"[1]1951 年 12 月，新中国成立初期，毛泽东同志在审阅党中央开展"三反"运动决定稿时指出："自从我们占领城市两年至三年以来，严重的贪污案件不断发生，证明一九四九年春季党的二中全会严重地指出资产阶级对党的侵蚀的必然性和为防止及克服此种巨大危险的必要性，是完全正确的，现在是全党动员切实执行这项决议的紧要时机了。再不切实执行这项决议，我们就会犯大错误。"他还强调：官僚主义作风，"是贪污和浪费现象所以存在和发展的根本原因。中央要求党的各级领导机关在此次精兵简政的工作中，在展开全国规模的爱国增产节约运动中，在进行反对贪污和反对浪费的斗争中，同时展开一个反对官僚主义的斗争"[2]。1952 年 5 月 9 日，他在讲到"三反""五反"运动的必要性时强调，如果我们不进行这一正义

---

[1]《毛泽东选集》第 1 卷，人民出版社 1991 年版，第 124 页。
[2]《毛泽东文集》第 6 卷，人民出版社 1999 年版，第 208、209 页。

的斗争，我们将会失败。我们党在开展新"三反"斗争中，也深刻认识到官僚主义作风是滋长干部强迫命令、违法乱纪的温床。反对官僚主义是纠正干部强迫命令、违法乱纪的关键。历史事实表明，新中国成立初期，面对全党工作重心的转移，面对党在全国执政后带来的风险，必须把反对官僚主义斗争放到"成败与否"的高度去认识。我们党正是这样做了，才经受住了考验。党的十八大之后，习近平同志深刻洞察党的建设方面存在的突出问题，指出："面对世情、国情、党情的深刻变化，精神懈怠危险、能力不足危险、脱离群众危险、消极腐败危险更加尖锐地摆在全党面前，党内脱离群众的现象大量存在，一些问题还相当严重，集中表现在形式主义、官僚主义、享乐主义和奢靡之风这'四风'上。"①他特别指出："形式主义、官僚主义害死人！"②它们"是阻碍党的路线方针政策和党中央重大决策部署贯彻落实的大敌"③。"工作作风上的问题绝对不是小事，如果不坚决纠正不良风气，任其发展下去，就会像一座无形的墙把我们党和人民群众隔开，我们党就会失去根基、失去血脉、失去力量。"④正是从作风建设特别是从整治"四风"入手，以小博大，党风才得以根本好转，党的建设才得到极大加强。

经验二：做好长期斗争的思想准备，坚持不懈地反对官僚主义。新中国成立初期，我们党之所以连续开展反对官僚主义斗争，是因为党在实践中逐渐认识到反对官僚主义绝不是一朝

---

① 《十八大以来重要文献选编》（上），中央文献出版社 2014 年版，第 310 页。

② 习近平：《推进党的建设新的伟大工程要一以贯之》，《求是》2019 年第 19 期。

③ 《习近平关于防范风险挑战、应对突发事件论述摘编》，中央文献出版社 2020 年版，第 136 页。

④ 《习近平关于全面从严治党论述摘编》，中央文献出版社 2016 年版，第 148 页。

一夕的事，也不是一蹴而就、一劳永逸的事。党在新中国成立初期发动的"三反"运动声势浩大，时间长达近一年。但是，在运动结束后不久，党中央就发现，中央、大行政区、省市、专区机关和党的领导干部，对县、区、乡三级干部中发生的危害群众利益的问题，仍然存在着不了解、不掌握或听之任之、熟视无睹的严重官僚主义问题。于是党中央在1953年1月5日，向全党发出了新"三反"的指示。指示指出，官僚主义在许多地区、许多方面和许多部门，还基本上没有解决。"即如处理人民来信一事，据报山东省政府就积压了七万多件没有处理，省以下各级党政组织积压了多少人民来信，则我们还不知道，可以想象是不少的。这些人民来信大都是有问题要求我们给他们解决的，其中许多是控告干部无法无天的罪行而应当迅速处理的。山东如此，各省市的情况，究竟如何，我们没有接到像山东分局这样集中反映的报告，但已有不少的材料可以判断，有很多地方是和山东的情况相似的。"指示强调："官僚主义和命令主义在我们的党和政府，不但在目前是一个大问题，就是在一个很长的时期内还将是一个大问题。"[①]1953年2月3日，党中央在给华东局的批复中明确指出："反对官僚主义是一个长期的、经常的斗争，不能像'三反'一样，采取短期的突击。"[②] 这是我们党在进行反对官僚主义斗争实践中得出的一个重要结论。历史事实证明，这个结论是完全正确的。党的十八大之后，党中央全面从严治党，坚持重在持久，常抓不懈。习近平同志指出："作风建设永远在路上，永远没有休止

---

① 《毛泽东文集》第6卷，人民出版社1999年版，第254页。
② 《中共中央文件选集（1949.10—1966.5）》第11册，人民出版社2013年版，第92页。

符，不可蜻蜓点水，不可虎头蛇尾，不可只是一阵风，否则不仅不可能从根本上解决问题，而且会导致作风问题不断反弹、愈演愈烈，最后失信于民。"[①] 反对官僚主义斗争，必须保持定力，持之以恒，久久为功。

经验三：结合不同时期的中心工作，增强反对官僚主义的针对性实效性。 新中国成立初期党领导开展的五次反对官僚主义斗争，都是紧密结合当时党的中心工作进行的。整风和整党中进行的反对官僚主义，是为了适应形势的变化和重心任务的转移，对党员和干部提出新的要求。"三反"运动的开展，直接原因是为了保障全国进行的爱国增产运动。党中央在1951年12月1日作出的开展"三反"运动的决定指出，为了支持抗美援朝战争，为了进行国内各项建设，特别是为了建设能够带动农业、轻工业向前发展的重工业和国防工业，需要很多资金，而我们国家"资金的来源只有增产节约一条康庄大道"[②]。开展"三反"运动，就是为了增产节约，促进国家的经济建设。1953年1月，党中央部署开展新"三反"斗争时，在所作的多次指示批示中，都不断强调这项斗争要结合整党建党、全国普选以及其他各项工作一道进行。1953年2月13日，毛泽东同志在起草的中央军委给陈毅同志并华东军区党委的批语中，同意陈毅同志提出的"脱离中心工作任务去孤立地空反官僚主义，达不到深入实际的目的"的意见[③]。1955年开展的反对官僚主义斗争也是结合当时的整编和精简工作进行的。党的十八大之后，我们党全面从严治党，是从落实"八项规定"切

---

① 《习近平关于全面从严治党论述摘编》，中央文献出版社2016年版，第162页。
② 《毛泽东文集》第6卷，人民出版社1999年版，第207页。
③ 参见《毛泽东年谱（1949—1976）》第2卷，中央文献出版社2013年版，第27页。

入、从纠正"四风"开始的。但目的是为了密切党同人民群众的血肉联系，保持党的先进性和纯洁性，使我们党成为中国特色社会主义事业的坚强领导核心。保持优良作风，是我们党和国家各项事业不断取得胜利的重要保证。

经验四：探索完善治本之策，在建构反对官僚主义制度体系上下功夫。 新中国成立初期开展的五次反对官僚主义斗争，党都强调走群众路线，进行思想教育，注意掌握政策、区分不同性质矛盾，坚持民主集中制，大兴调查研究之风，开展批评和自我批评，建立检查制度，主要领导亲自动手，建立请示报告制度，正面典型示范，反面典型通报曝光，精简办事机构，建立逐级责任制等问题。这些做法都是我们党在实践中不断探索总结出来的行之有效的做法。党的十八大之后，我们党既继承和坚持党的历史上的成功经验，又不断总结和探索实践中的新鲜经验。历史表明，反对官僚主义，制度建设至关重要。习近平同志指出："解决'四风'问题，要标本兼治，既治标又治本。治标，就是要着力针对面上'四风'问题的各种表现，该纠正的纠正，该禁止的禁止。治本，就是要查找产生问题的深层次原因，从理想信念、工作程序、体制机制等方面下功夫抑制不正之风。""要从体制机制层面进一步破题，为作风建设形成长效化保障。"①

---

① 《习近平关于全面从严治党论述摘编》，中央文献出版社2016年版，第153、162页。

2020 年

中华民族走向伟大复兴的
历史转折点 *

　　中国人民抗日战争，是近代以来中国人民反抗外敌入侵持续时间最长、规模最大、牺牲最多的民族解放斗争，也是第一次取得完全胜利的民族解放斗争。这个伟大胜利，是中华民族从近代以来陷入深重危机走向伟大复兴的历史转折点，开辟了中华民族伟大复兴的光明前景。习近平总书记在纪念中国人民抗日战争暨世界反法西斯战争胜利 75 周年座谈会上的重要讲话，回顾了中国人民抗日战争和世界反法西斯战争的历史，深刻总结了中国人民赢得抗日战争胜利的历史启迪。深入学习领会习近平总书记重要讲话精神，深刻认识抗日战争胜利的历史原因，深刻理解抗日战争胜利的伟大意义，大力弘扬伟大抗战精神，对于我们增强"四个意识"、坚定"四个自信"、做到"两个维护"，奋力走好新时代的长征路，实现"两个一百年"奋斗目标、实现中华民族伟大复兴的中国梦，具有十分重要的意义。

---

　　* 本文发表于《人民日报》2020 年 9 月 8 日。

历史转折的精神因素：以爱国主义为核心的民族精神是中国人民抗日战争胜利的决定因素

习近平总书记指出："中国人民抗日战争胜利是以爱国主义为核心的民族精神的伟大胜利。"近代以来，中国抗击外来侵略之所以屡战屡败，一个重要原因是国家缺乏凝聚民众的思想力量和精神武器。抗日战争之所以成为历史转折，是因为以爱国主义为核心的民族精神得到继承和弘扬。

在一定条件下，精神可以变物质，精神的力量可以转化为物质的力量。中华民族在长期历史发展中，艰苦奋斗、辛勤劳动，热爱和平、睦邻友好，不畏强暴、抵御外敌，形成了以爱国主义为核心的民族精神。伟大民族精神始终是激励中国人民自强不息、坚毅前行的强大动力。在抗日战争的壮阔进程中，在中国共产党倡导建立的抗日民族统一战线旗帜的引领和召唤下，伟大民族精神得以大力传承和弘扬，中华民族的爱国主义较之以前任何时代都表现得更强烈、更广泛、更持久、更深入。中国人民在抗战中向世界展示的天下兴亡、匹夫有责的爱国情怀，视死如归、宁死不屈的民族气节，不畏强暴、血战到底的英雄气概，百折不挠、坚忍不拔的必胜信念，是抗战中铸就的伟大抗战精神，成为伟大民族精神的有机组成部分。

中国人民之所以能够取得抗日战争的伟大胜利，以爱国主义为核心的民族精神是决定因素。北京密云县一位名叫邓玉芬的母亲，义无反顾地把丈夫和五个孩子送上抗日前线，他们全部战死沙场，昭示了为民族生存而毁家纾难的爱国情怀。杨靖宇以"头颅不惜抛掉，鲜血可以喷洒，而忠贞不贰的意志是不会动摇"的信念为抗击日寇献出生命。他的遗体被日军解剖时，胃里尽是枯草、树皮和棉絮，没有一粒粮食，展现了为民族尊严而舍生取义的崇高气节。八路军"狼牙山五壮士"、新四军"刘老庄连"、东北抗联八位女战士、国民党军"八百壮士"等众多英雄群体，充分体现了中华民族有着同自己的敌人血战到底的气概。正是这种伟大民族精神，转化为压倒一切敌人、压倒一切困难的强大精神力量。

历史启示我们，人无精神不立，国无精神不强。伟大民族精神是中华民族生生不息、薪火相传的强大精神支撑。伟大抗战精神，是中国人民弥足珍贵的精神财富，是永远激励我们克服一切艰难险阻、为实现中华民族伟大复兴而奋斗的强大精神动力。实现中华民族伟大复兴的中国梦，必须大力弘扬以爱国主义为核心的民族精神和以改革创新为核心的时代精神。行百里者半九十。实现中华民族伟大复兴，绝不是轻轻松松、敲锣打鼓就能实现的。我们正处在船到中流浪更急、人到半山路更陡的时候，必须发扬斗争精神，敢于啃硬骨头、闯难关、涉险滩，有效应对重大挑战，抵御重大风险，克服重大阻力，解决重大矛盾。

历史转折的政治因素：中国共产党的中流砥柱作用是中国人民抗日战争胜利的关键

习近平总书记指出："中国人民抗日战争胜利是中国共产党发挥中流砥柱作用的伟大胜利。"近代以来，中国抗击外来侵略之所以屡战屡败，又一个重要原因是统治集团腐朽无能。抗日战争之所以成为历史转折，是因为中国共产党发挥了中流砥柱作用。

"中国产生了共产党，这是开天辟地的大事变。""自从有了中国共产党，中国革命的面目就焕然一新了。"中国共产党是中国工人阶级的先锋队，同时是中国人民和中华民族的先锋队。中国共产党诞生于国家内忧外患、民族危难之时，自成立之日起就把实现中华民族伟大复兴作为自己的历史使命，捍卫民族独立最坚定、维护民族利益最坚决、反对外来侵略最勇敢。抗日战争的斗争实践是对中国共产党人党性的最大考验和最实际检验。

历史表明，中国共产党在抗日战争中发挥了中流砥柱作用。那么，这个中流砥柱作用表现在哪些方面呢？首先，中国共产党是中国人民反抗日本军国主义侵略的最早宣传者、动员者、抗击者。早在1931年日本军国主义发动九一八事变时，中共中央和中共满洲省委就发表反对宣言。同年11月成立的中华苏维埃共和国临时中央政府翌年发布《对日战争宣言》。中国共产党及时在东北领导和组织了抗日武装力量，对日军进行了有力抗击。其次，中国共产党积极倡导、建立、维护了抗日民族统一战线，成为团结凝聚全民族抗战力量的杰出组织者、鼓舞者和坚强的政治领导核心。在日本侵略者制造华北事变、民族危机空前严重的关头，中国共产党率先倡导建立抗日民族统一战线，促成西安事变和平解决，推动第二次国共合作正式形成，实现了全民族抗战。面对国民党的妥协动摇，中国共产党鲜明提出了"坚持抗战、反对投降，坚持团结、反对分裂，坚持进步、反对倒退"的政治主张，坚持"有理、有利、有节"的斗争原则，努力团结一切要求抗日的力量，使抗日民族统一战线得到巩固和发展。再次，中国共产党制定实施了全面抗战路线和持久战战略总方针，成为抗日战争正确战略的提出者、指导者和引领者。中国共产党提出的持久战的战略思想武装了党领导下的广大军民，也对沦陷区、国统区人民以及国民党的军队产生重大影响，极大鼓舞和坚定了中国军民争取抗战胜利的信心和决心。中国共产党领导下的抗日武装力量，在整个抗战中，抗击了 60% 的侵华日军和 95% 的伪军，指战员伤亡 60 多万人，抗日根据地的群众伤亡 600 多万人。

历史启示我们，中国共产党是中国人民和中华民族的主心骨。实现中华民族伟大复兴的中国梦，必须坚持和加强党的全面领导，以正视问题的勇气和刀刃向内的自觉不断推进党的自我革命，把党建设得更加坚强有力，以党的伟大自我革命推动党领导人民进行的伟大社会革命。

历史转折的民众因素：全民族抗战是中国人民抗日战争胜利的重要法宝

习近平总书记指出："中国人民抗日战争胜利是全民族众志成城奋勇抗战的伟大胜利。"近代以来，中国抗击外来侵略之所以屡战屡败，另一个重要原因是民族内部软弱涣散和国家一盘散沙。抗日战争之所以成为历史转折，是因为中国人民和中华民族已经觉醒，进行了全民族抗战。

鸦片战争后，帝国主义列强在中国各自划分势力范围，寻求代理人。军阀混战、封建割据导致人民苦不聊生、流离失所。民族不团结、人民没有组织起来，政府政治腐败、国家有国无防，中华民族处在积贫积弱的状态。

人民是历史的创造者，是社会变革的决定性因素。团结就是力量，团结就是胜利。在中国共产党倡导建立的以国共合作为基础的抗日民族统一战线旗帜下，地不分南北，人不分老幼，全国人民义无反顾投身到抗击日本侵略者的洪流之中。中国共产党提出的全面抗战路线和持久战的战略思想、游击战的战略战术，其精髓和核心要义就是人民战争。毛泽东同志说："动员了全国的老百姓，就造成了陷敌于灭顶之灾的汪洋大海，造成了弥补武器等等缺陷的补救条件，造成了克服一切战争困难的前提。""战争的伟力之最深厚的根源，存在于民众之中。日本敢于欺负我们，主要的原因在于中国民众的无组织状态。克服了这一缺点，就把日本侵略者置于我们数万万站起来了的人民之前，使它像一匹野牛冲入火阵，我们一声唤也要把它吓一大跳，这匹野牛就非烧死不可。"我们党坚持"兵民是胜利之本"，动员人民、依靠人民，发动人民群众广泛开展伏击战、破袭战、地雷战、地道战、麻雀战等游击战的战术战法，使日本侵略者陷入人民战争的汪洋大海之中。中国共产党领导开辟的敌后战场和国民党指挥的正面战场协力合作，形成共同抗击日本侵略者的战略局面。正是中国人民抱定了抗战到底的信念，无论条件多么艰苦，无论战争多么残酷，无论牺牲多么巨大，始终没有动摇光复河山的决心，坚持抗战，持久抗战，消灭并牵制了日本侵略者大量兵力，以伤亡 3500 万人的巨大民族牺牲，最终赢得了抗日战争的伟大胜利，创造了人类战争史上的奇迹，为世界反法西斯战争胜利作出了巨大贡献。

历史启示我们，人民是真正的英雄，人民群众是我们力量的源泉。只要紧紧团结人民、依靠人民，我们就一定能够战胜一切艰难险阻。实现中华民族伟大复兴的中国梦，必须毫不动摇地坚持人民主体地位，坚持以人民为中心，坚持人民当家作主。要加强全国各族人民的大团结，加强海内外中华儿女的大团结，凝聚起砥砺前行、攻坚克难的磅礴力量。

历史转折的外部因素：爱好和平与正义的各国人民给予的帮助支持是中国人民抗日战争胜利的必要条件

习近平总书记指出："中国人民抗日战争胜利是中国人民同反法西斯同盟国以及各国人民并肩战斗的伟大胜利。"近代以来，中国抗击外来侵略之所以屡战屡败，还有一个重要原因就是缺少国际社会的帮助和支持。抗日战争之所以成为历史转折，国际反法西斯统一战线的建立，爱好和平与正义的各国人民的帮助支持起了一定的作用。

在事物发展变化中，内因是变化的根据，外因通过内因而起作用，但是，外因的有利条件也是不可缺少的。中国人民抗日战争的伟大胜利，是与世界所有爱好和平与正义的国家和人民、国际组织等各种反法西斯力量对中国人民抗日战争给予的宝贵援助和支持分不开的。苏联给予中国抗战有力的物资支持，美国"飞虎队"冒险开辟驼峰航线，朝鲜、越南、加拿大、印度、新西兰、波兰、丹麦以及德国、奥地利、罗马尼亚、保加利亚、日本等国的一大批反法西斯战士直接投身中国抗战。加拿大医生白求恩、印度医生柯棣华不远万里来华救死扶伤，法国医生贝熙叶开辟运输药品的自行车"驼峰航线"，德国的拉贝、丹麦的辛德贝格在南京大屠杀中千方百计保护中国难民。抗战后期，苏联红军开赴中国东北战场，同中国军民一道对日作战，加速了彻底打败日本侵略者的进程。

历史启示我们，世界各国人民的前途命运紧密相连、息息相关。中国的发展离不开世界，世界的繁荣需要中国。中国人民是勤劳勇敢的伟大人民，中华民族是自强不息的伟大民族。中国人民和中华民族应该对世界作出应有的贡献。实现中华民族伟大复兴的中国梦，必须在和平共处五项原则基础上发展同一切国家的友好合作。坚定不移走和平发展道路，坚定不移坚持对外开放的基本国策，坚定不移奉行互利共赢的开放战略。推动构建人类命运共同体，推动建设新型国际关系，推动共建"一带一路"，在发展壮大自己的过程中不断为人类和平与发展的崇高事业作出新的更大的贡献。

坚持和加强党的领导的三重逻辑 [*]

　　"中国共产党的领导是中国特色社会主义最本质的特征，是中国特色社会主义制度的最大优势"；"党政军民学，东西南北中，党是领导一切的"。这是习近平同志作出的一个重要论断，是习近平新时代中国特色社会主义思想的重要内容。党的十九大审议通过的党章修正案，将这一重大政治原则写入党章。十三届全国人大一次会议审议通过的宪法修正案，将相关内容载入宪法。这在党和国家政治生活中具有重大意义。对于习近平同志提出这一重要论断的依据是什么、党章和宪法为什么要将其上升到党规国法的层面，本文拟从理论逻辑、历史逻辑和实践逻辑三个维度对这个问题作一探讨。

一、理论逻辑：中国共产党是有初心和使命的新型马克思主义政党

　　从理论逻辑看问题，就是要搞清楚中国共产党是一个什么

＊ 本文发表于《中国社会科学报》2020 年 8 月 6 日。

性质的党，它以什么理论来作为自己的指导思想，又以什么样的奋斗目标来作为自己的行动纲领。

指导思想是一个政党的精神旗帜，最终奋斗目标是一个政党的最高纲领。中国共产党以马克思列宁主义、毛泽东思想、邓小平理论、"三个代表"重要思想、科学发展观、习近平新时代中国特色社会主义思想作为行动指南，这是写入中国共产党章程的。

马克思列宁主义是中国共产党行动指南的"源"。毛泽东思想、邓小平理论、"三个代表"重要思想、科学发展观、习近平新时代中国特色社会主义思想，是马克思列宁主义在中国的正确运用和创造性发展，是中国共产党行动指南的"流"。毛泽东思想既是马克思列宁主义在中国运用发展的成果，又是马克思主义中国化的开端。习近平新时代中国特色社会主义思想是当代中国马克思主义、21世纪马克思主义。这就是中国共产党的"道统"，这个"道统"一脉相承、与时俱进。

马克思恩格斯最早阐述了共产党的性质、特点、基本纲领、策略原则，提出了共产党的最高理想和最终目标。马克思恩格斯在《共产党宣言》中指出："共产党人不是同其他工人政党相对立的特殊政党。他们没有任何同整个无产阶级的利益不同的利益。""过去的一切运动都是少数人的，或者为少数人谋利益的运动。无产阶级的运动是绝大多数人的，为绝大多数人谋利益的独立的运动。""代替那存在着阶级和阶级对立的资产阶级旧社会的，将是这样一个联合体，在那里，每个人的自由发展是一切人的自由发展的条件。"马克思主义博大精深，归根到底就是一句话，为人类求解放。

毛泽东同志是马克思主义中国化的伟大开拓者。他以中国风格、中国气派、中国语言概括提炼了中国共产党的根本宗旨。他指出："全心全意地为人民服务，一刻也不脱离群众；一切从人民的利益出发，而不是从个人或小集团的利益出发；向人民负责和向党的领导机关负责的一致性；这些就是我们的出发点。"新民主主义革命时期，在我们党召开的七大上，中国共产党将全心全意为人民服务确定为自己的根本宗旨并写入党章。

改革开放和社会主义现代化建设新时期，邓小平同志提出了"三个有利于"的标准，即判断我们一切工作的是非得失，要以"是否有利于发展社会主义社会的生产力，是否有利于增强社会主义国家的综合国力，是否有利于提高人民的生活水平"作为衡量标准。他还提出，要把人民拥护不拥护、赞成不赞成、高兴不高兴、答应不答应作为我们制定路线和方针政策的出发点和归宿。

新世纪，江泽民同志总结我们党赢得人民拥护的历史经验和根本原因，提出了"三个代表"重要思想。"三个代表"重要思想中的一个代表就是代表中国最广大人民的根本利益。对于如何贯彻"三个代表"重要思想，他强调，关键在坚持与时俱进，核心在坚持党的先进性，本质在坚持执政为民。

新阶段，胡锦涛同志提出了科学发展观。科学发展观的具体内容和要求是，坚持以人为本，全面、协调、可持续发展。对于如何贯彻落实科学发展观，他指出，要以实现人的全面发展为目标，让发展的成果惠及全体人民。他还特别强调："要做到权为民所用，情为民所系，利为民所谋。"

新时代，习近平同志反复强调，要坚定共产主义远大理想和中国特色社会主义共同理想。他提出，"人民对美好生活的向往，就是我们的奋斗目标"。他不仅强调坚持以人民为中心的发展思想，而且高度凝练和概括了中国共产党的初心和使命，这就是"为人民谋幸福、为民族谋复兴、为世界谋大同"。

旗帜就是方向、形象和力量。中国共产党是中国工人阶级的先锋队，同时是中国人民和中华民族的先锋队。中国共产党的宗旨是全心全意为人民服务。中国共产党的最终奋斗目标是实现共产主义。初心和使命是中国共产党性质宗旨、理想信念、奋斗目标的集中体现。

中国共产党作为一个马克思主义的新型政党，具有特殊的理论优势。它以工人阶级为阶级基础，以广大人民群众为社会基础。因此，它能够摆脱以往一切政党追求自身特殊利益的局限，始终以唯物辩证的科学精神，以无私无畏的博大胸怀，敢于做、能够做其他政党和政治力量做不了、做不到的事；它能够勇于坚持真理，修正错误，不断战胜强大敌人、克服各种艰难险阻，带领中国人民取得一个又一个伟大胜利。

正因为中国共产党以实现共产主义为远大理想，把自己作为工人阶级和广大人民群众争取独立解放、创造幸福生活、实现中华民族伟大复兴的忠实工具，这就决定了在中国人民和中华民族实现美好理想、中国共产党完成时代使命过程中，必须毫不动摇地坚持和加强党的领导。没有党的领导，就没有中华民族的独立和中国人民的解放，就不会有中国的富强和中国人民的幸福，就无法实现中华民族的伟大复兴，就不能实现我们的远大理想。

二、历史逻辑：中国共产党的领导是历史的选择、人民的选择

从历史逻辑看问题，就是要搞清楚中国为什么会产生中国

共产党，为什么中国近现代史、中国人民和中华民族选择了中国共产党，中国人民和中华民族始终支持和拥护中国共产党的领导。

鸦片战争使中国逐步成为半殖民地半封建社会之后，中国很多阶级、阶层、政党和政治力量，都曾登上历史舞台想挽救国家于危难之中。首先，中国封建统治阶级内部的洋务派进行了自救，提出"师夷长技以制夷"，主张"中学为体，西学为用"。中国在中日甲午战争中的失败，宣告了洋务运动的破产。接着，中国资产阶级改良派粉墨登场，主张学习俄国农奴制改革和日本明治维新，在中国建立君主立宪的政治体制。但是，在封建守旧势力的打击之下，维新运动推行百日即收场。再接下来，中国资产阶级革命派接续奋斗，发动了辛亥革命，推翻了清王朝，结束了中国长达两千多年的封建君主专制。但是，辛亥革命并没有改变中国的社会性质和中国人民的悲惨境地。在近代中国的这几十年时间里，还发生了两场大的农民革命。一场是太平天国起义，一场是义和团运动。虽然中国的农民阶级也进行了英勇顽强的斗争，但由于中国农民阶级的历史局限性，最后也以失败告终。清朝末年，清政府为了欺骗舆论、挽救灭亡，还进行了最后一搏，推行了所谓的"清末新政"，但无疾而终。

在当时的中国，各种思潮和政治主张盛行一时、杂然纷呈。但大都昙花一现，迅速消失。辛亥革命之后，政党政治在中国兴起。20世纪初，曾出现过两次建党高潮。政党、政治团体以及各种群众组织最多时达到680多个，具有政党性质的组织也有300个左右。这些政党和政治组织接受了多种思潮，提出了各种各样的政治主张。当时影响比较大的思潮有：改良主义、自由主义、社会达尔文主义、无政府主义、实用主义、民粹主义、工团主义、权威主义、民主社会主义、基尔特社会主义、互助主义、科学社会主义（马克思主义），等等。早先，改良主义、自由主义、无政府主义的影响比较大。在所谓"社会主义"的思潮中，信奉和拥护无政府主义的人比较多，而马克思主义只是众多流派中很小的一个派别。

在救亡图存中，各种政治力量相互争斗角逐，各种各样的政治体制也随着不同政治力量的此消彼长而轮流登场。各种政体在中国进行了尝试，但都寿命短暂，旋即消亡。比如，君主立宪制、帝制复辟、议会制、多党制、总统制、内阁制等。近代西方国家所创造的各种政体，在这个时期都曾出现过。北洋政府期间，总统和内阁总理的更换就像走马灯一样，换了一个又一个。从1912年至1927年的15年间，北洋政府总统、临时执政、摄政等更换15人，内阁总理更换31人，其中内阁变动次数多达59次，平均几个月一次。变动如此频繁，何谈国家治理。

俄国十月革命是影响和改变中国人思想观念的一个重大历史事件，中国人对马克思主义的认识出现了反转。新文化运动和五四运动的发生，使马克思主义在中国得到广泛传播。先进的中国人，经过比较、思考、鉴别，最后郑重选择了马克思主义，提出了"以俄为师"的口号，得出了"走俄国人的路"的结论。在马克思列宁主义同中国工人运动的结合中，中国共产党应运而生。"中国产生了共产党，这是开天辟地的大事变。"这一大事变，深刻改变了近代以后中华民族发展的方向和进程，深刻改变了中国人民和中华民族的前途和命运，深刻改变了世界发展的趋势和格局。从此，中国革命的面貌焕然一新。中国共产党团结带领中国人民进行了新民主主义革命，走上了推翻帝国主义、封建主义和官僚资本主义反动统治的革命道路。

以毛泽东同志为主要代表的中国共产党人，从我国的国情出发，立足于中国的实际，以马克思主义为指导，继承和弘扬中国历史和中华优秀传统文化，创立了新中国的国体和政体，实现了新民主主义向社会主义的伟大飞跃。在新时期、新世纪、新阶段，以邓小平、江泽民、胡锦涛同志为主要代表的中国共产党人，在改革开放中，大力加强和改善党的领导，坚持、发展、完善了中国特色社会主义的根本政治制度、基本政治制度、基本经济制度以及各方面的体制机制，建立起了中国特色社会主义的法律体系。

新时代，以习近平同志为主要代表的中国共产党人，从实现中华民族伟大复兴、推进新时代改革开放、应对风险挑战、赢得主动的战略高度，擘画了中国特色社会主义制度建设的宏伟蓝图，提出了坚持和完善中国特色社会主义制度、推进国家治理体系和治理能力现代化的重大命题，确定了国家治理体系和治理能力现代化"三步走"的总体目标。同时，把党的领导制度确立为我国的根本领导制度，并强调了其在中国特色社会主义制度体系中的统领地位。

一个国家由什么政党来领导，由哪个阶级来统治，是不以人的主观意志为转移的。一个国家采取什么样的国体、政体，是由这个国家的历史、文化以及现实的经济、政治等多种因素所决定的。客观规律起着决定性作用，人民群众的主体作用是通过客观规律表现出来的。

三、实践逻辑：实现中华民族伟大复兴必须坚持和加强党的全面领导

从实践逻辑看问题，就是要搞清楚为什么实现中华民族伟大复兴必须坚持和加强党的全面领导，怎样坚持和加强党的全面领导。

中华人民共和国成立 70 多年来，在中国共产党的领导下，我们创造了世所罕见的经济快速发展奇迹和社会长期稳定奇迹。中华人民共和国成立之初，1950 年我国工农业总产值是 100 亿美元，当时经济最发达的美国工农业总产值是 2800 亿美元，中国只有美国的二十八分之一。2019 年，我国经济总量达到美国的 67%。改革开放之初，1978 年我国 GDP 总量只占世界比重的 1.8%。2010 年我国成为世界第二大经济体，2019 年我国 GDP 总量占世界比重达到 16.2%。这是中国共产党团结带领中国人民艰苦奋斗取得的，是用辛勤劳动和心血汗水换来的。

改革开放以来，在中国共产党的领导下，我们坚持解放思想、实事求是、与时俱进、求真务实，既不走封闭僵化的老路，也不走改旗易帜的邪路，坚定不移走中国特色社会主义道路。我们党带领全国各族人民有效应对一系列重大风险挑战，克服无数艰难险阻，取得改革开放和社会主义现代化建设的巨大成就。我们党成功开创了中国特色社会主义，成功把中国特色社会主义推向 21 世纪，成功地在新的历史起点上坚持和发展了中国特色社会主义。

党的十八大以来，在以习近平同志为核心的党中央坚强领导下，我们党团结带领全国各族人民，统揽伟大斗争、伟大工程、伟大事业、伟大梦想，统筹推进"五位一体"总体布局和

协调推进"四个全面"战略布局，有力应对各种风险挑战，解决了许多长期想解决而没有解决的难题，办成了许多过去想办而没有办成的大事，推动党和国家事业取得历史性成就、发生历史性变革，推动中国特色社会主义进入新时代。

当今世界正处于百年未有之大变局，我国正处于实现中华民族伟大复兴的关键时期，我们党正带领人民进行具有许多新的历史特点的伟大斗争。形势环境变化之快，矛盾风险挑战之多，改革发展稳定任务之重，对党治国理政考验之大，前所未有。无数历史事实充分表明，越是在这样的时候，越需要主心骨和"定海神针"发挥作用，越需要坚持和加强党的领导。

坚持和加强党的领导，必须遵照党章、遵守宪法。这是坚持和加强党的领导的基本前提。党章是管党治党的总章程，宪法是国家的根本大法。党内所有的其他法规都是从党章派生出来的，国家所有的法律法规都是从宪法繁衍产生的。党章是党的各级组织和全体党员必须遵守的行为准则，宪法是所有法人和全体公民必须遵守的行为规范。党通过党的全国代表大会、中央全会和中央政治局制定党章和党规，全党必须无条件地服从和执行。党领导人民制定宪法和法律，党领导人民执行宪法和法律，党自身必须在宪法和法律范围内活动。党章维护了宪法和法律的权威，宪法以根本法的形式确定和反映了党在国家中的领导地位。坚持和加强党的领导，依据党章，是受宪法保护和支持的。

坚持和加强党的领导，必须建立健全科学规范有效的体制机制。党中央制定或修订了《关于新形势下党内政治生活的若干准则》《中共中央政治局关于加强和维护党中央集中统一领导的若干规定》《中共中央关于加强党的政治建设的意见》《中国共产党重大事项请示报告条例》《中国共产党党组工作条例》等一系列党内法规；作出一系列重大制度性安排，中央书记处和中央纪律检查委员会、全国人大常委会党组、国务院党组、全国政协党组、最高人民法院党组、最高人民检察院党组每年向中央政治局常委会、中央政治局报告工作，中央政治局同志每年向党中央和习近平总书记书面述职等；深化党和国家机构改革，推动人大、政府、政协、监察机关、审判机关、检察机关、人民团体、企事业单位、社会组织等在党的统一领导下协调行动、增强合力，全面提高国家治理能力和治理水平。这些都是党中央对坚持和加强党的全面领导作出的安排和部署。

坚持和加强党的领导，必须"打铁先要自身硬"。中国共产党要领导好中国的伟大社会革命，必须以正视问题的勇气和刀刃向内的自觉不断推进党的自我革命。党的十八大以来，以习近平同志为核心的党中央把全面从严治党纳入"四个全面"战略布局，坚持问题导向，形成抓思想从严、抓管党从严、抓执纪从严、抓治吏从严、抓作风从严、抓反腐从严的新格局，使党的面貌为之一新，使党内政治生活根本好转，使党风政风为之一振，反腐败斗争取得压倒性胜利并全面巩固，党的创造力、凝聚力、战斗力显著增强。全面从严治党永远在路上，我们要时刻保持警醒，不断增强党的自我革命的自觉性、坚定性，敢于坚持真理、修正错误，勇于刮骨疗毒、去腐生肌，提高党自我净化、自我完善、自我革新、自我提高能力，确保党始终成为走在时代前列、人民衷心拥护、勇于自我革命、经得起各种风浪考验、朝气蓬勃的马克思主义执政党，使党始终成为时代先锋、人民楷模、民族脊梁。

我国制度优势
在抗击疫情中的力量彰显[*]

突如其来的新冠肺炎疫情在全球暴发并迅速蔓延，对全世界是一次严重危机和严峻考验。中国用一个多月的时间初步遏制了疫情蔓延势头，用三个月左右的时间取得了武汉保卫战、湖北保卫战的决定性成果，疫情防控阻击战取得重大战略成果。而同时，一些西方国家特别是美国的疫情还在不断扩散蔓延，确诊病例数和死亡人数每天刷新、不断攀升。中国同一些西方国家特别是美国的抗疫形成了鲜明对比和巨大反差。由此，我们可以得出什么认识？回顾和总结到现在为止的抗击疫情整个过程，对我们进一步深刻认识我国制度的显著优势、坚定"四个自信"，具有重要意义。

关键作用：领导力量的彰显

在这次抗击疫情中，我们看到了我国制度优势中领导力量

———————————

* 本文发表于《人民日报》2020 年 6 月 17 日。

所起的关键作用。这个领导力量是什么？就是作为执政党的中国共产党坚强有力的集中统一领导。中国共产党是中国工人阶级的先锋队，同时是中国人民和中华民族的先锋队，是中国特色社会主义事业的领导核心，是中国人民的主心骨。党的领导是根本保证，这是在中国革命、建设、改革各个历史时期，不断被历史和实践反复证明了的一个真理。这个真理在这次抗击疫情斗争中又一次得到新的验证。

这次新冠肺炎疫情，是新中国成立以来我国遭遇的传播速度最快、感染范围最广、防控难度最大的一次重大突发公共卫生事件。面对疫情的严峻挑战，以习近平同志为核心的党中央，审时度势、综合研判，沉着冷静、从容应对。习近平总书记主持召开 14 次中央政治局常委会会议、4 次中央政治局会议以及其他会议。党中央及时决定成立中央应对疫情工作领导小组，派出中央指导组，要求国务院联防联控机制发挥协调作用，对抗击疫情作出一系列重大战略部署。中国特色社会主义最本质的特征是中国共产党领导，中国特色社会主义制度的最大优势是中国共产党领导。党政军民学，东西南北中，党是领导一切的。正是由于党的坚强领导，统一指挥、统一协调、统一调度，全国抗击疫情各项工作主攻方向明确、工作重点突出，形成了全面动员、全面部署、全面加强疫情防控的战略格局。我国抗击疫情的果断决策和强有力领导，与美国等一些西方国家的决策混乱、措施不力，形成强烈对比。抗击疫情的特殊实践，使我们深刻认识到中国共产党驾驭复杂局面、应对风险挑战的强大能力。

引领作用：思想力量的彰显

在这次抗击疫情中，我们看到了我国制度优势中思想力量所起的引领作用。这个思想力量是什么？就是党的创新理论的科学指引。疫情发生后，习近平总书记亲自指挥、亲自部署，发表一系列重要讲话，作出一系列重要指示批示。这些重要讲话和重要指示批示，为抗击疫情提供了根本遵循。

思想是行动的先导，理论是实践的指南。我国抗击疫情工作是在科学思想指导下进行的，抗击疫情所取得的成效是思想引领的结果。习近平总书记在抗击疫情一开始，就强调"把人民群众生命安全和身体健康放在第一位，把疫情防控工作作为当前最重要的工作来抓"，及时提出坚定信心、同舟共济、科学防治、精准施策的总要求；确定坚决遏制疫情蔓延势头、坚决打赢疫情防控阻击战的总目标；明确疫情防控的"战略战术"是人民战争、总体战、阻击战；明确湖北和武汉是全国的主战场、疫情防控的重中之重，是打赢疫情防控阻击战的决胜之地，武汉胜则湖北胜，湖北胜则全国胜，坚决打好湖北保卫战、武汉保卫战；提出不同地区不同阶段"内防扩散、外防输出"和"外防输入、内防反弹"的明确要求；强调紧紧扭住城乡社区防控和患者救治两个关键，切实提高收治率和治愈率、降低感染率和病亡率；提出用法治思维和法治方式开展工作；强调要努力把疫情影响降到最低程度，统筹推进疫情防控和经济社会发展，保持经济平稳运行和社会和谐稳定；提出让党旗在疫情防控斗争第一线高高飘扬；提出领导干部要增强忧患意识，提高工作本领；提出要坚决反对形式主义、官僚主义，让基层干部把更多精力投入到疫情防控第一线；确定积极争取国际社会支持，广泛开展对外合作交流，提供力所能及的对外援助；提出有效开展国际联防联控，积极支持国际组织发挥作用，坚决打好疫情防控全球阻击战；等等。习近平总书记关于应对新冠肺炎疫情的一系列重要论述，给了我们方向和方法，也给了我们信心和力量。它来自实践，又指导着实践，是我们战胜新冠肺炎疫情的强大思想武器。

基础作用：国家力量的彰显

在这次抗击疫情中，我们看到了我国制度优势中国家力量所起的基础作用。这个国家力量是什么？就是全国一盘棋，集中力量办大事，举国一致，行动高效。我国制度的这个优势，是由我国的社会性质和国家政权的组织形式所决定的。这个优势表现在速度、规模、质量和效益上。在综合国力弱的时候，这个优势能够显现出来；在综合国力强的时候，这个优势更能凸显出来。

新冠肺炎疫情发生后，全国优势科研力量集中攻关，"用创纪录短的时间甄别出病原体"。在武汉 10 天建成 1000 张床位的火神山医院，12 天建成 1600 张床位的雷神山医院，并将各种配套设施、医疗设备及时调配到位。还先后建立 16 家方舱医院，床位达到 1.4 万余张，创造了人类防疫建设史上的奇迹。中央决定全国支援湖北和武汉，建立了 19 个省份对口支援湖北除武汉以外的 16 个市州及县级市的机制。在一个多月的时间内，全国各地和军队的援鄂人员迅速集结，346 支医疗队、4.26 万名医务人员以及 6.5 万余件医疗设备从四面八方汇聚武汉、驰援湖北各地。截至 2020 年 5 月 31 日，全国各级财政共安排疫情防控资金 1624 亿元。疫情初期，口罩和防护服等医疗物资短缺，在中央的统一协调下，全面启动医疗物资生产企业复工复产，中央企业充分发挥国家队作用，以战时状态全力加快转产扩产、多产快产。到 4 月底，全国医用非 N95 口罩、医用 N95 口罩日产量很快超过 2 亿只、500 万只。为了激励湖北一线的医务人员包括援湖北医疗队医务人员，国家迅速作出规定，将临时性工作补助的标准提高一倍，薪酬水平提高两倍，扩大卫生防疫津贴发放范围。对国内确诊患者的医疗费用按有关规定支付后，个人负担部分由财政给予补助。截至 5 月 31 日，全国确诊住院患者结算人数为 5.8 万人次，总医疗费用 13.5 亿元，确诊患者人均医疗费用约 2.3 万元。其中，重症患者人均治疗费用超过 15 万元，一些危重症患者治疗费用几十万元甚至上百万元，最高的一位患者达到 150 万元，全部由国家承担。所有这一切都是建立在国家力量基础之上的。2019 年我国国内生产总值接近 100 万亿元，人均 GDP 超过 1 万美元。这是我们战胜疫情的重要经济基础和强大物质保障。举国体制只有中国才能够做得到、做得好。中国速度、中国规模、中国效率、中国力量再次震撼世界。

决定作用：人民力量的彰显

在这次抗击疫情中，我们看到了我国制度优势中人民力量所起的决定作用。这个人民力量是什么？就是全国上下一条心，群防群治，打一场人民战争。人民是历史的创造者，是社会变革的决定性力量，这是马克思主义唯物史观的基本观点。在革命、建设、改革各个历史时期，我们党始终坚持从人民利益出发，紧紧依靠人民不断取得胜利。这次抗击疫情打的是一场"没有硝烟"的人民战争。人民战争人民参与，人民战争依靠人民，人民群众是战争的主体。

"抗疫战争"打响后，党中央一声号令，从城市到乡村，从公共场所到居民小区，14亿中国人民全面动员、全民参战。这次抗击疫情的决战地和主战场在湖北和武汉。为了阻断新冠病毒向全国蔓延扩散，党中央果断要求湖北省对人员外流实施全面严格管控。这是一个需要付出巨大代价和牺牲的决定。湖北人民、武汉人民响应号召、顾全大局，开启了长达两个多月的居家隔离。在湖北人民、武汉人民的背后，站立的是全国亿万人民。全国人民除了给予湖北人民、武汉人民以最大的支持外，按照党中央的部署和各级党委、政府的要求，自觉听从疫情防控安排，行动起来、组织起来、凝聚起来，从自己做起、从点滴做起，全面落实联防联控措施，共同筑起了一道道群防群控的严密防线。湖北人民、武汉人民为阻断疫情蔓延作出了最大努力、付出了巨大牺牲，中国人民为全球团结合作战胜疫情作出了最大努力、付出了巨大代价。在抗击疫情斗争中，广大医务工作者逆行出征、日夜奋战，人民解放军指战员闻令而动、敢打硬仗，广大公安干警、疾控工作人员、社区工作人员坚守岗位、日夜值守，广大新闻工作者不畏艰险、深入一线，广大企业职工加班加点、扩大生产，交通运输人员争分夺秒、抢运物资，广大志愿者真诚奉献、不辞辛苦。各条战线、各个领域、各个部门的工作者劳动者，都立足本职岗位为疫情防控作出了贡献，有的还献出了宝贵的生命。习近平总书记深情地说："武汉人民不愧为英雄的人民"。"战胜这次疫情，给我们力量和信心的是中国人民。"人民是真正的英雄。

激励作用：道德力量的彰显

在这次抗击疫情中，我们看到了我国制度优势中道德力量所起的激励作用。这个道德力量是什么？就是中华传统美德的大力弘扬和社会主义核心价值观的积极践行。中华传统美德和社会主义核心价值观蕴涵着爱国主义精神和集体主义原则。文化是一个民族的标识，精神是一个民族流淌在血液中的基因。中华传统美德倡导"一方有难、八方支援""救死扶伤、医者仁心""同舟共济、守望相助""患难与共、共克时艰""大爱无疆、团结协作""滴水之恩、涌泉相报"等。社会主义核心价值观对公民的道德要求是"爱国、敬业、诚信、友善"。这些内容在这次抗击疫情中得到大力弘扬和充分展现。

在抗击疫情中，举国上下齐发动、齐动员。广大党员踊跃捐款，社会各界纷纷捐款捐物。据不完全统计，截至 5 月 31 日，全国参与疫情防控的注册志愿者达到 881 万人，志愿服务项目超过 46 万个，记录志愿服务时间超过 2.9 亿小时。疫情无国界，病毒是人类的共同敌人。我国在抗击疫情中得到了国际社会的积极帮助，我们也向疫情扩散的国家和地区提供力所能及的援助和支持。这一切都是建立在我们的道德观、价值观基础上的，凸显了中国道德力量的巨大魅力。

在这次抗击疫情中，我们还看到了我国制度优势中法治力量所起的保障作用、科学技术力量所起的支撑作用。法治体现和反映防疫抗疫中我们国家和人民的意志，科学技术展示和显现防疫抗疫中我国科技进步和创新的巨大威力。此外，毋庸讳言，在这次抗击疫情中，也暴露出我国在重大疫情防控体制机制、公共卫生应急管理体系等方面存在的短板和弱项。习近平总书记强调，要"针对这次疫情暴露出来的短板和不足，抓紧补短板、堵漏洞、强弱项，该坚持的坚持，该完善的完善，该建立的建立，该落实的落实"。我们要按照习近平总书记的重要要求，保持清醒头脑，在推进国家治理体系和治理能力现代化进程中，进一步明确应该坚持和巩固什么、完善和发展什么，从而不断把我国制度优势转化为治理效能。

大疫带来大考，大考引发思考。制度优势是一个政党、一个国家的最大优势。制度自信来自于对历史经验的深刻总结，也来自于对现实问题的深入思考。我们总结和思考得出的结论是：符合中国实际、具有中国特色、体现中国人民意愿的中国制度，是世界上最有前途、最有效率、最有生命力、最可靠、最管用、最能给中国人民带来福祉和利益的好制度。对此，我们坚信不疑，深信不疑！

2019 年

新时代在党史、新中国史上的重要地位和意义 *

2019 年是中华人民共和国成立 70 周年。70 年的历史既是党史，也是国史。在一定程度上说，它们二者是重合的。党史是国史的核心部分，党史贯通国史的始终。党的十九大明确宣告：经过长期努力，中国特色社会主义进入了新时代。新时代对党史、新中国史来说，是个什么概念？它具有怎样的内涵呢？新时代标注了党和国家发展的新的历史方位，它既是我国改革开放和社会主义现代化建设新时期的延伸，同时又是新的历史阶段的开始。量变积累历史，质变划分历史。认真考察和深刻理解新时代在党史、新中国史上的重要地位和意义，对于我们从宏观上进一步正确认识和把握党史、新中国史，坚定"四个自信"，奋力实现"两个一百年"奋斗目标、实现中华民族伟大复兴的中国梦，具有十分重要的历史意义和现实意义。

---

* 本文发表于《求是》2019 年第 19 期。

一、新时代是党史、新中国史的重要组成部分

从我们党肩负的两大历史任务看，新时代是党史、新中国史的一个重要组成部分。中国共产党的历史从 1921 年 7 月建党开始，至今已经 98 年了。新中国的历史从 1949 年 10 月中华人民共和国成立开始，至今已经整整 70 年了。中国共产党一诞生就肩负起了争取民族独立、人民解放和实现国家富强、人民幸福两大历史任务。第一大历史任务即争取民族独立、人民解放，随着中华人民共和国的成立而宣告完成。第二大历史任务即实现国家富强、人民幸福，如果从新中国成立开始算起，我们至今已为之奋斗了 70 年，这个历史任务还没有完成。

从 1921 年 7 月中国共产党创建到 1949 年 10 月中华人民共和国成立，是我们党的新民主主义革命时期。这段历史 28 年，用关键词概括叫革命。在这一历史时期，党领导人民进行浴血奋战，推翻了压在中国人民身上的帝国主义、封建主义和官僚资本主义三座大山，取得了新民主主义革命的伟大胜利，建立了新中国。

从 1949 年 10 月中华人民共和国成立到 1978 年 12 月党的十一届三中全会召开，是我们党的社会主义革命和社会主义建设时期。这段历史 29 年，用关键词概括叫建设。在这一历史时期，党带领人民迅速医治战争创伤，恢复国民经济，发展新民主主义经济，进行各项社会改革，进而不失时机地提出过渡时期总路线，创造性地完成了从新民主主义到社会主义的转变，在中国进行社会主义革命，建立起社会主义基本制度，推进社会主义建设，中华民族实现了从"东亚病夫"到站起来的伟大飞跃。这一时期尽管经历了曲折，但党和人民奋斗、创

造、积累的成果，为新时期开创中国特色社会主义提供了重要基础和宝贵经验。

从 1978 年 12 月党的十一届三中全会召开到 2012 年 11 月党的十八大召开，是我们党的改革开放和社会主义现代化建设新时期。这段历史 34 年，用关键词概括叫改革。在这一历史时期，党在十一届三中全会上作出了把党和国家工作中心转移到经济建设上来、实行改革开放的历史性决策，实现了伟大的历史转折，翻开了党史、新中国史的新的一页。中国共产党团结带领全国各族人民，大胆探索，勇于实践，极大地推动了我国社会生产力的发展。改革开放极大地激发了广大人民群众的积极性主动性创造性，国家综合国力显著增强，人民生活显著改善，国际地位显著提高。改革开放发展了中国，活跃了中国，使中华民族大踏步赶上时代，实现了从站起来到富起来的伟大飞跃。

从 2012 年 11 月党的十八大召开开始，我们党进入中国特色社会主义新时代。这段历史至今虽然仅仅 7 年，但如果计算到本世纪中叶全面建成社会主义现代化强国，时间长度应该是 38 年左右，用关键词概括叫复兴。党的十八大以来，以习近平同志为核心的党中央以巨大的政治勇气和强烈的责任担当，提出一系列新理念新思想新战略，出台一系列重大方针政策，推出一系列重大举措，推进一系列重大工作，解决了许多长期想解决而没有解决的难题，办成了许多过去想办而没有办成的大事，推动党和国家事业取得历史性成就、发生历史性变革。在此基础上我们继续奋斗，决胜全面建成小康社会，开启全面建设社会主义现代化的新征程，这意味着中华民族迎来了从富起来到强起来的伟大飞跃，迎来了实现伟大复兴的光明前景。

纵观党史、新中国史的发展，如果说党在新民主主义革命时期的奋斗是为了救国，在社会主义革命和社会主义建设时期的奋斗是为了兴国，在改革开放和社会主义现代化建设新时期的奋斗是为了富国，那么，在中国特色社会主义新时代的奋斗则是为了强国。革命、建设、改革，为新时代实现中华民族伟大复兴奠定了坚实基础；救国、兴国、富国，则为新时代全面建设社会主义现代化强国奠定了坚实基础。中国特色社会主义新时代是党领导人民进行伟大社会革命的成果和继续，是党史、新中国史的重要组成部分。党领导人民的伟大实践是接续奋斗的历史过程，救国、兴国、富国、强国是实现中华民族伟大复兴的完整事业。

二、新时代是党史、新中国史划时代的新坐标

从我们党所处的历史方位看，新时代是党史、新中国史划时代的一个新坐标。党史、新中国史是一个不断认识和解决不同历史方位下的社会主要矛盾，从而推动中国历史前进的实践过程。在这个过程中，我们党带领人民经历了不同的发展时期，在不同的历史阶段确定了不同的历史任务。

在新民主主义革命时期，面对中国处在半殖民地半封建社会的性质，我们党确定了反帝反封建的历史任务。在社会主义革命和社会主义建设时期，面对我国社会经济文化发展落后，处于一穷二白的现状，我们党确定了实现从新民主主义向社会主义转变、独立探索社会主义建设的历史任务。在改革开放和社会主义现代化建设新时期，面对"文化大革命"造成的严重后果和世界发展的时代潮流，我们党确定了在改革开放中创立、坚持和发展中国特色社会主义的历史任务。党的十八大以

来，以习近平同志为核心的党中央，面对国内外形势发展变化和我国各项事业发展的要求，确定了在新时代坚持和发展中国特色社会主义，实现中华民族伟大复兴，全面建成社会主义现代化强国的历史任务。

提出和明确中国特色社会主义新时代的客观依据和现实依据是什么呢？首先，从国际形势和世界格局看，当今世界正经历百年未有之大变局。世界多极化、经济全球化、社会信息化、文化多样化深入发展，全球治理体系和国际秩序变革加速推进，新兴市场国家和发展中国家快速崛起，国际力量对比更趋均衡，世界各国人民的命运从未像今天这样紧紧相连。同时，世界面临的不稳定不确定性因素增多，世界经济增长乏力，贸易保护主义、孤立主义、民粹主义等思潮不断抬头，贫富分化日益严重，地区热点问题此起彼伏，恐怖主义、网络安全、重大传染性疾病、气候变化等非传统安全威胁持续蔓延。在这样的背景下，中国前所未有地日益走近世界舞台的中央。其次，从我国发展的阶段性特点看，当代中国正处于近代以来最好的发展时期。在改革开放以来特别是党的十八大以来取得重大成就的基础上，国家经济实力、科技实力、国防实力、综合国力显著增强，国际影响力不断提升和重塑。我们具备了过去所没有过的良好发展条件，但同时也面临着许多前所未有的困难和挑战。再次，从我国社会主要矛盾看，随着改革开放的深入推进和中国特色社会主义的深入发展，社会主要矛盾的内涵已经发生了重大变化。我国已稳步解决了十几亿人的温饱问题，总体上实现了小康，2020 年将全面建成小康社会，人民美好生活需要日益广泛，不仅对物质文化生活提出了更高要求，而且在民主、法治、公平、正义、安全、环境等方面的要求也日益增多。我国社会主要矛盾已经转化为人民日益增长的美好生活需要和不平衡不充分的发展之间的矛盾。

历史和实践充分证明，我国已处在一个新的历史方位，这个历史方位就是新时代。新时代既是改革开放和社会主义现代化建设新时期各项成就在量的积累上的结果，也是对改革开放和社会主义现代化建设新时期在质的方面的跃升。新时代与新时期紧密相联，它既是对新时期的继承和发展，同时又是一个新的历史发展阶段的开启。

三、新时代是党史、新中国史新的里程碑

从我们党带领人民实现伟大梦想看，新时代是党史、新中国史的一个新的里程碑。新时代是承前启后、继往开来、在新的历史条件下继续夺取中国特色社会主义伟大胜利的时代，是决胜全面建成小康社会、进而全面建设社会主义现代化强国的时代，是全国各族人民团结奋斗、不断创造美好生活、逐步实现全体人民共同富裕的时代，是全体中华儿女勠力同心、奋力实现中华民族伟大复兴中国梦的时代，是我国日益走近世界舞台中央、不断为人类作出更大贡献的时代。习近平总书记指出："建立中国共产党、成立中华人民共和国、推进改革开放和中国特色社会主义事业，是五四运动以来我国发生的三大历史性事件，是近代以来实现中华民族伟大复兴的三大里程碑"。新时代全面建成社会主义现代化强国、实现中华民族伟大复兴的中国梦，也必将成为党史、新中国史上一个新的里程碑。

新时代是"两个一百年"的历史交汇期。我们要完成的第一个目标是全面建成小康社会，这是"两个一百年"奋斗目标的第一个百年奋斗目标，是实现中华民族伟大复兴的关键

一步。现在，我们正处在全面建成小康社会决胜期。按照党的十九大作出的战略部署，我们要紧扣我国社会主要矛盾变化，统筹推进经济建设、政治建设、文化建设、社会建设、生态文明建设，突出抓重点、补短板、强弱项，特别是要坚决打好防范化解重大风险、精准脱贫、污染防治攻坚战，使全面建成小康社会得到人民认可、经得起历史检验。

在全面建成小康社会的基础上，党的十九大对新时代全面建设社会主义现代化国家作出新的顶层设计和战略安排。提出从 2020 年到本世纪中叶，分两步走全面建成社会主义现代化强国：第一步，从 2020 年到 2035 年，基本实现社会主义现代化；第二步，从 2035 年到本世纪中叶，在基本实现现代化的基础上，把我国建设成为富强民主文明和谐美丽的社会主义现代化强国。新时代"两步走"战略安排，把基本实现现代化的时间提前了 15 年；同时提出了全面建成社会主义现代化强国这一更高目标，丰富了"两个一百年"奋斗目标的内涵，发出了实现中华民族伟大复兴中国梦的最强音。

一个新的伟大征程已经在我们面前展开，一段更为艰巨复杂的光辉事业正等待我们去开创。行百里者半九十，创造新时代的辉煌，铸就新时代的丰碑，绝不是轻轻松松、敲锣打鼓就能实现的，必须准备付出更为艰巨、更为艰苦的努力。新时代必须一以贯之坚持和发展中国特色社会主义。中国特色社会主义是党和人民历尽千辛万苦、付出各种代价取得的根本成就，是实现中华民族伟大复兴的必由之路。党要完成新时代的历史使命，最根本的就是要高举中国特色社会主义伟大旗帜，坚持以习近平新时代中国特色社会主义思想为指导，用这一思想作为全党全国各族人民实现中华民族伟大复兴的行动指南。新时代必须一以贯之推进党的建设新的伟大工程。办好中国的事情，关键在党。决胜全面建成小康社会、实现中华民族伟大复兴的中国梦，必须坚持党对一切工作的领导，必须坚持全面从严治党，发扬党自我革命精神，勇于以党的伟大自我革命来推动党领导的伟大社会革命。新时代必须一以贯之增强忧患意识、防范化解风险挑战。我们正处在船到中流浪更急、人到半山路更陡的时候，必须准备进行具有许多新的历史特点的伟大斗争。坚持底线思维，着力防范化解重大风险，特别要防控那些可能迟滞或中断中华民族伟大复兴进程的全局性风险。为此，我们必须做好全面准备和应对。

学习毛泽东同志《反对自由主义》[*]

　　毛泽东同志的《反对自由主义》篇幅不长，只有 1300 多字，但字字珠玑，提出了许多独到见解和重要论断，蕴含着磅礴的思想伟力，始终放射着马克思主义真理光芒。当前，全党正在开展"不忘初心、牢记使命"主题教育，重温这篇文章，对于贯彻"守初心、担使命，找差距、抓落实"的总要求，同一切影响党的先进性、弱化党的纯洁性的问题作坚决斗争，努力把我们党建设得更加坚强有力，具有重大现实意义。

一、历史转变：《反对自由主义》写作的时代背景

　　毛泽东同志为什么要写《反对自由主义》，这篇文章是在什么时代背景下写的呢？了解写作的时代背景能够帮助我们准确理解和把握文章的主要内容和精神实质。

　　毛泽东同志《反对自由主义》发表于 1937 年 9 月 7 日。就在两个月前的同一天即 7 月 7 日，发生了中国现代史上一个

＊ 本文发表于《求是》2019 年第 12 期。

重大历史事变——七七事变，又称卢沟桥事变。这个事变成为中共党史上土地革命战争与全民族抗日战争历史阶段划分的重要时间节点。由于日本帝国主义大举入侵，中华民族面临生死存亡的严重威胁。因此，阶级矛盾开始让位于民族矛盾，中日之间的民族矛盾上升为中国社会的主要矛盾，中国现代历史和中共党史也就进入了全民族抗战时期。社会主要矛盾决定着社会性质，也决定着一个政党、一个国家、一个民族所处的历史方位和所肩负的历史任务。七七事变发生，标志着全国抗战开始，也标志着中国共产党开始了从土地革命战争时期向全民族抗战时期的历史转变。

历史的转变，对党的领导及自身建设提出了新的要求。那么，我们党当时处在一种什么样的状况呢？从当时情况看，党既有相适应的一面，也有不相适应的一面。从相适应的一面看，党成立十几年来，经历了大革命、土地革命战争洗礼和考验，领导红军取得了长征的伟大胜利，已经从一个幼年的党逐渐成长为一个成熟的党。尤其是以遵义会议为起点，我们党形成了以毛泽东同志为核心的党中央领导集体，并开始纠正党内"左"的错误，制定实施了正确的军事战略和方针。全国抗战一开始，1937年7月23日，毛泽东同志就发表了《反对日本进攻的方针、办法和前途》。8月22日至25日，中共中央召开政治局扩大会议即洛川会议，讨论通过《中共中央关于目前形势与党的任务的决定》《中国共产党抗日救国十大纲领》等，阐明了党的全面抗战路线和党在抗战时期的基本政治主张及工作方针。这表明我们党开始掌握了领导抗日战争的主动权。

从不相适应的一面看，面对历史转变，我们党如何开创工作新局面，是一个重大挑战。在遵义会议上，尽管我们党解决了军事领导和军事战略方针问题，但政治路线和思想路线的问题既没有触及，更没有解决。因此，党内"左"的和右的错误思想，特别是王明"左"倾教条主义还有着较大影响。从党组织和党员构成看，大革命失败后，党的工作重心转移到广袤农村，党领导的武装也长期处于游击战争状态。随着党员队伍不断扩大，党员成分更加复杂，大量新党员来自农民、手工业者及其他小资产阶级。小生产者的个人主义、宗派主义、自由散漫、自私自利等思想观念和不良做派侵蚀着党的肌体，涣散着党的组织。如何适应形势任务的发展变化，巩固党的队伍，提高党员素质，加强对党员、干部的思想政治教育，把党建设成为一个全国范围的、广大群众性的、思想上政治上组织上完全巩固的马克思主义政党，任务十分繁重和艰巨。为了使我们党能够有效地领导和推进伟大的抗日战争，就必须在党内开展积极的思想斗争，用无产阶级思想战胜各种非无产阶级思想，把农民和其他小资产阶级出身的党员努力教育改造成为无产阶级先锋战士，保持党的先进性和纯洁性。

《反对自由主义》就是在这样一个时代背景下产生。当时，这篇文章是毛泽东同志应正在中国人民抗日军政大学（简称"抗大"）工作学习的胡耀邦同志的请求而写，发表在抗大内部校刊《思想战线》上。文章针对的是抗大部分学员存在的组织纪律散漫现象，但所论述的问题在全党具有普遍性。因此，文章发表后很快在党内得到广泛传播。需要指出的是，毛泽东同志在这里所使用的"自由主义"，有其特定内涵和外延，它专指我们党内出现的一种违反组织纪律的错误言行，这与西方资本主义国家所流行的"自由主义"思潮，不是一个概念和范畴。

二、加强纪律性：《反对自由主义》所要解决的主要问题

毛泽东同志在这篇文章里写了些什么内容，着重想解决什么问题呢？首先，他在文章中开宗明义、旗帜鲜明提出了马克思主义政党开展积极的思想斗争的重要性，指出："我们主张积极的思想斗争，因为它是达到党内和革命团体内的团结使之利于战斗的武器。每个共产党员和革命分子，应该拿起这个武器。"有没有这样一个武器，是马克思主义政党区别于其他政党的显著标志之一。

党内开展积极的思想斗争，就要反对自由主义。毛泽东同志认为，自由主义取消思想斗争，主张无原则的和平，结果是腐朽庸俗的作风发生，使党和革命团体的某些组织和某些个人在政治上腐化起来。自由主义在党内有哪些表现呢？他详细列举了自由主义的 11 种表现：一是"因为是熟人、同乡、同学、知心朋友、亲爱者、老同事、老部下，明知不对，也不同他们作原则上的争论，任其下去，求得和平和亲热。或者轻描淡写地说一顿，不作彻底解决，保持一团和气。结果是有害于团体，也有害于个人"。二是"不负责任的背后批评，不是积极地向组织建议。当面不说，背后乱说；开会不说，会后乱说。心目中没有集体生活的原则，只有自由放任"。三是"事不关己，高高挂起；明知不对，少说为佳；明哲保身，但求无过"。四是"命令不服从，个人意见第一。只要组织照顾，不要组织纪律"。五是"不是为了团结，为了进步，为了把事情弄好，向不正确的意见斗争和争论，而是个人攻击，闹意气，泄私愤，图报复"。六是"听了不正确的议论也不争辩，甚至听了

反革命分子的话也不报告，泰然处之，行若无事"。七是"见群众不宣传，不鼓动，不演说，不调查，不询问，不关心其痛痒，漠然置之，忘记了自己是一个共产党员，把一个共产党员混同于一个普通的老百姓"。八是"见损害群众利益的行为不愤恨，不劝告，不制止，不解释，听之任之"。九是"办事不认真，无一定计划，无一定方向，敷衍了事，得过且过，做一天和尚撞一天钟"。十是"自以为对革命有功，摆老资格，大事做不来，小事又不做，工作随便，学习松懈"。十一是"自己错了，也已经懂得，又不想改正，自己对自己采取自由主义"。他说，还可以举出一些，主要的有这 11 种。这些自由主义表现，大致分为三类：思想上的自由主义、政治上的自由主义、组织上的自由主义。毛泽东同志摆出自由主义种种表现后，指出了它的危害性，强调："革命的集体组织中的自由主义是十分有害的。它是一种腐蚀剂，使团结涣散，关系松懈，工作消极，意见分歧。它使革命队伍失掉严密的组织和纪律，政策不能贯彻到底，党的组织和党所领导的群众发生隔离。这是一种严重的恶劣倾向。"

自由主义是怎样产生的，根源在哪里，它具有什么样的性质呢？毛泽东同志指出："自由主义的来源，在于小资产阶级的自私自利性，以个人利益放在第一位，革命利益放在第二位，因此产生思想上、政治上、组织上的自由主义。""自由主义者以抽象的教条看待马克思主义的原则。他们赞成马克思主义，但是不准备实行之，或不准备完全实行之，不准备拿马克思主义代替自己的自由主义。这些人，马克思主义是有的，自由主义也是有的：说的是马克思主义，行的是自由主义；对人是马克思主义，对己是自由主义。两样货色齐备，各有各的用处。这是一部分人的思想方法。""自由主义是机会主义的一种表现，是和马克思主义根本冲突的。它是消极的东西，客观上起着援助敌人的作用，因此敌人是欢迎我们内部保存自由主义的。自由主义的性质如此，革命队伍中不应该保留它的地位。"

共产党员应该坚持什么样的原则，以什么样的标准来要求自己呢？毛泽东同志提出："我们要用马克思主义的积极精神，克服消极的自由主义。一个共产党员，应该是襟怀坦白，忠实，积极，以革命利益为第一生命，以个人利益服从革命利益；无论何时何地，坚持正确的原则，同一切不正确的思想和行为作不疲倦的斗争，用以巩固党的集体生活，巩固党和群众的联系；关心党和群众比关心个人为重，关心他人比关心自己为重。这样才算得一个共产党员。"最后，他号召："一切忠诚、坦白、积极、正直的共产党员团结起来，反对一部分人的自由主义的倾向，使他们改变到正确的方面来。这是思想战线的任务之一。"

文章列举了自由主义的种种表现，系统分析了自由主义产生的思想根源、表现形式、性质、危害及克服的途径、措施和办法，对加强党的建设具有重要指导意义。通观全篇，其中心思想就是要解决当时党内存在的自由主义问题，目的是加强党的组织纪律性。之所以提出这个任务，是由我们党的性质、宗旨以及党所承担的历史任务决定的。中国共产党是由中国无产阶级先进分子所组成的先锋队，如果没有高度的组织纪律性，就会成为一盘散沙，也将一事无成。自由主义与党的性质格格不入，与党的宗旨水火不容。在历史转变过程中，党如果不注意克服自身存在的自由主义，要想成为中国人民抗日战争的中流砥柱，要想成为中华民族和中国人民抗战的坚强政治领导核心，不仅是做不到的，也是不可能的。

三、整风学习：《反对自由主义》发挥的重要历史作用

毛泽东同志的文章发表后产生了什么作用？正像作者写作的初衷和目的那样，文章在全党的党性教育中，尤其是在延安整风运动以及后来全党的理论学习中都发挥了思想引领作用。这篇文章在党的历史上、在党的文献中，有着重要地位和影响。

1939 年 7 月，刘少奇同志在延安马列学院发表《论共产党员的修养》的演讲。演讲中讲到了党内各种错误思想意识的表现、来源和斗争态度，进一步发挥了毛泽东同志在《反对自由主义》文章中的思想和观点。1940 年陈云同志在延安曾撰写《党员对党要忠实》的文稿，将毛泽东同志在《反对自由主义》中讲到的问题，提到党员进行党性锤炼的高度进行分析。他指出："在党员面前放着这样一个问题：你要做一个好党员，就要与自己作斗争，经常以正确的意识去克服自己的不正确的意识。这个思想上的斗争和斗争中的胜利，就是自己思想意识上的进步。自己不跟自己的错误意识作斗争，偷偷地容忍自己错误意识存在着，则错误意识就会发展，结果越错越远，终究会离开革命的队伍。共产党员必须言行一致，这是党规定的。违反了这一条，就是违犯党的纪律。"

延安整风运动是我们党 1942 年在全党范围内开展的一次马克思主义思想教育运动。整风主要内容是：反对主观主义以整顿学风，反对宗派主义以整顿党风，反对党八股以整顿文风。整风的方法，是认真阅读整风文件，联系个人的思想、工

作、历史以及自己所在地区部门的工作进行检查，开展批评和自我批评，弄清犯错误的环境、性质和原因，逐步取得思想认识上的一致，提出努力的方向。1942年4月3日，《中共中央宣传部关于在延安研究讨论中央决定与毛泽东整顿三风报告的决定》中提出了党员、干部必学的18个文件，将《反对自由主义》列在第10个。《反对自由主义》作为延安整风运动中党员、干部学习的文件之一，在整风运动中发挥了重要作用。此后，这篇文章多次被党中央列为全党中高级干部和广大党员学习马列主义、学习党的理论的必读篇目之一，在全党理论武装中发挥了重要作用。

自延安整风运动后，党中央持续抓党的组织纪律建设，全党特别是党的中高级干部遵守纪律的自觉性不断增强，其成效在实践中也得到充分显现。新中国成立后，被授予大将军衔的黄克诚同志曾写文章回忆说："抗战时期，毛主席就是用个电台，嘀嗒、嘀嗒地指挥我们。'嘀嗒、嘀嗒'就要无条件地执行。没有什么人来监督，也没有人来批评、斗争，大家都自觉地执行延安的'嘀嗒、嘀嗒'。"这是源于整风后全党对党中央的信任，对党的组织纪律的自觉遵守。周恩来同志在回顾解放战争时说："毛主席是在世界上最小的司令部里，指挥了最大的人民解放战争。"在辽沈、淮海、平津三大战役中，中国人民解放军为什么能够创造战争史上的奇观呢？其中一个重要原因也是由于全党全军对党中央的信任，对党的纪律和军事命令的自觉遵守和绝对服从。

四、警示启迪：《反对自由主义》的重大现实意义

毛泽东同志《反对自由主义》迄今已发表80多年了。80

多年来，世情、国情、党情都发生了深刻变化，形势、时代、任务也与当年有了很大不同。那么，历史上的自由主义是否已经消失，党内反对自由主义的任务是否已经完成了呢？答案是否定的。由于我们党长期执政，由于我国进行改革开放和发展社会主义市场经济，由于外部环境的复杂多变，由于一个时期以来一些地方和部门党的领导弱化、党的建设缺失、全面从严治党不力，自由主义在党内曾一度泛滥，并种类繁多，花样翻新，而且与个人主义、分散主义、好人主义、宗派主义、山头主义、拜金主义、形式主义、官僚主义、享乐主义、奢靡之风等相互交织叠加，给党和人民的事业带来巨大危害、造成严重后果。党所面临的形势、面对的挑战和考验，更加复杂，更加尖锐，更加严峻。

当年，毛泽东同志写《反对自由主义》的时候，列举了自由主义的 11 种表现。党的十八大以来，习近平总书记在多次重要讲话中，就一个时期以来党内存在的各种违规违纪违法问题与现象，也列举了大量方方面面、形形色色的表现。

2013 年 8 月 19 日，习近平总书记指出了一些党员、干部信仰缺失的 4 种表现。他说："有的以批评和嘲讽马克思主义为'时尚'、为噱头；有的精神空虚，认为共产主义是虚无缥缈的幻想，'不问苍生问鬼神'，热衷于算命看相、求神拜佛，迷信'气功大师'；有的信念动摇，把配偶子女移民到国外、钱存在国外，给自己'留后路'，随时准备'跳船'；有的心为物役，信奉金钱至上、名利至上、享乐至上，心里没有任何敬畏，行为没有任何底线。"

2014 年 1 月 14 日，习近平总书记指出了干部队伍中自由主义的 7 种表现："有的个人主义、自由主义严重，目无组织纪律，跟组织讨价还价，不服从组织安排；有的党组织和领导干部在处理一些应该由中央和上级组织统一决定的重要问题时，事前不请示、事后不报告，搞先斩后奏、边斩边奏，甚至斩而不奏；有的变着法儿把一件完整的需要汇报的大事情分解成一件一件可以不汇报的小事项，让组织程序空转；有的领导班子既有民主不够、个人说了算问题，也有集中不够问题，班子里各自为政，把分管领域当成'私人领地'，互不买账，互不服气，内耗严重；有的只对领导个人负责而不对组织负责，把上下级关系搞成人身依附关系；有的办事不靠组织而靠熟人、靠关系，形形色色的关系网越织越密，方方面面的潜规则越用越灵；有的党组织对党员、干部疏于管理，缺乏严肃认真的组织生活，等等。"

2015 年 1 月 13 日，习近平总书记指出了一些党员、干部违反政治规矩的现象。他说："在一些干部中，乱评乱议、口无遮拦现象比较突出。如果造谣生事那是违反党纪甚至违反国法，但这些人就是在那儿调侃，传播小道消息，东家长西家短乱发议论，热衷于转发网上不良信息，甚至一些所谓'铁杆朋友'聚在一起妄议中央大政方针。有的人热衷于打探消息，四处寻问，八方打听，不该问的偏要问，不该知道的特想知道，捉到一些所谓内幕消息就到处私下传播。"

2016 年 6 月 28 日，习近平总书记就党内政治生态存在的问题，强调指出，"从组织和组织的关系看，有的党组织违背'四个服从'原则，有令不行、有禁不止，对党中央和上级的决策部署合意的就执行、不合意的就不执行；一些上级党组织对下级放弃管党治党责任，甚至发现问题也一味姑息迁就、放任自流。从个人和组织的关系看，有的党员、干部党的意识弱化、组织观念淡薄，不相信组织、不服从组织、不依靠组织，把党组织当成了来去自由的'大车店'、各取所需的'大卖场'、自行其是的'私人俱乐部'；有的领导班子成员特别是一把手不正确理解和执行民主集中制，搞家长制、一言堂或自由主义、分散主义、宗派主义，有的甚至把所在地方和分管领域当作'独立王国'、'私人领地'；有的党组织对党员、干部管理失之于宽、失之于松、失之于软。从个人和个人的关系看，有的党员、干部讲利益不讲党性、讲关系不讲原则、讲面子不讲规矩，甚至把党内同志关系异化为人身依附关系，搞小山头、小圈子、小团伙那一套，搞门客、门宦、门附那一套"。

以上这些问题和现象为什么会发生和存在、怎样去克服和解决呢？对于我们这样一个具有近百年历史的大党、革命党、执政党来说，这是一个值得深入思考的问题。毛泽东同志当年列举的自由主义种种表现，至今在党内不仅依然存在，而且有变种、有发展。从其表现形式和特点看：既有自由主义的一般表现形式，也有在不同部门、不同领域、不同方面的特殊表现形式；既有政治上的自由主义，也有思想上组织上纪律上的自由主义；既有少数党组织的集体行为，也有部分党员、干部的个人行为；既有一些中高级干部的言行，也有一些普通党员、干部的言行；既有历史上遗留下来的老问题，也有现实条件下产生的新问题。就党内各种违规违纪违法现象看，探寻其发展过程和历史轨迹，都能找到自由主义的因素和根子，都能看到自由主义的幽灵和影子。大量事实表明，自由主义是涣散人心的诱因，是破坏纪律的根源。党内所有违规违纪违法者，最初都是从犯自由主义开始的。一方面，我们一些党员、干部犯自由主义，放松对自己的要求，结果从量变到质变，从违规到违纪违法，走上了不归路。另一方面，我们一些党组织和党员、干部，对自由主义现象听之任之，熟视无睹，不批评、不制止、不斗争、不反对，放纵自由主义，致使一些人由小错逐渐演变成大错，最后走向犯罪的深渊。联系当前实际，今天，我们重温毛泽东同志的《反对自由主义》，可以从中受到警示启迪，对于我们深入学习领会习近平总书记关于全面从严治党的一系列重要论述、加强党的建设具有重大现实意义。

五、发扬斗争精神：坚决反对自由主义

对党内存在的自由主义，我们应该采取什么样的态度呢？应该采取毛泽东同志当年提倡的坚决反对的态度，将其作为全党思想战线的任务之一。这就要按照习近平总书记所要求的：增强党内政治生活的政治性、时代性、原则性、战斗性，克服党内政治生活的娱乐化、庸俗化、随意化、平淡化，发扬斗争精神，认真开展批评和自我批评，坚持不懈，持续推进全面从严治党。为什么要这样做呢？因为，正像毛泽东同志指出的那样："党内不同思想的对立和斗争是经常发生的，这是社会的阶级矛盾和新旧事物的矛盾在党内的反映。党内如果没有矛盾和解决矛盾的思想斗争，党的生命也就停止了。"物质的运动性，矛盾的对立统一性，决定了党内正确思想和错误思想会进行经常性的斗争，这是不以人们意志为转移的，是现实的客观存在。只要自由主义在党内有存在的土壤和条件，它就不会消失，也不会自动退出历史舞台。所以，反对自由主义是一项长期任务，我们必须做好打持久战的思想准备。

党的十八大以来，以习近平同志为核心的党中央抓全面从严治党，是从抓作风建设开始的；抓作风建设，又是从落实中

央八项规定切入的；并且以党的政治建设为统领，以思想建设为基础，严明党的纪律，严肃党内政治生活，加大反腐败斗争力度。这一系列管党治党的有力举措，使党内政治生态明显好转，政治气象为之一新，党的面貌发生了根本性变化。但正如习近平总书记所强调的那样：作风建设永远在路上，永远没有休止符，不可蜻蜓点水，不可虎头蛇尾。我们党要长期执政，要完成执政的历史使命，管党治党就一刻也不能放松，不能奢想一劳永逸。我们做了大量的工作，还有大量的工作要做。

自由主义是党的肌体的腐蚀剂，是党的大敌，人民的大敌，中国特色社会主义事业的大敌。大敌不除，事业难成。我们的武器是什么？就是批评和自我批评，这是党长期形成的、具有独特优势的、党的三大优良作风之一。我们要通过行之有效的、高质量的民主生活会、组织生活会和"三会一课"，积极开展党内思想斗争，经常咬耳朵、扯袖子，红红脸、出出汗。这项工作做好了，做经常了，自由主义就没有市场，也就无处藏身。习近平总书记指出："批评和自我批评是清除党内政治灰尘和政治微生物的有力武器"，"我们不能因为社会环境发生了变化就把我们防身治病的武器给丢掉了，把党的优良作风给丢掉了"。我们开展党内思想斗争的基本遵循是什么？就是党章和《关于新形势下党内政治生活的若干准则》等一系列党内法规。严肃认真的党内政治生活是我们党坚持党的性质和宗旨、保持先进性和纯洁性的重要法宝，是解决党内矛盾和问题的"金钥匙"，是广大党员、干部锤炼党性的"大熔炉"，是纯洁党风的"净化器"。我们要坚持以习近平新时代中国特色社会主义思想为指导，以政治建设为统领，全面推进党的各项建设。当前，反对自由主义，最大最重要最根本的要求，就是要增强"四个意识"，坚定"四个自信"，做到"两个维护"。我们要做政治上的明白人、老实人，做一名名副其实的共产党员，为决胜全面建成小康社会、实现中华民族伟大复兴的中国梦贡献应有的力量。

人民群众：共产党的
根基、血脉和力量源泉 *

人类历史表明，社会发展的基础在于经济，经济问题的表现在于政治，政治的得失在于人心。"得人心者得天下，失人心者失天下。"这是人类社会历史发展的一条铁律，古今中外，概莫能外。执政党最大的政治是人心。任何政党都代表一定阶级、阶层和社会群体的利益。任何执政党都有自己执政的阶级基础和群众基础。共产党是工人阶级的政党，它代表工人阶级和最广大人民群众的利益。因此，它的阶级基础是工人阶级，它的群众基础是最广大的人民群众。

一、人民群众是推动社会历史前进的动力

历史是由人民群众创造的。历史是由人民群众创造的，这

* 本文为马克思主义理论研究和建设工程、国家社会科学基金重大项目"共产党执政规律研究"［项目编号：2015MZD059］的阶段性研究成果。发表于《马克思主义与现实》2019年第 2 期。

是马克思主义的一个基本原理。人类社会发展有没有规律？在马克思主义诞生以前，所有政治家、思想家、历史学家都说没有客观规律。他们认为，人是有意识的，意识是变幻莫测的。不同的人、不同的群体、不同的阶级会产生不同的意识，形成不同的意志，发生不同的作用。因此，社会历史是杂乱无章的。马克思唯物史观的创立，第一次揭示了人类社会发展的客观规律。马克思认为，生产力决定生产关系，经济基础决定上层建筑。生产关系对生产力、上层建筑对经济基础又有一定的反作用。它们之间的矛盾是人类社会的基本矛盾，它们之间的矛盾运动决定着人类社会的发展方向及其状况。资本主义生产方式的出现，使人类社会的历史真正成为了"世界历史"。那么，在人类社会历史发展中，人民群众起什么作用呢？是英雄人物创造历史，还是人民群众创造历史？马克思认为，人民群众是历史活动的主体，是社会物质财富和精神财富的创造者，是推动历史前进和社会变革的最终决定性力量。他指出："历史活动是群众的活动，随着历史活动的深入，必将是群众队伍的扩大。"[1] 恩格斯也指出：推动历史发展的真正动力是"使广大群众、使整个整个的民族、以及在每一民族中间又使整个整个阶级行动起来的动机"，他们"不是短暂的爆发和转瞬即逝的火光，而是持久的、引起伟大历史变迁的行动"[2]。马克思还说："任何一次革命都不可能由一个政党来完成，只有人民才能完成革命。"[3] 他还强调："不是国家制度创造人民，而是人

---

① 《马克思恩格斯文集》第 1 卷，人民出版社 2009 年版，第 287 页。
② 《马克思恩格斯全集》第 21 卷，人民出版社 1965 年版，第 343 页。
③ 《马克思恩格斯全集》第 45 卷，人民出版社 1985 年版，第 716 页。

民创造国家制度。"① 列宁在领导俄国人民进行社会主义革命和建设的过程中，也强调指出："生气勃勃的创造性的社会主义是由人民群众自己创立的。"② "一个国家的力量在于群众的觉悟。只有当群众知道一切，能判断一切，并自觉地从事一切的时候，国家才有力量。"③ "在人民群众中，我们毕竟是沧海一粟，只有我们正确地表达人民的想法，我们才能管理。否则共产党就不能率领无产阶级，而无产阶级就不能率领群众，整个机器就要散架。"④ 中国共产党在革命、建设和改革的历史过程中，从中国的实际出发，不断推进马克思主义中国化，在建党管党和治国理政的实践中，坚持把马克思主义的基本原理同中国实际和时代特征相结合，不断丰富和发展马克思列宁主义关于人民群众历史地位和作用的思想，确定了正确的行动纲领和发展战略，调动起亿万人民建设社会主义的积极性、主动性和创造性。

共产党的力量源泉是人民群众。共产党是由无产阶级的先进分子组成的，来自于人民，成长于人民，是人民中的一份子。它的历史使命是为人民谋福利、谋幸福，为民族谋解放、谋复兴，为世界谋和平、谋发展。共产党的基本任务就是组织动员和宣传教育群众，使人民群众认识到自己的利益，团结起来为实现自己的利益而斗争，联合起来为建立更加美好的社会而奋斗。正如邓小平同志所指出的那样："工人阶级的政党不是把人民群众当作自己的工具，而是自觉地认定自己是人民

---

① 《马克思恩格斯全集》第 3 卷，人民出版社 2002 年版，第 40 页。
② 《列宁全集》第 33 卷，人民出版社 2017 年版，第 57 页。
③ 《列宁选集》第 3 卷，人民出版社 2012 年版，第 347 页。
④ 《列宁选集》第 4 卷，人民出版社 2012 年版，第 695 页。

群众在特定的历史时期为完成特定的历史任务的一种工具。"①
历史使命和任务的完成，最终是阶级消灭，政党消失，国家消
亡。那么，马克思主义政党即共产党产生以后，世界各国的共
产党（工人党）都做了什么呢？它们做的最大的事情，一言以
蔽之，就是开创了一个社会主义革命和建设的新时代。1871年
法国巴黎公社革命进行了无产阶级夺取政权的首次尝试。1917
年俄国十月社会主义革命胜利，开创了人类历史的新纪元。
第二次世界大战后，东欧一大批社会主义国家出现，特别是
1949年中华人民共和国的建立，加强了世界和平民主和社会
主义阵营的力量，突破了帝国主义的东方战线，改变了冷战中
的国际力量对比，对世界产生了广泛而深远的影响。

十月革命后，俄国共产党（布）（后来改名为全联盟共产
党布、苏联共产党），团结带领人民，克服种种难以想象的困
难，奋发努力，在经济和社会建设方面取得了巨大成就，在很
短时间内，使苏联经济总量成为欧洲第一和世界第二。中国人
民在中国共产党的领导下，经过28年浴血奋战，推翻了压在
头上的帝国主义、封建主义和官僚资本主义三座大山，取得新
民主主义革命的伟大胜利。中华人民共和国成立后，中国共产
党又带领中国人民进行社会主义革命和建设，建立了比较完整
的工业体系和国民经济体系，解决了几亿人的吃饭问题。尤其
是1978年党的十一届三中全会作出了以经济建设为中心、实
行改革开放的历史性决策，开创、坚持和发展了中国特色社会
主义。几十年来，经济社会得到快速发展，经济实力、科技实
力、综合国力显著增强，世界影响力、感召力、塑造力显著提

---

① 《邓小平文选》第1卷，人民出版社1994年版，第218页。

高，人民生活水平显著改善。中国经济总量自 2010 年后稳居世界第二，中国现已成为世界制造业第一大国、货物贸易第一大国、外汇储备第一大国，等等。在世界经济低迷、前景暗淡之时，中国经济"柳暗花明""一枝独秀"。在国际共产主义运动遭受挫折处于低潮的情况下，科学社会主义的旗帜在中国高高飘扬，中国成为世界社会主义的中流砥柱。在共产党的领导下，通过革命建设，经过改革开放，这些国家曾经和正在创造世界奇迹和人类的伟业。那么，它们的力量来自哪里？历史事实表明，改天换地的磅礴力量来源于人民。这一切证明了唯物史观的正确性，证明了"群众是真正的英雄"这个马克思主义颠扑不破的真理。

二、人民立场是共产党人的根本立场

全心全意为人民服务是共产党的根本宗旨。共产党离开了人民将一事无成。共产党不能脱离人民，必须依靠人民，这是由共产党的性质和宗旨所决定的。马克思恩格斯在《共产党宣言》中明确指出："过去的一切运动都是少数人的，或者为少数人谋利益的运动。无产阶级的运动是绝大多数人的，为绝大多数人谋利益的独立的运动。"[①] "在无产阶级和资产阶级的斗争所经历的各个发展阶段上，共产党人始终代表整个运动的利益。""共产党人不是同其他工人政党相对立的特殊政党。他们没有任何同整个无产阶级的利益不同的利益。"[②] 共产党为什么会有这样的性质呢？这是由共产党的阶级基础——工人阶级

[①]《马克思恩格斯选集》第 1 卷，人民出版社 2012 年版，第 411 页。
[②]《马克思恩格斯选集》第 1 卷，人民出版社 2012 年版，第 413 页。

的历史地位和历史使命所决定的。近代以来，随着大工业的出现，社会的阶级状况发生了深刻变化。在同资产阶级对立的一切阶级中，只有无产阶级真正成为了革命的阶级，因为它是大工业本身的产物。而其余的阶级都随着大工业的发展而日趋没落和消亡。因此，共产党的利益，就是工人阶级的利益，就是最广大人民群众的利益。

　　毛泽东同志指出："共产党是为民族、为人民谋利益的政党，它本身决无私利可图。"①1945 年中国共产党的七大把"为人民服务"的宗旨写进党章，明确规定"中国共产党人必须具有全心全意为中国人民服务的精神"。毛泽东同志在七大上所作的政治报告中也强调指出："全心全意地为人民服务，一刻也不脱离群众；一切从人民的利益出发，而不是从个人或小集团的利益出发；向人民负责和向党的领导机关负责的一致性；这些就是我们的出发点。"② 从此以后，中国共产党在自己的党章中就一直鲜明地把为人民服务确定为党的宗旨，并一以贯之地体现在党的全部工作之中。2017 年党的十九大通过的《中国共产党章程》就明确规定："党除了工人阶级和最广大人民群众的利益，没有自己特殊的利益。"③ 一切为了人民群众，一切依靠人民群众，就成为共产党一切工作的出发点和落脚点，成为共产党的神圣职责和义务，全心全意为人民服务就成为共产党的根本宗旨。共产党强调的宗旨全心全意为人民服务，是不能打一点折扣的，是不含半点杂质的。中华人民共和国成立后，毛泽东同志面对党员干部队伍中出现的以功臣自居、骄傲

---

① 《毛泽东选集》第 3 卷，人民出版社 1991 年版，第 809 页。
② 《毛泽东选集》第 3 卷，人民出版社 1991 年版，第 1094—1095 页。
③ 《中国共产党章程》，人民出版社 2017 年版，第 10 页。

自满、追求享受的现象，强调指出："共产党就是要奋斗，就是要全心全意为人民服务，不要半心半意或者三分之二的心三分之二的意为人民服务。"① 马克思是共产党的老祖宗。马克思主义博大精深，但归根到底就是一句话，为人类求解放。因此，共产党立党为公、执政为民，是天经地义的事，是始终不渝的事，是一以贯之的事。共产党的宗旨是其区别于其他任何剥削阶级政党的重要标志。为人民服务是共产党的价值观，人民性是马克思主义最鲜明的品格，人民情怀是共产党人的情怀，人民立场是共产党人的根本立场。这里需要强调的是，共产党的党性和人民群众的人民性是高度统一、完全一致、不可分割的。坚持人民立场，也就是坚持党性立场。

共产党人要始终将人民群众的安危冷暖挂在心上。坚持人民立场，为人民服务，共产党人就要为人民群众的美好向往而不懈努力。坚持人民立场，为人民服务，不是一蹴而就的，也不是一劳永逸的。在这方面，共产党和社会主义国家有经验，也有教训。苏联共产党长期忽视人民生活的改善，造成了严重后果。如果说，当年在特殊环境下，一切为了革命，一切为了战争，苏联人民群众对生活中的困难还能坚持和忍受的话，那么随着环境的变化，他们的态度和选择也会相应发生变化。第二次世界大战结束后，由于外敌威胁基本解除，为和美国争霸而继续要求人民长期作出牺牲，人民群众就难以接受了。据有关资料显示，一方面，苏联向大众提供的消费品质量低劣，供应紧张。老百姓每年用于排队购买食品和牙膏、手纸等日用品的时间，相当于 1500 万个劳动者的全年工时。人民对苏共的

---

① 《毛泽东文集》第 7 卷，人民出版社 1999 年版，第 285 页。

感情和信任就在这种令人难以忍受的漫长等待中流失了、耗尽了。另一方面，很多领导干部不需要排队就可以很容易地从特供商店获得美味佳肴和进口商品，对群众的困窘缺乏亲身感受，也不会有改善人民生活的紧迫感。有的还在酒足饭饱之余，批判老百姓具有向往丰富物质文化生活的"资产阶级思想"①。东欧国家的共产党在决策中也存在类似问题。1956年发生的波匈事件就与此有关。中国在1957年后，党的决策开始出现"左"的失误。"大跃进"给党和国家的事业造成损失，"文化大革命"更是带来一场内乱。由于经济得不到快速发展，人民生活长期得不到改善，人民群众对党和政府产生了不满的情绪。邓小平同志就尖锐地指出："社会主义要消灭贫穷。贫穷不是社会主义，更不是共产主义。"②"如果现在再不实行改革，我们的现代化事业和社会主义事业就会被葬送。"③中国的改革开放就是在这样的历史背景下开启的。

改革开放使中国真正发展起来、活跃起来。改革开放40年来，中国农村的绝对贫困人口从7.7亿减少到3046万，从占农村总人口的97.5%下降到3.1%。中国减贫总人数占全球减贫总人数的70%，中国为人类减贫事业作出了巨大贡献。从1978年到2017年，中国居民人均可支配收入，扣除价格因素，实际增长22.8倍。历史告诉我们，心中没有人民，忽视群众利益，是苏联共产党和东欧国家共产党被人民抛弃的重要原因。而以经济建设为中心，解放和发展社会生产力，发展经

---

① 参见黄苇町：《苏共亡党二十年祭：心中没有人民，必被人民抛弃》，《党的生活》2011年第9期。

②《邓小平文选》第3卷，人民出版社1993年版，第63—64页。

③《邓小平文选》第2卷，人民出版社1994年版，第150页。

济，不断改善人民生活，是中国共产党在人民群众中获得极高威望，得到人民群众衷心拥护和大力支持的根本原因。

坚持以人民为中心的发展思想。中国共产党在改革开放实践中尤其是在党的十八大以来的实践中，不断深化人民在社会历史发展中的地位和作用的认识，丰富和发展了马克思主义关于人民性的思想理论，提出了以人民为中心的发展思想，并将其用于指导改革发展的实践，取得了巨大的理论成果、实践成果和制度成果。习近平同志指出："'治国有常，而利民为本。'以人民为中心的发展思想，不是一个抽象的、玄奥的概念，不能只停留在口头上、止步于思想环节，而要体现在经济社会发展各个环节。"[①] 他还多次强调，坚持和发展中国特色社会主义，必须坚持人民至上、人民主体地位，一切为了人民，一切依靠人民，人民利益高于一切；要把增进人民福祉、促进人的全面发展、朝着共同富裕的方向稳步迈进作为工作的出发点和落脚点；等等。这些重要论述的核心，就是坚持人民立场，坚持人民至上。中国共产党提出的坚持以人民为中心的发展思想，坚持了马克思主义的基本原理，总结了社会主义国家正反两方面的经验教训，总结了我国在改革开放实践中的新鲜经验，反映了中国特色社会主义的本质特征，体现了科学社会主义的价值原则。从认识论、方法论、历史观、价值观上解决了相信谁、依靠谁、为了谁的问题。践行这一思想，就要坚持权为民所用、情为民所系、利为民所谋，就要坚持发展为了人民、发展依靠人民、发展成果由人民共享。这是坚守共产党人根本立场

① 习近平：《在省部级主要领导干部学习贯彻党的十八届五中全会精神专题研讨班上的讲话》，人民出版社 2016 年版，第 24 页。

的重大政治问题。

因此，在当代中国，要实现"两个一百年"奋斗目标，全面建成小康社会，实现中华民族伟大复兴中国梦，无论是创新驱动、激发活力的改革举措，还是统筹城乡、区域、经济社会、物质文明精神文明建设，无论是治理环境污染、顺应人民对良好生态的期待，还是协调效率与公平关系、既做大蛋糕又更公平分好蛋糕，都必须坚持以人民为中心的发展思想，坚持人民至上的价值理念，坚持解决民生问题的鲜明导向。

三、永远保持共产党同人民群众的血肉联系

特权和消极腐败是党群关系的腐蚀剂。世界社会主义的历史表明，共产党取得政权、获得执政地位，靠的是人民群众的支持；苏联、东欧等社会主义国家的共产党丧失执政地位甚至亡党，也正是因为失去了人民群众的支持。正反两方面的历史经验都充分说明，人民群众支持与否、人心向背，是共产党兴衰成败的决定性因素。1921—1926 年是苏联党风政风最好的时期，也是苏联为以后迅速崛起准备了较好条件的时期。列宁逝世以后，苏联党的干部开始出现脱离群众的现象，并逐步发展，往后越来越严重，以致在党和国家生活中逐渐形成了一个特权阶层并不断固化。据有关研究成果表明，"在 1960—1970 年代'管理阶级'（指官名册官员）的队伍依靠工会上层，全苏生产办公室，享有特权的科学和创作知识分子上层而得到扩大。它的总数达到 50 万~70 万人。如果算上家庭成员，约有 300 万人，即占国家所有居民的 1.5%"①。特权制使苏联后期

---

① 黄立葬：《苏联社会阶层与苏联剧变研究》，社会科学文献出版社 2006 年版，第 237 页。

党群、干群关系出现巨大裂痕，人民的利益越来越得不到保障。特权在个人专断和社会主义法制破坏的情况下变本加厉扩展，领导干部最终由"人民公仆"变成"人民主人"。因此，其走向衰败就在所难免。

苏联解体前，当时的苏联社会科学院曾经进行过一次问卷调查，绝大多数苏联人民并不认为苏联共产党代表他们的利益，而认为苏联共产党代表机关党员干部和官僚阶层的利益。① 苏联共产党在拥有近 2000 万党员的时候，在执政 74 年之后丧失执政地位。"迄今为止，无论是在中央还是地方的历史档案中，人们都没有发现在敌对势力取缔共产党时遇到来自党的各级组织进行抵抗的记载，没有发现苏共党员们有组织地集合起来为保卫自己的区委、市委或州委而举行任何大规模抗议活动的记载，也没有发现人民群众为支持、声援苏共而采取任何有组织行动的记载。"② 苏联解体时，人民群众在自己的观念中早已把苏共抛弃了，苏共也随之失去了生存的根基。东欧一些国家的共产党失去执政地位，其中最主要的原因也是严重脱离群众，发生消极腐败现象。匈牙利社会主义工人党领导人卡达尔曾说过这样一段话：对共产党人来说，有两大考验，共产党人单独面对敌人时遇到的是第一个考验，这是艰苦的考验，因为要冒生命的危险。许多人英勇地经受住了这一考验。另一个是接管政权的考验。某些人在第二个考验中失败了。他们开始认为自己无所不能，于是逐渐脱离长期为之奋斗的群众。在国家和生活的各个领域中，小霸王越来越多，发号施令成了占统治

---

① 参见赵德宇：《苏联解体原因探析》，《改革与开放》2009 年第 11 期。

② 李慎明等：《居安思危——苏共亡党的历史教训（解说词）》，社会科学文献出版社 2013 年版。

地位的方法。① 他的这个看法是有一定道理的。

中国共产党高度重视党同人民群众的关系，把党同人民群众的关系比喻为鱼水关系、血肉关系、公仆关系，等等。中国共产党领导的大革命、土地革命战争、抗日战争、解放战争，之所以能够开创革命新局面，探索出一条具有中国特色的革命道路，取得新民主主义革命的胜利，是人民群众大力支持的结果。在解放战争中，淮海战役是国共两党领导的军队进行的一场大决战。当时，人民解放军只有60万人，而国民党军队有近80万人，力量对比悬殊。但是，从另外一个方面看，人民解放军后面有支前民工多达543万人。战斗打到哪里，人民群众的小推车就推到哪里。陈毅同志曾深情地说，淮海战役是人民群众用小推车推出来的。在"大跃进"后的国民经济调整时期，人民群众响应中央精简职工的号召，在短短两年时间内就完成了减少城镇人口2600万的艰巨任务。组织和领导这项工作的国务院总理周恩来当时就说：这"如同一个中等国家搬家，史无前例"②。为了加快我国社会主义革命和建设的步伐，在那个火热的年代，广大人民群众流血流汗、自力更生、艰苦奋斗，谱写了壮丽的诗篇。在改革开放过程中，中国人民大胆探索、大胆实践，更是披荆斩棘、开拓创新，走出了一条中国特色社会主义新路。面对世界性的腐败难题，中国共产党勇于自我革命，坚决反对腐败，反对特权。党的十八大后更是举旗亮剑，刮骨疗毒，割除毒瘤，消除腐败，取得了令世人瞩目的成就，赢得了世界的赞誉，获得了广大人民群众的衷心拥护和

---

① 参见曹桂乾：《腐败与东欧共产党的衰败》，《当代世界与社会主义》2001年第2期。
② 薄一波：《若干重大决策与事件的回顾》（下），中共党史出版社2008年版，第749页。

爱戴。正反两方面的历史事实说明，共产党要保持自己的先进性纯洁性，要不变质，必须旗帜鲜明、坚定不移地反对特权、反对腐败。

始终不渝地贯彻执行党的群众路线。群众路线是共产党的生命线和根本工作路线。世界各国共产党包括苏联共产党、东欧国家共产党（工人党）、中国共产党，都是近代以来经济社会发展到一定阶段劳资对立的产物，它们不是在代议体制内产生的，其存在不具有所谓的"合法性"。因此，共产党在未夺取政权的革命阶段，一刻也不能离开工人阶级和广大人民群众的支持，离开了便无法生存。列宁在建党时期特别重视党同人民群众的联系，有许多关于加强党群关系的论述。斯大林早期也十分重视这个问题，他曾用古希腊神话英雄安泰与大地母亲的关系来比喻共产党与人民群众不可分离的关系，强调共产党离开了人民群众，就如同英雄安泰离开了大地母亲一样，会无法生存。随着苏联、东欧国家的共产党（工人党）先后夺得政权，脱离群众的现象开始发生，后来发展到越来越严重的地步。中国共产党高度重视密切联系群众的问题，将其看作区别于其他任何政党的显著标志之一。[①]1928 年党的领导人就提出了群众路线的概念，1943 年毛泽东同志对群众路线作了完整系统的阐述。从此，坚持和实行群众路线就成为中国共产党人的一个优良作风和传统。中国共产党群众路线的基本内涵，就是《中国共产党章程》中概括的五句话，即"一切为了群众，一切依靠群众，从群众中来，到群众中去，把党的正确主张变为

---

① 参见《毛泽东选集》第 3 卷，人民出版社 1991 年版，第 1094 页。

群众的自觉行动"①。这五句话分别从立场、方法、目标等方面阐述了党和群众之间相互依赖、相互促进的辩证统一关系，这些内容也成为中国共产党人根本工作路线的基本遵循。

历史已经反复证明，什么时候党的群众路线贯彻执行得好，党群关系就密切，我们的事业就胜利、就发展；什么时候党的群众路线贯彻执行得不好，党群关系就受到损害，我们的事业就遭受挫折。在新的历史条件下，共产党要长期执政，要为人民掌好权、执好政，就必须保持党同人民群众的血肉联系，而要保持这种联系，在治国理政的实践中，就必须贯彻执行好党的群众路线。能否始终保持和发展党同人民群众的血肉联系，能否始终坚持和贯彻党的群众路线，关系人心向背，关系党和国家的生死存亡。

---

① 《中国共产党章程》，人民出版社 2017 年版，第 10 页。

民主集中制：共产党的重要法宝[*]

任何一个政党都会面临以什么样的组织原则和组织制度、领导制度来建党管党的问题，任何一个执政党也都会面临以什么样的组织原则和组织制度、领导制度来治国理政的问题，共产党作为马克思主义政党、无产阶级政党，它是以什么样的组织原则和组织制度、领导制度来建党管党的，执政后又是以什么样的组织原则和组织制度、领导制度来治国理政的呢？从国际共产主义运动的历史看，列宁建立俄国社会民主工党（布）和领导成立第三国际后，世界上绝大多数共产党（包括执政的和不执政的）都将民主集中制确立为根本组织原则和根本组织制度、领导制度，而且，这一原则和制度也成为共产党最重要的政治纪律和组织纪律。是否按照民主集中制建党管党和治国理政，成为马克思主义政党区别于其他政

* 本文为马克思主义理论研究和建设工程、国家社会科学基金重大项目"共产党执政规律研究"［项目编号：2015MZD059］的阶段性研究成果。发表于《马克思主义与现实》2019年第1期。

党的重要标志。①

一、民主集中制是共产党执政的最大制度优势

民主集中制是马克思主义政党的根本组织原则。共产主义者同盟是世界上建立的第一个马克思主义政党。马克思恩格斯在指导建立共产主义者同盟时，就强调要把民主和集中相结合作为同盟活动的基本准则。从马克思恩格斯当年指导共产主义者同盟和第一国际、第二国际的实际情况来看，他们更多强调的是扩大和发扬党的民主问题。列宁继承和发展了马克思恩格斯的党建思想，在领导俄国社会民主工党（布）和创建第三国际时，明确提出了民主集中制的科学概念，将其确定为共产党的组织原则和组织制度，并在建党管党、治国理政和领导协调共产国际各国党的活动及关系的实践中贯彻了这一原则。共产国际各个加盟共产党都是按照民主集中制组织原则建立起来的。中国共产党是以马克思列宁主义作为指导思想的党，它的创建得到了共产国际的指导和帮助，它在二大上通过了加入共产国际的决议案，成为第三国际的一个支部。② 因此，尽管中国共产党从一大到四大在党纲、党章中都没有出现民主集中制的概念和表述，但可以说，中国共产党建党伊始就将民主集中制作为自己建党管党的组织原则和纪律，在党的工作中始终贯彻了民主集中制的精神和思想。在中国共产党的历史上正式将民主集中制写入党章是从五大开始的。1927 年 6 月，中共中央政治局召开会议，根据五大的委托做了《中国共产党第三次

---

① 参见《树牢"四个意识"，坚定"四个自信"，坚决做到"两个维护"，勇于担当作为，以求真务实作风把党中央决策部署落到实处》，《人民日报》2018 年 12 月 27 日。

② 参见《建党以来重要文献选编》第 1 册，中央文献出版社 2011 年版，第 141 页。

修正章程决案》报告，明确规定："党部的指导原则为民主集中制。"① 此后，中国共产党历次代表大会通过的党章都明确写入民主集中制，都对坚持民主集中制作出具体规定，提出明确要求。

中国共产党丰富和发展了民主集中制。我们党把民主集中制确立为党的组织原则后，在革命、建设和改革的各个历史时期，根据自身实践，不断深化对民主集中制科学内涵和地位作用的认识，取得了丰硕的理论成果。1938 年 10 月，毛泽东同志在党的扩大的六届六中全会上的报告中，重申了党的四条基本纪律：个人服从组织、少数服从多数、下级服从上级、全党服从中央。自党的七大以后，中国共产党都将这"四个服从"作为民主集中制的基本原则和最重要的政治纪律写入党章。党的七大党章对民主集中制作出了"在民主基础上的集中和在集中领导下的民主"的概括。1957 年 7 月，毛泽东同志提出，要造成"又有集中又有民主，又有纪律又有自由，又有统一意志、又有个人心情舒畅、生动活泼，那样一种政治局面"②。党的八大党章沿用七大党章民主集中制的定义，把"集中领导下的民主"改为"集中指导下的民主"。"领导"与"指导"虽然只有一字之差，但内涵发生了重大变化。党的十一届三中全会以来，中国共产党创造性地运用民主集中制原则，制定规范党内政治生活、处理党内关系的基本准则和具体制度，形成了党在组织建设上的鲜明特征。党的十二大党章总结历史经验教训，明确指出："党是根据自己的纲领和章程，按照民主集中

---

① 《中共中央文件选集（一九二七）》第 3 册，中共中央党校出版社 1989 年版，第 144 页。
② 《建国以来重要文献选编》第 10 册，中央文献出版社 2011 年版，第 429—430 页。

制组织起来的统一整体。"① 之后历次党代会修改党章，都重申了这一论断。党的十四大党章把坚持民主集中制作为党的建设的几项基本要求之一，指出："民主集中制是民主基础上的集中和集中指导下的民主相结合。它既是党的根本组织原则，也是群众路线在党的生活中的运用。必须充分发扬党内民主，发挥各级党组织和广大党员的积极性创造性。必须实行正确的集中，保证全党行动的一致，保证党的决定得到迅速有效的贯彻执行。"② 以后中国共产党的历次代表大会一直到十九大通过的党章，都提出了这样的要求。中国共产党确定的民主集中制是党的根本组织原则，其主要内容体现在以下几个方面：党的领导机关由民主选举产生；党的路线方针政策以及党内法规的制定，必须贯彻"一切为了群众、一切依靠群众，从群众中来、到群众中去"的群众路线；个人服从组织，少数服从多数，下级服从上级，全党服从中央；加强组织纪律性，在党的纪律面前人人平等；党在自己的政治生活中正确地开展批评和自我批评，在原则问题上进行思想斗争，坚持真理，修正错误；党的各级领导机关贯彻集体领导、分工负责相结合的原则，禁止任何形式的个人崇拜；各级领导机关必须经常保持与群众的密切联系，倾听下级组织和群众的意见，接受党员和群众的监督。

　　民主集中制是共产党特有的政治优势、组织优势、制度优势、工作优势。③ 列宁将民主集中制确立为共产党的组织原则后，这一原则在世界各国共产党的建设中发挥了重要作用。

---

① 《中国共产党第十二次全国代表大会文件汇编》，人民出版社 1982 年版，第 104 页。

② 参见《中国共产党章程》，人民出版社 1992 年版，第 9 页。

③ 参见《树牢"四个意识"，坚定"四个自信"，坚决做到"两个维护"，勇于担当作为，以求真务实作风把党中央决策部署落到实处》，《人民日报》2018 年 12 月 27 日。

俄国社会民主工党（布）之所以在只有几十万党员的情况下，能够领导俄国人民取得十月社会主义革命的胜利，并成功抵御帝国主义势力的武装干涉；全联盟共产党（布）之所以在只有几百万党员的情况下，能够领导苏联人民取得第二次世界大战反法西斯战争的胜利，并成功捍卫社会主义，都与其实行的民主集中制分不开。民主集中制使共产党产生了强大力量。共产党坚强统一，成为各个国家人民团结奋斗的领导核心，这种力量无坚不摧，无往而不胜。中国共产党之所以能够由小到大、由弱到强不断发展壮大，从胜利走向胜利，其中一个重要原因也在于坚持和实行了民主集中制。中国共产党的历史表明，民主集中制是党的最大制度优势。在中国共产党的历史上有两次伟大的历史性转折，一次是遵义会议，一次是党的十一届三中全会。一次转折发生在新民主主义革命时期，一次转折发生在社会主义革命和建设时期，两次伟大转折都是中国共产党历史上生死攸关的转折点。回顾和总结中国共产党历史上的这两次重要转折，它们之所以取得成功，都是因为坚持了民主集中制的组织原则。从遵义会议和为党的十一届三中全会作准备的中央工作会议内容和议程看，当时会议上两种不同的思想和主张争论得十分激烈，如果没有民主集中制作为制度和政治组织保障，党是会分裂的。历史表明，民主集中制是共产党的重要法宝和宝贵政治财富。"这项制度把充分发扬党内民主和正确实行集中有机结合起来，既可以最大限度激发全党创造活力，又可以统一全党思想和行动，有效防止和克服议而不决、决而不行的分散主义，是科学合理而又有效率的制度。"① 正如习近平同志指出的那样："民主集中制是我们党的根本组织制度和领导制度，它正确规范了党内政治生活、处理党内关系的基本准则，是反映、体现全党同志和全国人民利益与愿望，保证党的路线方针政策正确制定和执行的科学的合理的有效率的制度。因此，这是我们党最大的制度优势。"② 共产党要建好党、管好党，要为人民掌好权、执好政，必须始终不渝、一以贯之地坚持这一根本组织原则，保持和发挥好这一最大制度优势。

二、贯彻民主集中制的关键是处理好民主与集中的关系

处理好民主与集中的关系至关重要。历史证明，民主集中制是个好东西，贯彻执行民主集中制，最关键的是要处理好民主与集中的关系问题。这个关系处理得好，会使党和国家的事业兴旺发达；处理得不好，会使党和国家的事业蒙受损失、遭到破坏。这同样也为无数历史事实所证明。在苏俄历史的前期，列宁对民主集中制原则坚持得好，在贯彻执行这一组织制度方面为我们树立了光辉榜样。十月革命前夕，在无产阶级夺取政权时机已经成熟的条件下，是否发动武装起义？新生的苏维埃政权面临国内外敌对势力威胁，是否争取喘息机会，与德国签订布列斯特和约？当时，在党内有许多不同声音甚至是反对意见。列宁建议武装起义的意见曾被党中央两次否决，列宁

---

① 参见《树牢"四个意识"，坚定"四个自信"，坚决做到"两个维护"，勇于担当作为，以求真务实作风把党中央决策部署落到实处》，《人民日报》2018 年 12 月 27 日。

② 习近平：《始终坚持和充分发挥党的独特优势》，《求是》2012 年第 15 期。

建议签订布列斯特和约的意见被人攻击为"丧权辱国"。[①] 但列宁不厌其烦地做了大量的说服工作，最终获得大多数人的支持。苏联时期，从斯大林开始，这一原则和制度在苏联党内逐渐遭到破坏。斯大林以后的历任苏共领导人都搞个人专断，戈尔巴乔夫甚至将民主集中制原则和制度放弃和取消。东欧国家共产党的一些领导人长期以来，也大搞"家长制"和实行个人专断，严重影响了党内正常的政治生活，影响了党对一些重大问题的正确决策，结果造成了脱离实际、脱离群众、决策失误的严重后果。教训可谓深矣！中国共产党在处理民主与集中的关系方面有过成功的经验，也有过失误和教训。在遵义会议前，中国共产党的主要领导人陈独秀、王明等搞"家长制"、个人专制，推行右倾机会主义、"左"倾教条主义，结果使党的团结统一受到严重破坏，使革命事业遭到重大损失。遵义会议后，我们党确立了毛泽东同志在党和红军中的领导地位，党坚持和贯彻民主集中制，使党和红军转危为安，并领导中国人民不断开创新的局面。从党的七大到八大，这是中国共产党将民主与集中的关系处理得比较好的时期之一。中国共产党坚持民主集中制原则和制度，制定正确的路线方针政策，全党空前团结，各方面的积极性得到充分调动，我们党先后取得了新民主主义革命、社会主义革命和建设的伟大胜利。但是，从1958 年批评反冒进、1959 年"反右倾"以后，党和国家的民主生活逐渐不正常，一言堂、个人决定重大问题、个人崇拜、个人凌驾于组织之上一类家长制现象，不断滋长。[②] 民主集中

---

① 参见黄苇町：《苏共亡党二十年祭：心中没有人民，必被人民抛弃》，《党的生活》2011 年第 9 期。

② 参见《邓小平文选》第 2 卷，人民出版社 1994 年版，第 330 页。

制遭到破坏，特别是"文化大革命"更是走到极端，给党、国家和人民事业造成巨大灾难。党的十一届三中全会后，中国共产党冲破"两个凡是"的束缚，解放思想、实事求是，恢复和重新确立了党的正确的思想路线、政治路线和组织路线，恢复了正常的党内政治生活，不断发展完善和健全民主集中制，为巩固党的团结统一，为制定党的正确路线方针政策并在实践中贯彻执行提供了重要政治和制度保证。历史正如邓小平同志曾深刻指出的那样："民主集中制执行得不好，党是可以变质的，国家也是可以变质的，社会主义也是可以变质的。"①马克思主义政党必须处理好民主与集中的关系，这是总结国际共产主义运动和我们党的历史得出的必然结论。

民主与集中是辩证统一的关系。在民主集中制的原则和制度中，有两个重要的概念和关键词，一个是民主，一个是集中。民主强调的是发扬民主，集中集体的智慧、全党的智慧。集中强调的是正确集中，凝聚全党的意志，形成集体的力量。民主是正确集中的前提和基础，集中是民主的必然要求和归宿，两者相辅相成、内在统一、不可分割。民主集中制是民主和集中的有机结合，"它是民主的，又是集中的，就是说，在民主基础上的集中，在集中指导下的民主"②。集中以民主为基础，民主的结果通过集中加以体现。民主和集中互为条件，不可分离，是相得益彰、相辅相成的有机统一体。历史经验表明，在贯彻执行民主集中制原则和制度的过程中，要执其两端取其中，任何偏向一方的思想和做法都是错误的，都会造成失

---

① 《邓小平文选》第 1 卷，人民出版社 1994 年版，第 303 页。
② 《毛泽东选集》第 3 卷，人民出版社 1991 年版，第 1057 页。

误、带来后果。偏向民主，就会导致"大民主"、无政府主义和软弱涣散；偏向集中，就会出现个人专断、"家长制"甚至是专制。从静态上看，民主集中制由民主和集中两个对立的方面构成，没有民主，就没有集中；没有集中，也没有民主。邓小平同志曾这样论述过这个问题，指出："我们党的组织原则是高度的民主和高度的集中相结合，把列宁提出的民主集中制原则精神发挥了。一个党不集中不行，如果没有中央的和各级党委的集中领导，这个党就没有战斗力。这种集中，如果没有高度的民主作基础，集中也是假的。全党提倡民主、提倡批评与自我批评，就能真正把全党的意志集中起来，真正做到万众一心。"[①] 从动态方面看，民主集中制的民主与集中两个方面是矛盾运动的，是在运动中实现统一的。从贯彻民主集中制进行决策的过程看，任何一项决策都是先从正确指导下的高度民主开始，又到充分民主基础上的高度集中结束。而且这个过程同实践、认识、再实践、再认识的马克思主义认识论的过程，同我们党"一切为了群众、一切依靠群众，从群众中来、到群众中去"的群众路线的贯彻过程是完全一致的。民主集中制是马克思主义认识论在党的制度中的体现，是党的群众路线在党内生活中的运用。从长远来看，这个过程是循环往复、以至无穷的，永远不可终结，始终不会停止。因此，一方面，要维护好、发展好党内民主。中国共产党章程明确规定："必须充分发扬党内民主，尊重党员主体地位，保障党员民主权利，发挥各级党组织和广大党员的积极性创造性。"[②] 而从历史经验教训

---

① 《邓小平文选》第 1 卷，人民出版社 1994 年版，第 347 页。
② 《中国共产党章程》，人民出版社 2017 年版，第 20 页。

和现实来看，我们党在贯彻执行民主集中制方面，"既有发扬民主不够导致的主要领导独断专行的问题，也有正确集中不够造成的领导班子软弱无力的问题，相对来说，前者更为突出一些"①。从其他国家的共产党贯彻执行民主集中制的情况来看，大致也是如此。另一方面，要善于进行正确集中，注意制定科学的决策程序，严明党的政治纪律和政治规矩，维护党的团结统一和集中统一领导。"防止议而不决、决而不行"②，防止软弱涣散、一盘散沙。坚决摒弃自由主义、分散主义、个人主义，决不允许"上有政策、下有对策"，决不允许有令不行、有禁不止，决不允许在贯彻执行党中央的决策部署上打折扣、做选择、搞变通。

三、建立和完善以民主集中制为核心的制度体系

贯彻和执行民主集中制必须以党内法规制度体系作保障。民主集中制是共产党的一个好原则、好制度，但它仅仅是一个大的原则和大的制度，如果要使它在贯彻执行中不变形走样，充分发挥作用，必须建立一整套的制度体系，并将这个好原则、好制度落实落细落小。邓小平同志在总结中国社会主义革命和建设时期我们党发生的一些失误时，明确强调："领导制度、组织制度问题更带有根本性、全局性、稳定性和长期性。""这些方面的制度好可以使坏人无法任意横行，制度不好可以使好人无法充分做好事，甚至会走向反面。"③中国共产党深刻总结世界社会主义各国正反两方面的经验教训，深刻总结

① 《十八大以来重要文献选编》（上），中央文献出版社 2014 年版，第 353 页。
② 《十八大以来重要文献选编》（上），中央文献出版社 2014 年版，第 352 页。
③ 《邓小平文选》第 2 卷，人民出版社 1994 年版，第 333 页。

自己的历史经验和新鲜经验，提出要不断提高民主集中制建设的科学化、规范化水平，建立和完善以民主集中制为核心的制度体系。习近平同志强调：民主集中制是我们党的根本组织原则和领导制度，党的各项原则、制度、法规都是民主集中制的具体化和拓展。而要坚持和贯彻民主集中制，就要"健全和认真落实民主集中制的各项具体制度"①。"抓紧建立健全民主集中制的具体制度，着力构建党内民主制度体系，切实推动民主集中制具体化、程序化，真正把民主集中制重大原则落到实处。"②我们党建立和完善的以民主集中制为核心的制度体系的具体内容概括起来说，就是以党章为根本，以民主集中制为核心，以准则、条例、规则等为配套的一系列党内法规体系。我们党的法规体系从实体、程序、监督、保障和上位、下位及其相互关系来说，有七个层级。一是党章，这是党内的根本法，是一切党内法规的根据；二是准则；三是条例；四是规则；五是规定；六是办法；七是细则。自党的十八大以来，党中央已经对党内的所有法规进行了全面清理，连续制定了两个党内法规制定工作五年规划纲要，明确了"立改废释"的要求。现在，在中国共产党党内法规制度体系中已经形成若干个以准则为龙头，以配套性的规则、规定、办法、细则为细化补充的制度群。截至2018年8月底，现行有效的党内法规约4200部。其中，规则、规定、办法、细则超过4100部。对贯彻落实基础主干法规，起着重要作用，增强了主干法规的针对性和可操作性。③以民主集中制为核心，建立和完善党内法规制度体系，

---

① 《十八大以来重要文献选编》(上)，中央文献出版社2014年版，第352页。
② 《十八大以来重要文献选编》(上)，中央文献出版社2014年版，第488页。
③ 参见宋功德：《全方位推进党内法规制度体系建设》，《人民日报》2018年9月27日。

就是要求在制定党内所有法规时都要贯彻体现民主集中制的原则和精神，把民主集中制作为制定党内法规的政治基础。在治国理政中，发挥好党总揽全局、协调各方的领导核心作用。正确处理好党委同人大、政府、政协、司法机关和人民团体的关系，保证党对国家政权和国家事务的领导。坚持和完善中国共产党领导的多党合作和政治协商制度，充分发挥中国特色政党制度优势。加强和改进党的群团工作，充分发挥工会、共青团、妇联等人民团体联系和服务群众的作用。

贯彻执行民主集中制必须完善科学民主决策机制。要坚持集体领导与分工负责相结合，按照集体领导、民主集中、个别酝酿、会议决定原则进行决策。重大事项要集体研究。对涉及经济社会发展全局的重大事项，必须在深入调查研究、广泛听取意见的基础上，由领导班子集体讨论，按照少数服从多数的原则决定。决定重要问题，要进行表决。对于少数人的不同意见，应当认真考虑。如对重要问题发生争论，双方人数接近，除了在紧急情况下必须先按多数意见执行外，应当暂缓作出决定。要全面准确反映社情民意。各级领导干部要经常深入基层、深入群众了解真实情况，拓宽人民群众参与决策的渠道，落实人民群众在决策中的知情权、建议权，自觉接受人民群众的监督。重大事项要向专家咨询。对那些专业性、技术性较强的重大事项，要充分发挥专家学者和咨询研究机构的作用。同群众利益密切相关的重大事项要实行公示和听证。除涉及国家核心机密的事项外，决策过程和实施情况均应通过媒体及时向社会公开，向群众通报。

贯彻执行民主集中制必须保障党员的民主权利。党员是党的肌体的细胞和党的行为主体。坚持民主集中制，健全党内民主制度体系，就要保障党员主体地位，健全党员民主权利保障制度。要形成一整套完整规范、有效管用的党员民主权利保障制度体系，营造党内民主平等的同志关系、民主讨论的政治氛围、民主监督的制度环境，将党员的知情权、参与权、选举权、监督权落到实处。要完善党务公开制度，保障党员的知情权。要畅通党员参与党内事务的途径，保障党员的参与权。要完善党内选举制度，保障党员的选举权。要强化党内的监督机制，保障党员的监督权。

贯彻执行民主集中制必须加强监督和严明党的纪律。毛泽东同志指出："身为党员，铁的纪律就非执行不可。"① "党是人民中优秀分子的结合，大家是自觉地愿意受约束，就是承认党纲、党章，服从党的决议案，愿意自我牺牲。"② 要健全党内监督制度。强化上级党组织对下级党组织和党员、领导干部的监督。要把党内监督同国家监察、群众监督结合起来，同法律监督、民主监督、审计监督、司法监督、舆论监督等协调起来，形成监督合力。要强化巡视监督，发挥从严治党利剑作用。提高依规依纪巡视能力，推动巡视工作制度化、规范化。创新体制机制，建立健全组织领导、统筹协调、报告反馈、整改落实、队伍建设等工作机制。要抓住"关键少数"，破解一把手监督难题。健全议事规则和决策程序，防止程序空转和走过场。要严明党的纪律，特别是政治纪律。党员在政治立场、政治方向、政治原则、政治道路上要同党中央保持高度一致。要建立请示报告制度，重大问题、重要事项要及时请示报告。要

---

① 《毛泽东文集》第 2 卷，人民出版社 1993 年版，第 416 页。
② 《毛泽东文集》第 3 卷，人民出版社 1996 年版，第 337 页。

开好民主生活会，民主生活会是民主集中制的一个重要载体。开好民主生活会，经常开展批评和自我批评，就能及时克服党内不正确的、错误的思想和意识，及时纠正偏离民主集中制原则和制度的倾向和行为。

2018 年

从五个维度认识和把握
中国梦的创新意义 *

习近平总书记提出的实现中华民族伟大复兴的中国梦，具有深刻而丰富的内涵，具有重大的理论意义和现实意义。中国梦阐述的是中国未来发展走向的重大问题，如何把握它的内涵和意义？笔者以为，可以选取以下几个学习和认识的维度。

一、命题的维度：中国梦是中华民族伟大复兴的形象表达、生动表达

命题的维度，就是要从命题的提出和对现实生活所产生的影响及意义上来看问题。一个科学理论体系的建构，是由一系列相关命题、范畴、概念所组成的，它们有内涵和外延的规定，有相互之间的辩证关系，有前后依存和发展的逻辑顺序。一个创新的理论成果，也必须在前人已经取得理论成果的基础上，有所发现，有所发明，有所创造，有所前进。

* 本文发表于《中国国家博物馆馆刊》2018 年第 12 期。

习近平总书记提出的中国梦，之所以成为党的理论创新的最新成果，是因为中国梦的提出，是一个新命题、新范畴、新概念。这个新命题、新范畴、新概念对我们党的中国特色社会主义共同理想，对中国共产党成立一百年时全面建成小康社会的目标，对新中国成立一百年时建成富强民主文明和谐美丽的社会主义现代化国家的目标，对实现中华民族伟大复兴的奋斗目标，进行了老百姓喜爱、通俗易懂、形象生动的表达和表述。不仅如此，它还对这一系列的目标和任务，进行了统摄和提升，进行高度概括、高度提炼、高度整合，将其聚焦、归结、叠加、落实到"中国梦"三个字上，这就成为十八大以来党的理论创新成果的一大亮点和聚焦点。

从推进马克思主义中国化、时代化、大众化的方面讲，中国梦具有鲜明的中国特色、时代特色、大众特色。说它具有中国特色，是因为它如同我们用"小康社会""大同世界"来描述现代化的阶段性目标和未来的共产主义社会一样，蕴含了中国的历史底蕴和文化元素。说它具有时代特色，是因为它符合当代世界的潮流。"梦"是当今世界的一个时髦用语和流行词，许多国家都以各自的"梦"来确定本国的奋斗目标，来提振人心。中国梦无疑是世界各国梦想中具有自己特定内涵和极强吸引力的一个。说它具有大众特色，是因为它的形式和内容都十分群众化。它不仅在表达方式上群众爱听，而且在表述内容上更与中国社会的每一个人息息相关。因此，中国梦的提出，成为时代的最强音，成为中国人民进军的战鼓、前进的号角。它为坚持和发展中国特色社会主义注入了新内涵，增添了新内容，成为党的理论创新最新成果的一个重要标识。它充分体现了我们党的高度历史担当和使命追求，是新一届中央领导集体对全体人民的庄严承诺，是党和国家面向未来的政治宣言。它已经成为，也必将进一步成为引领中国走向未来的鲜明指引和激励中华儿女团结奋进、开辟未来的高昂旋律和精神旗帜。

二、历史的维度：中国梦是近代以来中华民族的夙愿和最伟大梦想

历史的维度，就是从中国梦的历史由来和未来指向上来看问题。梦想体现的是一种理想，反映的是一种追求。只有创造过辉煌的民族，才懂得复兴的意义；只有经历过苦难的民族，才对复兴有深切的渴望。习近平总书记指出："中国梦是历史的、现实的，也是未来的。"中国梦凝结着无数仁人志士的不懈努力和几代中国人的夙愿，承载着全体中华儿女的共同向往和期盼，体现了中华民族和中国人民的整体利益，昭示着国家富强、民族振兴、人民幸福的美好前景。

习近平总书记在参观《复兴之路》展览提出中国梦这一重大命题时，引用了"雄关漫道真如铁""人间正道是沧桑""长风破浪会有时"三句诗，对中华民族的昨天、今天、明天所经历的寻梦、追梦、圆梦奋斗历程和现实状况进行了生动的叙述和描绘。这就给我们认识和了解中国梦提供了深邃的历史眼光。历史、现实、未来是相通的，历史可以映照现实、折射未来，看历史就会看清现在、看到前途。中华民族历史悠久，为人类文明作出过不可磨灭的贡献。近代以来，中华民族经历磨难，受尽屈辱，一度面临亡国灭种的危险。但是，中国人民从不屈服，不断奋起抗争，上下求索，奋发努力，前仆后继，不怕牺牲，终于在中国共产党的领导下，掌握了自己的命运，取得了新民主主义革命的胜利，建立了新中国。之后，进行社会

主义改造，确立了社会主义基本制度。又不断总结历史的经验教训，毅然决然实行改革开放，终于找到了中国特色社会主义道路，取得举世瞩目的伟大成就。现在中华民族伟大复兴展现出前所未有的光明前景。

回顾历史我们可以清晰地看到，实现中华民族伟大复兴是自鸦片战争170多年以来中国历史发展的一条主线，是中国共产党90多年革命建设改革历史的一个主题。中国梦就是在这样的历史背景下提出来的，它进一步揭示了中华民族的历史命运，宣示了中国共产党人的历史使命，指明了当代中国的未来发展方向。

三、本质的维度：中国梦归根到底是人民的梦，是每一个中国人的梦

本质的维度，就是从中国梦的基本内涵和本质规定上来看问题。中国梦内涵丰富，意蕴深远，凸显了以人为本、家国天下的情怀。习近平总书记深刻指出，中国梦的本质和基本内涵就是"国家富强、民族振兴、人民幸福"。"中国梦是国家的、民族的，也是每一个中国人的"。"中国梦归根到底是人民的梦"。"国家好、民族好，大家才会好"。他的这些重要论述，深刻阐释了中国梦的本质规定和丰富内涵，阐释了国家、民族、个人三者在实现中国梦中相互依赖、相互依存的辩证统一关系。"家是最小国，国是千万家"。从历史和现实来看，国家、民族、个人的命运是紧密相连的。只有把国家的追求、民族的向往、人民的期盼融为一体，把国家利益、民族利益和个人利益紧紧联系在一起，才能形成实现中华民族伟大复兴的最大共识，汇聚起实现中华民族伟大复兴的磅礴力量。

中国人民是伟大的人民，中国人民勤劳、勇敢、智慧，热爱生命，热爱生活。他们向往和追求的是什么呢？习近平总书记在十八届中央政治局常委同中外记者见面时特别指出，我们的人民"期盼有更好的教育、更稳定的工作、更满意的收入、更可靠的社会保障、更高水平的医疗卫生服务、更舒适的居住条件、更优美的环境，期盼孩子们能成长得更好、工作得更好、生活得更好"。这里他讲的都是人民群众一个个具体的、实实在在的、个人的梦想。中国梦是追求幸福的梦。在当今改革开放放飞梦想的时代，有梦想、有机会、有奋斗，一切都有可能，一切美好的东西都能创造出来。

人民群众是中国梦的主体，是中国梦的创造者、追求者、享有者。中国梦必须紧紧依靠人民群众来实现，必须不断为人民群众造福和带来利益。实现中华民族伟大复兴，是宏大的事业、艰巨的任务，不是哪一个人、哪一部分人的梦想，而是中华民族和全体中国人民共同的追求；中国梦的实现，不是成就哪一个人、哪一部分人，而将造福中华民族和全体中国人民。因此，中国梦的深厚源泉在于人民，中国梦的根本归宿也在于人民。中国梦的提出，从以人为本、以民为本的角度看，更是体现和展示了中国共产党的性质和宗旨，闪烁着马克思主义唯物史观的光芒。

四、实践的维度：实现中国梦要坚持和遵循"三个必须"

实践的维度，就是从中国梦实现的途径和方法上来看问题。实现中国梦的道路在何方？精神支撑是什么？力量源泉在哪里？这是必须明确和解决的重大根本性问题。习近平总书记明确指出，实现中国梦必须走中国道路，必须弘扬中国精神，必须凝聚中国力量。这三个"必须"，把道路、精神、力量契合到一起，成为我们党团结带领人民实现中华民族伟大复兴中国梦的基本遵循。

中国道路就是中国特色社会主义道路，是实现中国梦的政治前提和基本条件，是我们前进的方向和路径选择。历史事实表明，道路决定命运。没有正确的道路，再美好的愿景、再伟大的梦想，都不能实现。中国的历史文化、历史命运、历史条件决定了中国人民必须在自己选择的道路上实现自己的梦想。我们选择的中国特色社会主义道路来之不易，正像习近平总书记指出的那样：它是在改革开放 40 年的伟大实践中走出来的，是在中华人民共和国成立近 70 年的持续探索中走出来的，是在对近代以来 170 多年中华民族发展历程的深刻总结中走出来的，是在对中华民族 5000 多年悠久文明的传承中走出来的，具有深厚的历史渊源和广泛的现实基础。无数事实证明，封闭僵化的老路是一条死路，改旗易帜的邪路是一条绝路，而中国特色社会主义道路则是一条光明的、通向未来的新路，代表了当代中国发展进步的根本方向，是实现中国梦的必由之路。在今后的征程上，我们要大胆探索，不断实践，继续奋力开拓和走好这条路。

中国精神就是以爱国主义为核心的民族精神和以改革创新为核心的时代精神，是实现中国梦的精神动力、思想保障和文化支持。民无魂不立，国无魂不强。实现中国梦，要求我们不仅在物质上要强大起来，而且在精神上也要强大起来。以爱国主义为核心的民族精神和以改革创新为核心的时代精神，就是中华民族的振兴之魂，就是我们国家的强国之魄。爱国主义始终是把中华民族坚强团结在一起的精神力量，改革创新始终是鞭策我们在改革开放中与时俱进的精神力量。过去，我们的国家和民族，靠顽强拼搏和自强不息的奋斗精神，从积贫积弱一步步走到今天的发展繁荣。在今后的征程上，我们要奋力前行，开创新的局面，必须继续大力弘扬中国精神，振奋起全民族的"精气神"来。

中国力量就是全国各族人民大团结的力量，是实现中国梦的不竭动力、力量源泉和根基血脉。人民是历史的创造者和改革开放事业的实践主体，各族人民大团结的力量，是党克服各种困难、战胜风险挑战的决定性因素。中国梦是中国人民的梦，每一个中国人都具有追求梦想的权利。正如习近平总书记指出的那样："生活在我们伟大祖国和伟大时代的中国人民，共同享有人生出彩的机会，共同享有梦想成真的机会，共同享有同祖国和时代一起成长与进步的机会。"一个人的力量是有限的，人民大众的力量是无穷的；一个人的生命是有限的，整个中华民族是生生不息的。只要我们紧密团结，万众一心，为实现共同梦想而奋斗，实现梦想的力量就无比强大，我们每个人为实现自己梦想的努力就拥有广阔的空间。过去我们党团结带领全国人民，齐心协力，奋发努力，创造了奇迹，铸就了辉煌。在今后的征程上，我们要一如既往，继续团结一心、凝聚力量。只要我们这样做了，十三亿多中国人就能用智慧和力量汇集起不可战胜的巨大力量。同时，实现中华民族伟大复兴是整个中华民族的共同梦想，因此，我们还要广泛团结台湾同胞、香港同胞、澳门同胞以及海外华侨，手拉手，肩并肩，勠力同心，携手并进，一起为实现中国梦而奋发努力，一同共圆中国梦。

五、世界的维度：中国梦是和平、发展、合作、共赢的梦

世界的维度，就是从中国梦与世界各国的关系上来看问题。中国梦给邻国、给世界会带来什么？如何看待中国梦与世界其他各国人民梦想的关系？习近平总书记在国际交往的多种场合多次宣示：中国梦是和平、发展、合作、共赢的梦，与世界各国人民的美好梦想相通。中国梦是奉献世界的梦。在韩国、在俄罗斯、在美国，在东南亚、在中亚、在非洲、在拉美、在欧洲，他一再重申这一重要理念。2013 年 10 月 24 日，习近平总书记在周边外交工作座谈会上的讲话指出："把中国梦同周边各国人民过上美好生活的愿望、同地区发展前景对接起来，让命运共同体意识在周边国家落地生根。"2014 年 7 月 4 日，习近平总书记在韩国国立首尔大学发表演讲时指出，21 世纪是合作的世纪。中国人民愿意同各国人民在实现各自美好梦想的过程中相互支持、相互帮助，中国愿意同各国共同发展、共同繁荣。在讲到中韩梦想时他说："让亚洲宽广的大陆、辽阔的海洋成为中韩合作的大平台。"以东方智慧，把两国美好梦想融入更为宏伟的亚洲梦，同亚洲各国人民走出一条共建、共享、共赢之路。他在接受印度尼西亚和马来西亚媒体联合采访时说："中国梦同东盟各国寻求国家发展振兴、人民富裕幸福的追求和梦想息息相通。"在坦桑尼亚尼雷尔国际会议中心演讲时，他说："十三亿多中国人民正致力于实现中华民族伟大复兴的中国梦，十亿多非洲人民正致力于实现联合自强、发展振兴的非洲梦。中非人民要加强团结合作、加强相互支持和帮助，努力实现我们各自的梦想。我们还要同国际社会

一道，推动实现持久和平、共同繁荣的世界梦，为人类和平与发展的崇高事业作出新的更大的贡献！"在接受拉美三国媒体联合采访时，他又指出："中国愿同拉美和加勒比各国紧密团结、相互支持、真诚合作，在通往发展繁荣的美好梦想的道路上携手共进。"

中国梦是追求和平的梦。没有和平，中国和世界不可能顺利发展。实现中国梦给世界带来的是机遇不是威胁，是和平不是动荡，是进步不是倒退。中国的发展离不开世界，世界的发展也需要中国。中国将坚定不移走和平发展道路，坚定不移奉行独立自主的和平外交政策，坚定不移奉行互利共赢的开放战略。中国的发展，是世界和平力量的壮大，是传递友谊的正能量。

中国梦不仅造福中国人民，而且造福世界各国人民。中国梦与中国人民追求美好生活是相连的，也是与各国人民追求和平与发展的美好梦想相通的。中国是世界上最大的发展中国家，办好中国的事情，实现国家的发展和稳定，本身就是对世界的巨大贡献。同时，中国坚持合作共赢，与中国交往的各国都会从中受益。而随着国力的不断增强，中国将在力所能及的范围内承担更多国际责任和义务，为人类和平与发展的崇高事业作出更大贡献。

中国梦的提出，对国际社会产生了广泛影响，增强了对世界的吸引力和感召力，树立了中国在国际上负责任大国的良好形象，也向全世界作了中国坚定不移走和平发展道路的庄严宣示。

改革开放是我们党的历史上
一次伟大觉醒[*]

今年是我国改革开放 40 周年，这是党和国家决胜全面建成小康社会、进而开启全面建设社会主义现代化国家新征程的一个重要工作坐标和时间节点。

1978 年 12 月，党的十一届三中全会召开，我们党顺应历史潮流，尊重人民意愿，作出了把党和国家工作中心转移到经济建设上来、实行改革开放的历史性决策。这次全会实现了新中国成立以来我们党的历史上具有深远意义的伟大转折，标志着我国社会主义现代化建设进入新时期。改革开放是党在新的历史条件下领导人民进行的新的伟大革命，是决定当代中国命运的关键一招，也是决定实现"两个一百年"奋斗目标、实现中华民族伟大复兴中国梦的关键一招。

习近平总书记在博鳌亚洲论坛 2018 年年会开幕式和庆祝海南建省办经济特区 30 周年大会上的重要讲话中，回顾了改

* 本文发表于《求是》2018 年第 10 期。

革开放的历史进程，总结了改革开放的历史经验，强调了继续推进改革开放和办好经济特区的重要性。学习贯彻习近平总书记重要讲话精神，回看走过的路，比较别人的路，远眺前行的路，对于我们坚定"四个自信"，在新的伟大觉醒中，把新时代中国特色社会主义伟大事业继续推向前进，具有重大意义。

一、改革开放是如何发生的，伟大觉醒来自于哪里

任何一个历史事件的发生和历史现象的出现都不是偶然的，在其背后都潜藏着深刻的经济、政治、社会、历史等原因。

改革开放是我们党对过去历史深刻反思的结果。上世纪50年代末，我们党开始犯"左"的错误，"文化大革命"更是成为"左"倾错误指导思想在党中央占主导地位持续时间最长的时期。这个时期国民经济濒于崩溃边缘，人民生活长期得不到改善。面对这样严峻的形势和带来的后果，邓小平同志一针见血地指出，"如果现在再不实行改革，我们的现代化事业和社会主义事业就会被葬送"，"社会主义要消灭贫穷。贫穷不是社会主义，更不是共产主义"。这些重要论断真是振聋发聩、石破天惊啊！物极必反，否极泰来，面对问题，痛定思痛，使我们警醒。如果说"文化大革命"还有"一功"的话，它从反面教育了我们。

改革开放是我们党对现实国情清醒认识的结果。粉碎"四人帮"后，我们打开了国门。当我们看到与国外发达国家和地区甚至是周边国家和地区存在的巨大发展差距时，给我们带来的是惊诧和震动。1978年10月，邓小平同志应邀访问日本。访问期间他参观了日本的钢铁、汽车和电器工厂。他在考察日产汽车公司时感慨地说："我懂得了什么是现代化。"对世界经

济发展进程了解的增加，促使我们党对我国社会主义建设历史经验进行总结，对我国今后发展道路进行思考。改革开放就这样在全党全社会逐渐形成共识，成为"大势所趋，人心所向"。

改革开放是我们党对未来目标执着追求的结果。大同世界、小康社会，是中国人民亘古向往的理想社会。共产党人干革命、搞建设、抓改革，目的就是为了让人民过上幸福的生活，最终实现共产主义。共产主义是生产力高度发达、物质财富极大丰富、人们精神境界极大提高、每个人都能得到自由而全面发展的社会。唯物史观告诉我们，生产关系既不能落后于生产力，也不能超越于生产力，超越了生产力，就会欲速则不达。历史的启迪是，我们既要仰望星空、胸怀理想，也要脚踏实地、从实际出发。

改革开放与伟大觉醒相伴相随，有了伟大觉醒才有了改革开放。那么，伟大觉醒来自于哪里呢？

伟大觉醒来自于中国共产党的党性。中国共产党是中国工人阶级的先锋队，同时是中国人民和中华民族的先锋队。马克思、恩格斯在《共产党宣言》中指出："共产党人为工人阶级的最近的目的和利益而斗争，但是他们在当前的运动中同时代表运动的未来。"中国共产党没有自己的利益，更没有自己的特殊利益。它所代表的利益就是中国工人阶级和最广大人民群众的利益。因此，我们党作为马克思主义政党，就能够摆脱以往一切政治力量追求自身特殊利益的局限，无私无畏，敢作敢为，勇于做、能够做其他政治力量不能做、不想做的事。忠诚老实、实事求是，光明磊落、襟怀坦白，坚持真理、修正错误，铸就了中国共产党人的优良传统和优秀品质。这也正是中国共产党在历史上屡遭挫折，却能够迅速纠错，走出困境，扭转危局，化险为夷，开创新局面的根本原因。

伟大觉醒来自于马克思主义认识论的基本原理。实践是检验真理的唯一标准，实践的观点是马克思主义的基本观点，也是其出发点和归宿。实践是最高、最大的社会"法官"，一切主观的东西都必须经受实践的检验，在这个"法官"面前接受裁决。在实践中认识真理，发现真理，检验真理，发展真理，是马克思主义哲学的一个基本原理。我们党带领人民获得的伟大觉醒，正是从40年前进行的那场关于"实践是检验真理的唯一标准"大讨论开始的。真理标准的讨论，广泛展开，如火如荼，深入人心，影响深远，拉开了中国大地上一场解放思想的帷幕。真理标准的确立，坚持了马克思主义，恢复了党的实事求是的思想路线，把人们的思想从长期"左"的禁锢和教条主义的束缚中解放出来。解放思想和改革开放相互激荡、观念创新和实践探索相互促进，充分显示了思想引领的强大力量。在改革开放中，马克思主义认识论给了中国共产党和中国人民能够觉醒、敢于觉醒、持续觉醒的强大思想武器。

伟大觉醒来自于人民群众的历史作用。改革开放中的很多事物是人民群众大胆探索、勇于实践所创造的，改革开放也是从农村到城市、从沿海到内地、从局部到整体渐次展开的。在这个过程中，人民群众始终是改革开放的实践者、推动者、参与者。从家庭联产承包责任制的实行到乡镇企业的异军突起，从人民公社制度的废除到个体私营经济的发展，从"三来一补"到境外资金、技术、设备、人才的引进，从创办经济特区到沿海开放城市、沿海经济开放区的设立，再到内陆以及沿边地区的逐步开放，等等。改革开放中出现的一系列新突破、新事物、新成就，都凝结着人民群众的智慧、心血和汗水。人民群众是社会发展的根本动力，是我们党的根基、血脉和力量源泉。

二、伟大觉醒催生了改革开放，改革开放成为党和人民在新时期最鲜明的特点和最伟大创造

习近平总书记指出："改革开放是我们党的历史上一次伟大觉醒，正是这个伟大觉醒孕育了新时期从理论到实践的伟大创造。"改革开放是伟大觉醒的产物，伟大觉醒催生了改革开放，改革开放发展了中国，发展了社会主义，发展了马克思主义。

中国共产党在实践探索中赋予了改革开放以"革命"的全新含意。党的十一届三中全会后我们实行的改革开放是什么性质？我们党认为，它不是体制的枝节修补，不是改良，而是一定意义上的一场"革命"。邓小平同志深刻指出："革命是要搞阶级斗争，但革命不只是搞阶级斗争。生产力方面的革命也是革命，而且是很重要的革命，从历史的发展来讲是最根本的革命。"他还说，"改革是中国的第二次革命"。江泽民同志指出："改革开放是一场新的革命，是建设有中国特色社会主义的强大动力。"胡锦涛同志指出："我们党领导的改革开放这场新的伟大革命，引领中国人民走上了中国特色社会主义广阔道路，迎来中华民族伟大复兴光明前景。"习近平总书记强调："改革开放是我们党在新的时代条件下带领人民进行的新的伟大革命，是当代中国最鲜明的特色，也是我们党最鲜明的旗帜。"40年来，我们党靠什么来振奋民心、统一思想、凝聚力量？靠什么来激发全体人民的创造精神和创造活力？靠什么来实现我国经济社会快速发展、在与资本主义竞争中赢得比较优势？靠的就是改革开放这场新的伟大革命。

改革开放推进了马克思主义中国化的历史进程，使党的

理论创新步伐不断加快。中国共产党一经成立就把马克思列宁主义写到了自己的旗帜上。但是，历史经验表明，马克思主义要有效、有用，必须同中国实际相结合。在新民主主义革命时期，我们党推进马克思主义中国化，创立了毛泽东思想。改革开放的生动实践，为党的理论创新提供了广阔舞台，提出了迫切需要。从邓小平理论、"三个代表"重要思想、科学发展观，到习近平新时代中国特色社会主义思想，其形成、创立和将其确立为党的指导思想、行动指南，马克思主义中国化的步伐大大加快。实践证明，改革开放最主要的成果是开创和发展了中国特色社会主义。我们党在改革开放中开创了马克思主义新境界，把马克思主义推进到一个又一个新的发展阶段。

改革开放推动了中国特色社会主义伟大事业的繁荣发展，使改革开放和社会主义现代化建设取得历史性成就、发生历史性变革。党的十一届三中全会以来，我们党团结带领全国人民进行改革开放新的伟大革命，破除阻碍国家和民族发展的一切旧思想旧观念和体制机制障碍，极大地激发了广大人民群众的积极性、主动性、创造性，极大地解放和发展了社会生产力，极大地增强了社会发展活力，人民生活显著改善，综合国力显著增强，国际地位显著提高。党的十八大以来，以习近平同志为核心的党中央以巨大的政治勇气和强烈的责任担当，提出一系列新理念新思想新战略，出台一系列重大方针政策，推出一系列重大举措，推进一系列重大工作，解决了许多长期想解决而没有解决的难题，办成了许多过去想办而没有办成的大事，推动党和国家事业发生历史性变革，中华民族迎来了实现伟大复兴的光明前景，迎来了从站起来、富起来到强起来的伟大飞跃。实践证明，改革开放使"中国真正活跃起来"，为社会主义现代化建设提供了强大动力和有力保障，迅速地发展了中国，极大地壮大了中国，增强了中国特色社会主义在世界的影响力、感召力、引领力。

三、在新的伟大党醒中，将改革开放进行到底

改革开放是当代中国发展进步的活力之源，是党和人民大踏步赶上时代前进步伐的重要法宝，是坚持和发展中国特色社会主义的必由之路。我国过去 40 年的快速发展靠的是改革开放，我国未来要实现社会主义现代化强国目标、实现中华民族伟大复兴的中国梦也必须坚定不移依靠改革开放。改革开放只有进行时，没有完成时。

觉醒开启征程，奋斗成就伟业。党的十九大确立了习近平新时代中国特色社会主义思想在全党的指导地位，对全面深化改革开放作出战略部署，这是全党全国人民在新时代将改革开放进行到底、获取新的伟大党醒的理论基础和思想武器。

在坚持党对一切工作的领导中，将改革开放进行到底。新时代中国特色社会主义是我们党领导人民进行伟大社会革命的成果，也是我们党领导人民进行伟大社会革命的继续。中国特色社会主义最本质的特征是中国共产党领导，中国特色社会主义制度的最大优势是中国共产党领导。党政军民学，东西南北中，党是领导一切的。进行伟大斗争，推进伟大事业，实现伟大梦想，必须毫不动摇坚持和完善党的领导，毫不动摇把党建设得更加坚强有力。必须充分发挥党总揽全局、协调各方的领导核心作用。我们要增强"四个意识"，坚决维护以习近平同志为核心的党中央权威和集中统一领导。既不走封闭僵化的老路，也不走改旗易帜的邪路，坚定不移走中国特色社

会主义道路。

在坚持以人民为中心的发展思想中，将改革开放进行到底。中国特色社会主义是我们党领导的事业，也是中国人民自己的事业。党的宗旨是全心全意为人民服务。人民是历史的创造者，也是改革开放的主体。在改革开放和治国理政实践中，我们必须善于通过提出和贯彻正确的路线方针政策带领人民前进。必须坚持发展为了人民、发展依靠人民、发展成果由人民共享，着力提高保障和改善民生水平，着力解决人民群众关心的现实利益问题，增进人民福祉，这是新时代推进中国特色社会主义伟大事业的根本出发点和落脚点。

在坚持统筹推进"五位一体"总体布局和协调推进"四个全面"战略布局中，将改革开放进行到底。"五位一体"总体布局和"四个全面"战略布局，是习近平新时代中国特色社会主义思想和新时代坚持和发展中国特色社会主义基本方略的重要内容。"五位一体"总体布局体现了中国特色社会主义的全面发展，"四个全面"战略布局体现了改革发展的战略重点、关键领域和主攻方向。统筹推进"五位一体"总体布局和协调推进"四个全面"战略布局，就要正确处理好两个布局的辩证关系，将改革开放贯穿体现于两个布局的各个方面、各个领域、各个过程、各个环节，以改革开放作为两个布局的强大动力。

在坚持创新、协调、绿色、开放、共享的新发展理念中，将改革开放进行到底。创新、协调、绿色、开放、共享的新发展理念是我们党发展思想的集大成，是对改革开放以来尤其是党的十八大以来我们"为什么发展、如何发展"历史经验和新鲜经验的深刻总结。我们要坚定不移地贯彻好这个新发展理念，以创新为第一动力，以协调为基本要求，以绿色为前提条件，以开放为重要途径，以共享为根本目的，坚决破除一切妨碍科学发展的思想观念和体制机制弊端，建设现代化经济体系。围绕处理和解决好人民日益增长的美好生活需要和不平衡不充分的发展之间的矛盾，着力推动经济建设、政治建设、文化建设、社会建设、生态文明建设全面协调可持续发展。

在坚持推动构建新型国际关系、构建人类命运共同体中，将改革开放进行到底。对外开放是我们的基本国策，开放给我国发展带来了巨大效益和活力。"中国开放的大门不会关闭，只会越开越大。"我们要高举和平、发展、合作、共赢的旗帜，坚定不移走和平发展道路，推动建设相互尊重、公平正义、合作共赢的新型国际关系。坚定不移奉行互利共赢的开放战略，坚持引进来和走出去并重，推动形成陆海内外联动、东西双向互济的开放格局，推动"一带一路"建设，推动构建人类命运共同体，为世界和平发展和人类文明进步作出贡献，为解决人类问题贡献中国智慧和中国方案。

在坚持全面从严治党中，将改革开放进行到底。我们党作为马克思主义执政党，面临的"四大考验"具有长期性、复杂性，面临的"四种危险"具有尖锐性、严峻性。我们必须贯彻落实新时代党的建设总要求，把政治建设摆在首位，讲政治，讲纪律，讲规矩，始终保持革命精神，保持过去革命战争时期的那么一股劲，那么一股革命热情，那么一种拼命精神，把革命工作做到底。永不自满、永不懈怠，敢于自我革命，敢于刀刃向内，敢于刮骨疗毒，敢于壮士断腕，防止祸起萧墙。必须不断增强自我净化、自我完善、自我革新、自我提高能力，使党始终走在时代前列，始终成为全国人民的主心骨，始终成为中国特色社会主义事业的坚强领导核心。

"两个伟大革命论"是
党的重大理论创新[*]

2018 年 1 月 5 日，习近平总书记在新进中央委员会的委员、候补委员和省部级主要领导干部学习贯彻习近平新时代中国特色社会主义思想和党的十九大精神研讨班开班式上发表重要讲话。讲话把历史和现实相贯通、国际和国内相关联、理论和实际相结合，深刻阐述了坚持和发展中国特色社会主义要一以贯之，推进党的建设新的伟大工程要一以贯之，增强忧患意识、防范风险挑战要一以贯之等重大问题。讲话提出了我们党领导人民进行伟大的社会革命和领导全党进行伟大的自我革命的重要论断，形成了一个新的重大命题，即"两个伟大革命论"，这是党的一个重大理论创新。

———————
* 本文发表于《党建研究》2018 年第 2 期。

一、"两个伟大革命论"是对马克思主义革命论的继承和发展

我们党坚持和运用的"革命"概念，来源于马克思主义。马克思有句名言：革命是历史的火车头。他还说："一般的革命——推翻现政权和破坏旧关系——是政治行为。而社会主义不通过革命是不可能实现的。社会主义需要这种政治行为，因为它需要消灭和破坏旧的东西。"恩格斯指出："暴力，用马克思的话说，是每一个孕育着新社会的旧社会的助产婆。"毛泽东同志在新民主主义革命时期也指出："革命不是请客吃饭，不是做文章，不是绘画绣花，不能那样雅致，那样从容不迫，文质彬彬，那样温良恭俭让。革命是暴动，是一个阶级推翻一个阶级的暴烈的行动。"马克思、恩格斯所讲的暴力和毛泽东同志所讲的暴动是一个含义，是革命的举动和骤变形式。革命导师和领袖的重要论述都说明了革命在社会历史发展中的重大作用，是实现社会形态更替的重要手段。马克思主义关于革命的这个思想，我们党一直是坚持的。

改革开放后，我们党从中国的实际出发，对马克思主义的革命思想又有新的发展和运用。突出的表现是，我们党对党的十一届三中全会以来实行的改革开放赋予了革命的意义。邓小平同志深刻指出："革命是要搞阶级斗争，但革命不只是搞阶级斗争。生产力方面的革命也是革命，而且是很重要的革命，从历史的发展来讲是最根本的革命。"对于我国改革开放的性质，邓小平同志强调："改革是中国的第二次革命""改革是社会主义制度的自我完善""革命是解放生产力，改革也是解放生产力"。江泽民同志指出："改革开放是一场

新的革命，是建设有中国特色社会主义的强大动力。""这场新的伟大革命也给党的思想政治建设注入了新的活力"。胡锦涛同志也指出："我们党领导的改革开放这场新的伟大革命，引领中国人民走上了中国特色社会主义广阔道路，迎来中华民族伟大复兴光明前景。"

习近平总书记提出的"两个伟大革命论"是对马克思主义和我们党关于革命论的继承和发展。这个理论既把革命和改革贯通起来，又把社会革命和自我革命贯通起来，是党的又一个重大理论创新。这个理论的两个贯通，是有充分实践根据和理论依据的。从马克思主义哲学看，革命就其本质意义讲，是事物量变过程中渐进过程的中断，即产生飞跃。同时马克思主义哲学又认为，在事物量变过程中也还大量存在着不改变事物性质的部分质变。事物的发展变化有突变和渐变两种形式，因此革命也就有了广义和狭义之分。从一般意义上说，狭义的社会革命，就是暴力革命，社会制度变更；狭义的自我革命，就是脱胎换骨，除旧布新。广义的社会革命，就是改革，体制机制的完善；广义的自我革命，就是坚定革命意志，发扬革命精神。习近平总书记的"两个伟大革命论"是狭义革命论和广义革命论的有机统一，为我们正确认识革命的性质、功能、条件和范围提供了基本遵循，也为我们在新时代推进伟大的社会革命和推进伟大的自我革命提供了科学的思想指引。

二、"两个伟大革命论"是对中国共产党历史主题主线和主流本质的深化和拓展

中国共产党历史的主题主线是争取民族独立、人民解放和

实现国家富强、人民幸福。这两大历史任务是 1840 年鸦片战争以后中国所面临的，是中国人民和中华民族所提出的，是中国的社会性质和特殊国情所决定的。在近现代的中国，谁能承担起中国历史所赋予的这一责任，带领中国人民完成这两大历史任务，人民就会支持谁、选择谁、拥护谁。

我们党 97 年的历史分为三个历史时期。第一个历史时期从 1921 年建党至 1949 年新中国成立共 28 年，我们称之为党在新民主主义革命时期的历史。在这个历史时期，我们党团结带领中国人民进行浴血奋战，打败日本帝国主义，推翻国民党反动统治，推翻压在中国人民头上的帝国主义、封建主义、官僚资本主义三座大山，完成了新民主主义革命，建立了中华人民共和国，实现了中国从几千年封建专制政治向人民民主的伟大飞跃。第二个历史时期从 1949 年新中国成立至 1978 年党的十一届三中全会召开共 29 年，我们称之为党在社会主义革命和建设时期的历史。在这个历史时期，我们党团结带领中国人民完成社会主义革命，消灭一切剥削制度，确立社会主义基本制度，推进社会主义建设，完成了中华民族有史以来最为广泛而深刻的社会变革，为当代中国一切发展进步奠定了根本政治前提和制度基础，实现了中华民族由近代不断衰落到根本扭转命运、持续走向繁荣富强的伟大飞跃。第三个历史时期从 1978 年党的十一届三中全会召开至今共 40 年，我们称之为党在改革开放和社会主义现代化建设新时期的历史。在这个历史时期，我们党团结带领中国人民进行改革开放新的伟大革命，破除阻碍国家和民族发展的一切思想和体制障碍，极大激发广大人民群众的创造性，极大解放和发展社会生产力，极大增强社会发展活力，人民生活显著改善，综合国力显著增强，国际地位显著提高，中华民族迎来了实现伟大复兴的光明前景，迎来了从站起来、富起来到强起来的伟大飞跃。"两个伟大革命论"把党肩负的两大历史任务和党的三个历史时期连接和贯通了起来。

中国共产党历史的主流本质是我们党带领人民为争取民族独立、人民解放和实现国家富强、人民幸福而不懈奋斗的历史；是我们党把马克思主义基本原理与中国革命、建设、改革实际和时代特征相结合，不断推进马克思主义中国化时代化，进行理论探索和创新的历史；是我们党不断加强自身建设，始终保持先进性和纯洁性的历史。概括地说，就是"不懈奋斗史""理论探索史""自身建设史"。"两个伟大革命论"又连接和贯通了我们党的"三个史"。可以说，"不懈奋斗史"记述的就是我们党领导人民进行伟大的社会革命的历史；"理论探索史""自身建设史"记述的就是我们党领导全党进行的伟大的自我革命的历史。"三个史"的内容极其精彩生动，"三个史"的内涵也极其丰富和波澜壮阔。

"两个伟大革命论"深化和拓展了中国共产党历史的主题主线和主流本质，也就澄清了过去一个时期我们对"革命党""执政党"的不准确区分和模糊认识，对回击历史虚无主义从根本上否定马克思主义指导地位和中国走向社会主义的历史必然性，否定中国共产党的领导和社会主义制度，纠正用改革开放前的历史和用改革开放后的历史相互否定的做法，提供了强有力的思想武器，以确保我们党在新民主主义革命中取得的成果绝不能丢失，在社会主义革命和建设中取得的成就绝不能否定，在改革开放中坚持的正确方向绝不能动摇。

新时代中国特色社会主义是我们党领导人民进行伟大的

社会革命的成果，也是我们党领导人民进行伟大的社会革命的继续。中国特色社会主义最本质的特征是中国共产党领导，中国特色社会主义制度的最大优势是中国共产党领导。党政军民学，东西南北中，党是领导一切的。要把我国建设成为富强民主文明和谐美丽的社会主义现代化强国，实现中华民族伟大复兴的中国梦，我们党必须勇于领导人民把进行了97年的伟大的社会革命推进到底。而我们党要把伟大的社会革命推进好，必须始终保持革命精神，保持过去革命战争时期的那么一股劲，那么一股革命热情，那么一种拼命精神，把革命工作做到底。永不自满、永不懈怠，敢于自我革命，敢于刀刃向内，敢于刮骨疗毒，敢于壮士断腕，防止祸起萧墙。不断增强自我净化、自我完善、自我革新、自我提高的能力。

三、"两个伟大革命论"为我们党统筹推进"五位一体"总体布局、协调推进"四个全面"战略布局提供了前进方向和战略指引

无论经济改革或是社会变革，都要顺应历史规律，把握发展方向，保持战略定力。党的十八大以来，国内外形势变化和我国各项事业发展都给我们提出了一个重大时代课题，这就是必须从理论和实践结合上系统回答新时代坚持和发展什么样的中国特色社会主义、怎样坚持和发展中国特色社会主义。以习近平同志为核心的党中央带领全党对此作出了明确而又系统的回答。其中就包括制定和实施"五位一体"总体布局和"四个全面"战略布局。"五位一体"总体布局和"四个全面"战略布局是习近平新时代中国特色社会主义思想和新时代坚持和发展中国特色社会主义基本方略的重要组成部分，二者统一于

党领导的伟大的社会革命和伟大的自我革命的实践之中。"五位一体"总体布局体现了中国特色社会主义的全面发展，"四个全面"战略布局体现了党和国家事业发展的战略重点、关键领域和主攻方向。统筹推进"五位一体"总体布局、协调推进"四个全面"战略布局，提纲挈领，统并归纳，就是要解决和处理好"两个伟大革命"的关系问题。其方向和要旨，就是要将"两个伟大革命"贯穿体现于"五位一体"总体布局和"四个全面"战略布局之中，以"两个伟大革命"为方向和牵引，将"两个伟大革命"推进好，将"两个伟大革命"相互之间的关系协调好、处理好，以伟大的自我革命推动伟大的社会革命，以伟大的社会革命引领伟大的自我革命。

党的十九大明确以"五位一体"总体布局和"四个全面"战略布局为统领，对我国经济和社会发展以及全面从严治党作出全面战略部署。中国特色社会主义是党领导的事业，是亿万中国人民自己的事业。必须坚持发展为了人民、发展依靠人民、发展成果由人民共享的原则，着力增进人民福祉，这是新时代伟大的社会革命的根本出发点和落脚点。新时代我们党要领导好伟大的社会革命，面临着"四大考验"和"四种危险"，这就提出了新时代我们党要领导好伟大的社会革命，还必须领导好伟大的自我革命的问题。这就要求我们党要继续坚持党要管党、全面从严治党的方针，把党建设好，完成党自我革命的任务，使党成为中国特色社会主义事业的坚强领导核心。因此，统筹推进"五位一体"总体布局、协调推进"四个全面"战略布局，要以"两个伟大革命论"为前进方向和战略指引。

四、"两个伟大革命论"为我们党跳出历史周期率提供了根本方法和具体路径

历史周期率是中国历代封建王朝盛衰兴亡所呈现出的一个普遍现象。针对中国共产党如何跳出历史周期率的问题，上世纪40年代，毛泽东同志在延安与黄炎培先生有一段著名的"窑洞对"。如何跳出历史周期率，毛泽东同志给出的办法就是人民民主与人民监督。每到我们党在执政的重大历史关头，毛泽东同志和黄炎培先生关于跳出历史周期率的"窑洞对"就成为全党聚焦、社会高度关切的问题。

"两个伟大革命论"对毛泽东同志这一思想给予了丰富和发展，为我们党跳出历史周期率提供了根本的方法和具体路径，这就是全面加强党的自身建设，全面从严治党，发扬我们党彻底的自我革命精神。习近平总书记深刻指出，在新时代，我们党必须以党的自我革命来推动党领导人民进行的伟大社会革命，把党建设成为始终走在时代前列、人民衷心拥护、勇于自我革命、经得起各种风浪考验、朝气蓬勃的马克思主义执政党，这既是我们党领导人民进行伟大社会革命的客观要求，也是我们党作为马克思主义政党建设和发展的内在需要。

伟大的自我革命的成效，是我们党能否领导伟大的社会革命的前提和条件。我们党作为马克思主义政党，顺应社会历史发展的潮流和趋势，代表着中国先进生产力的发展要求，代表着中国先进文化的前进方向，代表着中国最广大人民的根本利益。因此，我们党除了工人阶级和最广大人民的利益外，没有自己的利益，更没有自己的特殊利益。马克思主义政党所具有的这种性质，就决定了它的宗旨、任务和最高理想、最终目

标与其他类型的政党不同，也就规定了它对为人民服务宗旨的践行，必须全心全意，不能带一点私心，不能含半点杂质。否则，就不能行稳致远，就违反其性质，背离其宗旨，就不是共产党。勇于坚持真理，随时修正错误，就成为马克思主义政党的品格、特质和优势。中国共产党的这种能力，既是我们党区别于其他政党的显著标志，也是我们党兴盛不衰的秘诀。新时代决胜全面建成小康社会、实现中华民族伟大复兴的中国梦，对我们党提出了前所未有的新挑战新要求。新形势下，影响党的先进性、弱化党的纯洁性的因素是复杂的，侵蚀党的肌体的现象是大量存在的，而且这些因素和现象具有很强的危险性和破坏性。这就决定了推进新时代党的建设新的伟大工程，党必须勇于自我革命。通过自我革命，使党始终成为时代先锋、民族脊梁，始终保持马克思主义执政党的性质不变，确保我们党团结带领人民有效应对重大挑战、抵御重大风险、克服重大阻力、解决重大矛盾，不断从胜利走向新的胜利。

伟大的社会革命的成效如何，是对党的伟大的自我革命合格与否的检验和证明。在推进伟大的社会革命实践中，我们党紧紧依靠人民，跨过了一道又一道坎，取得革命、建设、改革伟大社会革命的胜利。改革开放以来，我们取得了举世瞩目的伟大成就。特别是党的十八大以来，以习近平同志为核心的党中央提出一系列新理念新思想新战略，出台一系列重大方针政策，推出一系列重大举措，推进一系列重大工作，解决了许多长期想解决而没有解决的难题，办成了许多过去想办而没有办成的大事，推动党和国家事业发生历史性变革。这些成就是我们继续前进的基础和起点。习近平总书记强调指出："昨天的成功并不代表着今后能够永远成功，过去的辉煌并不意味着未来可以永远辉煌。"我们党只有把伟大的自我革命和伟大的社会革命都搞好，才能奠定长期执政的坚实基础，始终充满生机活力，也才能跳出历史周期率。

伟大的社会革命和伟大的自我革命辩证统一、相辅相成，两者之间相互促进，相互制约，相互作用，相互影响，是一个不可分割的整体。只有两个伟大的革命都搞好，我们党才能跳出历史周期率。习近平总书记关于跳出历史周期率的思想，不是从几十年、上百年的时间维度和时间节点来衡量的，而是着眼于在中国完全建成社会主义社会，直至最后实现共产主义的伟大理想。"两个伟大革命论"这一重大理论成果，对推进我们党领导人民进行的伟大的社会革命和推进我们党领导全党进行的伟大的自我革命，必将产生强大的指导作用。

2017 年

学习领会党的十九大报告需要准确把握的几个重大问题 *

党的十九大是在全面建成小康社会决胜阶段、中国特色社会主义进入新时代的关键时期召开的一次十分重要的大会。当前和今后一个时期全党全国的首要政治任务，就是学习宣传贯彻党的十九大精神，为推动党和国家事业发展提供强大思想武器。贯彻落实党的十九大精神，首先要在学懂弄通上下功夫，在全面系统学习领会的基础上，抓住重点、抓住关键、抓住精髓、抓住要义，准确领会和把握新理念、新论断、新任务、新举措。

中国特色社会主义进入新时代的历史起点和内涵

党的十九大报告指出："经过长期努力，中国特色社会主义进入了新时代，这是我国发展新的历史方位。"虽然是党的十九大作出了中国特色社会主义进入新时代的重大判断，但不能把党的十九大作为进入新时代的历史起点。

* 本文发表于《学习时报》2017 年 11 月 13 日。

党的十八大以来的 5 年，是党和国家发展进程中极不平凡的 5 年，党和国家事业取得了历史性成就，发生了历史性变革。历史性成就是全方位的、开创性的；历史性变革是深层次的、根本性的。我国社会主要矛盾也发生了变化，转化为人民日益增长的美好生活需要和不平衡不充分的发展之间的矛盾。在全面建成小康社会的基础上，把我国建成富强民主文明和谐美丽的社会主义现代化强国，成为全党全国各族人民的奋斗目标。党的十九大回望历史，从治国理政新变化、党和国家事业的历史性变革以及社会主要矛盾的变化等方面得出一个重大结论：从党的十八大起，我国社会发展处在一个新的历史起点上，中国特色社会主义进入了新时代。

在党的历史发展进程中，我们使用过新时期、新阶段、新世纪新阶段等不同的概念。新时期指的是党的十一届三中全会以来开启的改革开放和社会主义现代化建设新时期。新世纪新阶段说的是从 20 世纪跨入 21 世纪，就是指 21 世纪。新阶段用得最广泛。新时代和新时期、新阶段的表述是怎样的关系呢？新时代在一定意义上和新时期、新阶段有相同相通之处，它主要是从党和国家事业的历史性变革，从深刻变化的国际国内形势，从我们所处的历史方位、所肩负的历史使命和历史任务这个角度使用的概念。新时代比新时期、新阶段更鲜明、更响亮、更具感召力，更能反映出时代本质的特征。需要说明的是，这里我们所说的新时代，不是历史学上时代划分的概念。

总之，党的十八大是中国特色社会主义进入新时代的历史坐标点，是重大历史节点。

我国社会主要矛盾转化的认识和理解

党的十九大提出，中国特色社会主义进入了新时代，我国社会主要矛盾已经转化为人民日益增长的美好生活需要和不平衡不充分的发展之间的矛盾。这是对现阶段我国社会主要矛盾作出的重大新判断。

过去很长一段时间，我们党对我国社会主要矛盾的判断是，人民日益增长的物质文化需要同落后的社会生产之间的矛盾。党的八大提出：我们国内的主要矛盾，已经是人民对于建立先进的工业国的要求同落后的农业国的现实之间的矛盾，已经是人民对于经济文化迅速发展的需要同当前经济文化不能满足人民需要的状况之间的矛盾。这一矛盾的实质，在我国社会主义制度已经建立的情况下，也就是先进的社会主义制度同落后的社会生产力之间的矛盾。这个论断，是符合当时我国实际的。但是因为复杂的社会历史原因，后来对这个正确的判断没有坚持下来，偏离到了"以阶级斗争为纲"的方面。1981年党的十一届六中全会审议通过的《关于建国以来党的若干历史问题的决议》，专门在党的八大的基础上对我国社会主要矛盾作了规范表述，即在社会主义改造基本完成以后，我国所要解决的主要矛盾，是人民日益增长的物质文化需要同落后的社会生产之间的矛盾。党的十二大以后，这个表述成为改革开放新时期历届党的全国代表大会关于社会主要矛盾的规范表述。

关于我国社会主要矛盾的表述，如果从1956年党的八大开始算起，至今已有61年了；如果从1981年作出历史决议算起，至今也已有36年了。这几十年间，我国社会发生了翻天覆地的变化。从社会生产和人民需要两个方面来看，这个表述都不适应了。

从社会生产上看，"落后的社会生产"的表述已经不能完全反映我国当前的实际。我国幅员辽阔，东西南北，千差万别，既有北京、上海、广州、天津、深圳这些大都市、大城市，其城市建设、城乡面貌，即使与发达国家相比也毫不逊色。用"落后的社会生产"不能覆盖地域上的不同发展水平。我国的经济实力、科技实力、国防实力、综合国力等大幅提升，进入世界前列。经济总量已经是世界第二大经济体，220多种工农业产品产量在世界上居于第一，有许多产品的产量在世界上名列前茅，许多产品的科技含量、技术水平在世界上处于领先地位，实现了从跟跑、并跑到领跑的超越。如果再用"落后的社会生产"的表述，已不符合社会发展的实际，不仅说服不了人民群众，也说服不了国际社会。

从人民需要上看，"物质文化需要"的表述也已经涵盖不了人民的需要。当前，人民群众的需要是多方面、多领域、多层次、立体化、全方位的。不同群体的需求也是千差万别的。除了物质的、文化的需要以外，还有政治方面的需要，比如公平、正义、法治的需要；还有生态方面的需要，比如对改善空气质量、土壤污染、水资源污染、食品不安全状况的需要，等等。

我国社会发展现在也存在不少问题，主要是发展不平衡不充分的问题，包括东部、中部、西部地域上发展的不平衡不充分；城乡发展之间不平衡不充分；不同群体发展的不平衡不充分；不同领域不同行业发展的不平衡不充分。认识和理解我国社会主要矛盾发生变化时，要把握好"两个充分认识"。

一是充分认识我国社会主要矛盾的变化是全局性的、历史性的，不是局部的、暂时的。这种全局性、历史性变化，给党和国家工作提出了许多新的更高要求，要求我们要有问题导向意识，什么问题来了就解决什么问题，什么矛盾问题突出，就集中力量解决什么矛盾问题。问题倒逼改革，我们就用改革解决问题、促进发展。

二是充分认识我国社会主要矛盾的变化，并没有改变对我国所处历史阶段的判断，我国仍处于并将长期处于社会主义初级阶段的基本国情没有变，我国是世界最大发展中国家的国际地位没有变。发展是动态过程，不平衡不充分是永远存在的，但当发展到了一定阶段后不平衡不充分成为社会主要矛盾的主要方面时，就必须下功夫去认识它、解决它。事物从量变到质变，需要越过一个"度"，也就是达到一个节点。只有达到了节点，才会发生质变。

现在发展不平衡不充分是一个量变的过程、积累的过程。因此，不能因为社会主要矛盾发生了转化，就超越社会发展阶段。另外，判断一个社会的发展阶段和主要矛盾，也不能以经济一个方面的因素去看，而是要从社会各方面的因素综合去看。马克思主义基本原理和党的历史告诉我们，社会发展阶段必须判断准确，既不能超越，也不能落后。在我们党的历史上，曾经一度超越历史发展阶段，搞了"大跃进"，最终欲速则不达，越想快就越快不了，受到自然和社会发展规律的惩罚。改革开放后，我们党深刻汲取历史教训，作出我国处于并将长期处于社会主义初级阶段的重大判断。这里所指的长期到底长到什么时间呢？1992 年，邓小平同志在南方谈话中讲的是 100 年。他强调，党的基本路线要 100 年不动摇。100 年，这一方面表达的是一种决心、一种意志，另一方面表达的也是一个时段，即从1956 年社会主义改造基本完成，我们建立社会主义基本制度，进入社会主义社会以后，一直到 21 世纪中叶基本实现社会主义现代化，这大概是 100 年。党的十九大提出 2035 年基本实现现代化，比以前规划的目标提前了 15 年。到 2050 年或新中国成立 100 年时，建成富强民主文明和谐美丽的社会主义现代化强国，实现社会主义现代化，实现中华民族伟大复兴的中国梦。

从世界角度看，我国虽然"块头大"，但"虚胖"，在产品质量、生产效率、经济结构等方面还含有一定的"水分"。我国虽然大，但大而不强，是世界最大发展中国家的国际地位没有变。对此，我们也必须要有清醒的认识。

我们在认识和理解我国社会主要矛盾的变化时，只有抓住了上述"两个充分认识"，把握住"变"与"不变"的辩证法和统一性，才能牢牢把握社会主义初级阶段这个基本国情，牢牢立足社会主义初级阶段这个最大实际，牢牢坚持党的基本路线这个党和国家的生命线、人民的幸福线。

"四个伟大"的相互关系

党的十九大提出进行伟大斗争、建设伟大工程、推进伟大事业、实现伟大梦想。这"四个伟大"是有着严密逻辑关系的。

"四个伟大"是推进中国特色社会主义各项事业的总方略、总框架、总坐标、总抓手。党的十九大报告提出的"四个伟大"，是按照实现伟大梦想这一条主线，也就是按照我们党实现新时代中国共产党的历史使命分别展开论述的。"四个伟大"既有各自的内涵，其内在关系又是紧密联系、相互贯通、相互作用的。必须强调的是，"四个伟大"并非平行的关系。最核心最关键的就是建设伟大工程，它起着决定性作用。办好中国的事情关键在中国共产党。中国共产党是中国长期的执政党，是中国特色社会主义事业的坚强领导核心。党政军民学，东西南北中，党是领导一切的。中国共产党的这种历史地位，是历史的选择、人民的选择。伟大斗争能不能取得胜利，取决于中国共产党；伟大事业能不能取得成功、推进得好不好，关键在中国共产党；伟大梦想能不能实现，也在于中国共产党人能不能团结带领全国各族人民努力奋斗、凝聚起磅礴力量。同时，推进伟大工程，要结合伟大斗争、伟大事业、伟大梦想的实践来进行，不要空谈，不能脱离实际。只有这样，才能确保党在世界形势深刻变化的历史进程中始终走在时代前列，在应对国内外各种风险和考验的历史进程中始终成为全国人民的主心骨，在坚持和发展中国特色社会主义的历史进程中始终成为坚强领导核心。

习近平新时代中国特色社会主义思想和基本方略的内在关系

党的十九大要求全党要深刻领会习近平新时代中国特色社会主义思想的精神实质和丰富内涵，在各项工作中全面准确贯彻落实，并提出了新时代坚持和发展中国特色社会主义的基本方略。我们要认识到，习近平新时代中国特色社会主义思想，同坚持和发展中国特色社会主义基本方略，具有本质上的同一性，是完全一致的。

习近平新时代中国特色社会主义思想是在理论上进行的高度概括和凝练，主要内容体现在"八个明确"，它是指导思想层面的表述。坚持和发展中国特色社会主义基本方略是在实践层面、方略层面的展开，主要表述为"十四个坚持"，它是行动纲领层面的表述。

　　习近平新时代中国特色社会主义思想同坚持和发展中国特色社会主义基本方略是一个有机联系、相互契合的完整理论体系，必须贯通起来把握。不能把习近平新时代中国特色社会主义思想与基本方略分割开来，机械地、呆板地、僵化地理解。当然，思想理论和战略部署可以从不同角度深入学习，加深领会，但必须始终将其作为一个整体来认识、来对待，作为整体的一个系统来统筹、来思考。

　　习近平新时代中国特色社会主义思想同坚持和发展中国特色社会主义基本方略具有内在的同一性、一致性，不能将"八个明确"和"十四个坚持"生搬硬套地一一对应，要抓住最关键最核心最本质的联系，基本方略本身就是习近平新时代中国特色社会主义思想的重要组成部分。

"两步走"战略安排的表述

　　党的十九大综合分析国际国内形势和我国发展条件，对全面建成小康社会之后未来的 30 年，分两个阶段作出战略安排，也可称为"两步走"战略安排。现在，有人将党的十九大"两步走"战略安排表述为"又一个'新三步走'战略"。这种表述，我认为应该慎重使用，否则容易产生误解和歧义。

　　改革开放初期，邓小平同志将"中国式的四个现代化"同"小康"这一富有中华传统文化意蕴的话语结合在一起。在此基础上，1982 年党的十二大提出"两步走"战略：从 1981 年到 20 世纪末的 20 年，前 10 年主要是打好基础，积蓄力量，创造条件，后 10 年要进入一个新的经济振兴时期。1987 年，党的十三大进一步制定了"三步走"的经济发展战略，即：第一步，实现国民生产总值比 1980 年翻一番，解决人民的温饱问题；第二步，到 20 世纪末，使国民生产总值再增长一倍，人民生活达到小康水平；第三步，到 21 世纪中叶，人均国民生产总值达到中等发达国家水平，"人民生活比较富裕"，基本实现现代化。1997 年，党的十五大对十三大确定的"三步走"发展战略，主要是对第三步战略作出具体安排。即 21 世纪第一个 10 年实现国民生产总值比 2000 年翻一番，使人民的小康生活更加宽裕，形成比较完善的社会主义市场经济体制；再经过 10 年的努力，到建党 100 年时，使国民经济更加发展，各项制度更加完善；到建国 100 年时，基本实现现代化，建成富强民主文明的社会主义国家。

党的十九大对 2020 年全面建成小康社会以后，作了两个阶段的战略安排。第一步，从 2020 年到 2035 年，在全面建成小康社会的基础上，再奋斗 15 年，基本实现社会主义现代化，这就把原来"三步走"战略的最后目标提前了 15 年。第二步，从 2035 年到 21 世纪中叶，在基本实现现代化的基础上，再奋斗 15 年，把我国建成富强民主文明和谐美丽的社会主义现代化强国。这个奋斗目标将党的十七大党章中的基本路线表述的奋斗目标增加了两个字、修改了两个字。增加了"美丽"，对应中国特色社会主义事业"五位一体"总体布局的生态文明建设。由此构成了"富强"对应经济建设、"民主"对应政治建设、"文明"对应文化建设、"和谐"对应社会建设、"美丽"对应生态文明建设的完整格局，并根据目标任务的变化，将"国家"修改为"强国"。

为什么有人说是"又一个'新三步走'战略"呢？他们主要是将党的十九大到 2020 年仍然作为一步。虽然这个时间段有一个目标任务，但党的十八届五中全会对全面建成小康社会的"十三五"规划建议已经作了安排部署，我认为不应该作为单独的一步，还是应该按照党的十九大报告的表述称之为"两步走"战略或分两个阶段的战略安排为好。

"四个全面"战略布局中奋斗目标的接续

2014年12月，习近平总书记在江苏调研时，第一次完整提出了"四个全面"战略思想。2015年2月，习近平总书记在省部级主要领导干部学习贯彻党的十八届四中全会精神全面推进依法治国专题研讨班开班式上明确指出：党的十八大以来，党中央从坚持和发展中国特色社会主义全局出发，提出并形成了"四个全面"的战略布局。这个战略布局，既有战略目标，也有战略举措，每一个"全面"都具有重大战略意义。一个战略目标、三个战略举措，构成完整的战略布局。这个战略思想逐步发展成为我们党坚持和发展中国特色社会主义的"四个全面"战略布局，即全面建成小康社会、全面深化改革、全面依法治国、全面从严治党战略布局。

有人认为，"四个全面"战略布局不是管长远的，是短期的、阶段性的。提出这个问题的主要依据就是说"四个全面"战略布局中的第一个"全面"即全面建成小康社会，到2020年就实现了。所以，这个战略布局到2020年也就完成使命了，也就完结了。党的十九大对这个问题给出了明确答案，这个问题需要我们在学习时给予关注。事实表明，这个战略布局是管长远的。在新时代，"四个全面"战略布局将是始终有效的、管用的。

我们要用历史的、发展的、辩证的、全面的眼光观察问题，要在一般意义上、原则意义上、普遍意义上来看"四个全面"战略布局，而不要局限于具体内容的表述。全面建成小康社会只是我们大目标下的阶段性战略目标。党的十九大已经提出了新的目标，那就是全面建设社会主义现代化国家。我认为，到 2020 年，全面建成小康社会的目标实现后，第一个"全面"即全面建成小康社会将被全面建设社会主义现代化国家（或强国）所替代，"四个全面"战略布局依然是一个战略目标、三个战略举措的完整体系，依然是管长远、管根本的，至少要管到本世纪中叶即 2049 年或 2050 年。

正确认识和把握
历史方位、旗帜和核心问题 *

党的十九大报告博大精深，可以从多方面、多领域、多角度去认识、体会和解读。党的历史无疑是一个重要的方面、重要的领域和重要的角度。因为，历史、现实、未来是相通的。党的历史是中国共产党带领人民为了民族独立、人民解放和国家富强、人民幸福而不懈奋斗的历史，是中国共产党不断推进马克思主义中国化，进行理论创新的历史，是中国共产党不断加强自身建设，始终保持先进性和纯洁性的历史。不忘历史才能开辟未来，就党的十九大报告所涉及的一些重大政治问题和理论问题，从党的历史的方面、领域和角度作出思考、解读和探索，对于我们深入学习贯彻党的十九大报告的精神实质是大有裨益的。

我们党已经走过了 96 年光辉历程，即将成为一个百年大党。纵观世界历史，富有生机和活力的百年大党是十分罕见

* 本文发表于《光明日报》2017 年 11 月 15 日。

的。甚至有些政党从诞生之日起不过几年时间，就昙花一现、烟消云散了。为什么我们党历经快一百年，还始终充满着生机和活力，对世界各国还有着如此重大而深远的影响，并且凝聚力、感召力越来越强？我们应该从总结历史经验的角度去思考和回答这个问题。回顾我们党的发展历史，至少有三条经验至关重要：一是明确历史方位至关重要；二是坚持高举旗帜至关重要；三是坚决维护核心至关重要。

关于历史方位问题

党的历史表明，历史方位就是实际，历史方位就是国情，历史方位就是发展趋势，历史方位就是时代坐标。一部中国共产党的历史就是不断适应形势任务的发展变化及时标定历史方位的历史。

1921年中国共产党一经成立，就把实现共产主义作为党的最高理想和最终目标，义无反顾肩负起实现中华民族伟大复兴的历史使命。而我们党深刻认识到，实现中华民族伟大复兴，必须推翻压在中国人民头上的帝国主义、封建主义、官僚资本主义三座大山，实现民族独立、人民解放、国家统一、社会稳定；必须建立符合我国实际的先进社会制度；必须合乎时代潮流、顺应人民意愿，勇于改革开放，让党和人民事业充满奋勇前进的强大动力。

在民主革命时期，我们党经过艰辛探索认识到，在半殖民地半封建社会的旧中国，要肩负起历史和人民赋予我们党的使命，必须首先认清党所处的历史方位。由于中国民族资产阶级的软弱性，由于世界历史的时代变化，中国的民族民主革命只能由无产阶级及其政党——中国共产党来领导。中国革命既不能毕其功于一役，也不能长久停留在民主革命阶段止步不前。中国革命要分两步走，要做好民主革命和社会主义革命上下两篇大文章。在新民主主义革命的抗日战争时期，当卢沟桥事变发生、全民族抗战到来时，我们党正确判断所处的历史方位，正确提出了要把党建设成为一个全国范围的、广大群众性的、思想上政治上组织上完全巩固的布尔什维克化的党。要建立广泛的抗日民族统一战线，团结一切可以团结的人，把日本帝国主义赶出中国去。解放战争开始后，根据新的历史方位，我们党适时提出了"打倒蒋介石，解放全中国"的任务。

1949 年中华人民共和国成立后，根据历史方位的变化，我们党确定了恢复国民经济，医治战争创伤，实行国民经济第一个五年计划，从新民主主义向社会主义过渡的任务。1956 年随着社会主义改造的完成，我国社会主义基本制度建立。我们党正确判断所处的历史方位，党的八大指出，我们国内的主要矛盾，已经是人民对于经济文化迅速发展的需要同当前经济文化不能满足人民需要的状况之间的矛盾。但是，出于各种原因，这个重大的政治判断和结论没有始终如一地坚持到底，后来形势发生了逆转，带给我们极大的、极其深刻的历史教训。

1978 年党的十一届三中全会，我们党在正确总结历史经验和教训，科学分析国际国内形势的基础上，重新标定党和国家所处的历史方位，果断作出实行改革开放的历史性决策，实现了党和国家工作中心的转移。党的十二大、党的十三大、党的十四大、党的十五大、党的十六大、党的十七大、党的十八大也都分别根据形势任务的发展变化，及时作出新的历史起点、新的发展阶段、新的历史时期、新的世纪或新时期、新世纪的重大政治判断。尽管有的阐述是直接的，有的阐述是间接的，但都对我们党所处的历史方位给予了正确的认识。

党的十九大作出了经过长期努力，中国特色社会主义进入了新时代的重大论断。内涵极其丰富，意义极其重大。这是我们党和国家确定的一个新的历史方位。这个论断是在回顾和总结十八大以来党和国家事业取得历史性成就，发生历史性变革的基础上作出的；是在我国社会主要矛盾发生转化的情况下作出的；是在党的理论不断创新，党的执政方略和领导方式发生变化的情况下作出的；是在全面建成小康社会后，就实现第二个百年奋斗目标，对未来 30 年进行了两个阶段的战略性安排后作出的。这是习近平新时代中国特色社会主义思想产生的时代背景，是我国社会主要矛盾发生转化的必然结果，是党和国家制定大政方针、发展战略、政策措施、奋斗目标的主要依据。

关于旗帜问题

党的历史表明，旗帜就是信仰，旗帜就是方向，旗帜就是形象，旗帜就是力量。一部中国共产党的历史就是不断推进马克思主义中国化，进行理论创新，高举思想理论伟大旗帜的历史。

恩格斯在《卡尔·马克思〈政治经济学批判〉》一文中指出："我们党有个很大的优点，就是有一个新的科学的世界观作为理论的基础"。1920 年，毛泽东同志在写给罗章龙的信中也说过这样一段话："主义譬如一面旗子，旗子立起了，大家才有所指望，才知所趋赴。"我们党一成立，就将世界上最先进、最科学的理论——马克思列宁主义，作为自己的指导思想，从此我们党就有了前进的正确方向，中国人民就从精神上由被动转为主动。马克思列宁主义是开放的体系、是发展的理论。我们党要成长壮大、要带领人民走向胜利，就要不断推进马克思主义中国化，不断推进理论创新。在这方面，我们党是有着丰富经验的，也是有过深刻历史反思的。党的一大虽然将马克思列宁主义写到了党的旗帜上，但由于马克思列宁主义传入中国的时间并不长，中国共产党还没有来得及将马克思列宁主义与中国革命的具体实践相结合，进行理论创新，就立即投入了轰轰烈烈的大革命。由于我们党处于幼年，没有党的创新理论的正确指引，再加上其他原因，从而导致了大革命的失败。刘少奇同志 1941 年 7 月在《答宋亮同志》一文中讲："中国党有一极大的弱点，这个弱点，就是党在思想上的准备、理论上的修养是不够的，是比较幼稚的。"这里指的是我们党的早期的历史状况。在经过漫长而艰辛的实践和理论探索之后，我们党深刻总结正反两方面经验教训，把之前的弱点变为优点，把早期的弱项变成强项，后来我们党的理论创新步伐不断加快，理论成果不断涌现。反观苏联，苏联共产党（列宁创立的俄国社会民主工党）成立之初就以布尔什维克主义（后称列宁主义）作为旗帜，拥有一套完整的、成熟的理论体系。但随着指导思想慢慢走向停滞、进入僵化，这个拥有近 2000 万党员、执政长达 74 年之久的大党也就难逃亡党亡国的命运，最终走向解散和解体。

回顾历史，我们深刻认识到，党的事业每发展一步，党的理论就要创新一步，党的理论武装就要跟进一步。这就是我们党强大的理论优势和我们党日益壮大的一个奥秘。在中国，近代以来，尤其是辛亥革命后，政党政治兴起，仅北京、上海两地就先后成立了具有政党性质的政治组织和政治团体 300 余个，全国各类团体达 680 多个。中国共产党只是其中之一，而且党员也只有 50 多名。中国共产党之所以能从几百个政党中脱颖而出，从小到大、由弱到强发展壮大起来，一路走到今天，成为现在拥有 8900 多万名党员、450 多万个基层党组织，在 13 亿多人口的大国长期执政的大党，领导中国人民实现了中华民族从站起来、富起来到强起来的伟大飞跃，根本原因就在于有一个科学理论的指导，并且不断创新、与时俱进。继党的一大将马克思列宁主义写到了党的旗帜上之后，党的七大又将毛泽东思想写到了党的旗帜上。毛泽东思想是我们党把马克思主义中国化，把马克思主义基本原理与中国革命实际相结合，取得的第一个理论创新成果。此后，特别是改革开放以后，我们党不断推进马克思主义中国化，不断推进党的理论创新，先后创立了邓小平理论，形成了"三个代表"重要思想和科学发展观，创立了习近平新时代中国特色社会主义思想。党的十五大将邓小平理论写到了党的旗帜上，党的十六大将"三个代表"重要思想写到了党的旗帜上，党的十八大将科学发展观写到了党的旗帜上。这次，党的十九大把习近平新时代中国特色社会主义思想写到党的旗帜上。这是党的十九大最大的亮点，也是党的十九大最重大的历史性贡献，对我们党具有划时代的、里程碑式的意义。

习近平总书记在党的十九大报告中讲到大会的主题，即，不忘初心，牢记使命，高举中国特色社会主义伟大旗帜，决胜全面建成小康社会，夺取新时代中国特色社会主义伟大胜利，为实现中华民族伟大复兴的中国梦不懈奋斗。在会议期间，习近平总书记又作了多次重要讲话，强调了 4 句话、16 个字。这就是，不忘初心，牢记使命，高举旗帜，团结奋进。习近平总书记所强调的高举中国特色社会主义伟大旗帜，这面旗帜上写的就是马克思列宁主义、毛泽东思想、邓小平理论、"三个代表"重要思想、科学发展观、习近平新时代中国特色社会主义思想。需要强调和明确指出的是，这是一面旗帜，这面旗帜的理论是既一脉相承又与时俱进的，是在前人基础上不断发展、进行创新形成的一整套理论体系。在当代中国，高举习近平新时代中国特色社会主义思想的伟大旗帜，就是真正高举中国特色社会主义的伟大旗帜，就是真正坚持马克思主义，坚持科学社会主义，就是不忘初心、保持本色、面向未来。只要我们高举这面旗帜不动摇，坚定不移在这面旗帜的指引下奋勇前进，我们党就会带领人民不断地从胜利走向新的更大的胜利。

关于核心问题

党的历史表明，核心就是领袖，核心就是统帅，核心就是主心骨，核心就是掌舵人。一部中国共产党的历史就是不断维护党中央的权威和集中统一领导，形成不同时期党的领导核心的历史。

1989 年，邓小平同志强调："任何一个领导集体都要有一个核心，没有核心的领导是靠不住的。"恩格斯在《论权威》一文中也曾用许多事例深刻形象地论述过这个问题。其中，他曾列举了一艘船在大海中航行的事例。他认为，航行在汪洋大海上的船在危险关头，大家的生命能否得救，就要看所有的人能否立即绝对服从一个人的意志。这个人是谁？就是这艘船的船长。马克思主义唯物史观认为，人民群众是历史的创造者，是历史发展的动力，是历史前进的决定性力量。但同时也承认个人在历史上的重要作用。杰出的人物顺应历史发展的潮流，代表人民的利益，满足人民的愿望，就会对社会历史的发展起加速的作用。普列汉诺夫《论个人在历史上的作用问题》一文，曾对这两个方面之间的辩证关系作过深刻阐释。列宁将这部著作列为马克思主义的经典文献之一。

在我们党的历史上，遵义会议是一次十分重要的会议。按照我们党的会议层级，它既不是党的代表大会，也不是党的中央全会，而是一次中央政治局扩大会议。但是，它对党的事业、对中国革命产生的作用和影响重大而深远。1981 年 6 月，党的十一届六中全会审议通过的《关于建国以来党的若干历史问题的决议》明确指出，它"在党的历史上是一个生死攸关的转折点"。作为一次政治局扩大会议，遵义会议之所以能有这样重大的历史地位和意义，原因就在于它开始实际确立了毛泽东同志在党的第一代中央领导集体中的核心地位，我们党的事业从此由挫折走向胜利。回望历史，在没有确立我们党的第一代领导核心之前，我们党和中国革命曾经遭受过两次重大挫折——大革命失败和第五次反"围剿"失败。第五次反"围剿"失败后，我们党和红军进行了战略大转移。中央红军为突破国民党军的封锁堵截进行了十分惨烈的战斗。湘江战役后，中央红军折损近三分之二，由出发时的 8.6 万人锐减到 3 万余人。当时，土地革命战争时期创立的十几块革命根据地，除陕甘革命根据地"硕果"仅存外，其余的全部丢失，中国革命几乎陷入绝境。遵义会议后，在毛泽东同志和党中央的正确领导下，中央红军四渡赤水出奇兵，灵活机动，大踏步前进，大纵深迂回，处处赢得主动。这也成为毛泽东同志一生军事生涯中的最得意之笔。我们取得了红军长征的伟大胜利，进而取得了抗日战争的伟大胜利，取得了解放战争的伟大胜利，最终建立了新中国。习近平总书记在纪念红军长征胜利 80 周年大会上，用四个"伟大远征"总结和概括了红军长征的伟大意义。其中一个"伟大远征"就是红军长征是一次检验真理的伟大远征。这个"伟大远征"就是在长征过程中革命实践对毛泽东的军事战略战术思想和一系列政治主张的检验，实践证明了毛泽东同志的思想及其主张是正确的。党的七大将毛泽东思想写在了党的旗帜上，确立毛泽东思想为党的指导思想并写入党章。毛泽东同志在党中央的领导核心地位、在全党的领导核心地位，是在大风大浪中、在革命斗争的实践中、在历史的考验中确立起来的，被全党所信服、所公认、所接受。确定和维护核心，真诚地拥戴核心、围绕核心、热爱核心、跟随核心，是我们党的一个巨大政治优势。

党的十八大以来，以习近平同志为核心的党中央，举旗定向、谋篇布局、改革创新，党和国家事业取得了全方位的、开创性的成就，发生了深层次的、根本性的变革，使中国特色社会主义进入了新时代。这不仅对中华人民共和国、中华民族的历史发展具有重大意义，而且对世界社会主义、人类历史的发展都具有重大意义，充分展示了大党大国领袖的高超政治智慧和强烈使命担当，显示了高超的领导水平和领导艺术。仅从全面从严治党、反腐倡廉这一个方面来讲，党的十八大以来的五年，其力度之大、规模之大、范围之广、程度之深都是前所未有的。这五年党的建设，特别是全面从严治党，党中央向全党和全国人民交出了一份优异的答卷。党心军心民心为之一振，党风政风民风为之一变，反腐败斗争压倒性态势已经形成并全面巩固。党的十八届六中全会确立了习近平同志作为党中央的核心、全党的核心，这是历史的选择、人民的选择，是众望所盼，实至名归。在全面建成小康社会决胜阶段、中国特色社会主义进入新时代的关键时期，我们党有这样一个核心，我们的人民军队有这样一位统帅，我们的国家和人民有这样一位领袖，是党之大幸，军队之大幸，国家和人民之大幸。我们强调遵守党的政治纪律和政治规矩，维护核心就是我们党在新时代最大的政治、最根本的政治。所以我们要坚决维护以习近平同志为核心的党中央的权威，坚决维护以习近平同志为核心的党中央的集中统一领导。

当前，学习贯彻党的十九大精神的热潮正在全党全国兴起。认真学习宣传好、贯彻落实好党的十九大精神，是当前和今后一个时期全党全国各族人民的首要重大政治任务，也是我们党史界的首要重大政治任务。我们要自觉地把思想和行动统一到党的十九大精神上来，把智慧和力量凝聚到实现党的十九大提出的各项新任务、新要求、新目标上来，明确历史方位，坚持高举旗帜，坚决维护核心。

明确历史方位，坚持高举旗帜，坚决维护核心，不是空洞的口号，不是抽象的概念。具体地说，要归结到三个基本方面：这就是坚持党的基本路线不动摇，不断增强"四个自信"，牢固树立"四个意识"。坚持党的基本路线不动摇，就是坚持党在社会主义初级阶段的基本路线，即"一个中心、两个基本点"不动摇。其着重点和出发点就是在继续推动发展的基础上，着力解决好发展不平衡不充分问题，大力提升发展质量和效益，满足人民日益增长的美好生活需要，更好推动人的全面发展、社会全面进步。牢记我国仍处于并将长期处于社会主义初级阶段的基本国情没有变，我国是世界最大发展中国家的国际地位没有变。既不超越阶段，也不落后实际。不断增强"四个自信"，就是要不断增强中国特色社会主义的道路自信、理论自信、制度自信、文化自信。其着力点和落脚点就是要认真学习贯彻习近平新时代中国特色社会主义思想和基本方略，用这一思想武装头脑、指导实践、推动工作。牢固树立"四个意识"，就是要牢固树立政治意识、大局意识、核心意识、看齐意识，其关键点和要点就是坚决维护习近平总书记的核心地位，坚决维护以习近平同志为核心的党中央的权威，坚决维护以习近平同志为核心的党中央的集中统一领导。不忘初心，牢记使命，高举中国特色社会主义伟大旗帜，决胜全面建成小康社会，夺取新时代中国特色社会主义伟大胜利，为实现中华民族伟大复兴的中国梦不懈奋斗。

"四个伟大"的由来
及其相互关系[*]

党的十九大报告指出，要统揽伟大斗争、伟大工程、伟大事业、伟大梦想。将"四个伟大"作为一个完整体系来阐述，是党的十九大报告一个重大亮点，也是党的一个重大理论创新。"四个伟大"明确了我们党在新时代治国理政的总方略、全局工作的总框架、谋划事业的总坐标、推进工作的总抓手。

"四个伟大"的由来及历史演进

党的十九大报告在阐述"新时代中国共产党的历史使命"时强调了这个问题，这是对以往这一问题表述的高度概括、高度凝练。

第一个伟大是伟大斗争。伟大斗争的完整表述是"必须进行具有许多新的历史特点的伟大斗争"。这个表述在党的文件中第一次出现是在党的十八大报告中。党的十八大报告是在

* 本文发表于《中国纪检监察报》2017年11月8日。

习近平同志主持下起草的，在进行讨论时，习近平同志坚持一定要把这句话写入报告。实际上他对这个问题是有深入思考的。这句话的内涵也是极其丰富和深刻的。十八大以来的 5 年实践完全证明了这一点。我们试想，如果不进行伟大斗争，我们会取得 5 年来党和国家事业的历史性成就吗？党和国家的面貌会发生历史性变革吗？是不会的。事非经过不知难。我们每一名共产党员，我们每一个中国人，一同走过了过去 5 年，我们感同身受、体会深刻。党的十九大报告所讲的伟大斗争是对党的十八大以来我们经常使用的"必须进行具有许多新的历史特点的伟大斗争"的概括和提炼。

第二个伟大是伟大工程。伟大工程是从哪里来的呢？这个概念在"四个伟大"中出现时间最早，可以追溯到上世纪 30 年代。1939 年 10 月，毛泽东同志写的《〈共产党人〉发刊词》一文中，他总结了中国革命要取得胜利的三大法宝。这就是武装斗争、统一战线、党的建设。他认为，在这三个法宝中，党的建设是起关键作用的。他把党的建设称为一个伟大的工程。改革开放后，我们党深刻认识到，要取得改革开放和社会主义现代化建设事业的成功，必须大力加强党的建设。换句话说，如果没有党的坚强领导，没有党的坚强有力，改革开放就不能顺利进行，社会主义现代化建设的奋斗目标就不能顺利实现。党的十四届四中全会根据世情国情党情发展变化的实际，提出坚持和加强党的领导，加强和改进党的建设，并把党的建设作为一个宏大的工程来实施，提出了"党的建设新的伟大工程"的命题和概念。从党的十四届四中全会起，党的建设新的伟大工程的概念一直使用到现在。十九大报告用伟大工程对以往使用的"党的建设新的伟大工程"进行了进一步提炼，形成了伟大工程的概念。

第三个伟大是伟大事业。伟大事业就是中国特色社会主义伟大事业。党的十九大报告指出，中国特色社会主义是改革开放以来党的全部理论和实践的主题。这就告诉我们，中国特色社会主义的起始点是党的十一届三中全会，即党的改革开放和社会主义现代化建设新时期以来。"走自己的道路，建设有中国特色的社会主义"的命题和概念，是邓小平同志在党的十二大开幕词的讲话中第一次提出来的。从那时起到现在，党的每一次全国代表大会的主题中都强调和突出了这个内容。

然而，中国特色社会主义不是凭空产生的，不是从天上掉下来的，而是中国共产党人长期奋斗、创造、积累的根本成就。新中国建立后，以毛泽东同志为核心的党的第一代中央领导集体带领全党全国人民进行不懈探索，进行社会主义革命和社会主义建设，为新的历史时期开创中国特色社会主义提供了宝贵经验、理论准备、物质基础。可以说，从1956年我国社会主义基本制度建立后，我们进行的事业就是社会主义的事业。党的十一届三中全会以来，我们开创了中国特色社会主义。改革开放近40年了，我们干的事业就是中国特色社会主义伟大事业，党的十九大报告用伟大事业进行了高度凝练。

第四个伟大是伟大梦想。伟大梦想又是怎样演变和形成的呢？2012年11月29日，党的十八大刚刚结束不久，习近平总书记带领中央政治局常委到国家博物馆参观《复兴之路》展览时发表重要讲话，提出了实现中华民族伟大复兴的中国梦。这个命题一经提出，就在国内外产生了巨大反响，成为激励中华儿女团结奋进、开辟未来的精神旗帜。实现中华民族伟大复兴这个概念，在党的十三大报告中就已经出现了，这个概念是从"振兴中华"一词逐渐演变而来，从党的十三大一直沿用到党的十八大。但是，习近平总书记在此基础上用"中国梦"三个字进行了新的高度提炼，成为画龙点睛之笔，进一步丰富了它的思想和内涵。党的十九大报告对实现中华民族伟大复兴的中国梦又进行了概括，提出了伟大梦想的概念。

"四个伟大"的相互关系

伟大斗争、伟大工程、伟大事业、伟大梦想是一个什么样的关系呢？它们首先是一个整体，是紧密联系、相互贯通、相互作用，不可分割的关系。党的十九大报告是以新时代中国共产党的历史使命来论述这个问题的。十九大报告在阐述"四个伟大"时，是用一个实现中华民族伟大复兴的中国梦把它们贯穿起来的，即"实现伟大梦想，必须进行伟大斗争""实现伟大梦想，必须建设伟大工程""实现伟大梦想，必须推进伟大事业"。报告之所以用伟大梦想来论述其他三个概念，需要从党的历史上找原因。

中国共产党成立将近100年了，即将成为一个百年的大党。在十九大报告中，习近平总书记强调不忘初心、牢记使命。我们党的初心和使命与"四个伟大"紧密相连。中国共产党一经成立，就把实现共产主义作为党的最高理想和最终目标，义无反顾肩负起实现中华民族伟大复兴的历史使命。而中国共产党要完成这个历史使命，必须首先肩负起、完成好两大历史任务。

第一个历史任务就是要实现民族独立、人民解放，即反帝反封建。从世界历史看，这个历史任务不应该由中国工人阶级及其政党——中国共产党来承担，而应该由中国资产阶级及其政党来承担。但是，由于中国资产阶级的软弱性，由于世界资产阶级革命的时代已经过去，在中国这个历史任务就落到了中国工人阶级及其政党——中国共产党的肩上。所以，孙中山领导的民主革命，与我们党领导的民主革命，就有了新旧之分。中国共产党领导民族民主革命，就要分别写好上下两篇大文章：上篇是民主革命，下篇是社会主义革命。1949 年新中国成立，党肩负的实现民族独立、人民解放的第一个历史任务就完成了。

第二个历史任务是什么呢？就是国家富强和人民幸福。这个历史任务是在社会主义革命和社会主义建设中推进的，是在改革开放新的伟大革命中推进的。从新中国成立到 1956 年，我们实现了从新民主主义到社会主义的过渡，进行社会主义革命，建立社会主义基本制度，并进行了社会主义建设，为实现国家富强和人民幸福奠定制度基础和物质条件。1978 年，我们实行改革开放，革除体制机制的弊端，大踏步地跟上时代的潮流，继续向前推进这个事业，中华民族迎来了从站起来、富起来到强起来的伟大飞跃，迎来了实现中华民族伟大复兴的光明前景。

我们党成立 96 年来，干了三件大事。第一件大事是救国，第二件大事是兴国，第三件大事是强国。前两件大事做完了，第三件大事还正在做。党的十九大又规划了实现社会主义现代化、实现中华民族伟大复兴的宏伟蓝图，这就是到 21 世纪中叶把我国建设成为富强民主文明和谐美丽的社会主义现代化强国。

报告在阐述"四个伟大"时，"四个伟大"的前后不是随意排列的，而是有着严密的内在逻辑关系。排在第一位的是伟大斗争，它是统揽"四个伟大"的前提；排在第二位的是伟大工程，它是统揽"四个伟大"的保障；排在第三位的是伟大事业，它是统揽"四个伟大"的方向；排在第四位的是伟大梦想，它是统揽"四个伟大"的目标。

为什么要进行这样的排列呢？因为，进入新时代，我们就是从具有新的历史特点的伟大斗争开始的。党的十九大报告指出"全党要更加自觉地坚持党的领导和我国社会主义制度，坚决反对一切削弱、歪曲、否定党的领导和我国社会主义制度的言行；更加自觉地维护人民利益，坚决反对一切损害人民利益、脱离群众的行为；更加自觉地投身改革创新时代潮流，坚决破除一切顽瘴痼疾；更加自觉地维护我国主权、安全、发展利益，坚决反对一切分裂祖国、破坏民族团结和社会和谐稳定的行为；更加自觉地防范各种风险，坚决战胜一切在政治、经济、文化、社会等领域和自然界出现的困难和挑战"。这个斗争是方方面面的、各种各样的。维护国家主权、安全、发展利益，要斗争；抵御西方国家对我国进行西化、分化图谋，进行"颜色革命"，要斗争；反对"三股势力"，维护民族团结，维护社会稳定，要斗争；铲除腐败，割除党身上的毒瘤，反对"四风"、持续改进作风，要斗争；战胜各种自然的、社会的以及政治的、经济的、文化的、军事的风险挑战，要斗争。我们党的历史就是一部伟大斗争的历史。伟大工程的建设、伟大事业的推进、伟大梦想的实现都要通过伟大斗争。报告强调："我们党要团结带领人民有效应对重大挑战、抵御重大风险、克服重大阻力、解决重大矛盾，必须进行具有许多新的历史特点的伟大斗争，任何贪图享受、消极懈怠、回避矛盾的思想和行为都是错误的。"报告还指出，全党要充分认识这场伟大斗争的长期性、复杂性、艰巨性，发扬斗争精神，提高斗争本领，不断夺取伟大斗争新胜利。

报告指出，"四个伟大"紧密联系、相互贯通、相互作用，但是，它们之间不是平行的并列关系，"四个伟大"中起决定性作用的是党的建设新的伟大工程。之所以这样强调，是因为中国特色社会主义最本质的特征是中国共产党领导，中国特色社会主义制度的最大优势是中国共产党领导。历史表明，没有党的坚强领导，伟大斗争不能进行，伟大事业不能推进，伟大梦想也不能实现。办好中国的事情，关键在中国共产党，关键在把这个党建设好。党的十八大以来的5年，以习近平同志为核心的党中央全面从严治党，抓思想从严，抓管党从严，抓治吏从严，抓纪律从严，抓作风从严，抓反腐从严，党的建设成效卓著。这是5年来党和国家事业取得历史性成就、发生历史性变革的一个重要原因。今后，我们要进行伟大斗争，推进伟大事业，实现伟大梦想，建设伟大工程决不能松懈。只要把我们的党建设好了、建设强了，取得伟大斗争的不断胜利，推进伟大事业的不断发展，实现中华民族伟大复兴的中国梦，就有了坚强的政治和组织保障。

建设社会主义，实现共产主义是中国共产党人始终不渝的奋斗目标，是中国共产党的最高理想和最终目标。实现中华民族伟大复兴是近代以来中华民族最伟大的梦想。中国共产党一经成立，就义无反顾肩负起了实现中华民族伟大复兴的历史使命，团结带领人民进行了艰苦卓绝的斗争，谱写了气壮山河的壮丽史诗。中国特色社会主义伟大事业是我们中国共产党人长期奋斗的事业，是党和国家、人民长期前进的方向。而在这个伟大事业中，实现中华民族伟大复兴的梦想是我们长期奋斗中的一个伟大目标，是中国共产党人远大理想中一个现阶段的共同理想。

中国特色社会主义进入新时代，伟大斗争在考验着我们，伟大工程在引领着我们，伟大事业在激励着我们，伟大梦想在感召着我们。只要我们在以习近平同志为核心的党中央坚强领导下，在习近平新时代中国特色社会主义思想的正确指引下，团结一心，众志成城，砥砺奋进，开拓创新，中国这艘巨轮就一定会驶向胜利的彼岸，我们的伟大梦想就一定能实现。

2016 年

历史就是我们的一切 *

——写在《中国共产党的九十年》出版之际

经党中央批准，由中共中央党史研究室编写的《中国共产党的九十年》（以下简称《九十年》）正式出版了。这是全党政治生活中的一件喜事，是党史界、理论界的一件大事。这部书分上中下三册，共 60 多万字，虽然冠名《九十年》，但实际上叙述和反映的是中国共产党 91 年的历史，即 1921 年中国共产党成立至 2012 年党的十八大召开这个时间段的党的历史。它是迄今为止国内公开出版物中，撰写中国共产党历史时间跨度最长、内容最为系统完整的一部党史通史基本著作。这部书的特点是：主题鲜明、观点正确；逻辑严密、结构合理；史论结合、夹叙夹议；图文并茂、文风朴实。这使得该书非常适合广大党员、干部、群众和青少年阅读。当前，全党正在开展"两学一做"学习教育，各地区、各部门正在开展"学党史、感党恩、跟党走"的群众性主题教育活动，面对新形势新任务，如

---

* 本文发表于《人民日报》2016 年 6 月 28 日。

何学习和使用好这部党史著作？在该书出版之际，笔者想谈点感想和认识。

一、史之用：我们为什么要学习党的历史

1844年1月，恩格斯在其撰写的《英国状况——评托马斯·卡莱尔的〈过去和现在〉》一文中指出："我们根本没有想到要怀疑或轻视'历史的启示'；历史就是我们的一切，我们比其他任何一个先前的哲学学派，甚至比黑格尔，都更重视历史"；"我们要求把历史的内容还给历史，但我们认为历史不是'神'的启示，而是人的启示，并且只能是人的启示"。这里，恩格斯提出了一个重要思想，即"历史就是我们的一切"。如果对恩格斯的这一重要思想作一运用和发挥，我们也可以说：中国的历史，就是中华民族和中国人民的一切；中国共产党的历史，就是中国共产党的一切。为什么这样说呢？因为，历史是一个民族、一个国家、一个政党形成和发展及其盛衰兴亡的真实记录。中国的历史，就是中华民族形成和发展以及中国人民几千年来自强不息、艰苦奋斗的真实记录。中国共产党的历史，就是中国共产党成立以来团结带领中国人民为争取民族独立、人民解放和实现国家富强、人民幸福而不懈奋斗的真实记录。

历史对我们有什么用？今天，我们为什么要强调学习党的历史？习近平同志深刻指出："历史是最好的教科书。""对我们共产党人来说，中国革命历史是最好的营养剂。"学习历史，可以"看成败、鉴得失、知兴替"。历史是已然的事情，是过去的东西。但是，历史有一个最大最根本的特点，就是具有既定的不可更改的客观实在性。也就是说，它已经发生了，已

经成为既定的历史事实了。既然事情已经发生，是这样的结果而不是那样的结果，它一定有其"所以然"的历史原因。因此，正确地总结和认识历史，历史对后人就有了启示和借鉴的功能。中国共产党的历史，写的是历史，叙的是奋斗，述的是大道，探索的是规律，启示的是当下，烛照的是未来。学习党的历史有用，不仅有用而且有大用。习近平同志对中国共产党历史的作用曾经用这样一句话进行过高度概括。他说："中国共产党的历史是一部丰富生动的教科书。"党的历史中有信仰，有意志；有目标，有方向；有宗旨，有传统；有成就，有警示；有勇气，有定力。一言以蔽之，党的历史能够给我们提供无穷的智慧、丰富的营养和前行的强大力量。

中国共产党成立已经 90 多年了，创建新中国、在中国执政也已经 60 多年了。中华民族是智慧的民族，中国人民是勤劳的人民。中华民族和中国人民曾创造了光辉灿烂的中华文明，在历史上长期走在世界前列。只是到近代，由于封建专制制度的腐朽和帝国主义的侵略，才落伍了。但是，中华民族和中国人民不屈不挠、自强不息，经过艰苦奋斗和顽强拼搏，又再度奋起。现在，在中国共产党的领导下，我们比历史上任何时期都更接近中华民族伟大复兴的目标，比历史上任何时期都更有信心、有能力实现这个目标。

曾经沧海难为水，事非经过不知难。中国为什么会发生这么大的沧桑巨变？历史的秘密是什么？答案在哪里？这一切要求我们必须学习党的历史，弄清楚、搞明白今天在中国执政的中国共产党与中华民族、中国人民是什么关系，这些关系在历史上是如何发生的、如何形成的，近代中国为什么会产生中国共产党，中国共产党是一个什么性质的党，历史和人民为什么选择了中国共产党，中国共产党成立以来做了哪些大事，是如何影响中国发展前途和历史进程的，中国共产党要把中华民族和中国人民带到哪里去，要把中国引向何方，等等。这些问题需要让历史给予叙说，让史实作出回答。

历史的记忆和应用要靠一代一代人的传承。如果不读史书，不翻阅、考证、研究、使用历史资料，不讲历史故事，不宣传历史人物，不纪念历史事件，历史就会被埋没在故纸堆中，消失在原野下，沉寂在馆藏里，历史就只会是死的，不会是活的。从学习历史的特点和要求讲，历史是一个线性代际的传承过程，它的存留和延续不是自动的、天然的，而是需要通过后天的各种途径进行学习、研究、宣传和教育的。要激活历史的事实，要唤醒历史的记忆，要增长历史的知识，就要学习，而且要认真地进行学习。因此，我们的党员要学习，我们的干部要学习，我们的群众要学习，我们的青少年更要学习。学习党史，才能知党爱党兴党，学习党史，才能知史爱国强国。

我们党一贯重视对历史经验的学习、借鉴和运用，十分重视用党的历史教育党员、干部、群众和青少年。近年来在全党、全社会开展的党史学习、宣传和教育取得了显著成效，这是毋庸置疑的。但是，实事求是地讲，我们的工作与形势和任务的要求相比，还有不小的差距。据有关调查显示，在全国几千万党员和几千万团员中，有很大一部分人对党的历史的基础知识缺乏了解。在一些地方、部门的党员教育、干部教育以及国民教育中，也都程度不同地存在着对党的历史教育重视不够的问题，这是问题的一个方面。另一方面，西方敌对势力对我实施西化、分化图谋，境内外一些别有用心的人，总拿党的历史说事，散布历史虚无主义，抹黑历史英雄，丑化党的领袖，歪曲党的历史。这些言论在社会上已经产生了极大的消极影响。因此，积极应对意识形态领域的挑战，以正视听，还历史的真实面目，就显得十分紧迫和必要。总之，学习和宣传党的历史，用党的伟大成就激励人，用党的优良传统教育人，用党的成功经验启迪人，用党的历史教训警示人，发挥党史以史鉴今、资政育人的作用，具有十分重要的历史意义和现实意义。

二、史之律：怎样认识和把握党的波澜壮阔的丰富历史

历史是由时间、地点、人物、事件等要素构成的，在纷繁复杂的历史现象背后有没有规律？事物的本质能不能被认识和把握？马克思主义唯物史观的创立为我们提供了强大的思想武器。正确认识和把握党的历史，必须树立正确的历史观，使用科学的方法。

（一）学习党的历史，我们要明确一个最根本的问题，即中国共产党从哪里来、到哪里去

这是中国共产党的历史必须要回答和叙述的首要问题。这个问题既是人们主观意识中的问题，也是客观历史事实中的问题。党的历史中的所有重大问题都与这个问题有关，由此而产生，由此而引发。学习党的历史，我们可以看到，在党的90多年历史中，贯穿和围绕着这样一些基本问题：中华民族的独立和解放、革命和现代化的关系、党在实践中不断探索前进、建设中国特色社会主义，等等。党的历史的一系列重大问题都与这个最根本的问题密切相关。

（二）学习党的历史，我们要明确中国共产党历史的主题和主线是什么

从中国共产党面临的历史任务来看，党一诞生就肩负起了争取民族独立、人民解放和实现国家富强、人民幸福这两大历史任务。按照马克思主义的观点，政党不是从来就有的，它是人类社会发展到一定历史阶段的产物，有其产生、发展和消亡的历史规律和过程。近代中国为什么会产生中国共产党？它是近代中国历史发展的必然产物，是资本和劳动对立的产物。中国共产党的产生必须具备两个基本条件：一是马克思列宁主义的传播，二是独立工人运动的发生和发展。两者缺一不可。只有这二者紧密结合，才能产生中国共产党。中国共产党是中国工人阶级的先锋队，同时是中国人民和中华民族的先锋队。它一诞生就义无反顾、毅然决然地肩负起了两大历史任务。党的90多年的历史，就是中国共产党团结带领全国各族人民为实现这两大历史任务而不懈奋斗的历史，这就是党的历史的主题和主线。

（三）学习党的历史，我们要明确中国共产党历史的主流和本质是什么

从党的历史的横断面看，中国共产党历史可以分为三个大的方面。党所肩负的两大历史任务，是通过党的历史的这三个大的方面来展开的。一是不懈奋斗史，即党领导全国人民为实现两大历史任务而不懈奋斗的历史；二是理论探索史，即党坚持把马克思主义基本原理同中国实际和时代特征相结合，不断推进马克思主义中国化，进行理论创新的历史；三是自身建设史，即党不断加强和改进自身建设的历史。这三个方面构成了党的历史的主流和本质。

（四）学习党的历史，我们要明确中国共产党历史的脉络和线索是什么

量变堆积历史，质变分割历史。从党的历史的线性延展和纵向坐标看，中国共产党的历史分为三个历史时期，即新民主主义革命时期、社会主义革命和建设时期、改革开放和社会主义现代化建设新时期。党所肩负的两大历史任务，是通过党的90多年的三个历史时期具体表现和展示的。第一个历史时期从1921年中国共产党成立至1949年新中国诞生共28年，第二个历史时期从1949年新中国诞生至1978年党的十一届三中全会召开共29年，第三个历史时期从1978年党的十一届三中全会召开迄今为止共38年。对这三个历史时期，我们用三个关键词进行概括，就是革命、建设、改革。党在不同历史时期，都有许多重要历史坐标和时间节点，这一个个历史坐标和时间节点连接和串通了党的历史的一个个重要事件和重要人物，点面结合则内含了党的历史的具体内容，构成了党的有声有色、有血有肉的全部历史。

（五）学习党的历史，我们要明确中国共产党成立以来所做的三件大事

中国共产党成立以来为国家、为民族、为人民做了许多许多事情，但是，概括起来主要完成和推进了三件大事。这三件大事是党在三个历史时期分别做的：第一个历史时期党紧紧依靠人民完成了新民主主义革命，实现了民族独立、人民解放；第二个历史时期党紧紧依靠人民完成了社会主义革命，确立了社会主义基本制度；第三个历史时期党紧紧依靠人民进行了改革开放新的伟大革命，开创、坚持、发展了中国特色社会

主义——这件大事还没有做完，还正在向前推进。第一个历史时期做的第一件大事是为了救国，第二个历史时期做的第二件大事是为了兴国，第三个历史时期做的第三件大事是为了强国。第一件大事是后两件大事发生的前提，第二件大事是第一件大事的必然走向，第三件大事是第二件大事继续探索的伟大成果。三件大事从根本上改变了中华民族和中国人民的前途命运，决定了中国历史发展的根本方向。三件大事具有内在的必然联系，体现了中国社会历史发展演进的大逻辑，是一代又一代中国共产党人同人民群众一道顽强拼搏、接续奋斗的结果，是中国共产党历史不可分割的重要组成部分，它们成就了我们党对国家、对民族、对人民所作出的重大历史贡献。

（六）学习党的历史，我们要明确中国共产党和全国人民奋斗、创造、积累取得的根本成就

中国共产党在90多年历史中所取得的一切成就，推动和实现了党和人民事业的兴旺发达。而在这些成就中的根本成就，归结起来就是党和人民经过90多年的奋斗、创造、积累，开创了中国特色社会主义道路，形成了中国特色社会主义理论体系，确立了中国特色社会主义制度。新中国成立特别是改革开放以来，在中国共产党的领导下，经过全国人民的奋发努力，我国的社会主义现代化建设事业取得了举世瞩目的巨大成就。现在，我国的经济总量已居世界第二，人民生活水平不断提高，经济实力、科技实力、国防实力、国际影响力大为提升。我们正朝着全面建成小康社会的目标迈进，正在为实现中华民族伟大复兴的中国梦而努力奋斗。中国"风景这边独好"。这就是当今中国社会的本质，这就是中国社会历史的趋势和走

向。讲历史就有说服力，看历史我们就能看清前途。

三、史之悟：党的历史给我们的启示

习近平同志指出："历史、现实、未来是相通的。历史是过去的现实，现实是未来的历史。"只有对我们党的历史有深切的了解，才能做好今天的现实工作，承担起明天的新的使命。在党的 90 多年历史中，我们党经历的艰难险阻数量之多、规模之大、程度之深，都是世界历史上罕见的，也是国内外其他政党所不可比拟的。党团结带领人民战胜和克服了各种困难和挑战，经受了各种严峻考验，从而开创了工作新局面，不断从胜利走向胜利。由于主客观原因，历史上我们党也曾犯过"左"的或右的错误，出现过像大革命、中央根据地第五次反"围剿"失败这样的挫折，发生过"大跃进""文化大革命"这样严重的曲折。但是，党紧紧依靠人民，正确应对，力挽狂澜，砥砺意志，增长才干，积聚力量，坚持真理，修正错误，从而又不断奋起，继续前进。

党的历史充分表明，中国共产党产生于近代中国绝不是偶然的，它走过的历程并不一帆风顺，它经历过的挑战和考验是巨大和众多的，肩负的历史使命是艰巨和光荣的。事实充分证明，在近代以来中国社会发展进步的壮阔进程中，历史和人民选择了中国共产党，选择了马克思主义，选择了社会主义道路，选择了改革开放。中国共产党不愧为伟大、光荣、正确的马克思主义政党，不愧为领导中国人民不断开创事业发展新局面的核心力量。

学习党的历史，给我们很多启示。中国共产党之所以从小到大、从弱到强，一路走到今天，在苦难中铸就辉煌，在奋斗中创造奇迹，在挫折中重新奋起，在绝境中浴火重生，有其制胜的秘密和法宝。从党的历史中我们看到，这个秘密和法宝不是别的，就是中国共产党所具有的优秀特质。这些特质，有的是先天具有的，有的是后天得来的。先天的特质是由共产党的性质所决定的，后天的特质是中国共产党在长期的历史实践中练就出来的。这些优秀特质，成为中国共产党的标识和生命。所有这一切都给我们今天以深刻的历史感悟和启迪。

（一）党的历史告诉我们，理论创新是灵魂

中国共产党成立时，党在纲领上写的是以马克思列宁主义为指导，当时我们党还没有自己的理论。刘少奇同志曾说过我们党早期理论准备不足，指的就是这个问题。但是，中国共产党不断推进马克思主义中国化，到党的七大时，党就有了马克思主义基本原理与中国革命实际相结合的理论成果——毛泽东思想。改革开放后，党的理论创新步伐不断加快，先后创立和形成了包括邓小平理论、"三个代表"重要思想、科学发展观在内的中国特色社会主义理论体系。党的十八大后，形成了以习近平同志为核心的党中央治国理政的新理念新思想新战略。而且，党的理论创新每前进一步，理论武装就跟进一步，这已成为中国共产党的一个特点和优点。这是中国革命、建设和改革事业获得成功、取得胜利的重要思想保障。党的历史表明，思想兴则党兴，理论强则党强。今天，在新的历史征程中，我们要克服前进道路上的各种困难和险阻，统一全党全国人民的思想，凝聚全党全国人民的意志，必须继续坚持和发挥好党的这个独特优势。

（二）党的历史告诉我们，实事求是是核心

实事求是是马克思主义的根本观点，是中国共产党人认识世界、改造世界的根本要求，是党的基本思想方法、工作方法、领导方法。党的历史表明，坚持实事求是，我们党就前进、就发展；背离实事求是，我们党就后退、就遭受挫折。实事求是是中国共产党能够提出科学理论，制定正确路线、方针、政策的核心要素。今天，我们坚持实事求是，就要清醒认识和正确把握我国仍处于并将长期处于社会主义初级阶段这个基本国情，就要坚持为了人民利益坚持真理、修正错误，就要不断推进实践基础上的理论创新。

（三）党的历史告诉我们，群众路线是根本

群众路线是中国共产党的生命线和根本工作路线，是党永葆青春活力和战斗力的重要传家宝。党的历史表明，中国共产党的根基在人民、血脉在人民、力量在人民。人民群众是我们党的最大靠山。纵观党的历史，就是一部坚持和贯彻群众路线，一切为了人民、一切依靠人民，党同人民群众血肉相连、生死相依、患难与共的历史，这是中国共产党立于不败之地的根本原因。今天，我们要攻坚克难，实现"两个一百年"奋斗目标和中华民族伟大复兴的中国梦，必须紧紧地依靠人民，坚持人民主体地位，诚心诚意为人民群众谋利益。

（四）党的历史告诉我们，独立自主是原则

独立自主是中国共产党从中国实际出发、依靠党和人民力量进行革命、建设、改革的必然结论。党的历史表明，必须把马克思主义基本原理与中国实际和时代特征相结合，走自己的路。外国的经验可以学习，其他政党的做法可以借鉴，但照抄照搬从来不能成功。在这个问题上，我们党有成功的经验，也有失败的教训。今天，中国共产党已是世界第一大政党，又是在一个13亿多人口的大国长期执政，面临的世情国情党情十分复杂，必须坚持独立自主，坚持中国的事情由中国人民自己作主张、自己来处理。必须坚定不移走中国特色社会主义道路，坚持独立自主的和平外交政策，坚定不移走和平发展道路。

（五）党的历史告诉我们，党的建设是关键

在中国进行革命、建设、改革，是前无古人的事业。全新的事业、特殊的国情，要求必须有"特殊的政党"来领导。新民主主义革命时期，中国共产党从中国实际出发，建成了一个全国范围的、广大群众性的、思想上政治上组织上完全巩固的马克思主义政党。党的建设成为我们取得革命胜利的三大法宝之一。改革开放以来尤其是党的十八大以来，我们党将党的建设作为新的伟大工程加以推进，全面从严治党，使党焕发出了巨大的青春活力，变得更加坚强有力。党的历史表明，中国共产党是全国各族人民的主心骨、领路人，是中国特色社会主义事业的坚强领导核心，办好中国的事情关键在党。今天，我们党正面临着"四大考验"和"四种危险"，要完成党所肩负的历史使命，必须把党建设好，"打铁还需自身硬"。我们要坚持党要管党、全面从严治党，坚持思想建党和制度治党紧密结合，按照党的思想建设、组织建设、作风建设、反腐倡廉建设、制度建设"五位一体"的要求，不断增强自我净化、自我完善、自我革新、自我提高的能力，保持党的先进性和纯洁性，使党始终走在时代前列，始终团结带领人民朝着既定的目标奋勇前进。

正确学习和认识党的历史 [*]

党的十八大以来，习近平同志就学习党史、国史发表了一系列重要讲话。他指出，"历史是最好的教科书"，"中国革命历史是最好的营养剂"，"学习党史、国史，是我们坚持和发展中国特色社会主义、把党和国家各项事业继续推向前进的必修课。这门功课不仅必修，而且必须修好。"在新的形势下，如何学习党的历史？充分认识学习的重要意义，明确学习的目的，掌握正确的学习方法，就显得十分必要。

为什么要学习党的历史

中华民族历来崇尚自己的历史，有治史、用史、学史的传统。中国共产党在 90 多年的历史中继承了这个优良的传统，一贯重视对历史经验的借鉴和运用。新的形势下，我们要实现"两个一百年"奋斗目标、实现中华民族伟大复兴的中国梦，必须重视历史的学习，尤其要重视党史国史的学习。

---

* 本文发表于《新湘评论》2016 年第 14 期。

历史能提供智慧和营养。什么是历史？一部历史就是一个民族、一个国家形成和发展及其盛衰兴亡的真实记录。历史是前人的百科全书，集前人各种知识、经验、智慧的总汇。众所周知，我们党的领导人毛泽东同志酷爱读书，尤其酷爱读史书。据有关资料表明，毛泽东同志读《资治通鉴》读了17遍，这是有读书记录的。他还读过《二十四史》，近年来出版了《毛泽东批注二十四史》。据说史学家吕思勉读过一遍《二十四史》，在史学界被传为美谈。毛泽东同志作为一个领袖和政治家，在百忙之中读过《二十四史》，并且作出批注是很不容易的。毛泽东同志喜欢读史书，对读史也有他独到的心得体会。他说，"读史是智慧的事"，"讲历史才能说服人"，"马克思主义者是善于学习历史的"，"看历史就会看到前途"。

中华文明举世闻名，它和古埃及文明、两河文明、古印度文明并称为世界最悠久的四大文明。但是古埃及、两河和古印度三个地方的古代文明后来都中断了，只有中华文明5000多年来一脉相承，从未中断，一直延续到今天。今天当我们读《论语》、读《道德经》的时候，许多用语我们并不感到陌生，而是感到十分亲切、自然，原因就在这里。几千年来，我国流传下来的这些浩如烟海的历史文化典籍，传承了中华民族优秀的传统文化和高尚的精神追求，这种历史的丰富性和完备程度没有任何一个国家可以相比。这是中华文明所特有的重要标志，是中华民族宝贵的精神财富，是值得我们倍加珍惜、代代相传的传家宝。

中国共产党一贯重视学习、总结、借鉴和运用历史。早在党成立后不久，伴随着反帝、反封建革命高潮的不断高涨，马克思主义在中国的传播以及运用马克思主义来分析中国的历史和现实都进入了一个新的阶段。1924 年，李大钊出版了《史学要论》，这是中国第一本马克思主义史学的理论著作。同年，蔡和森出版了《社会进化史》，瞿秋白出版了《社会科学概论》，1926 年李达又出版了《现代社会学》。这些是我国最早的一批马克思主义史学的理论著作。这些著作既宣传了马克思主义的辩证唯物主义和历史唯物主义观点，也为我国的马克思主义史学的产生奠定了一定的理论基础，做好了史学理论的准备。

党的十八大以来，习近平同志就学习党史、国史发表了一系列重要讲话，他反复强调学习党史的重要性和发挥党史工作的重要作用。他说："历史是最好的教科书"，"中国革命历史是最好的营养剂"，"学习党史、国史，是我们坚持和发展中国特色社会主义、把党和国家各项事业继续推向前进的必修课。这门功课不仅必修，而且必须修好。"我们要把学习习近平总书记系列重要讲话与学习马克思主义哲学结合起来，与学习党史、国史结合起来，与学习社会主义发展史结合起来。

新形势下学习党史的重要性。新形势下学习党的历史具有重要意义。一个民族如果不能把握自己历史的发展规律，就不可能深刻地了解现在和我们未来正确的走向。历史是我们民族的根、党的根，也是我们民族的魂、党的魂。文化要靠历史去传承。要实现中华民族伟大复兴的中国梦，实现"两个一百年"的奋斗目标，就需要知道我们从哪里来，到哪里去，我们的过去是什么，现在是什么。为什么中国共产党是中国特色社会主义事业的领导核心？为什么要坚持社会主义制度？为什么要坚持走中国特色社会主义道路不动摇？对这些问题的回答，还是要回到历史当中去寻找答案。

遗憾的是，在目前庞大的党员干部队伍和青少年当中，并非所有的人都熟悉我们党的历史和中华人民共和国的国史。有的党员，甚至是党员领导干部恰恰对党史、国史知之甚少。在2010年全国党史工作会议上，习近平同志在讲话中举了一个例子。在一个省级市举办的一期中青年干部培训班上有一个学员的问题引起了大家的讨论：红军长征是从哪个地方出发的？后来学员之间就开始争论，争来争去形成了两种主要的意见。一种意见说红军长征是从井冈山出发的，还有一种意见说是从遵义出发的，实际上这两种答案都是错的。参加这个培训班的对象是中青年干部，就是已经到了正处级、列入厅局级的后备，绝大部分人具有硕士、博士的学历。对于这些人来讲，以后是要担当重任、大任的，他们对党的历史的一些基本知识不了解是不应该的。还有很多青年党员对党的历史，对雷锋、董存瑞、刘胡兰等重要的党史人物也不了解。现在在网上、地摊上、港台等地出版的很多党史书籍，不少是歪曲丑化党的历史，歪曲丑化党的领袖的。很多人并不了解真实的情况，阅读了这样一些书以后，很容易误读党的历史，颠倒党的历史。因此在新形势下进一步增强对党的历史的学习和认识非常重要，也非常必要。

怎样学习党的历史

党的十八大向全党发出了学习党的历史的号召。在正确学习和认识党史中有三个问题，我认为需要我们正确地对待。

正确认识和把握党领导人民进行革命的必要性。现在在社会上、在史学界，甚至在党史界，有那么一种观点，认为要告别革命，认为革命只起到破坏作用，阻碍了社会发展和现代化的实现。他们认为中国近代以来的任务就是搞现代化，现代化就不应该搞革命，革命起破坏作用，我们应该走改良的道路。还有一种观点认为我们搞现代化，外国殖民主义和帝国主义客观上给我们带来了进步，我们应该欢迎他们对我们的侵略。这是典型的历史虚无主义的观点，它的实质就是否定近代以来的革命，尤其是要否定中国共产党领导中国人民进行的反帝、反封建的新民主主义革命。历史已经证明，那种企图保留基本框架而进行局部改良的办法，比如像洋务运动、戊戌变法等自我改良都失败了，都不能挽救垂危的中国，是一条根本走不通的道路。只有进行革命才能扫除阻碍生产力发展的障碍，才能为实现现代化提供前提，这是当前党史学习中一个很重要的问题。

正确认识党的历史发展中所经历的曲折和失误。在对待我们党领导的社会主义革命和社会主义建设时期的历史上，有一些人无视我们党在这个时期领导人民团结奋斗所取得的巨大成就，借口这个时期我们党在探索中所出现的曲折和失误，把新中国成立以后 29 年的历史描写得一团漆黑。怎样认识这 29 年的历史？特别是怎样认识其中的曲折和失误？对这个问题的回答是能否正确认识和把握党的历史的试金石。客观地说，我们党在这 29 年的探索中，的确经历了曲折和失误，但和成就相比，成就是主要的，这有实实在在的经济数据为证。当年陈云同志就说过，我们新中国成立以后，国民经济恢复时期的 3 年超过蒋介石统治的 22 年。

从另外一个方面看，我们党犯错误，但它不忽略和掩盖错误，而是敢于正视和纠正错误，在人民群众的支持下自己纠正错误。犯了错误自己纠正和别人纠正，它的性质是不一样的。如果犯了错误靠自己纠正，说明我们党还有生机和活力。如果犯了错误靠别人来纠正，靠别的政治力量来纠正，那么可能别的政治力量就要取代它。党在长期的斗争中也认识到，坚持真理、修正错误是党必须采取的历史唯物主义和辩证唯物主义的根本立场。正是基于这样的认识，我们党在十一届六中全会上作出的第二个历史决议，对新中国成立32年，包括对29年的历史做了全面的总结。

党的十一届三中全会之所以能够实现具有深远意义的历史伟大转折，中国特色社会主义道路之所以能够成功地开辟，改革开放和社会主义现代化建设之所以能够取得举世瞩目的伟大成就，重要的原因之一就是党全面深刻总结和吸取了这29年历史当中的经验教训。中国共产党和中国人民正是从这段历史中得出结论，不改革不行，不制定新的政治、经济、社会政策不行，从而义无反顾地走上了改革开放之路，开创了中国特色社会主义的伟大事业。

正确认识改革开放前后两个历史阶段。在对待党在改革开放和社会主义现代化建设新时期历史问题上，一种比较突出的错误倾向是把改革开放前的历史时期和改革开放后的历史时期割裂开来。或用改革开放前的历史时期来否定改革开放后的历史时期，或用改革开放后的历史时期来否定改革开放前的历史时期。这里一个重要的问题就是要解决好如何看待改革开放前的历史时期我们党所犯的错误和出现的失误，如何看待在改革开放后的历史时期我们党和国家出现的新情况和新问题。习近平同志在讲话中强调指出，我们党领导人民进行社会主义建设有改革开放前和改革开放后两个历史时期，这是两个相互联系又有重大区别的时期，但本质上都是我们党领导人民进行社会主义建设的实践探索。这里所说的联系并不只是时间上的延续，而是在坚持社会主义的发展方向、基本制度、根本任务、奋斗目标基础上的联系，这两个历史时期绝不是彼此割裂的，更不是根本对立的。说它们之间有重大区别，主要是指在进行社会主义建设的思想指导、方针政策、实际工作上有很大的区别，也包括社会主义实践探索的内外条件、实践基础上有很大区别。

强调两个不能否定，就是要把这两个历史时期放到历史长河中，特别是要放到党的 95 年历史中去观察和把握。这样我们才能正确认识各个历史时期在探索、开创、发展中国特色社会主义历程中的独特地位和作用，从而尊重历史而不去隔断和歪曲历史，实事求是而不拔高或苛求前人。

要带着感情去学习和认识党史

从历史对未来的启示和深远意义看，历史就是我们的一切。中国共产党的历史就是中国共产党人的一切，满怀感情地学习和认识党的历史是牢固树立党的历史自信的基本要求，也是学好学深、融会贯通的基本要求。

要倍加爱护和珍视党的历史。爱护珍视党的历史，是我们正确学习和认识党的历史最深厚的情感基础。当前爱护和珍视党的历史就要旗帜鲜明地抵制历史虚无主义。以事实为依据，以历史为出发点，实事求是从来都是我们学习和认识历史的根本原则和根本方法。而历史虚无主义对待历史的态度则是片面引用史料，任意地打扮历史、假设历史，随意地改变对近现代史和党史中重大事件、重要人物和重要问题的科学结论。有的打着重新评价历史的幌子，以客观公正的面貌出现，要求按照所谓的人性论的原则来看史、读史和治史，否则就是脸谱化、扣帽子。还有一些以思想解放、理论创新的名义来糟蹋和歪曲历史。这些观点从根本上说是唯心主义历史观在新的历史条件下的复活。新的形势下学习和认识党的历史必须对这些观点提高警惕，加强防范和坚决抵制。

要善于学习党的历史基本著作。现在叙述党史的书非常多，编写和研究党史的人也很多。不同的人站在不同的立场，从不同的观点出发研究党的历史，得出来的结论也是大不一样的。所以，我建议我们首先应该去读严肃的、严谨的党史基本著作，就是以前我们所说的党史的正史。

当然，与某些外国人的党史著作相比，这些著作或许在通俗性、可读性、生动性上还显得不够，还需付出努力。但是相比以讹传讹，我认为追求准确、追求真实始终应该是第一位的，因为我们编写和读的是历史书而不是文学书。

学习党史的目的是服务现实

学习的目的在于应用。习近平同志指出要坚持围绕中心、服务大局，通过对党的历史发展规律的揭示，为人们正确认识现实和改造现实提供历史的依据和启示，更好地为党的政治路线和政治任务服务。这一重要的论述深刻揭示了学习和认识党的历史的目的是服务现实。

新形势下应用好党的历史就要更加坚定不移地走自己的路。走自己的路是我们党总结长期历史经验得出的基本结论。历史证明，正确处理中国和世界的关系是事关党的事业成败的重大问题。要通过学习和认识党的历史，坚持用马克思主义的宽广眼界观察世界，密切关注世界形势的发展变化，把握世界大势，统筹好国际、国内两个大局，在时代前进的潮流中把握主动、赢得发展。

应用好党的历史就要自觉地代表最广大人民群众的根本利益。95年来，我们党进行一切奋斗归根到底都是为了不断实现好、维护好、发展好最广大人民群众的根本利益，始终保持党同群众的血肉联系。我们党的理想和奋斗都是为了人民的利益，离开了这一点，一切都会变得毫无意义。我们党从成立那天起就宣布它没有自己的私利，它向世人宣告中国共产党的利益就是人民的利益。

应用好党的历史就要更加全面地加强党的自身建设。党的建设的伟大实践是一个不断地总结和应用历史的过程。要通过学习和认识党的历史，全面地落实党的建设新要求，坚持以改革创新的精神，推动党的建设，全面从严治党，使党更好地担负起团结带领全国各族人民，全面建成小康社会，实现中华民族伟大复兴中国梦的重任。

应用好党的历史就要更加坚定中国特色社会主义的自信。道路自信、理论自信、制度自信来源于实践，来源于人民，来源于真理。历史证明，只有中国特色社会主义而没有别的什么主义能够解决当代中国发展进步的问题。要通过学习和认识党的历史，在深入把握中国特色社会主义的科学性和真理性的基础上增强自信，不断开创中国特色社会主义事业的新局面，不断交出坚持和发展中国特色社会主义的合格答卷。

坚持民主集中制是
强化党内监督的核心 [*]

中国共产党作为执政党，如何解决好自身的监督问题，这对党的建设来说是一个重大的理论和现实问题，关系到党的生死存亡，关系到国家民族的前途命运。习近平同志在十八届中央纪委第六次全会上的讲话中指出：要"积极探索强化党内监督的有效途径"，"对我们党来说，外部监督是必要的，但从根本上讲，还在于强化自身监督。我们要总结经验教训，创新管理制度，切实强化党内监督"。怎样强化党内监督呢？他强调指出："强化党内监督，必须坚持、完善、落实民主集中制，把民主基础上的集中和集中指导下的民主有机结合起来，把上级对下级、同级之间以及下级对上级的监督充分调动起来，确保党内监督落到实处、见到实效。"^① 习近平同志的这一重要论

---

* 本文为马克思主义理论研究和建设工程、国家社会科学基金重大项目"共产党执政规律研究"［项目编号：2015MZD059］的阶段性研究成果。发表于《中共党史研究》2016 年第 3 期。
① 《人民日报》2016 年 1 月 13 日。

断，为我们指明了强化党内监督的正确方向和根本途径。

一、民主集中制的产生及由来

民主集中制是从哪里来的？是怎样产生的？这是需要我们搞清楚的首要问题。追根溯源可以发现，民主集中制是从革命导师马克思、恩格斯、列宁那里来的，它随着马克思主义政党的产生而产生，随着实践的发展而发展。

马克思、恩格斯早在创建共产主义者同盟时就有了民主集中制的思想萌芽。1847年，马克思、恩格斯在起草共产主义者同盟章程时，就对同盟如何实行民主、如何实行集中作出若干规定。例如，同盟章程规定："同盟的组织机构是：支部、区部、总区部、中央委员会和代表大会"；"代表大会是全盟的立法机关"；"中央委员会是全盟的权力执行机关"；"所有盟员都一律平等"；盟员要"服从同盟的一切决议"；等等①。这些规定虽然还没有使用民主集中制的概念，但已经体现出与资产阶级政党不同的建党思想，这些思想为马克思主义政党确立民主集中制原则指明了方向。

列宁是第一个正式提出民主集中制思想的人，俄国社会民主工党（布尔什维克）是世界上第一个实行民主集中制原则的党。1899年为摆脱刚刚建立的俄国社会民主工党的狭隘的地方分散性，列宁提出建立"集中制的党"②。1902年针对经济派要把"广泛民主原则"作为党的组织原则，列宁提出要把党建设成"集中的战斗组织"③。1903年俄国社会民主工党先后在布

①《马克思恩格斯全集》第4卷，人民出版社1958年版，第572、575、574页。
②《列宁全集》第4卷，人民出版社1984年版，第167页。
③《列宁全集》第6卷，人民出版社1986年版，第128页。

鲁塞尔、伦敦召开第二次代表大会，当讨论党章时会议出现尖锐分歧：列宁主张建立集中统一、组织严密的党，要求每个党员必须承认党纲；马尔托夫则要把党建设成为一个成分复杂、不定型的、缺乏组织性和纪律性的社会团体。在这次会议上俄国社会民主工党发生分裂，分裂为布尔什维克和孟什维克。[①] 1905 年 12 月 12 日至 17 日俄国社会民主工党（布尔什维克）在芬兰的塔墨尔福斯召开第一次代表会议，根据列宁 11 月发表的《论党的改组》一文的精神，会议通过《党的改组》的决议。决议规定："代表会议确认民主集中制原则是不容争论的，认为必须实行广泛的选举制度，赋予选举出来的各中央机构以进行思想领导和实际工作领导的全权，同时，各中央机构可以撤换，它们的活动应广泛公布并应遵守严格地作工作报告的制度。"[②] 这里最早提出了"民主集中制"。1906 年 4 月 10 日至 25 日，俄国社会民主工党在斯德哥尔摩召开了第四次（统一）代表大会。根据列宁提议，大会首先把民主集中制原则写入党章。大会通过的《组织章程》第 2 条规定："党的一切组织是按民主集中制原则建立起来的。"[③] 这是俄国党、也是国际共产主义运动历史上第一次把民主集中制载入党章。1920 年 7 月，列宁在《加入共产国际的条件》中指出："加入共产国际的党，应该是按照民主集中制的原则建立起来的。"[④] 列宁的建议被共产国际所接受，从此以后，各国的新型无产阶级政党都坚持把

---

① 参见《联共（布）党史简明教程》，人民出版社 1975 年版，第 42—47 页。

②《苏联共产党代表大会、代表会议和中央全会决议汇编》第 1 分册，人民出版社 1964 年版，第 119 页。

③《苏联共产党代表大会、代表会议和中央全会决议汇编》第 1 分册，人民出版社 1964 年版，第 165 页。

④《列宁全集》第 39 卷，人民出版社 1986 年版，第 202 页。

民主集中制作为自己的基本组织原则。

从民主集中制的产生及由来，我们可以看到，民主集中制是马克思主义政党的一个伟大创造，列宁当年领导的俄国布尔什维克党之所以团结统一、坚强有力，在只有20万党员的情况下，就领导俄国人民取得了十月革命的伟大胜利，建立了社会主义国家，这不能不说民主集中制起了重要作用。相反，这个在世界上第一个实行了民主集中制的马克思主义政党，第一个建立了社会主义制度的国家，到戈尔巴乔夫时代，由于实行了"改革与新思维"，把改革变成了改向，放弃了马克思列宁主义在意识形态领域的指导地位，放弃了苏联共产党实行了几十年的民主集中制原则，尽管到后来苏联共产党发展到近2000万党员，却丧失了凝聚力和战斗力，成为一盘散沙。在敌对势力的进攻面前，不堪一击，软弱无力，最终导致苏共垮台、苏联解体。沉痛的历史教训值得我们引以为戒和深思。

二、中国共产党实行和坚持发展民主集中制的历史过程

中国共产党将民主集中制确定为组织原则和根本的组织制度、领导制度，有一个发展演变的历史过程。在我们党的早期历史上实行这一原则但在党纲党章中却无明文规定。在党的一大上，我们党通过了第一个纲领，但这个纲领没有对民主集中制作出规定。在党的二大上，我们党通过了第一个党章，但这个党章也没有对民主集中制作出规定。二大党章在组织、会议、纪律的章节中对上下级组织关系、会议召集以及各项纪律等作了具体规定，特别是对"本党一切会议均取决多数，少数

绝对服从多数"作了规定。党的三大、四大对党章修正时，都没有在这方面补充新的内容。这是不是说，我们党在早期就没有实行民主集中制的组织原则呢？回答无疑是否定的。为什么呢？因为我们党是在共产国际的指导下建立的，列宁为共产国际所确定的民主集中制组织原则，就不能不对我们党产生作用和影响。1922 年 7 月党的二大作出了一个重要决议，决定中国共产党正式加入第三国际，"中国共产党为国际共产党之中国支部"①。从这时开始，列宁为共产国际确定的组织原则也就正式成为我们党的重要组织原则。

从党的历史文献看，在党章中第一次出现"民主集中制"的表述是五届中央政治局通过的党章。当时党是将它作为"指导原则"来确定的，到六大党章改为"组织原则"，七大党章又改为"组织机构"，八大党章改为"组织机构和组织制度"，九大党章、十大党章又改为"组织原则"，十一大党章又改为"组织制度"，并一直沿用到今天的十八大党章。

党的五大是 1927 年 4 月 27 日至 5 月 9 日在武汉召开的。五大是在党的历史上历次全国代表大会中，唯一一次没有在会议上安排修正党章议题的大会。对党章的修正是在五大闭幕后，委托中央政治局召开会议完成的。6 月 1 日中央政治局召开会议，通过《中国共产党第三次修正章程决案》，在《决案》中，首次把"民主集中制"写入党章。修正后的党章第 12 条、13 条规定："党部的指导原则为民主集中制"，"按照民主集中制的原则在一定区域内建立这一区域内党的最高机关，管理这一区域内党的部分组织。党部之执行机关概以党员大会或其代

<hr>

① 《建党以来重要文献选编》第 1 册，中央文献出版社 2011 年版，第 141 页。

表大会选举，上级机关批准为原则，但特殊情形之下，上级机关得指定之。"①

从党的历史文献看，在党章中第一次具体规定民主集中制"根本原则"是党的六大，共制定3条；以后在七大党章、八大党章中将"根本原则"改为"基本条件"，七大党章制定"基本条件"4条，八大党章增加扩展到6条；九大党章、十大党章、十一大党章没有设"基本条件"；到十二大党章又改为"基本原则"，恢复和制定了6条，并一直沿用到今天的十八大党章。

1928年6月18日至7月11日，党的六大在莫斯科召开。六大通过的党章，将党的组织原则明确规定为民主集中制，并具体规定了它的3条根本原则：即"（七）组织原则：中国共产党与共产国际的其他支部一样，其组织原则为民主集中制。民主集中制的根本原则如下：（1）下级党部与高级党部由党员大会、代表会议及全国大会选举之。（2）各级党部对选举自己的党员，应作定期报告。（3）下级党部一定要承认上级党部的决议，严守党纪，迅速且切实的执行共产国际执行委员会和党的指导机关之决议。管辖某一区域的组织，对该区域的各部分的组织为上级机关。党员对党内某个问题，只有在相当机关对此问题的决议未通过以前可以举行争论。共产国际代表大会或本党代表大会或党内指导机关所提出的某种决议，应无条件的执行，即或某一部分的党员或几个地方组织不同意于该项决议时，亦应无条件的执行"②。

党的七大通过的党章和党的八大通过的党章，是我们党

---

① 《建党以来重要文献选编》第4册，中央文献出版社2011年版，第268页。
② 《建党以来重要文献选编》第5册，中央文献出版社2011年版，第472页。

的历史上比较好的党章和成熟的党章。在这两个党章中，党不仅重申了民主集中制的组织原则，而且对民主与集中的关系进行了深刻阐述，并对如何贯彻执行民主集中制提出了具体要求。从党的七大开始，我们党在党章中设立总纲。七大党章的总纲规定："中国共产党是按民主的集中制组织起来的，是以自觉的、一切党员都要履行的纪律联结起来的统一的战斗组织。中国共产党的力量，在于自己的坚强团结，意志统一，行动一致。在党内不容许有离开党的纲领和党章的行为，不能容许有破坏党纪、向党闹独立性、小组织活动及阳奉阴违的两面行为。中国共产党必须经常注意清除自己队伍中破坏党的纲领和党章、党纪而不能改正的人出党。"七大党章第14条规定："党的组织机构，是按照民主的集中制建设起来的。民主的集中制，即是在民主基础上的集中和在集中领导下的民主；其基本条件如下：（一）党的各级领导机关由选举制产生。（二）党的各级领导机关向选举自己的党的组织作定期的工作报告。（三）党员个人服从所属党的组织，少数服从多数，下级组织服从上级组织，部分组织统一服从中央。（四）严格地遵守党纪和无条件地执行决议。"[①]八大党章在总纲中规定："中国共产党的组织原则是民主集中制。这就是在民主基础上的集中和在集中指导下的民主。党必须采取有效的办法发扬党内民主，鼓励一切党员、党的基层组织和地方组织的积极性和创造性，加强上下级之间的生动活泼的联系。只有这样，党同人民群众的联系才能有效地扩大和加强，党的领导才能正确和及

[①]《建党以来重要文献选编》第22册，中央文献出版社2011年版，第535、538—539页。

时，才能灵活地适应各种具体情况和地方特点，党的生活才能生气勃勃，党的事业才能得到更大更快的发展。也只有在这个基础上，党的集中和统一才能巩固，党的纪律才能是自觉的而不是机械的。按照党的民主集中制，任何党的组织都必须严格遵守集体领导和个人负责相结合的原则，任何党员和党的组织都必须受到党的自上而下的和自下而上的监督。""党的民主原则不能离开党的集中原则。党是以一切党员都要遵守的纪律联结起来的统一的战斗组织；没有纪律，党决不能领导国家和人民战胜强大的敌人而实现社会主义和共产主义。党是阶级的最高组织，它必须努力在国家生活的各个方面发挥它的正确的领导作用和核心作用，反对任何降低党的作用和削弱党的统一的分散主义倾向。党的团结和统一，是党的生命，是党的力量的所在。经常注意维护党的团结，巩固党的统一，是每一个党员的神圣职责。在党内不容许有违反党的政治路线和组织原则的行为，不容许有分裂党、进行小组织活动、向党闹独立性、把个人放在党的集体之上的行为。"①八大党章把七大党章对民主集中制的表述，从集中"领导"下的民主改为集中"指导"下的民主，内涵发生了重大变化，表述更为准确和科学，这一提法一直延续至今。八大党章把七大党章对民主集中制规定的基本条件从 4 条增加到 6 条，并且阐述得更加完善。八大党章第 19 条规定："（一）党的各级领导机关都由选举产生。（二）党的最高领导机关是全国代表大会，在地方范围内是地方各级代表大会。全国代表大会和地方各级代表大会选举中央委员会和

---

① 《中共中央文件选集（1949.10—1966.5）》第 24 册，人民出版社 2013 年版，第 227—228 页。

地方各级委员会，这些委员会向代表大会负责并且报告工作。（三）党的各级领导机关必须经常听取下级组织和党员群众的意见，研究他们的经验，及时地解决他们的问题。（四）党的下级组织必须定期向上级组织报告工作。下级组织的工作中应当由上级组织决定的问题，必须及时向上级请求指示。（五）党的各级组织实行集体领导和个人负责相结合的原则，任何重大问题都由集体决定，同时使个人充分发挥应有的作用。（六）党的决议必须无条件地执行。党员个人必须服从党的组织，少数必须服从多数，下级组织必须服从上级组织，全国的各个组织必须统一服从全国代表大会和中央委员会。"①

九大党章、十大党章虽然在"党的组织原则"中、十一大党章在"党的组织制度"中写了民主集中制，并强调了党的纪律的"四个服从"；九大党章、十大党章在"党的组织原则"中、十一大党章在总纲中都提出了"要努力造成一个又有集中又有民主，又有纪律又有自由，又有统一意志又有个人心情舒畅、生动活泼的政治局面"的要求，但在当时那种大的政治背景下，在实际生活中是做不到的，也是不会起作用的。

党的十二大通过的党章是现行党章。这部党章是党在改革开放和社会主义现代化建设新时期第一次对党章作出的全面修订，它摒弃了九大党章、十大党章、十一大党章中"左"的东西，恢复了七大党章、八大党章中好的内容。鉴于1957年以后到"文化大革命"的一段时间内，党内民主集中制遭到破坏的教训，十二大党章在总纲中对坚持民主集中制作出明确规

①《中共中央文件选集(1949.10—1966.5)》第24册，人民出版社2013年版，第233—234页。

定，指出：“党内充分发扬民主，在民主的基础上实行高度的集中，加强组织性纪律性，保证全党行动的一致，保证党的决定得到迅速有效的贯彻执行。党在自己的政治生活中正确地开展批评和自我批评，在原则问题上进行思想斗争，坚持真理，修正错误。实行在党的纪律面前人人平等的原则，给违犯纪律的党员以应有的批评或处分，把坚持反对党、危害党的分子清除出党。”① 十二大党章在第 10 条中恢复和制定了民主集中制的 6 条基本原则，提出：“党是根据自己的纲领和章程，按照民主集中制组织起来的统一整体。它在高度民主的基础上实行高度的集中。党的民主集中制的基本原则是：（一）党员个人服从党的组织，少数服从多数，下级组织服从上级组织，全党各个组织和全体党员服从党的全国代表大会和中央委员会。（二）党的各级领导机关，除它们派出的代表机关和在非党组织中的党组外，都由选举产生。（三）党的最高领导机关，是党的全国代表大会和它所产生的中央委员会。党的地方各级领导机关，是党的地方各级代表大会和它们所产生的委员会。党的各级委员会向同级的代表大会负责并报告工作。（四）党的上级组织要经常听取下级组织和党员群众的意见，及时解决他们提出的问题。党的下级组织既要向上级组织请示和报告工作，又要独立负责地解决自己职责范围内的问题。上下级组织之间要互通情报、互相支持和互相监督。（五）党的各级委员会实行集体领导和个人分工负责相结合的制度。凡属重大问题都要由党的委员会民主讨论，作出决定。（六）党禁止任何形式的个人崇拜。要保证党的领导人的活动处于党和人民的监督之下，

---

① 《十二大以来重要文献选编》（上），中央文献出版社 2011 年版，第 57 页。

同时维护一切代表党和人民利益的领导人的威信。"①党的十三大通过的党章对这部分内容没有进行修订。党的十四大通过的党章对总纲中这部分内容进行了修订，对贯彻民主集中制提出了进一步要求，指出："民主集中制是民主基础上的集中和集中指导下的民主相结合。它既是党的根本组织原则，也是群众路线在党的生活中的运用。必须充分发扬党内民主，发挥各级党组织和广大党员的积极性创造性。必须实行正确的集中，保证全党行动的一致，保证党的决定得到迅速有效的贯彻执行。加强组织性纪律性，在党的纪律面前人人平等。党在自己的政治生活中正确地开展批评和自我批评，在原则问题上进行思想斗争，坚持真理，修正错误。努力造成又有集中又有民主，又有纪律又有自由，又有统一意志又有个人心情舒畅的生动活泼的政治局面。"②十四大党章还对党的组织制度的第 10 条中"它在高度民主的基础上实行高度的集中"的表述进行了删除。在（四）中增加了"党的各级组织要使党员对党内事务有更多的了解和参与"的内容，在（五）中增加了"委员会成员要根据集体的决定和分工，切实履行自己的职责"的内容。党的十五大通过的党章没有修改相关内容。党的十六大通过的党章，在总纲中讲到民主集中制问题时，增加了"加强对党的领导机关和党员领导干部的监督，不断完善党内监督制度"的内容；将党的组织制度的（五）的内容，由"凡属重大问题都要由党的委员会集体讨论，作出决定"，修改为"凡属重大问题都要按照集体领导、民主集中、个别酝酿、会议决定的原则，由党的

①《中国共产党历次党章汇编（1921—2002）》，中国方正出版社 2006 年版，第 319—320 页。
②《中国共产党历次党章汇编（1921—2002）》，中国方正出版社 2006 年版，第 361 页。

委员会集体讨论，作出决定"。党的十七大通过的党章沿用了十六大党章的规定，没有变化。党的十八大通过的党章在对这部分内容修订时，在总纲中增加了"保障党员民主权利"的内容，其他内容沿用了十七大党章的规定。

从党的历史和党的文献看，从党章对民主集中制表述、规定的衍变看，我们党从成立之日起就坚持民主集中制的组织原则，并不断丰富、发展和完善，使民主集中制不仅成为党的一个重要的工作指导原则和组织原则，而且逐步发展成为党的根本组织制度和领导制度。1954年9月，我国召开第一届全国人民代表大会第一次会议，会议通过的《中华人民共和国宪法》规定："全国人民代表大会、地方各级人民代表大会和其他国家机关，一律实行民主集中制。"① 我们党的这一组织制度和领导制度，通过国家的法定程序被确定为国家的组织制度和领导制度。民主集中制也就成为我们党和国家最大的组织制度优势。

三、党的历史上贯彻执行民主集中制的经验和教训

在党的历史上，我们党贯彻执行民主集中制有成功的经验，也有失误的教训。陈独秀、王明、张国焘搞家长制，个人专断，曾给我们党的事业带来重大损失。1927年大革命的失败，尽管有共产国际指导失误的原因，但是从党内找原因，与陈独秀所犯的错误有很大关系。当时面对国民党右派的叛变和进攻，陈独秀听不进别的同志提出的正确意见，一味地退让，错失了反击的良机，犯了右倾机会主义的错误，使轰轰烈烈的大革命遭

---

① 《建国以来重要文献选编》第5册，中央文献出版社2011年版，第451页。

受失败。① 土地革命战争时期，王明在党内大搞"残酷斗争，无情打击"，排除和打击与自己意见不同的人，使中央革命根据地和白区的革命力量遭到重大损失。② 张国焘在红军长征途中，恃仗着自己的部队兵强马壮，违反组织纪律，对抗中央，分裂党和红军。③ 这些事例在我们党的历史上都是很典型的。

毛泽东同志在党的历史上曾几次遭受错误路线的批判和打击，他对违反民主集中制的后果有切肤之痛。在党的历史上，他是对我们党实行和建立民主集中制有创新发展的人，有建树的人，也是对这一制度和原则坚持得比较好的党的领导人。例如，早在1928年11月25日毛泽东同志撰写的《井冈山的斗争》（这是当时他写给中共中央的一份报告）中就讲到过"民主集中主义的制度"的问题。他说："民主集中主义的制度，一定要在革命斗争中显出了它的效力，使群众了解它是最能发动群众力量和最利于斗争的，方能普遍地真实地应用于群众组织。"④ 1929年12月，毛泽东同志在为红军第四军第九次党代会写的决议中（《关于纠正党内的错误思想》），针对极端民主化问题，提出的纠正方法一是从理论上铲除极端民主化的根苗，二是在组织上厉行集中指导下的民主生活。由此可见，毛泽东同志在党和红军中是十分重视民主集中制的贯彻执行的。在党的扩大的六届六中全会和党的七大上，毛泽东同志多次在讲话中对民主集中制作深刻的阐述。这些阐述都是我们党宝贵的思想财富。但是，新中国成立后，随着民主革命和社会主义革命的

---

① 参见《中国共产党历史》第1卷上册，中共党史出版社2011年版，第221—222页。
② 参见《中国共产党历史》第1卷上册，中共党史出版社2011年版，第312—313页。
③ 参见《中国共产党历史》第1卷上册，中共党史出版社2011年版，第391—393、397—398页。
④《毛泽东选集》第1卷，人民出版社1991年版，第72页。

胜利，他开始滋长骄傲自满情绪，逐渐听不进不同意见。后来为什么会出现"大跃进"、人民公社化的失误，特别是发生"文化大革命"这样严重的、全局性的错误，与我们党的民主集中制受到破坏有很大关系。薄一波同志在《若干重大决策与事件的回顾》一书中曾讲道：1957 年以后毛主席逐渐滋长起来"一言堂"作风。1958 年"批评反冒进，历时半年多之久，其影响所及，在党内政治生活史上是一件很不小的事情，也可以说是一种标志，它标志着建国以后党内的民主生活开始由正常或比较正常向不正常转变"①。1959 年庐山会议错误地发起对彭德怀同志等人的批判后，党内提不同意见的人就越来越少了。

　　我们党在历史上也有运用民主集中制解决面临突出问题、实现重大历史转折的成功范例，这也是值得大讲特讲、大书特书的事情。比如，1935 年 1 月召开的遵义会议和 1978 年 12 月召开的党的十一届三中全会，就是在党的历史上成功运用民主集中制解决面临突出问题、实现重大历史转折的会议。1935 年 1 月 15 日至 17 日召开的遵义会议，原定议题是博古作反对第五次"围剿"的总结报告，即会议的主报告；周恩来同志就军事问题作副报告。后来张闻天同志在会上作反对"左"倾军事错误的报告，被称为反报告。毛泽东同志在会上作长篇重要发言，对博古、李德在军事指挥上的错误进行切中要害的分析和批评，并阐述了中国革命战争的战略战术问题和此后在军事行动上应采取的正确方针。②党的十一届三中全会于 1978 年 12 月 18 日至 22 日在北京召开，之前召开的中央工作会议时间是

---

① 薄一波：《若干重大决策与事件的回顾》(下)，中共党史出版社 2008 年版，第 460 页。
② 参见《中国共产党历史》第 1 卷上册，中共党史出版社 2011 年版，第 386 页。

从 11 月 10 日至 12 月 15 日。这两个会议前后召开，但它们的内容是分不开的，实际上中央工作会议为十一届三中全会做了充分准备。中央工作会议原定的议题是讨论经济工作，而从分组讨论开始，就有人提出了要为 1976 年天安门事件平反的问题。陈云同志在东北组发言，提出解决历史遗留问题的意见，受到与会同志的热烈响应。会议超出原定的议题，成为全面拨乱反正和开创新局面的会议。会议对"两个凡是"的错误方针进行了批评，对几位中央领导同志包括中央主要负责人在某些工作方面的错误也进行了批评。邓小平同志在会议快结束时作《解放思想，实事求是，团结一致向前看》的重要讲话，指明了党在今后的主要任务和前进方向。这个讲话实际上成为随后召开的十一届三中全会的主题报告。① 遵义会议和党的十一届三中全会都进行了重大人事变动和调整。这两个会议的成功召开，有多方面的原因，但是，试想如果我们党没有民主集中制的组织原则和制度在起作用，这两个会议是开不成功的，搞不好甚至会使党、军队和国家发生分裂。历史的经验和教训值得我们牢牢汲取。党的历史证明，什么时候我们党对民主集中制坚持和运用得好，党的事业就前进就发展；什么时候坚持得不好，党的事业就会受到损失甚至遭到破坏。从历史上看，我们党有极强的纠错能力；但无数事实表明，党的这个纠错能力的实现，是靠民主集中制的原则和制度起作用、作保障的。

---

① 参见《中国共产党历史》第 2 卷下册，中共党史出版社 2011 年版，第 1060 页。

四、坚持民主集中制的关键是处理好民主与集中的关系

民主集中制是由两个方面的内容组成的，一方面是民主，一方面是集中。两个方面不可偏废，缺一不可，它们相互联系、相互影响、相互渗透，辩证地统一在一起。如果对其关系的处理，把握不好度，无论向哪个方面有偏移和倾斜，都会损害这个制度，都会对党的事业造成危害。

我们党的领导人毛泽东、邓小平、江泽民、胡锦涛、习近平同志对民主集中制有一系列的论述，就如何正确认识和把握它的深刻内涵，如何处理好民主与集中的关系进行过精辟阐述，这些论述为我们贯彻执行好民主集中制提供了理论指导和基本遵循。

早在 1938 年 10 月，毛泽东同志在党的扩大的六届六中全会上作《论新阶段》的政治报告时就指出："由于我们的国家是一个小生产的家长制占优势的国家，又在全国范围内至今还没有民主生活，这种情况反映到我们党内，就产生了民主生活不足的现象。这种现象，妨碍着全党积极性的充分发挥。同时，也就影响到统一战线中、民众运动中民主生活的不足。为此缘故，必须在党内施行有关民主生活的教育，使党员懂得什么是民主生活，什么是民主制和集中制的关系，并如何实行民主集中制。这样才能做到：一方面，确实扩大党内的民主生活；又一方面，不至于走到极端民主化，走到破坏纪律的自由放任主义。"[1]1957 年 2 月，他又在最高国务会议第十一次（扩

---

①《毛泽东选集》第 2 卷，人民出版社 1991 年版，第 529 页。

大）会议上发表《如何处理人民内部的矛盾》的讲话（这篇讲话后来经过整理、补充与修改，以《关于正确处理人民内部矛盾的问题》为题，于同年6月19日公开发表），指出："在人民内部，民主是对集中而言，自由是对纪律而言。这些都是一个统一体的两个矛盾着的侧面，它们是矛盾的，又是统一的，我们不应当片面地强调某一个侧面而否定另一个侧面。在人民内部，不可以没有自由，也不可以没有纪律；不可以没有民主，也不可以没有集中。这种民主和集中的统一，自由和纪律的统一，就是我们的民主集中制。"[①]1962年1月，他又在扩大的中央工作会议上的讲话中强调："没有民主，不可能有正确的集中，因为大家意见分歧，没有统一的认识，集中制就建立不起来。什么叫集中？首先是要集中正确的意见。在集中正确意见的基础上，做到统一认识，统一政策，统一计划，统一指挥，统一行动，叫做集中统一。"[②]

邓小平同志1956年9月在党的八大上作关于修改党章的报告时指出："民主集中制是我们党的列宁主义的组织原则，是党的根本的组织原则，也是党的工作中的群众路线在党的生活中的应用。"[③]1962年2月，他在扩大的中央工作会议上的讲话中说："我们党是统一的，团结的，有战斗力的党。没有民主，就没有集中统一；没有集中统一，党就没有战斗力。我们党要永远保持集中统一。这样的党，才真正有战斗力。但是，只有在民主基础上，在充分发扬民主的基础上，才能够建立这样一个统一的党，有纪律的党，有战斗力的党。""民主集中制

---

①《毛泽东文集》第7卷，人民出版社1999年版，第209页。
②《毛泽东文集》第8卷，人民出版社1999年版，第293—294页。
③《邓小平文选》第1卷，人民出版社1994年版，第225页。

是党和国家的最根本的制度，也是我们传统的制度。坚持这个传统的制度，并且使它更加完善起来，是十分重要的事情，是关系我们党和国家命运的事情。凡是违反这个制度的，都要纠正过来。"①1980 年 1 月，针对"文化大革命"期间党的纪律废弛、许多党员自行其是的问题，邓小平同志又强调："要坚持和改善党的领导，必须严格地维护党的纪律，极大地加强纪律性。个人必须服从组织，少数必须服从多数，下级必须服从上级，全党必须服从中央。必须严格执行这几条。否则，形成不了一个战斗的集体，也就没有资格当先锋队。"②

江泽民同志 1989 年 12 月在中央宣传部、中央政策研究室、中央组织部、中央党校举办的党建理论研究班上的讲话中指出："我们的党内生活，一定要充分发扬民主、扩大民主。如果忽视民主，搞一言堂，势必造成党内生活不正常。但是不能忘记，共产党不但要发扬民主，尤其要实行在民主基础上的集中，这也是民主本身的要求。如果离开集中谈民主，就会违背民主原则，导致极端民主化和无政府状态，那我们就什么也干不成。"③2002 年 9 月，他在党的十六大文件起草组会议上的讲话中指出："论述民主集中制的问题，强调发展党内民主很有必要，这是我们党的建设的重要任务；同时又要强调保持党的集中统一的必要性，这也是党的建设的重要任务。必须全面坚持民主集中制，既要实现党内生动活泼的政治局面，又要保持党的严格纪律，坚决维护中央的权威和全党的团结。总之，

---

① 《邓小平文选》第 1 卷，人民出版社 1994 年版，第 307、312 页。
② 《邓小平文选》第 2 卷，人民出版社 1994 年版，第 271 页。
③ 《江泽民文选》第 1 卷，人民出版社 2006 年版，第 97 页。

民主和集中这两个方面是一个整体，要全面论述。"①

胡锦涛同志 2007 年 10 月在党的十七大报告中指出："严格实行民主集中制，健全集体领导与个人分工负责相结合的制度，反对和防止个人或少数人专断。"②2011 年 7 月，他又在庆祝中国共产党成立 90 周年大会上的讲话中指出："推进党的制度建设，要坚持以党章为根本、以民主集中制为核心，坚持和完善党的领导制度，改革和完善党的领导方式和执政方式，发展党内民主，积极稳妥推进党务公开，保障党员主体地位和民主权利，完善党代表大会制度和党内选举制度，完善党内民主决策机制，保障党的团结统一，增强党的创造活力，坚决克服违反民主集中制原则的个人独断专行和软弱涣散现象。"③

习近平同志早在 2012 年 6 月在全国创先争优表彰大会上的讲话中就强调："民主集中制是我们党的根本组织制度和领导制度，它正确规范了党内政治生活、处理党内关系的基本准则，是反映、体现全党同志和全国人民利益与愿望，保证党的路线方针政策正确制定和执行的科学的合理的有效率的制度。因此，这是我们党最大的制度优势。"④2014 年 5 月，习近平同志在参加河南省兰考县委常委班子专题民主生活会时的讲话中又强调："要坚持按民主集中制原则处理党内组织和组织、组织和个人、同志和同志、集体领导和个人分工负责等重要关系，发扬党内民主、增进党内和谐，实行正确集中、维护党的

---

① 《江泽民文选》第 3 卷，人民出版社 2006 年版，第 516 页。
② 《中国共产党第十七次全国代表大会文件汇编》，人民出版社 2007 年版，第 50 页。
③ 胡锦涛：《在庆祝中国共产党成立 90 周年大会上的讲话》，人民出版社 2011 年版，第 17 页。
④ 习近平：《始终坚持和充分发挥党的独特优势》，《求是》2012 年第 15 期。

团结统一。"①

我们党的领导人关于民主集中制的思想十分深刻、十分丰富，我们应该认真学习，深入研究，努力贯彻落实。

五、把健全和完善民主集中制作为强化党内监督的重点和突破口

没有监督的权力必然导致腐败，这是一条铁律。1957年邓小平同志曾说过："在中国来说，谁有资格犯大错误？就是中国共产党。犯了错误影响也最大。""如果我们不受监督，不注意扩大党和国家的民主生活，就一定要脱离群众，犯大错误。"②我们党如何接受外来的监督，如何搞好党内的监督，这个问题既是党的建设的一个重要问题，也是中国政治制度建设的一个重要问题；既是一个面临的难点问题，也是一个国内外敌对势力经常拿来说事、攻击我们党的问题；既是在一些群众中存有疑虑疑问的问题，也是我们在全面从严治党实践中必须进一步探索和解决的问题。

1945年7月，毛泽东同志与黄炎培先生在延安有一段中国共产党如何跳出周期率支配的"窑洞对"。当时毛泽东同志对黄炎培先生提出的问题给出人们所认可的答案："我们已经找到新路，我们能跳出这周期率。这条新路，就是民主。只有让人民来监督政府，政府才不敢松懈。只有人人起来负责，才不会人亡政息。"这是防止"其兴也勃焉，其亡也忽焉"的治

---

① 《习近平关于严明党的纪律和规矩论述摘编》，中央文献出版社、中国方正出版社2016年版，第45页。

② 《邓小平文选》第1卷，人民出版社1994年版，第270页。

本之策。[①] 中国共产党作为执政党需要有外部监督，但更需要有自身的内部监督，而且这个监督更直接、更重要、更有效。习近平同志关于坚持民主集中制是强化党内监督的核心的重要论述，既提出了这个重大问题，又回答了这个重大问题，教给了我们认识和思考问题的正确方法，指明了解决问题的方向和实现路径。那么，怎样才能形成有效的党内监督呢？答案是必须有科学有效的监督制度和运行体制机制。这个制度和体制机制不是别的，就是我们党一直坚持的、长期以来一贯倡导的民主集中制及其原则，这是我们党最大的制度优势。

如前所述，从党的历史看，民主集中制是个好东西，它是我们党的生命所在、活力所系，是我们共产党人的法宝，是我们克敌制胜的有力制度武器。它已被历史和实践证明是我们党的有效的、科学的、根本的领导制度和组织制度。丢掉了它，离开了它，背弃了它，党就会变质，就会失去生机活力，就会导致失败。世界社会主义运动史上有经验和教训，我们党的历史上也有经验和教训。因此，在大是大非面前，我们一定要立场坚定，旗帜鲜明，毫不动摇地长期坚持这一制度，决不能重犯历史性的错误，更不能犯无法挽回的颠覆性的政治错误。

在新的形势下，我们要在坚持这一制度的前提下与时俱进，不断创新形式和内容，进一步健全和完善它，丰富其内涵，这是我们这一代共产党人的庄严历史使命和政治责任。当前，针对全党贯彻执行民主集中制方面存在的突出问题，我们要按照习近平同志的要求，认真总结党的十八大以来新的实践所

---

① 《毛泽东年谱（1893—1949）》（修订本）中卷，中央文献出版社 2013 年版，第 611、610 页。

提供的新鲜经验。以党章为根本，以民主集中制为核心，健全和完善民主集中制的运行体制和机制。一是要坚决维护党中央的权威。加强党的团结，维护党的集中统一，在思想上政治上行动上同以习近平同志为核心的党中央保持高度一致。强化政治意识、大局意识、核心意识、看齐意识。向党中央看齐，向党的理论和路线方针政策看齐。二是要以法律纪律制度作保障。健全和完善决策、执行、检查程序，坚持在法律纪律制度面前人人平等，运用法治思维和法治方法，以制度管权管事管人，坚持原则不动摇，遵守纪律无例外，遵照制度不走样，履行程序不变通。让权力在阳光下运行。三是要强化对"关键少数"特别是一把手的监督。推进党的建设的制度改革，大胆探索，勇于实践，切实解决"上级监督太远，下级监督太软"的问题，多管齐下，实行上级监督、组织部门监督、纪检监察部门监督、同级监督、下级监督的网格体系。尤其是要发挥好派驻纪检组的作用，凸显其派的权威、驻的优势。四是要使用好批评与自我批评的武器。提倡在党内经常性地开展积极的思想斗争。按照"三严三实"的要求，开好民主生活会、组织生活会。坚持团结——批评——团结的公式，从团结的愿望出发，经过批评和自我批评，在新的基础上达到新的团结。五是要强化监督执纪问责。执行好执纪问责的四种形态。党内关系要正常化，批评和自我批评要经常开展，让咬耳扯袖、红脸出汗成为常态；党纪轻处分和组织处理成为大多数；对严重违纪的重处分、作出重大职务调整应当是少数；而严重违纪涉嫌违法立案审查的只能是极极少数。通过纪法分开，纪严于法，设置防止党员干部违纪违法的"隔离桩""防火墙"。六是发挥好巡视的利剑作用。巡视是党的战略性制度安排，是党之利器，国之利器。巡视是政治巡视，而不是业务巡视。巡视是全面的政治体检，是党性党风党纪的检视。要对巡视对象执行党章党纪党规、落实党风廉政建设的主体责任和监督责任进行监督，紧扣党的政治、组织、廉洁、群众、工作和生活"六大纪律"，着力发现存在的突出问题。

此外，我们仍然要发挥我们党思想建党的特色和优势，把思想建党和制度治党紧密结合起来。这样，我们党就会形成一个自我净化、自我完善、自我革新、自我提高的体制和机制，在坚持和运用好民主集中制的实践中，不断巩固党的执政地位，使党始终充满生机和活力，始终保持同人民群众的血肉联系，最终完成执政使命，实现党确定的最高理想和奋斗目标。

2015 年

正确认识和评价抗日战争中的
两大历史问题[*]

今年是中国人民抗日战争暨世界反法西斯战争胜利 70 周年，在开展纪念活动时，有两大历史问题摆在我们面前，需要正确认识和评价，这就是中国共产党在中国人民抗日战争中的历史地位和作用，中国人民抗日战争在世界反法西斯战争中的历史地位和作用。对第一个问题本来历史早有定论，但是，近年来一些人打着"重新认识历史"的旗号，提出了一些似是而非的说法和观点，亟待加以澄清。而第二个问题则长期以来被国际社会尤其是西方国家所忽视和贬低，也需要给予发声，呼吁国际社会予以关注并深入研究，从而实事求是地进行评价和作出新的历史结论。

一、中国共产党在中国人民抗日战争中的历史地位和作用

中国共产党在中国人民抗日战争中处在什么样的历史地

---

* 本文发表于《光明日报》2015 年 9 月 2 日。

位，起了什么样的历史作用呢？2014年习近平同志在纪念中国人民抗日战争暨世界反法西斯战争胜利69周年座谈会上发表重要讲话指出："中国共产党的中流砥柱作用是中国人民抗日战争胜利的关键。"这是对中国共产党在中国人民抗日战争中历史地位和作用的高度概括和评价。为什么这样说呢？我以为有如下理由：

第一，中国共产党成为中国人民奋起反抗日本帝国主义侵略的最早宣传者、动员者和抗击者。中国的抗日战争是从日本军国主义发动九一八事变开始的。尽管这个时候中国的抗日战争还是局部的，但中国共产党立即发起抗战号召和组织开展了抗日游击战争。事变发生的第二天中共满洲省委就发表《为日本帝国主义武装占领满洲宣言》。20日中共中央发表《为日本帝国主义强暴占领东三省事件宣言》，中华苏维埃共和国中央工农革命委员会发表《满洲事变宣言》。1932年4月中华苏维埃共和国临时中央政府发布《对日战争宣言》。1933年1月26日中共驻共产国际代表团以中共中央名义发出"一二六指示信"，首次提出在东北组织全民族的抗日统一战线。至1933年底，中国共产党领导的东北各地游击队已经成为东北抗日游击战争的主要力量。至1937年秋，东北抗日联军发展到11个军、3万余人，同日伪军进行大小数千次的战斗，粉碎敌人上百次"讨伐"，歼敌1万余人。

第二，中国共产党积极倡导、促成、维护了抗日民族统一战线，成为团结凝聚全民族抗战力量的杰出组织者、鼓舞者和坚强政治核心。在民族危机加深的形势下，中国共产党以国家和民族大义为重，顺应时代要求，适时提出了建立抗日民族统一战线的主张。1935年8月中国共产党在《八一宣言》中呼吁全国人民集中一切国力去为抗日而奋斗。12月9日党领导北平学联组织发动了大规模的一二·九学生爱国运动。12月在瓦窑堡会议上党确立了抗日民族统一战线的策略方针，调整了各项具体政策，得到全国各界的积极响应。中国共产党首先与东北军和第十七路军等实现西北地区抗日力量的联合，同时努力争取国民党当局和地方实力派联合抗日。到1936年12月前，中国共产党与10多个省的地方实力派之间初步建立联系，为形成广泛的抗日民族统一战线和全民族抗战局面的到来创造了条件。西安事变发生后，中国共产党为和平解决西安事变做了大量卓有成效的工作。西安事变的和平解决，成为时局转换的枢纽，促成了中共中央逼蒋抗日方针的实现，为国共第二次合作起到了重要作用。1937年七七事变后，翌日中国共产党立即向全国发出通电，指出只有实行全民族抗战，才是中国的出路，号召全国人民、军队和政府团结起来，筑成民族统一战线的坚固长城，抵抗日本侵略。经过中国共产党坚持不懈的努力，以国民党中央通讯社发表《中共中央为公布国共合作宣言》和国民党主要领导人发表谈话为标志，国共第二次合作正式形成。在中国共产党积极努力和推动下，以国共合作为中心，中国各族人民、各民主党派、各爱国军队、各阶层爱国人士以及海外华侨华人组成的抗日民族统一战线终于形成并发展起来。抗日民族统一战线建立不容易，坚持和维护同样不容易。中国共产党始终维护了抗日民族统一战线，始终不渝地坚持抗战、反对投降，坚持团结、反对分裂，坚持进步、反对倒退，打退国民党顽固派三次反共高潮，维护了抗日民族统一战线，成为引领全民族抗战走向胜利的旗帜和坚强的政治核心。

第三，中国共产党制定实施了全面抗战路线和持久战战略总方针，成为抗日战争正确战略的提出者、指导者和引领者。从全民族抗战一开始，中国共产党就号召全国人民总动员，主张开放民主，改善民生，广泛发动群众，组织群众，武装群众，实行全体人民参加战争、支援战争的全面抗战路线。历史事实证明，只有实行全面的抗战路线，才能引导中国抗日战争取得最后胜利，并使这个胜利成为人民的胜利。同时，中国共产党提出持久战的战略总方针，为党领导下的广大抗日军民提供了战胜敌人的科学思想和正确方法。早在1935年12月毛泽东同志就指出，"要打倒敌人必须准备作持久战"。1936年7月他在同美国记者埃德加·斯诺谈话时，提出了通过持久战取得胜利的方针。1938年5月他撰写《论持久战》，有力驳斥了"亡国论"和"速胜论"，明确指出持久战是中国人民抗日战争的总的战略方针，中国持久的抗战将经过战略防御、战略相持和战略反攻三个阶段，最后的胜利是中国的。持久战战略从思想上武装了中国共产党和党领导下的广大军民，也在国民党及其政府和军队中产生积极影响，极大地鼓舞和坚定了中国军民争取抗战胜利的信心和决心。在抗战中中国共产党还提出了游击战的战略理论及一系列战略战术。1937年8月1日张闻天、毛泽东同志致电周恩来同志等，指出红军的作战原则，是在整个战略方针下执行独立自主的分散作战的游击战争。党在洛川会议上通过了在敌人后方放手发动群众，开展独立自主的游击战争，配合正面战场，开辟敌后战场，建立抗日根据地的行动方针。抗日战争进入相持阶段以后，敌后战场逐渐成为主战场。毛泽东同志在《论持久战》中曾指出："中国抗日战争中的游击战，决不是可有可无的。它将在人类战争史上演出空前伟大的一幕。"抗日战争的历史进程充分证明了这一点。具体说，在战略防御阶段，抗日游击战争迅猛发展，不仅有力配合了正面战场作战，而且创建了敌后抗日根据地，通过在日军背后发起战略性的攻势作战，尤其是对日军的交通线发起频繁的致命性的持续攻击，迫使日军不得不长期而不是暂时分散兵力两面作战，从而为推动抗日战争由战略防御转到战略相持阶段，实现持久抗战发挥了重要作用。抗战进入相持阶段后，中国共产党领导的抗日游击战争普遍展开，抗日民主根据地不断巩固和扩大，从陕甘宁边区发展到华北、华中、华南的广大地区。在战略上造成对日军重点占领的城市和交通线的反包围态势，形成犬牙交错的战争形态。敌后战场的发展壮大，抗击着约60%的侵华日军和95%的伪军，逐渐成为主战场，减轻了国民党正面战场的压力，成为促使国民党抗战到底的重要因素，为赢得全国抗日战争的胜利作出重要贡献。在极为艰苦的反"扫荡"、反"清乡"斗争中，敌后军民创造了很多极为有效、灵活多样的歼敌方法，如麻雀战、地道战、地雷战、破袭战、围困战、水上游击战、铁道游击战等等，以少胜多，积小胜为大胜，使日伪军犹如困兽，陷入人民战争的汪洋大海之中不可自拔。1943年以后，抗日战争进入局部反攻阶段，敌后战场逐步实现由游击战向运动战的转变，收复了大量失地，成为全面反攻的战略基地。1944年八路军、新四军作战2万余次，歼灭日伪军近20万人，解放人口1700多万。在世界反法西斯战争胜利发展的形势下，中国共产党领导的抗日军民于1945年8月开始全面反攻。1945年8月9日毛泽东同志发表《对日寇的最后一战》，各解放区立即组织反攻大军，陆续发起猛烈的全面反攻。到1945年底，共歼灭日伪军近40万人，收复县以上城市 250 余座。整个抗日战争中，中国共产党在华北、华中建立了辽阔的抗日民主根据地；在东北、华南，一直到海南岛，建立了广阔的抗日游击根据地。敌后游击战争的广泛开展和不断扩大的历史证明，中国共产党领导的游击战是战略上以弱胜强，充分发挥人民战争威力的最有效的作战形式。敌后战场为抗日战争的胜利作出了巨大贡献，起到了改变整个战局发展的战略作用。

第四，中国共产党领导中国人民同仇敌忾、共赴国难，为抗日战争的胜利付出了巨大牺牲。有必要强调的是，中国共产党领导的抗日武装在敌后开展的游击战争，是世界历史上罕见的艰苦战争。他们兵力弱小，装备落后，却要面对强大的日军的反复"扫荡"。他们在敌人包围中创建的抗日根据地，大多是穷乡僻壤，物质条件极为恶劣。就是在这样的条件下中国共产党领导的抗日军民不畏强暴，英勇杀敌，在消灭大量敌人的同时，也付出了巨大牺牲。从白山黑水到长城内外，从大江南北到珠江两岸，中国共产党人冲锋在前，与人民同甘共苦，同人民一起流血牺牲，谱写了一曲曲英雄的壮歌。党领导的军队在抗战中付出极大牺牲，指战员伤亡 60 余万人。敌后抗日根据地人民群众更是牺牲巨大，伤亡 600 余万人。其中，晋察冀根据地伤亡的群众约 71 万人，晋冀鲁豫根据地伤亡的群众 120 余万人。抗日战争的历史证明，中国共产党及其领导的人民武装力量，是全民族利益的最坚定的维护者，是取得抗战胜利的决定性力量，中国共产党是全民族抗战的中流砥柱，这是客观的历史事实。在纪念中国人民抗日战争暨世界反法西斯战争胜利 70 年的时候，我们应该缅怀先烈，珍爱和平，铭记这段难忘的历史。

二、中国人民抗日战争在世界反法西斯战争中的历史地位和作用

中国人民抗日战争是世界反法西斯战争的重要组成部分，中国是世界反法西斯战争的东方主战场。中国人民为战胜日本法西斯、夺取世界反法西斯战争胜利作出伟大的历史性贡献，也付出了巨大的民族牺牲。

但是，长期以来，西方一些历史学家基于"西方中心论"的思维，在研究世界反法西斯战争时，往往片面强调欧洲战场的地位，强调美国、英国、苏联等国的斗争，轻视中国人民抗日战争对世界反法西斯战争胜利所起的作用，忽视和淡化了中国军民在抗战中所作出的巨大牺牲和历史性贡献。我们应该还历史以本来面目，实事求是地给予中国人民抗日战争在世界反法西斯战争中应有的地位。值得关注和欣慰的是，西方一些正直的学者已经在努力改变这种现象，客观公正地重新认识和评价这段历史。2013 年，英国牛津大学中国研究中心主任拉纳·米特教授推出新作《中日战争（1937—1945）：为生存而战》（2014 年中译本书名改为《中国，被遗忘的盟友：西方人眼中的抗日战争全史》）。他分析认为："问题的根源在于，中国人和西方人是从完全不同的角度来看待中国所扮演的角色的。对于西方盟国来说，中国是恳求者，是一个被打垮了的国家，等待着美国和英国把它从日本人手中拯救出来。但在蒋介石和很多中国人眼里，中国是第一个奋起反抗，也是最坚决地反抗轴心国侵略的国家。"因此，正本清源，在正确把握中国人民抗日战争与世界反法西斯战争的关系上，深刻认识中国人民抗日战争在世界反法西斯战争中的历史地位和作用，给予科

学的评价，仍然是中国学术界乃至国际学术界需要深入研究的一个重大课题。

作为世界反法西斯战争的重要组成部分，中国人民抗日战争具有重要历史地位和作用，这个地位和作用具体来说，表现在以下几个方面：

第一，中国是世界反法西斯战争的东方主战场，对日本侵略者的彻底覆灭起到了决定性作用。按照世界现代史的论述，第二次世界大战的时间是 1939 年至 1945 年。然而，中国人民反抗日本法西斯侵略的时间早在 1931 年就已经开始。1931 年九一八事变是中国人民抗日战争的起点，并揭开了世界反法西斯战争的序幕。1937 年卢沟桥事变是中国全民族抗战的开端，中国战场成为反对日本法西斯侵略的主战场，也是世界反法西斯战争的东方主战场。中国人民抗日战争开始的时间最早，持续的时间最长，这是历史的事实。正是有了中国这个主战场，才有东方反法西斯战争的最后胜利。按照日军师团编制计算，在抗战中中国牵制和抗击的日军兵力最多。从七七事变到抗日战争结束，日本历年投入到中国战场上的陆军，最多年份超过其编制总额的 90%，最少的一年也约占其编制总额的 35%，在全民族抗战的 8 年中日本在中国战场投入的兵力平均每年超过其编制总额的 70%。太平洋战争爆发时，日本陆军约 70% 的兵力、约 35 个师团被牵制在中国战场。中国为战胜日本法西斯作出了巨大牺牲，在战争中中国军民伤亡多达 3500 万人以上。国际形势的大框架、总格局，使对日战争的胜利来自于同盟国共同作战，美、英盟军在亚洲太平洋地区对日本的进攻，苏联军队在中国东北地区参加对日作战，东南亚各个国家和地区的人民反抗日本侵略的斗争，都对打败日本法西斯起到了作用、作出了贡献。但这丝毫不能改变也没有改变中国人民抗日战争作为东方主战场的地位。

第二，中国人民抗日战争为夺取世界反法西斯战争的胜利，维护世界正义与进步事业作出了重大贡献。这个贡献不仅表现在抗击的时间上、牵制的力量上、消灭的人数上、损失的财产和人员上，还表现在中国的全面持久抗战，粉碎和打破了德、日、意轴心国的全球进攻计划，遏制了日本侵犯西伯利亚的北进计划，使苏联得以避免两线作战；牵制和推迟了日军的南下步伐，减轻了日军在太平洋战场对英、美等国的军事压力。同时，在战略和战役上对美、英盟军的作战行动给予了支援和配合，为保证同盟国实施"先欧后亚"大战略起了重要作用。中国远征军出师缅甸，对于远东盟军对日作战起了直接的配合作用。作为亚太地区盟军对日作战的重要战略基地，中国为同盟国提供了大量战略物资和军事情报，在自己非常困难的条件下，从人力、物力、财力上支援了同盟国的反法西斯战争，这是十分难能可贵的。因此，可以说，如果没有中国人民抗日战争的配合和支持，世界反法西斯战争要取得完全的胜利也是不可想象的。

第三，中国积极倡导和推动世界反法西斯统一战线的建立，并为创建联合国和建设战后国际新秩序作出了历史性贡献。中国是建立国际反法西斯统一战线的积极倡导者和有力推动者，为建立国际反法西斯统一战线进行了长期不懈的努力。当日本发动太平洋战争、第二次世界大战扩大到全球范围时，中国主动加强同美、英、苏等盟国的联系。1942 年 1 月 1 日，以中、美、英、苏四国为首的 26 个国家在华盛顿签署《联合国家宣言》，标志着国际反法西斯统一战线的正式形成。1943

年10月，中、美、英、苏四国宣言提出在战后建立一个普遍性国际组织的建议。1945年4月25日至6月26日，中国政府参加了在美国旧金山举行的联合国制宪会议，会议讨论并签署了《联合国宪章》，中国成为联合国安理会五个常任理事国之一。中国不仅与同盟国并肩作战，而且积极参与国际事务，支持邻国的独立运动，维护弱小民族的利益，为彻底打败法西斯和建立战后国际新秩序，发挥了重大作用。

总之，中国人民抗日战争的胜利，在全世界人民面前树立了一个以弱胜强的光辉范例，为最终战胜世界法西斯反动势力作出了不可磨灭的历史贡献。正如拉纳·米特教授所言，西方国家应该"还历史公正与完整"，"对中国的角色给出恰如其分的说法"，对中国人民抗日战争的历史地位和作用有更多、更新、更深入的认识。当然，毫无疑问，中国人民抗日战争的胜利是与世界所有爱好和平与正义的国家和人民、国际组织及各种反法西斯力量的同情和支持分不开的。这些国际援助是中国能够坚持抗战并取得胜利的一个重要条件。但是，必须看到，这并非中国人民抗日战争胜利的决定性因素。中国人民抗日战争的胜利，主要是中国人民自力更生、不畏强暴、浴血奋战的结果。按照1937年的比价折算，中国在抗日战争中的直接经济损失是1000多亿美元，间接经济损失是5000多亿美元。中国全面的持久抗战牵制和消耗了日本的大量军力，也对欧洲和亚洲其他地区反法西斯战争的胜利起到了重大的战略支持作用。可以说，在中国人民抗日战争胜利的旗帜上，凝结着各国友人的血迹；在世界反法西斯战争胜利的丰碑上，也熔铸着中国人民的英勇斗争和卓著功勋。

关于实现中国梦的时间节点 [*]

实现中华民族伟大复兴的中国梦，有没有明确的时间节点？对此，人们有不同的说法。有人说有，有人说没有；有人认为新中国成立 100 年时中国梦就实现了，有人认为中国梦是新中国成立 100 年奋斗目标实现后确定的又一个奋斗目标，是一件十分遥远的事情。那么，实现中国梦的时间节点究竟在哪里，以什么为依据来判断和确定，就成为我们在深入理解和把握中国梦科学内涵的过程中必须厘清的一个重要问题。

"中华民族伟大复兴"是由"振兴中华"演变而来的

改革开放和社会主义现代化建设新时期是从 1978 年 12 月党的十一届三中全会开启的。面对"文化大革命"结束后百废待兴的局面，为了统一全党全国人民的思想，凝聚全党全国人民的意志和力量，我们党及时而鲜明地提出了"实现四化、振兴中华"的口号。这个口号，在当时的宣传思想工作和新闻

* 本文发表于《北京日报》2015 年 7 月 6 日。

报道中广泛使用，几乎家喻户晓，人人皆知。这里所说的"实现四化"指的是：实现国家的农业现代化、工业现代化、国防现代化和科学技术现代化。它是 1964 年 12 月在三届全国人大一次会议上作为我国当时提出的现代化奋斗目标由周恩来总理代表党中央宣布的。在以后相当长的一段时间里，这一提法一直被沿用，在党的十二大上被写入新的历史时期党的总任务之中。到党的十三大确定"三步走"发展战略时，综合考虑各方面因素，这一提法才逐渐不再使用。

"振兴中华"的口号，最早是 1894 年 11 月由孙中山先生提出来的。改革开放后，我们党将这一口号与"实现四化"并列使用，用以鼓舞士气，激励人心。"振兴中华"的提法，在我们党的全国代表大会的报告中第一次出现是在党的十三大。从党的十三大一直到十五大，都在报告中使用这一提法。"中华民族伟大复兴"的提法，在党的全国代表大会的报告中首次出现也是在党的十三大。之后，这一提法与"振兴中华"的提法交叉使用，一直到党的十六大。从十六大后，在党的正式文献中"振兴中华"的提法基本被"中华民族伟大复兴"的提法所取代。党的十六大报告是新时期以来历次党代会报告中使用"中华民族伟大复兴"提法最多的一次，达 6 次之多，党的十七大报告、十八大报告也都有使用。

为什么会出现"中华民族伟大复兴"取代"振兴中华"这样的历史演变呢？这是因为"复兴"比"振兴"的表述更准确、更符合我国历史发展的实际。中国是世界四大文明古国之一，中华民族曾经创造了光辉灿烂的古代文明，中国曾长期走在世界前列，只是到近代鸦片战争以后才逐渐落伍了。"复兴"的提法，意味着中国以其悠久的历史、灿烂的文化、众多的人口、广阔的地域，应该恢复到在历史上曾经有过的历史影响和地位上去，中华民族应该对世界的和平与发展进步作出应有的贡献。

"中国梦"是"中华民族伟大复兴"的形象生动表达

2012年11月29日，习近平总书记在参观《复兴之路》展览时第一次提出"中国梦"。关于"中国梦"的内涵，他指出："实现中华民族伟大复兴，是近代以来中国人民最伟大的梦想，我们称之为'中国梦'，基本内涵是实现国家富强、民族振兴、人民幸福。"这里习近平总书记用"中国梦"对"中华民族伟大复兴"的事业进行了统摄、概括和凝练，用当代世界的一个流行语和老百姓听得懂的通俗语，对同一个含义和相同内容的奋斗目标进行了反复的强调和强化，两者是一致的。2013年10月23日，习近平总书记在同全国总工会新一届领导班子成员集体谈话时就明确地指出了这一点。他说："中国梦是一种形象的表达，是一个最大公约数，是一种为群众易于接受的表述，核心内涵是中华民族伟大复兴，可以适当拓展，但不能脱离中华民族伟大复兴这个主题，要紧紧扭住这个主题激活和传递正能量。"

"两个一百年"奋斗目标与"三步走"发展战略的关联

党的十三大提出的"三步走"发展战略，与党的十五大提出的新"三步走"发展战略，在最后一步的发展目标上是完全相同的。新"三步走"发展战略只是在原"三步走"发展战略的第二步与第三步之间进行了细化，增加了新的两步，即第一步到2010

年，国民生产总值比 2000 年翻一番，第二步到建党 100 周年时国民经济更加发展，第三步到新中国成立 100 周年时，基本实现现代化。这是 21 世纪的新的"三步走"发展战略。

"两个一百年"的提法，在党的全国代表大会的报告中第一次出现是在党的十四大。十四大报告指出："到建党一百周年的时候，我们将在各方面形成一整套更加成熟更加定型的制度。在这样的基础上，到下世纪中叶建国一百周年的时候，就能够达到第三步发展目标，基本实现社会主义现代化。"

从"两个一百年"的内涵和新"三步走"发展战略的内容看，它们是完全融合在一起的，只不过是用不同的概念和用语作了不同的表述。

"两个一百年"奋斗目标与"基本实现社会主义现代化"目标的关联

2020 年发展目标与中国共产党成立 100 年时的奋斗目标虽然是两个提法，但是它们的目标是一致的。基本实现社会主义现代化与新中国成立 100 年时的奋斗目标，虽然也是两个提法，但是它们的目标也是统一的。如前所述，它们只不过是用不同的概念和说法来阐述和表达了同一个时间所要达到的共同结果。

2020 年的发展目标实际上是我国经济社会发展第十三个五年规划完成的发展目标。中国共产党成立 100 年的时间是 2021 年，比 2020 年"十三五"规划完成的时间多一年。人均国内生产总值达到中等发达国家的水平，基本实现社会主义现代化，是"三步走"发展战略的最终目标，也是新中国成立 100 年时的奋斗目标，更是实现中华民族伟大复兴中国梦的目标。基本实现社会主义现代化是"三步走"发展战略的最终目标，时间是 21 世纪中叶即 2050 年，比新中国成立 100 年时的时间即 2049 年也多一年。

"两个一百年"奋斗目标与 2020 年发展目标和基本实现社会主义现代化目标的关系，习近平总书记曾多次进行过阐述：到 2020 年国内生产总值和城乡居民人均收入将在 2010 年的基础上翻一番，在中国共产党建党 100 年时全面建成小康社会，在新中国成立 100 年时即 2049 年（有时也用"到本世纪中叶"的表述）建成富强民主文明和谐的社会主义现代化国家，实现中华民族伟大复兴的中国梦。在这里我们清楚地看到，习近平总书记是把中国共产党建党 100 年的时间与 2020 年的时间等同对待的，也是把新中国成立 100 年的时间与本世纪中叶即 2050 年的时间等同对待的。

"两个一百年"奋斗目标与"实现中华民族伟大复兴的中国梦"的关联

2014 年 3 月 28 日，习近平总书记在德国科尔伯基金会发表演讲时指出："中国已经确定了未来发展目标，这就是到 2020 年国内生产总值和城乡居民人均收入比 2010 年翻一番、全面建成小康社会，到本世纪中叶建成富强民主文明和谐的社会主义现代化国家。我们形象地把这个目标概括为实现中华民族伟大复兴的中国梦。"这里习近平总书记的阐述十分明确，他直接把实现社会主义现代化、实现新中国成立 100 年时的发展目标，与中华民族伟大复兴的中国梦联系起来了，也言简意赅地把它们之间的关系阐述清楚了。

由此可见，新中国成立 100 年时基本实现社会主义现代化，与实现中华民族伟大复兴的中国梦并不是两回事，而是一回事。而全面建成小康社会即建党 100 年奋斗目标，是实现中国梦的关键一步，全面建成小康社会距今还有 5 年左右的时间，而实现中国梦即新中国成立 100 年奋斗目标离我们也并不遥远，距今也只有 30 多年的时间了。所以，习近平总书记多次强调："现在，我们比历史上任何时期都更接近中华民族伟大复兴的目标，比历史上任何时期都更有信心、有能力实现这个目标。"

认真学习和深刻把握
"四个全面"战略布局 [*]

党的十八大以来，以习近平同志为核心的党中央从坚持和发展中国特色社会主义全局出发，提出了全面建成小康社会、全面深化改革、全面依法治国、全面从严治党的"四个全面"战略布局，认真学习和深刻把握"四个全面"战略布局，对做好改革发展稳定各项工作，实现"两个一百年"奋斗目标、实现中华民族伟大复兴的中国梦具有重要意义。

一、"四个全面"的理论定位

"四个全面"是习近平总书记 2014 年 12 月 13 日至 14 日在江苏调研时首先提出来的。习近平总书记指出，要全面贯彻党的十八大和十八届三中、四中全会精神，落实中央经济工作会议精神，主动把握和积极适应经济发展新常态，协调推进全面建成小康社会、全面深化改革、全面推进依法治国、全面从

* 本文发表于《时事报告（党委中心组学习）》2015 年第 3 期。

严治党，推动改革开放和社会主义现代化建设迈上新台阶。自习近平总书记提出"四个全面"后，截至 2015 年 5 月 5 日，据不完全统计，他在其他不同场合涉及这一问题的讲话有 20 次之多。

"四个全面"的提出，在党内外引起强烈反响，也引起国（境）外媒体的高度关注。《人民日报》在今年春节后连续发表五篇评论员文章。对这五篇文章新华社都发了通稿，全国各地党报都及时进行了转载。评论员文章的首篇是综合篇，题目是《引领民族复兴的战略布局》，发在《人民日报》2 月 25 日头版头条。2 月 24 日晚中央电视台《新闻联播》用 700 余字播报了《人民日报》发表评论员文章的消息。这样的版面、时段和口播消息的时长安排，在以往都是不多见的，由此可见它的重要性。国内媒体对"四个全面"的宣传，引起了国（境）外媒体的关注，它们也纷纷发表文章和消息予以评论。

那么，到目前为止，我们对"四个全面"是如何进行理论定位的呢？让我们看一看习近平总书记关于"四个全面"的有关重要论述和《人民日报》评论员文章是怎么解读的，这应该是最权威的说法，也是我们判断其理论定位的最可靠、最重要的依据。在习近平总书记涉及"四个全面"的 20 次重要讲话中，有几次阐述了"四个全面"提出的社会条件和时代背景，"四个全面"的相互关系、地位、作用及其理论定位。下面，我们就一起重新学习一遍这几次重要讲话。

习近平总书记在江苏调研时首先提出"四个全面"后，2014 年 12 月 31 日在全国政协新年茶话会上的讲话中又讲到"四个全面"。他指出："当前，时和势总体有利，但艰和险在增多。我们要全面贯彻落实中共十八大和十八届三中、四中全会精神，以邓小平理论、'三个代表'重要思想、科学发展观为指导，继续推进全面建成小康社会、全面深化改革、全面依法治国、全面从严治党，突出创新驱动，强化风险防控，加强民生保障，如期完成'十二五'规划确定的各项目标任务。"这次讲话总书记讲到第三个"全面"时，用的是"全面依法治国"，而不是"全面推进依法治国"，少了"推进"两个字。我认为，之所以减少两个字，是为了表述得更加精练。"四个全面"在党和国家的各项工作中，处于什么地位、要起什么作用呢？2015 年 1 月 19 日至 21 日，习近平总书记在云南考察时指出，要全面贯彻党的十八大和十八届三中、四中全会精神，用全面建成小康社会、全面深化改革、全面依法治国、全面从严治党引领各项工作，加快贫困地区、民族地区经济社会发展，为到 2020 年如期实现全面建成小康社会奋斗目标加紧奋斗。这里习近平总书记强调要用"四个全面"引领各项工作。虽然这次讲话是对云南工作提出的要求，但我以为它对全局工作具有重要的指导意义。习近平总书记在云南调研后的第三天，即 1 月 23 日，在中央政治局第二十次集体学习时又一次发表重要讲话，强调了提出和协调推进"四个全面"的重要性和必要性。他指出，面对复杂形势和繁重任务，首先要有全局观，对各种矛盾做到心中有数，同时又要优先解决主要矛盾和矛盾的主要方面，以此带动其他矛盾的解决。我们提出要协调推进全面建成小康社会、全面深化改革、全面依法治国、全面从严治党，是当前党和国家事业发展中必须解决好的主要矛盾。我们既要注重总体谋划，又要注重牵住"牛鼻子"。在任何工作中，我们既要讲两点论，又要讲重点论，没有主次，不加区别，眉毛胡子一把抓，是做不好工作的。这里习近平总书记对为什么要提出"四个全面"的战略思考，进一步作了深刻具体的阐述。时隔一周，2月2日习近平总书记在省部级主要领导干部学习贯彻十八届四中全会精神全面推进依法治国专题研讨班开班式上发表重要讲话，全面论述了"四个全面"的理论地位。他说，党的十八大以来，党中央从坚持和发展中国特色社会主义全局出发，提出并形成了全面建成小康社会、全面深化改革、全面依法治国、全面从严治党的战略布局。"战略布局"是习近平总书记对"四个全面"最权威、最规范、最准确的理论定位。自此"四个全面"战略布局得到全党的接受和认同，并成为我们党对"四个全面"表述的标准语和规范语。

然而，习近平总书记对"四个全面"理论地位和现实指导意义的思考并没有停止，在此后的讲话中他一直在不断地进行思索和阐发。3月29日，他在会见博鳌亚洲论坛第四届理事会成员时的讲话中指出，两年多来，我们立足中国发展实际，坚持问题导向，逐步形成并积极推进全面建成小康社会、全面深化改革、全面依法治国、全面从严治党的战略布局。这是中国在新的历史条件下治国理政方略，也是实现中华民族伟大复兴中国梦的重要保障。在这里习近平总书记又将"四个全面"放到了"中国在新的历史条件下治国理政方略""实现中华民族伟大复兴中国梦的重要保障"的地位来加以论述和强调。进而他又在4月28日庆祝"五一"国际劳动节暨表彰全国劳动模范和先进工作者大会上的重要讲话中，把"四个全面"提到了为实现"两个一百年"奋斗目标、实现中华民族伟大复兴的中国梦提供"理论指导和实践指南"的高度进行阐发。习近平总书记指出，"四个全面"战略布局，"确立了新形势下党和国家各项工作的战略目标和战略举措,为实现'两个一百年'奋斗目标、实现中华民族伟大复兴的中国梦提供了理论指导和实践指南。"这就把"四个全面"的理论地位和现实意义提高到了前所未有的高度。

那么,《人民日报》发表的五篇评论员文章是怎样表述的呢?评论员文章除了按战略布局进行论述外,又进行了拓展,进一步作了发挥,尤其是对这一战略布局的理论创新进行了评价。文章中使用了这样几个概念和提法。文章指出:"四个全面"是马克思主义与中国实际相结合的新飞跃,是马克思主义中国化的最新成果,是我们党治国理政方略与时俱进的新创造,是坚持和发展中国特色社会主义道路、理论、制度的战略抓手。如何正确认识和把握"四个全面"战略布局的理论定位呢?我认为,我们应该将"新飞跃""最新成果""新创造""战略抓手"的概念和提法与习近平总书记讲话中所使用的"战略布局""战略目标""战略举措""引领""方略""重要保障""理论指导""实践指南"等概念和提法结合起来进行学习和思考,这样我们就能准确把握好党中央对"四个全面"的理论定位。

二、"四个全面"提出和形成的历史过程

"四个全面"提出和形成有一个历史过程,下面我分别对"四个全面"的每一个"全面"提出和形成的历史过程作一简要叙述。

(一)全面建成小康社会提出和形成的历史过程

讲全面建成小康社会,首先要从"小康"的概念讲起。

"小康"概念是 1979 年邓小平同志会见日本首相大平正芳时首先提出和使用的。这里邓小平同志是借用《诗经·小雅》中的一个概念，用来表述我国实现四个现代化所要达到的阶段性目标。他说，我们要实现的四个现代化，是中国式的四个现代化，不是像你们那样的现代化概念，而是"小康之家"，即达到第三世界中比较富裕一点的国家的水平。后来他经过思考和让有关部门测算，完善了以前的说法，提出达到中等发达国家的水平。根据邓小平同志的思想，党的十二大提出我国经济发展分两步走的战略。党的十三大进一步予以完善，又提出了我国经济发展"三步走"的战略。即第一步，实现国民生产总值比 1980 年翻一番，解决人民温饱；第二步，到本世纪末（指 20 世纪末），国民生产总值再增长一倍，人民生活达到小康水平；第三步，到下世纪中叶（也就是 21 世纪中叶），人均国民生产总值达到中等发达国家水平，人民生活比较富裕，基本上实现现代化。党的十五大是在 1997 年召开的，在对我国即将进入新世纪（21 世纪）进行展望的时候，在十三大"三步走"战略中的第二步到第三步之间，又增加了一个"两步走"，形成了一个新的"三步走"战略，即第一步到 2010 年，国民生产总值比 2000 年翻一番；第二步到建党 100 周年时国民经济更加发展；第三步到新中国成立 100 周年时，基本实现现代化。到本世纪初，经过全党和全国人民共同努力，我国经济发展战略中的第一步、第二步目标顺利实现了，因此，2002 年召开的党的十六大在此基础上正式提出了全面建设小康社会的奋斗目标。十六大报告的标题就是《全面建设小康社会，开创中国特色社会主义事业新局面》，将全面建设小康社会写入报告的标题。大会确定的主题是：高举邓小平理论伟大旗帜，全面贯彻"三个代表"重要思想，继往开来，与时俱进，全面建设小康社会，加快推进社会主义现代化，为开创中国特色社会主义事业新局面而奋斗。全面建设小康社会也列入了大会主题。十六大提出到建党100年，即到2020年国内生产总值比2000年力争翻两番（这里解释一下，十二大时用的经济指标是年工农业总产值，十三大时用的是国民生产总值，到十六大时改用国内生产总值）。十六大报告提出的各项建设指标体系是列了四个方面。到十七大时，十七大报告对其充实完善，增加了一个方面，形成五个方面。十七大报告的标题是《高举中国特色社会主义伟大旗帜，为夺取全面建设小康社会新胜利而奋斗》。仍将全面建设小康社会写入报告标题，提出的要求是要为夺取新胜利而奋斗。大会确定的主题是：高举中国特色社会主义伟大旗帜，以邓小平理论和"三个代表"重要思想为指导，深入贯彻落实科学发展观，继续解放思想，坚持改革开放，推动科学发展，促进社会和谐，为夺取全面建设小康社会新胜利而奋斗。全面建设小康社会仍然列入大会主题。十八大将全面建设小康社会的奋斗目标改为全面建成小康社会，虽然只有一字之差，内涵却发生了深刻变化。十八大报告标题中的表述相应地也作了改动，十八大报告的标题是《坚定不移沿着中国特色社会主义道路前进，为全面建成小康社会而奋斗》。十八大确定的主题是：高举中国特色社会主义伟大旗帜，以邓小平理论、"三个代表"重要思想、科学发展观为指导，解放思想，改革开放，凝聚力量，攻坚克难，坚定不移沿着中国特色社会主义道路前进，为全面建成小康社会而奋斗。当时十六大提出的是，到2020年国内生产总值力争比2000年翻两番，而十八大召开时已是2012年，国内生产总值已经翻了一番，尔后十八大报告的提法就调整为比 2010 年翻一番。这个指标与十七大相比，表述有重大变化。从"人均国内生产总值"又恢复到"国内生产总值"的表述，但发展目标中增加了一项比较硬的指标，就是除国内生产总值比 2010 年翻一番外，"城乡居民人均收入"也要比 2010 年翻一番。具体内容是五个方面：即经济持续健康发展，人民民主不断扩大，文化软实力显著增强，人民生活水平全面提高，资源节约型、环境友好型社会建设取得重大进展。如果细心观察，我们就会发现，这五个方面正是从中国特色社会主义事业总体布局的经济建设、政治建设、文化建设、社会建设、生态文明建设来分别进行论述的。由此我们可以看出，全面建成小康社会是由党的十八大提出和作出决定的。有的人写文章说党的十七大就提出了全面建成小康社会，这从字面上看确实是这样，十七大报告有两处表述，一处是直接表述，一处是间接表述。一处直接表述是："我们已经朝着十六大确立的全面建设小康社会的目标迈出了坚实步伐，今后要继续努力奋斗，确保到二〇二〇年实现全面建成小康社会的奋斗目标"；一处间接表述是："今后五年是全面建设小康社会的关键时期。我们要坚定信心，埋头苦干，为全面建成惠及十几亿人口的更高水平的小康社会打下更加牢固的基础。"全面建成小康社会的字样和概念确实已经出现了，但从中我们可以看到，其内涵和实质与十八大所讲的是有所不同的。十八大报告之所以改掉一个字，从报告标题到大会主题，鲜明提出全面建成小康社会，其内涵和战略意义、现实意义是十分深远的。所以，我们的结论是，党的十八大提出和作出了全面建成小康社会的战略决策，全面建成小康社会直接来源于党的十八大。不仅如此，我们还认为，全面深化改革、全面依法治国、全面从严治党也直接或间接来源于党的十八大。虽然"四个全面"与中国特色社会主义理论体系中的邓小平理论、"三个代表"重要思想、科学发展观是一脉相承的关系,但是,它的直接源头是党的十八大精神。下面,我们将分别继续论述这个问题。

(二)全面深化改革提出和形成的历史过程

党的十八大在提出全面建成小康社会奋斗目标时,也提出了全面深化改革开放的奋斗目标。并且将这两个目标并列到一起提出,所列的标题就是"全面建成小康社会和全面深化改革开放的目标"。这种写法和做法是以前所没有过的。它一是说明发展要以改革为动力保障,二是说明改革也需要顶层设计,统筹谋划。十八大报告中对深化改革开放目标的谋划是与发展目标即总体布局的五个方面相对应的,这就形成了五个方面的改革,即经济体制改革、政治体制改革、文化体制改革、社会体制改革、生态文明体制改革。

十八届三中全会是对十八大精神的贯彻落实和进一步展开,全会确定的议题和主题就是全面深化改革。大家可能注意到了,与十八大报告有一点不同的提法是,十八届三中全会少了"开放"两字,按照邓小平同志关于改革开放的论述和思想来看,"开放也是改革"。所以,为了突出改革的主题,将"全面深化改革开放"简化为"全面深化改革",我认为也是可以的,而且更加简明扼要。十八届三中全会通过的《关于全面深化改革若干重大问题的决定》,确定了"5+1+1"的七个方面的改革,除十八大报告中讲到的相同的五个方面的改革外,增加了党的建设制度改革与国防和军队改革。具体内容涉及 15 个领域，330多个项目。十八届三中全会确定的全面深化改革的总目标是：完善和发展中国特色社会主义制度，推进国家治理体系和治理能力现代化。由上所述，我们可以看到，全面深化改革是党的十八大提出来的，十八大精神是其直接的源头，十八届三中全会就是按照十八大关于全面深化改革开放的精神和要求，对改革作出的全面战略部署。

（三）全面依法治国提出和形成的历史过程

改革开放以来，我们党一贯重视法治建设。1978年12月，邓小平同志就提出了"有法可依、有法必依、执法必严、违法必究"的问题。后来我们将其确立和概括为法治建设的十六字方针。党的十五大提出，依法治国，建设社会主义法治国家。党的十六大提出，发展社会主义民主政治，最根本的是要把坚持党的领导、人民当家作主和依法治国有机统一起来。党的十七大提出，依法治国是社会主义民主政治的基本要求，强调要全面落实依法治国基本方略，加快建设社会主义法治国家。党的十八大明确强调，要"全面推进依法治国"，"法治是治国理政的基本方式"。十八大报告专门在第五部分"坚持走中国特色社会主义政治发展道路和推进政治体制改革"中列了一个专题，来论述全面推进依法治国。

十八届四中全会也是对党的十八大精神的贯彻落实和进一步展开，全会确定的议题和主题是全面推进依法治国。全会审议通过了《关于全面推进依法治国若干重大问题的决定》。全会提出的全面推进依法治国的任务是，在党的领导下，坚持中国特色社会主义制度，贯彻中国特色社会主义法治理论，形成完备的法律规范体系、高效的法治实施体系、严密的法治监督体系、有力的法治保障体系，形成完善的党内法规体系（即人们在学习十八届四中全会精神时所讲的法治建设的五大支柱），坚持依法治国、依法执政、依法行政共同推进，坚持法治国家、法治政府、法治社会一体建设，实现科学立法、严格执法、公正司法、全民守法，促进国家治理体系和治理能力现代化。全面推进依法治国的总目标是"建设中国特色社会主义法治体系，建设社会主义法治国家"。

以党的十八大作为一个主轴，向前展开，我们可以清楚地看到，十八届三中全会和十八届四中全会是"姊妹篇"，或者说"全面深化改革"和"全面推进依法治国"是"姊妹篇"，是"鸟之两翼、车之双轮"。讲到这里，我们可能注意到，在"四个全面"中提的是"全面依法治国"，而在十八大报告、十八届四中全会决定以及习近平总书记在江苏调研发表讲话时，都使用的是"全面推进依法治国"。怎么看这个问题？我以为，这两个概念和提法可以交叉、交替使用，如果单独讲推进这项工作时是可以继续使用"全面推进依法治国"的提法的，这给人以动态、运动、前进之感。在今年的全国"两会"上，李克强总理所作的《政府工作报告》中就还在继续使用"全面推进依法治国"的提法。如果在表述党中央和习近平总书记关于"四个全面"战略布局时，我在前面讲到了，就要省略"推进"二字，这样则更加精练、更加精准、更加精确。这个改动就如同我们将十八大报告中的"全面深化改革开放"简化为"全面深化改革"的做法和道理是一样的。而且，习近平总书记在江苏调研提出"四个全面"时，第四个"全面"用的是"全面从严治党"，但他在党的群众路线教育实践活动总结大会上的讲话，讲到这个问题时，开始也使用的是"全面推进从严治党"，道理和做法也是一样的。它本身就反映了"四个全面"提出和形成的历史过程。

（四）全面从严治党提出和形成的历史过程

全面从严治党的概念，是习近平总书记在江苏调研时首次提出的。如果我们认真研读十八大报告也会发现，"全面从严治党"虽然没有像其他三个"全面"那样，直接来源于党的十八大，但是它间接来源于党的十八大。从十八大报告对新形势下党的建设的基本定位和要求看，就是要"全面从严治党"。这以什么为根据呢？一是十八大报告的党建部分，是进入新世纪以来党的几次全国代表大会报告中确定任务和要求最多的一次。党的十六大确定任务和要求列了5条，党的十七大确定任务和要求列了6条，而党的十八大则列了8条。专门列了一条"严守党的纪律"问题。二是党的十八大作出决定，要在全党分期分批开展以为民务实清廉为主要内容的党的群众路线教育实践活动。全面从严治党的要求在教育实践活动中得以强化和体现，而且在教育实践活动中探索和总结出了新的经验和做法，这些经验和做法一言以蔽之就是"全面从严治党"。因此，对全面从严治党的完整思想，习近平总书记在党的群众路线教育实践活动总结大会上的重要讲话中作了系统阐发。他在这次讲话中总结了全党开展教育实践活动的经验后，对新形势下坚持全面从严治党提出了8个方面的要求。这就是：第一，落实从严治党责任；第二，坚持思想建党和制度治党紧密结合；第三，严肃党内政治生活；第四，坚持从严管理干部；第五，持续深入改进作风；第六，严明党的纪律；第七，发挥人民监督作用；第八，深入把握从严治党规律。在这次讲话中习近平总书记一开始就提出了"全面推进从严治党"的概念和命题。在江苏调研时，他不仅提出了"全面从严治党"，而且系统整合、集成创新，提出了"四个全面"战略布局。将全面从严治党与前三个"全面"进行有机组合，这是一个神来之笔，对战略布局的形成起到了画龙点睛的作用，"四个全面"一下子有机组合成一个整体，活起来了，动起来了，成为新形势下党治国理政的方略和战略布局。这里的关键我认为就是系统整合、集成创新。从一个全面到二个全面，从二个全面到三个全面，从三个全面到四个全面，每一个"全面"都有重大战略意义，每一个"全面"的内涵都在不断丰富和深化，尤其是"四个全面"系统整合在一起，其理论价值和意义已经不仅仅在于它自身，而是有机组合上升到一个新的理论层面和高度，形成了一个具有特定功能的战略思想和完整理论形态了。

三、"四个全面"的辩证统一关系

"四个全面"之间是一个什么关系呢？刚才，我们学习习近平总书记多次重要讲话，他已经讲得十分清楚、十分透彻了。在这里我作一个梳理和归纳。从整体上看，"四个全面"是一个系统，而且是一个大系统，而每个"全面"则又是相对独立的一个小系统。每个小系统又有自己的具体内容，由此决定着系统的性质、功能、作用和地位。马克思主义告诉我们，整体不等于部分的简单相加，系统也不等于部分的简单组合。"四个全面"之间是相互作用、相互影响、层层递进的，构成一个相互关联和相互渗透的有机统一体。

首先，全面建成小康社会是目标系统。按照习近平总书记的说法，它是"四个全面"战略布局的战略目标。

其次，全面深化改革是动力系统，全面依法治国是保障系统，全面从严治党是调控系统。按照习近平总书记的说法，这三个"全面"是战略布局中的三大战略举措。第一个全面即全面建成小康社会对后三个全面即全面深化改革、全面依法治国、全面从严治党起着战略引领作用，后面三个全面对第一个全面的实现起着动力、保障、保证和支撑作用。

"四个全面"之间的辩证统一关系，可以用一列行进中的高速列车或一只展翅高飞的大鹏作一个形象的比喻。如果比喻为"中国梦"号高速列车，可以说，"四个全面"是当代中国开出的实现中国特色社会主义现代化、实现中华民族伟大复兴中国梦的高速列车。全面建成小康社会则是"中国梦"号列车前进的方向和所要到达的一个目的地。全面深化改革是"中国梦"号列车的发动机，全面依法治国是"中国梦"号列车的铁轨、安全阀和制动器，全面从严治党则是"中国梦"号列车的车头和导向仪。如果比喻为"大鹏"，可以说当代中国是一只展翅高飞的"大鹏"，全面建成小康社会是中国"大鹏"所要去的地方，全面深化改革、全面依法治国是中国"大鹏"的两个翅膀，全面从严治党则是中国"大鹏"的头和心脏。

下面，有几个理论问题我们在这里探索性地做一个回答，进行探讨和交流。

一是"四个全面"在习近平总书记系列重要讲话中处于一个什么地位。我认为处于一个核心的地位。大家知道，党的十八大以来，习近平总书记发表了系列重要讲话，讲话涉及改革发展稳定、内政外交国防、治党治国治军各个方面，如果用一个关键词、核心语来表述和提炼的话，就是"四个全面"战略布局和战略思想。我们梳理一下，党的十八大以来，习近平总书记主要提出和强调了这样一些重要思想，比如，关于坚持和发展中国特色社会主义的思想，关于实现中华民族伟大复兴中国梦的思想，关于适应经济新常态、促进经济持续健康发展的思想，关于推进"一带一路"建设的思想，关于发展社会主义民主政治和依法治国的思想，关于建设社会主义文化强国的思想，关于坚持托底政策改善民生和创新社会治理的思想，关于大力推进生态文明建设的思想，关于加强国防和军队建设的思想，关于国际关系和我国外交战略的思想，关于从严管党治党的思想，等等。"四个全面"集中回答了我国社会主义经济建设、政治建设、文化建设、社会建设、生态文明建设和党的建设等一系列重大问题，它贯通了中国特色社会主义伟大事业和党的建设新的伟大工程，它抓住了我国经济社会发展中面临的主要矛盾和突出问题，对"四个全面"的具体内容和目标任务来说，具有时间性和完成的时限，但抽象地说，上升到思想理论的层面，它则形成了如何发展、如何改革、如何依法治国、如何管党治党的重大理论原则和思想，这些内容，从方法论、认识论上讲，则具有一般性、普遍性、根本性和长远性，"四个全面"就成为新形势下党治国理政的战略布局和战略思想。所以，它应该成为习近平总书记系列重要讲话的核心内容和核心思想。

二是"四个全面"战略布局与中国特色社会主义伟大事业总体布局和党的建设新的伟大工程总体布局是一个什么样的关系。我们知道，我们党在长期实践中形成了中国特色社会主义伟大事业"五位一体"的总体布局，这就是五大建设即经济建设、政治建设、文化建设、社会建设、生态文明建设，这个总体布局是党的十八大概括和提炼出来的。我们党在长期实践中也形成了党的建设新的伟大工程的"五位一体"的总体布局，这就是党的思想建设、组织建设、作风建设、反腐倡廉建设和制度建设，这个总体布局也是党的十八大概括和提炼出来的。当然，两个"五位一体"都有一个提出和形成的历史过程，但是，党的十八大是集大成者。"四个全面"战略布局与这两个"五位一体"的总体布局是一个什么关系呢？我认为是一个全面和重点的关系，两个"五位一体"的总体布局是对经济社会发展和党的建设管长远、管全局、管根本的，"四个全面"则是确定的战略方向、重要领域和主攻目标。它们之间是相辅相成、相互一致、相互统一的。"四个全面"中的每一个全面都紧密围绕着伟大事业"五位一体"的总体布局而展开，每一个"全面"也都以新的伟大工程"五位一体"总体布局来保证，并且"四个全面"中的全面从严治党本身就是新的伟大工程"五位一体"的具体要求和展开。这就是说党的五个方面的建设都要全面地"严"起来，全面从严治党在内容上涵盖党的五个建设，在对象上覆盖各级党组织和所有党员包括党员领导干部，在时间上贯穿党的建设的全过程。因此，落实"四个全面"，必须把"四个全面"与两个"五位一体"总体布局结合起来，在实践中协调推进，抓重点时不忘全面，抓全面时要突出重点，在协调推进中形成合力。

　　在这里，我还想强调一个问题，这就是在围绕"四个全面"、落实"四个全面"、协调推进"四个全面"中，要始终坚持好党的思想路线、基本路线、群众路线。坚持好这三个路线十分重要、十分必要。思想路线是党的灵魂，思想路线出问题，就会出大问题，那后面的其他事情正确与否，都无从谈起。坚持党的思想路线就是一切要从实际出发，理论联系实际，在实践中检验真理、发展真理。基本路线是党和国家前进的灯塔。邓小平同志 1992 年在南方谈话中强调，党在社会主义初级阶段的基本路线要管一百年，动摇不得。基本路线概括起来，就是"一个中心、两个基本点"，以经济建设为中心是兴国之要，坚持四项基本原则是立国之本，坚持改革开放是强国之路。群众路线是党的生命线和根本工作路线，群众路线的内涵概括起来，就是"两个一切、一来一去"，一切为了群众，一切依靠群众，从群众中来，到群众中去，把党的正确主张变为群众的自觉行动。我们在工作中，要坚持人民主体地位，尊重人民首创精神，从人民群众中获取力量和智慧。要坚持好这三个路线，我们各级领导干部，就要增强责任意识、使命意识，要保持战略定力，敢于担当。领导干部是治国理政的中坚和骨干力量，是改革开放和社会主义现代化建设的组织者、推动者、实践者，他们是人群中的"关键少数"，"四个全面"能不能落实，能不能协调推进，关键取决于这个"关键少数"。在这里，人民群众的作用和领导干部的作用是辩证统一的，我们要正确地认识和把握。所以，各级领导干部要按照党中央的战略部署，按照"三严三实"的要求，脚踏实地地抓工作，锲而不舍创实绩，发挥好示范引领作用，团结带领广大人民群众为协调推进"四个全面"战略布局作出应有的贡献和努力。

"四个全面"战略布局的提出，具有十分重大的现实意义。"四个全面"立足治国理政全局，抓住了改革发展稳定关键，统领中国发展总纲，确定了新形势下党和国家各项工作的战略方向、重要领域和主攻目标，它来自实践，又要回到实践指导实践，经受实践的检验，并在实践中不断丰富、发展和完善。我们相信，真理的闪电一旦射入人民的园地，武装起全党和全国人民，就会产生变革社会、推动历史前进的巨大物质力量。那么，在党的坚强领导下，全国各族人民奋发努力，"两个一百年"奋斗目标就一定会实现，中华民族伟大复兴的中国梦就一定会实现！

"四个全面"与矛盾法则[*]

　　善于抓主要矛盾和牵"牛鼻子"，历来是我们党重要的思想方法和工作方法。党的十八大以来，以习近平同志为核心的党中央从中国特色社会主义全局出发，提出和形成了全面建成小康社会、全面深化改革、全面依法治国、全面从严治党的"四个全面"战略布局。这个战略布局，从马克思主义的哲学观点看，就是新形势下党治国理政的主要矛盾和"牛鼻子"。深刻认识这一战略布局提出的社会历史条件和时代背景，正确把握其科学的思想方法和工作方法，对于我们在协调推进中围绕好、贯彻好、落实好这一战略布局，具有极其重要的现实意义。

一、"四个全面"战略布局的提出是对马克思主义哲学矛盾法则的创造性运用

　　马克思主义哲学即辩证唯物主义和历史唯物主义是科学社会主义理论大厦的根基。而事物的矛盾法则，即对立统一法

＊ 本文发表于《中共党史研究》2015 年第 5 期。

则，是唯物辩证法最根本的法则，是自然、社会和思维的根本法则。这个法则告诉我们，世界是由矛盾组成的，没有矛盾就没有世界。矛盾存在于一切事物的发展过程中；每一事物的发展过程中存在着自始至终的矛盾运动。在复杂的事物的发展过程中，有许多的矛盾存在，其中必有一种是主要矛盾，由于它的存在和发展规定或影响着其他矛盾的存在和发展，对其他矛盾起着决定作用和支配作用。在矛盾中有矛盾的主要方面和次要方面，矛盾的性质由矛盾的主要方面决定。我们党在革命、建设和改革各个历史时期，都是依据马克思主义哲学的这一基本原理，分析和研究中国的现实国情和社会主要矛盾，明确党在各个历史时期的奋斗目标，确定党所肩负的主要任务，及时实现中心任务的转变，从而不断把事业推向前进，从胜利走向胜利。

中国特色社会主义是党和人民90多年奋斗、创造、积累的根本成就。建设中国特色社会主义，总依据是社会主义初级阶段，总布局是"五位一体"，总任务是实现社会主义现代化和中华民族伟大复兴。中国共产党是中国特色社会主义事业的领导核心，党的建设新的伟大工程是全面加强和改进党的思想建设、组织建设、作风建设、制度建设和反腐倡廉建设（五位一体）。社会主义初级阶段要历时100年，实现社会主义现代化是党和国家在整个社会主义初级阶段的奋斗目标。中国特色社会主义伟大事业是经济建设、政治建设、文化建设、社会建设和生态文明建设（"五位一体"）全面协调推进。办好中国的事情关键在党。"四个全面"是中国特色社会主义道路、理论、制度的战略抓手，也是中国特色社会主义总布局"五位一体"的战略抓手，是新形势下党治国理政的战略布局和战略重点。

它进一步明确了当前党和国家各项工作的战略方向、重要领域和主攻目标。全面从严治党，本身就是党的建设新的伟大工程五位一体的具体要求、衡量标准和全面展开。它在内容上涵盖党的五大建设，在对象上覆盖各级党组织和所有党员、党的领导干部，在时间上贯穿党的建设的全过程。由于全面建成小康社会是实现中华民族伟大复兴中国梦的关键一步，抽象"四个全面"的科学方法和从中提炼的基本原则即如何发展、如何改革、如何依法治国、如何管党治党，则对中国特色社会主义伟大事业和党的建设新的伟大工程具有根本性、长远性、普遍性的指导意义，它成为实现"两个一百年"奋斗目标、实现中华民族伟大复兴中国梦的理论指导和实践指南。

"四个全面"的提出，直指当前我们面临的突出矛盾和问题，抓住了党和国家各项工作的"牛鼻子"，其科学的思想方法和工作方法，正是对马克思主义哲学矛盾法则的创造性运用。习近平总书记在论述"四个全面"提出的战略思考时，就是以此来进行问题分析和理论阐释的。2015年1月23日，他在中央政治局第二十次集体学习时强调，面对复杂形势和繁重任务，首先要有全局观，对各种矛盾做到心中有数，同时又要优先解决主要矛盾和矛盾的主要方面，以此带动其他矛盾的解决。我们提出要协调推进全面建成小康社会、全面深化改革、全面依法治国、全面从严治党，是当前党和国家事业发展中必须解决好的主要矛盾。我们既要注重总体谋划，又要注重牵住"牛鼻子"。在任何工作中，我们既要讲两点论，又要讲重点论，没有主次，不加区别，眉毛胡子一把抓，是做不好工作的。他还说，辩证唯物主义是中国共产党人的世界观和方法论，我们党要团结带领人民协调推进全面建成小康社会、全面深化改革、全面依法治国、全面从严治党，实现"两个一百年"奋斗目标、实现中华民族伟大复兴的中国梦，必须不断接受马克思主义哲学智慧的滋养，更加自觉地坚持和运用辩证唯物主义世界观和方法论，增强辩证思维、战略思维能力，努力提高解决我国改革发展基本问题的本领。①

二、"四个全面"战略布局是以"进行具有许多新的历史特点的伟大斗争"为现实依据的

"四个全面"是怎样提出来的？2015年2月11日，习近平总书记在同各民主党派中央、全国工商联负责人和无党派人士代表共迎新春时的讲话中指出，"四个全面"战略布局是从我国发展现实需要中得出来的，从人民群众的热切期待中得出来的，也是为推动解决我们面临的突出矛盾和问题提出来的。②"两个得出来、一个提出来"正是对"四个全面"提出的社会历史条件和时代背景的精辟阐述和高度概括，而这个阐述和概括契合了"新的历史特点的伟大斗争"。党的十八大以来，习近平总书记反复强调，全党"必须准备进行具有许多新的历史特点的伟大斗争"③。他要求全党要高度重视这个问题，只有做好了准备，进行科学的分析和正确的谋划，抓住和看清新的历史特点和社会发展趋势走向，并在实践中奋力拼搏和进行"伟大斗争"，我们才能做好工作，完成党肩负的崇高历史使

---

① 《坚持运用辩证唯物主义世界观方法论 提高解决我国改革发展基本问题本领》，《人民日报》2015年1月25日。

② 《习近平同党外人士共迎新春》，《人民日报》2015年2月13日。

③ 《紧紧围绕坚持和发展中国特色社会主义学习宣传贯彻党的十八大精神》，《人民日报》2012年11月19日。

命。从"四个全面"提出的社会历史条件和时代背景看，它正是坚持了问题导向，以"进行具有许多新的历史特点的伟大斗争"为现实依据的。

从"新的历史特点的伟大斗争"看，它是以国际国内新的形势变化和新的特点为表征和表象的。那么，当前国际国内形势发生了什么变化，具有什么特点呢？首先，从国际形势看。进入新世纪，世界多极化、经济全球化、信息网络化深入发展，科技革命和产业变革步伐不断加快。2007 年美国次贷危机产生多米诺骨牌效应，引发国际金融危机和欧洲主权债务危机，国际各种力量重新分化组合，世界处于一个前所未有的大变局之中。世界经济由之前的快速发展期进入深度转型调整期。大国关系进入全方位角力新阶段。世界政治形势总体稳定，但地区热点不断增多，局部军事冲突有所加剧。深刻变化的国际形势给我国既带来机遇，也提出挑战。总的看，机遇大于挑战，我国仍处于重要战略机遇期，但外部环境的内涵和条件则发生了重大变化。如何把握世界大势，统筹好国际国内两个大局，在时代前进的潮流中把握主动、赢得发展，对我们党是一个严峻考验。

其次，从国内形势看。我国正处在发展的关键期、改革的攻坚期、社会矛盾的凸显期，改革发展稳定的任务异常艰巨繁重。早在上世纪 90 年代初，邓小平同志就曾指出："发展起来以后的问题不比不发展时少"，而且"问题也会越来越多，越来越复杂，随时都会出现新问题"[①]。当前，我们面临的问题，既有老问题，又有新问题，还有新老问题的交织和叠加，甚

---

① 《邓小平年谱（1975—1997）》（下），中央文献出版社 2004 年版，第 1364 页。

至还有老问题的新形式、新表现。比如，发展方式滞后的问题、城乡发展失衡的问题、科技创新落后的问题、收入差距拉大的问题、经济增长动力不足的问题、生态环境恶化的问题，等等。

具体来说，在经济建设上，我国经济发展已进入新常态，以往经济的高速增长将逐渐转向中高速增长，面对经济增长速度换挡期、结构调整阵痛期、前期刺激政策消化期三期叠加，我们必须以壮士断腕的决心和毅力，促改革、调结构、转方式，把经济工作的立足点转到提高发展质量和效益、加快形成新的经济发展方式上来。在政治建设上，随着社会主义市场经济体制的建立和不断完善，以及民主法治建设的不断加强，人民群众的民主意识也在不断增强，政治诉求也在不断增多。而我们的民主法治建设同形势和任务的要求相比还不完全适应，与建设社会主义法治国家的目标还有不小差距，这种状况要求我们要加快推进国家治理体系和治理能力现代化。在文化建设上，人民群众的温饱问题得以解决、物质生活得到满足后，求知、求乐的精神文化需求在不断增加，而我们的文化工作还不能完全满足这种需要。对外开放，在各种思想文化相互激荡的情况下，坚持马克思主义在意识形态领域的指导地位，用社会主义核心价值观引领人们的思想，抵御西方敌对势力西化、分化的图谋，任务十分艰巨。中华文化要走出去，要增强中国的软实力，弘扬伟大的中华文明，我们还有大量的工作要做。在社会建设上，随着社会转型，社会治理的难度加大。办好教育，扩大就业，增加收入，改善民生，保护公平，维持正义，都是非常紧迫和艰巨的任务。在生态文明建设上，人民群众的生态环境意识不断增强，维护自身权益的诉求更加强烈，生态恶化和环境污染的现状与此形成强烈的反差。既要发展生产，又要保护生态，是一个两难选题。正确处理好二者的关系，对我们领导干部的素质和能力提出了更高要求。在党的建设上，党的领导水平和执政水平、党组织建设状况及党员、干部素质、能力、作风等方面，与党所肩负的历史任务相比，都有不小差距。党面临着"四大考验"和"四种危险"，党风廉政建设和反腐败斗争形势依然严峻复杂，新形势下加强和改进党的建设，落实党要管党、从严治党的任务比以往任何时候都更为繁重和紧迫。

无数事实表明，推进中国特色社会主义伟大事业和党的建设新的伟大工程，都将面临比以往更多更复杂的矛盾和风险，这一切呈现出了"新的历史特点"，我们必须积极应对，进行"伟大斗争"，才能化解风险、解决矛盾，实现我们的奋斗目标。而积极应对，必须加强顶层设计，必须提出正确的战略目标、战略举措去加以引领，"四个全面"战略布局正是适应了现实状况的这样一种需要应运而生的。

三、必须在协调推进中围绕好、贯彻好、落实好"四个全面"战略布局

习近平总书记指出，我们党领导人民干革命、搞建设、抓改革，从来都是为了解决中国的现实问题。对待矛盾的正确态度，应该是直面矛盾，并运用矛盾相辅相成的特性，在解决矛盾的过程中推动事物发展。① 科学的理论来自于实践，又要回

---

① 《坚持运用辩证唯物主义世界观方法论　提高解决我国改革发展基本问题本领》，《人民日报》2015 年 1 月 25 日。

到实践对实践起指导作用。"四个全面"战略布局是为了解决我们面临的突出矛盾和问题提出来的，它是实践的产物，我们要围绕好、贯彻好、落实好"四个全面"战略布局，也必须在实践中加大力度，狠抓落实，协调推进。

"四个全面"战略布局，统领中国全局，抓住了改革发展稳定的关键，明确了工作的战略方向、重点领域和主攻目标，对我们各项工作起统领作用。协调推进"四个全面"战略布局，必须抓纲带目，抓工作中的主要矛盾和矛盾的主要方面。

第一，必须进一步明确奋斗目标。全面建成小康社会是"四个全面"战略布局中的战略目标，如果用行进中"中国梦"号高速列车来形容的话，它是我们前进的方向和所要到达的一个目的地。这个战略目标就是到 2020 年第十三个五年规划完成时（同时也是 2021 年建党 100 年时），实现党的十八大确定的奋斗目标，即经济持续健康发展，人民民主不断扩大，文化软实力显著增强，人民生活水平全面提高，资源节约型、环境友好型社会建设取得重大进展。实现国内生产总值和城乡居民人均收入比 2010 年翻一番。这是党和政府对人民的承诺。这个奋斗目标给人民以信心和力量，而人民的幸福安康和福祉也将建立在这个目标实现的基础之上。这个目标是实现中华民族伟大复兴中国梦的关键一步，这个目标实现了，就为实现中华民族伟大复兴的中国梦奠定了坚实的基础。

但是，我们的发展必须是实实在在的、没有水分的发展，是协调的、均衡的、可持续的发展。全面建成小康社会，最艰巨最繁重的任务在农村特别是农村贫困地区。我们要推进区域的协调发展，要抓紧工作、加大投入，向贫困宣战，使数千万贫困人口摆脱贫困，努力在统筹城乡关系上取得重大突破，特别是要在破解城乡二元结构、推进城乡要素平等交换和公共资源均衡配置上取得重大突破，给农村发展注入新的动力，让广大农民平等参与改革发展进程、共同享受改革发展成果。

第二，必须进一步强化动力机制。全面深化改革是"四个全面"战略布局中的一大战略举措，如果用行进中"中国梦"号高速列车来形容的话，它是我们列车的发动机。我们要如期实现"两个一百年"的奋斗目标，实现中华民族伟大复兴的中国梦，必须以改革为发展增添动力。习近平总书记反复强调："我国过去30多年的快速发展靠的是改革开放，我国未来发展也必须坚定不移依靠改革开放。"[①]改革开放是当代中国发展进步的强大动力，是决定当代中国命运的关键一招，也是决定实现"两个一百年"奋斗目标、实现中华民族伟大复兴中国梦的关键一招。改革开放只有进行时，没有完成时。现在，我们推进改革开放有了更坚实的基础，但改革开放越纵深发展，发展中的问题和发展后的问题、一般矛盾和深层次矛盾、有待完成的任务和新提出的任务越交织叠加、错综复杂。改革开放中的矛盾只能用改革开放的办法来解决。应对当前我国发展面临的一系列矛盾和挑战，关键在于全面深化改革。必须从纷繁复杂的事物表象中把握改革脉搏，把握全面深化改革的内在规律，特别是要把握全面深化改革的重大关系，处理好解放思想和实事求是的关系、整体推进和重点突破的关系、顶层设计和摸着石头过河的关系、胆子要大和步子要稳的关系、改革发展稳定的关系。

---

① 习近平：《全面贯彻落实党的十八大精神要突出抓好六个方面工作》，《求是》2013年第1期。

我们要深刻把握全面深化改革的关键地位和重要作用，要有强烈的问题意识，以重大问题为导向，抓住重大问题、关键问题进一步研究思考，找出答案，拿出勇气和魄力，自觉运用改革思维谋划和推动工作，不断提高领导、谋划、推动、落实改革的能力和水平，切实做到人民有所呼、改革有所应。要突出重点，对准焦距，找准穴位，击中要害，推出一批能叫得响、立得住、群众认可的硬招实招，处理好改革"最先一公里"和"最后一公里"的关系，突破"中梗阻"，防止不作为，把改革方案的含金量充分展示出来，让人民群众有更多获得感。

第三，必须进一步强化法治保障。全面依法治国是"四个全面"战略布局中的另一大战略举措，如果用行进中"中国梦"号高速列车来形容的话，它是列车的轨道和安全阀。历史经验表明，实现现代化的国家，无一例外的都是较好地解决了法治问题的国家。所以，法治问题是进入现代化国家必须要迈过去的一个门槛。要越过"中等收入陷阱"，防止"塔西陀陷阱"，抵御"西化分化陷阱"，必须下决心、用气力解决好这个问题。这已经为外国的历史经验和我们自己的经验教训所证明。

我们要增强法治观念和法治意识，坚持依法治国的基本方略，坚持在法律面前人人平等，自觉维护宪法和法律的权威，依法办事、依法做事。要坚持两手抓、两促进，在法治下推进改革、在改革中完善法治，科学统筹好改革和法治建设的各项任务。要发挥好"关键少数"领导干部的示范带头作用，尊法学法用法守法。

第四，必须进一步强化政治保证。办好中国的事情关键在党。全面从严治党是"四个全面"战略布局中的又一大战略举措，如果用行进中"中国梦"号高速列车来形容的话，它是列车的车头和导向仪。中国共产党是中国特色社会主义事业的坚强领导核心。党风问题、党同人民群众联系问题是关系党生死存亡的问题。在中国坚持中国共产党的领导是最大的政治，是推进改革开放和社会主义现代化建设的根本保证。早在改革开放之初，当党内出现一些领导干部违法犯罪问题时，邓小平同志就尖锐地指出："这股风来得很猛。如果我们党不严重注意，不坚决刹住这股风，那末，我们的党和国家确实要发生会不会'改变面貌'的问题。这不是危言耸听。"①上个世纪80年代末，国内发生严重政治风波后，他又强调："要聚精会神地抓党的建设，这个党该抓了，不抓不行了。"②当前，从党组织和党员队伍的现状看，党的十八大以来，全党开展了党的群众路线教育实践活动，随着反"四风"和党风廉政建设反腐败斗争力度加大，党风政风开始好转，党的建设取得明显成效。但是，党风廉政建设和反腐败斗争形势依然严峻复杂，反腐败斗争正处在胶着状态，还没有取得压倒性的胜利。"四风"树倒根还在，党风廉政建设永远在路上，只有进行时。党是全国人民的主心骨，只有把党建设好了，我们的奋斗目标才能实现，深化改革和加强法治建设才能得到组织和政治的保证。如果全面从严治党做不好、做不到，前三个"全面"都会落空。

全面从严治党要贯通党的思想建设、组织建设、作风建设、制度建设和党风廉政建设，要覆盖所有党组织和党员及党的领导干部，并贯穿党的建设始终。全面推进从严治党，就

---

① 《邓小平文选》第2卷，人民出版社1994年版，第403页。
② 《邓小平文选》第3卷，人民出版社1993年版，第314页。

要落实从严治党责任，坚持思想建党和制度治党紧密结合，严肃党内政治生活，坚持从严管理干部，持续深入改进作风，严明党的纪律，发挥人民监督作用，深入把握从严治党规律。这样，我们党就能立于不败之地，就能团结带领全国人民把中国特色社会主义伟大事业不断推向前进。

从哲学高度认识和把握
"四个全面"*

"四个全面",即全面建成小康社会、全面深化改革、全面依法治国、全面从严治党,是党的十八大以来,以习近平同志为核心的党中央从坚持和发展中国特色社会主义全局出发,提出并形成的治国理政的战略布局。它是马克思主义与中国实际相结合的新飞跃,是马克思主义中国化的最新成果,是我们党治国理政方略与时俱进的新创造,是坚持和发展中国特色社会主义道路、理论、制度的战略抓手,是实现中华民族伟大复兴中国梦的战略指引。

"四个全面"闪耀着马克思主义辩证唯物主义和历史唯物主义的理论光辉。认真学习领会和正确贯彻落实这一战略布局,从哲学高度去认识和把握它的重大意义、科学内涵和基本要求,就显得十分重要和必要。

---

* 本文发表于《光明日报》2015 年 4 月 1 日。

一、"四个全面"是一个过程

马克思主义认为，世界不是既成事物的集合体，而是过程的集合体。"四个全面"就是一个过程的集合体。我们说"四个全面"是一个过程，不仅是因为它的提出和形成是一个过程，而且它的协调推进也将是一个过程。首先，我们看一看"四个全面"是怎样提出和形成的。其次，我们分析一下"四个全面"将如何协调推进。

习近平总书记在 2015 年 2 月 11 日，同各民主党派中央、全国工商联负责人和无党派人士喜迎新春·联欢茶话会上发表重要讲话时说，"四个全面"的战略布局是从我国发展现实需要中得出来的，从人民群众的热切期待中得出来的，也是为推动解决我们面临的突出矛盾和问题提出来的。这就一语中的，深刻阐述和揭示了"四个全面"提出的社会历史条件和时代背景。全面建成小康社会是党的十八大提出来的，它是从党的十六大、十七大全面建设小康社会目标任务的基础上发展而来。它们之间虽然只有一字之差，但内涵却发生了深刻的变化，外延大大拓展了。全面建设小康社会是正在进行时，全面建成小康社会则是将来完成时。全面深化改革是党的十八届三中全会所确定的主题，是全会对我国改革作出的战略部署。全面依法治国是党的十八届四中全会所确定的主题，是全会对我国法治建设提出的战略任务。全面从严治党是在党的群众路线教育实践活动总结大会上，习近平总书记对教育实践活动以及对党的十八大以来党风廉政建设和反腐败斗争、党的各项工作所取得的成效、获得的经验、形成的成果进行的概括和总结，又是对今后党的建设进一步提出的新要求。"四个全面"立足治国理政全局，抓住了改革发展稳定关键，统领中国发展总纲，确立了新形势下党和国家各项工作的战略方向、重点领域、主攻目标。

"四个全面"来自实践，要发挥好战略布局对实践的指导和引领作用，还必须回到实践中去，在实践中经受检验，并发展之、完善之，然后再上升到新的理论高度，对新的实践又指导之、引领之。"四个全面"统一于我们正在进行的具有许多新的历史特点的伟大斗争的实践中。它的每一个"全面"的演进都是这样一个过程，它的整体协调推进也将是这样一个过程。这个过程是动态的、变动不居的、发展变化的、循环往复的，直到其目标任务的完成，新的历史使命的开始。

从哲学高度认识和把握"四个全面"是一个过程的原理，在实践中协调推进"四个全面"，就要坚持实践的观点、发展的观点，具体情况具体分析，一切以时间、地点、条件的变化为转移，不能以机械的、固定的、静止的、僵化的观点看问题。要认识规律、探索规律、遵循规律、把握规律，不做违反规律的事。要树立世界眼光、统筹战略思维、运用创新方法，鉴析好世情、依据好国情、把握好党情，不断减少工作中的随意性和盲目性。

二、"四个全面"是一个系统

马克思主义指出，系统的存在是一种普遍现象。联系是客观、普遍存在的。一切事物、现象及其内部诸要素之间相互影响、相互制约、相互作用则构成联系。"四个全面"中的第一个"全面"，即全面建成小康社会是战略布局中的战略目标。第二、第三、第四个"全面"，即全面深化改革、全面依法治国、全面从严治党是战略布局中的三大战略举措。从整体上看，"四个全面"是一个系统，并且是一个大系统，而每个"全面"则又是相对独立的一个小系统。每个小系统又有自己的具体内容，由此决定着系统的性质、功能、作用和地位。整体不等于部分的简单相加。"四个全面"也不是四个部分的简单组合，而是有机的统一。它们之间相互影响、相互作用，层层递进，由此构成了一个相互渗透、相互关联的有机统一体。

那么，"四个全面"中的每一个"全面"各自是一个什么系统呢？全面建成小康社会是目标系统。全面建成小康社会的总目标是党的十八大所确定的，就是到2020年在转变经济发展方式取得重大进展，在发展平衡性、协调性、可持续性明显增强的基础上，实现国内生产总值和城乡居民人均收入比2010年翻一番。其基本内涵是：经济持续健康发展，人民民主不断扩大，文化软实力显著增强，人民生活水平全面提高，资源节约型、环境友好型社会建设取得重大进展。从实现中国梦的历史进程看，全面建成小康社会是"实现中华民族伟大复兴中国梦的关键一步"。

全面深化改革是动力系统。党的十八届三中全会确定的全面深化改革的内容是5+1+1：即覆盖构成与中国特色社会主义总布局相对应的经济体制改革、政治体制改革、文化体制改革、社会体制改革、生态文明体制改革和党的建设制度改革以及国防和军队改革等，具体内容涉及15个领域330多个项目。全面深化改革的总目标是：完善和发展中国特色社会主义制度，推进国家治理体系和治理能力现代化。

全面依法治国是保障系统。党的十八届四中全会确定的全面推进依法治国的具体要求是：在党的领导下，坚持中国特色社会主义制度，贯彻中国特色社会主义法治理论，形成完备的法律规范体系、高效的法治实施体系、严密的法治监督体系、有力的法治保障体系，形成完善的党内法规体系，坚持依法治国、依法执政、依法行政共同推进，坚持法治国家、法治政府、法治社会一体建设，实现科学立法、严格执法、公正司法、全民守法，促进国家治理体系和治理能力现代化。党的十八届三中全会和四中全会、全面深化改革和全面推进依法治国是"姊妹篇"，形成"鸟之两翼、车之双轮"。

全面从严治党是调控系统。党的十八大以来，以习近平同志为核心的党中央反复强调，要把党建设好，充分发挥党在建设中国特色社会主义伟大事业中的领导核心作用，成为全国人民的主心骨，为协调推进"四个全面"提供方向指引，防止在大的问题上出现颠覆性错误。全面从严治党，基础在"全"，关键在"治"，要害在"严"。最根本的是坚持党的领导不动摇。党的领导是"四个全面"之魂、战略中军帐之帅。全面从严治党的具体要求是：落实从严治党责任，坚持思想建党和制度治党紧密结合，严肃党内政治生活，坚持从严管理干部，持续深入改进作风，严明党的纪律，发挥人民监督作用，深入把握从严治党规律。这些要求实际上强调了党的建设新的伟大工程在推进党的思想建设、组织建设、作风建设、反腐倡廉建设和制度建设上都要"严"起来，即思想要严、教育要严、组织要严、标准要严、作风要严、执纪要严、惩治要严、制度要严，把"严"贯穿于党的建设的各个方面和各个环节，并将其作为一条贯彻始终的主线。全面从严治党标定了治党的路径，提出了"增强从严治党的系统性、预见性、创造性、实效性"要求。

"四个全面"的每一个"全面"及其内容，都是一整套结合实际、继往开来、勇于创新、独具特色的系统思想。

从哲学高度认识和把握"四个全面"是一个系统的原理，在实践中协调推进"四个全面"，就要坚持全面的观点、联系的观点，观察大势，着眼大局，把握大事，围绕中心、服务大局，在大局下思考，在大局下行动。防止单打一，防止顾此失彼，防止孤军奋进，防止片面性、绝对化。关注每个"全面"相互之间的关联性、耦合性、协同性。善于谋划、善于筹划，努力做到眼前和长远统筹，全局和局部配套，渐进和突破衔接，横向和纵向连线，上下和左右贯通。

三、"四个全面"是相互联系、相互促进的

马克思主义强调，任何事物都是矛盾的对立统一。事物矛盾的法则，即对立统一的法则，是自然、社会和思维的根本法则。"四个全面"是一个矛盾统一体，它们之间以及每一个"全面"要素之间的关系是辩证统一的。总起来说，全面建成小康社会处在对全面深化改革、全面依法治国、全面从严治党的引领地位，而全面深化改革、全面依法治国、全面从严治党则支撑着全面建成小康社会总目标的实现，四者统一于推进中国特色社会主义伟大事业和党的建设新的伟大工程的实践之中。进一步具体来说，全面深化改革，要冲破思想观念的障碍，突破利益固化的藩篱，其改革的本身也包含了法治建设和管党治党的内容。全面依法治国，既内含了用法治思维、法治方式推进改革，固化改革发展成果的内容，也包含了依法治国和依规管党治党的内容。而全面深化改革和全面依法治国，都要在党的领导下进行，全面从严治党对全面深化改革、全面依

法治国起着重要的政治引领和思想保证、组织保证的作用，而三者最终都是为了一个目标——实现全面建成小康社会的奋斗目标。由于全面建成小康社会是实现中国梦的基础，所以，同时它们也成为实现中华民族伟大复兴中国梦的战略指引。"四个全面"有机联系、缺一不可，相互之间谁也离不开谁。尽管每一个"全面"讲的内容各不相同，分属不同的范围和领域，但它们之间有着内在的逻辑和辩证统一关系，构成一个不可分割、相互依赖、相互支撑的有机统一体。

从哲学高度认识和把握"四个全面"是相互联系、相互促进的原理，在实践中协调推进"四个全面"，就要坚持辩证的观点，坚持两手抓，坚持辩证思维。既抓改革，又抓法治；既抓物质文明建设，又抓精神文明和其他文明建设；既抓经济工作，又抓思想政治工作；既抓党风廉政建设和反腐败斗争，又抓党的思想理论武装。就要正确处理好一系列与推进"四个全面"有关的重要关系，比如，"四个全面"中战略目标和战略举措的关系，改革和法治的关系，党和法的关系，依法治国和以德治国的关系，政府和市场的关系，领导干部带头和全党全社会参与的关系，反腐倡廉中治标和治本的关系，等等。

四、"四个全面"是全局和重点的有机统一

马克思主义告诉我们，事物的性质主要由矛盾的主要方面决定。在多种矛盾构成的矛盾体系里，主要矛盾是处在支配地位和对事物的发展过程起决定作用的矛盾。正确认识和把握规律，认识事物的本质和内在的联系，必须坚持"两点论"和"重点论"的统一。"四个全面"是全局和重点的有机统一。从"四个全面"的内容、功能、地位、作用看，每一个"全面"

都具有重大战略意义。发展是时代的主题和各国共同的追求，改革是社会进步的动力和时代潮流，法治是国家治理体系和治理能力现代化的重要保障，从严治党是执政党加强自身建设的必然要求。但是，"四个全面"不是简单的平列关系，而是有机联系、相互贯通的顶层设计和运行机制。在"四个全面"中有战略目标，有战略举措，战略举措是为实现战略目标服务的。然而，"四个全面"又是一个动态的矛盾运动过程，反过来，在不同时间、地点和条件下，"四个全面"又是相互转化、互为因果的，又各自成为目标和手段。比如，当一定环境下，改革不突破成为阻碍发展的主要障碍时，寻求改革突破就成为一定时间、地点和条件下工作推进的重点。当一定环境下，法治不完善，不足以保护改革，固化发展成果时，加强法治建设就成为一定时间、地点和条件下必须重点解决的突出问题。当一定环境下，党的建设问题凸显，影响党的威望和形象时，加强党的作风建设，加大党风廉政建设和反腐败斗争力度就成为一定时间、地点和条件下必须狠抓的工作任务。建成小康社会，焕发改革精神，增强法治观念，落实从严治党，"四个全面"的这条线索勾勒出了党治国理政的"路线图"和社会主义中国行进的未来前景。

另一个方面，如果我们从"四个全面"的每一个"全面"的内在要素看，也会发现它们的每个要素之间也不是完全处在等同和平列位置的，各自的系统中也有工作的着重点、侧重点。比如，在全面建成小康社会的诸项目标中，经济持续健康发展始终是整个目标体系中起决定性作用的重点目标，只有这个目标实现了，才能筑牢国家繁荣富强、人民幸福安康、社会和谐稳定的物质基础。在全面深化改革中，经济体制改革是全面深化改革的重点，经济体制改革对所有改革起着牵引作用。在处理政府和市场的关系中，既要发挥好市场的作用，也要发挥好政府的作用。但是，要使市场在资源配置中起"决定性"作用。再比如，全面依法治国，党的领导是中国特色社会主义最本质的特征，是社会主义法治的最根本的保证，必须把党的领导贯彻到依法治国的全过程和各个方面。在推进法治建设中党员领导干部对全社会起着"关键少数"的引领和导向作用。还比如，全面从严治党，要把党的执政能力建设和先进性建设作为主线，坚持党要管党、从严治党，贯彻为民务实清廉的要求，思想建设要以坚定理想信念为重点，组织建设要以造就高素质党员、干部队伍为重点，作风建设要以保持党同人民群众的血肉联系为重点，制度建设要以健全民主集中制为重点，反腐倡廉建设要以完善惩治和预防腐败体系为重点。

从哲学高度认识和把握"四个全面"是全局和重点有机统一的原理，在实践中协调推进"四个全面"，就要坚持"两点论"和"重点论"的统一，善于牵住工作中的"牛鼻子"，抓重点，抓关节点，抓主要矛盾，抓矛盾的主要方面，以重要领域和关键环节为突破口，敢于点穴位、疏经络，聚焦疑点，破除难点，发力重点，推出亮点。就要透过事物的现象看本质，绵绵用力，久久为功。这样我们才能在谋小康之业、扬改革之帆、行法治之道、筑执政之基中，占"高屋建瓴"之势，得"势如破竹"之效，取繁荣昌盛之功。

正确认识和把握党和法的关系 *

　　党的十八届四中全会对全面推进依法治国作出战略部署，开启了我国法治建设的新时代，得到全党全国人民广泛赞誉和一致拥护，国外大多数舆论也给予积极评价。但是，也有少数西方媒体泼冷水，说什么由中国共产党来领导法治建设"是自相矛盾的"。国内也有个别人提出诘问，引起"党大还是法大"是真命题还是伪命题的争论。如何正确认识和把握这个问题，对于贯彻落实好党的十八届四中全会精神，统一全党全国人民思想，坚定信心，坚定不移推进法治中国建设具有重要意义。

　　"党大还是法大"问题是一个重大政治问题，也是一个重大历史问题和理论问题，其实质就是如何认识和把握党和法、党的领导和依法治国关系问题。这个问题不是今天才提出来的，早在 1978 年改革开放之初就有人提出这个问题。30 多年来，在我国政治体制改革问题上、在我国法治建设问题上，国内外总有人拿它说事。除有的人是在进行学术研究外，一些别

＊ 本文发表于《光明日报》2015 年 2 月 16 日。

有用心的人则是有意制造理论和舆论混乱。这个命题到底成立不成立？是真命题还是伪命题？我们应该进行认真思考、仔细辨析，并给予明确回答，澄清是非，以正视听。

党和法、党的领导和依法治国是一个什么关系？习近平同志在省部级主要领导干部学习贯彻十八届四中全会精神全面推进依法治国专题研讨班开班式上明确指出，中国共产党是中国特色社会主义事业的领导核心，处在总揽全局、协调各方的地位。社会主义法治必须坚持党的领导，党的领导必须依靠社会主义法治。法是党的主张和人民意愿的统一体现，党领导人民制定宪法法律，党领导人民实施宪法法律，党自身必须在宪法法律范围内活动，这就是党的领导力量的体现。党和法、党的领导和依法治国是高度统一的。我们就是在不折不扣贯彻着以宪法为核心的依宪治国、依宪执政，我们依据的是中华人民共和国宪法。这就把党和法、党的领导和依法治国的关系说清楚、说明白了，说透彻、说彻底了。我们可以将其进一步展开，作以下梳理和分析：

第一，领导关系。我们要看一看中国共产党的领导地位是怎样形成的、怎样确立的。我们知道1840年鸦片战争后中国逐步成为一个半殖民地半封建社会。近代以来，中国人民和中华民族面临着两大历史任务，即争取民族独立、人民解放和实现国家富强、人民幸福。谁能解决和完成好这两大历史任务，谁就会赢得在中国的执政和领导资格，历史和人民就会选择谁。如果解决和完成不了这两大历史任务，那么，不管它一时多么强大、多么有力量、多么不可一世，历史和人民都会否定它、抛弃它、淘汰它。这是被中国历史发展所证明的一条铁律。我们党就是在这样的奋斗过程中被历史和人民选择的。我们党自成立以来干了三件大事。一是救国，领导人民推翻了帝国主义、封建主义、官僚资本主义在中国的统治，完成了新民主主义革命，建立了新中国。二是兴国，进行社会主义改造，建立社会主义基本制度，进行了社会主义革命和建设。三是强国，实行改革开放，坚持和发展中国特色社会主义，实现"两个一百年"奋斗目标、实现中华民族伟大复兴的中国梦。前两件大事我们已经完成，第三件大事正在做、正在向前推进，但已经取得了举世瞩目的巨大成就。在中国，中国共产党是唯一的执政党，是全中国人民的领导核心。在中国，法是在党的领导下制定的。党领导人民通过法定程序将党的主张和人民的意愿转化为国家的意志，成为法律。中国共产党领导是中国特色社会主义法治之魂，是我们的法治同西方资本主义国家法治的最大区别。

第二，依存关系。我们看一看中国共产党是如何管党治党和治国理政的。建设法治中国，有两件东西十分重要：一件是中华人民共和国宪法，一件是中国共产党章程。我们党以党内法规管党治党，以宪法法律治国理政。党章是党内的根本大法，是管党治党的总章程。宪法是国家的根本大法，是治国安邦的总章程。党内的其他法规是以党章为依据派生出来的，国家的其他法律法规是以宪法为根据衍生出来的。我们党是执政党，明确以法治作为党执政的基本方式。那么，如何实现二者的统一呢？宪法确立了中国共产党的领导地位，赋予党治国理政的责任和使命。党章则规定党必须在宪法法律范围内活动，以执政党的纲领来保证宪法法律的实施。在治国理政和管党治党最大、最高、最权威的根据、依据上，二者实现了高度契合和高度统一。

在实践中如何把党和法、党的领导和依法治国统一起来呢？党的十八届四中全会决定明确要求，要把依法治国基本方略同依法执政基本方式统一起来，把党总揽全局、协调各方同人大、政府、政协、审判机关、检察机关依法依章程履行职能、开展工作统一起来，把党领导人民制定和实施宪法法律同党坚持在宪法法律范围内活动统一起来，善于使党的主张通过法定程序成为国家意志，善于使党组织推荐的人选通过法定程序成为国家政权机关的领导人员，善于通过国家政权机关实施党对国家和社会的领导，善于运用民主集中制原则维护中央权威、维护全党全国团结统一。这"三统一"和"四善于"，既是对过去党领导法治建设经验的科学总结，又是对加强和改进党对全面推进依法治国领导作出的系统部署和提出的进一步要求。党充分发挥总揽全局、协调各方的领导核心作用，领导立法、保证执法、支持司法、带头守法，确保依法治国的正确政治方向。这也就是党的十八届四中全会决定一再强调"坚持党的领导，是社会主义法治的根本要求，是党和国家的根本所在、命脉所在，是全国各族人民的利益所系、幸福所系，是全面推进依法治国的题中应有之义"的意义所在。

第三，递进关系。我们看一看党的各项具体政策与国家法律法规是一个什么样的关系。党的政策和国家法律法规都是党领导人民治国理政的重要方式，各有各的特点，也各有各的优势。从以往实践经验看，党的政策往往是国家法律法规的先导和指引，国家法律法规则往往是党的政策的固定化、定型化。党的一些决定通过政策实施后，需要在实践中不断探索、不断总结，然后经过修订和完善，逐步上升为国家的法律法规。实践证明，党的行之有效的政策及时通过法定程序上升为国家法律法规，就会使得党的政策上升到一个较高的层面，从而实现党的政策与国家法律法规的有效对接和统一。我们再来看，党纪和国法又是一个什么关系？党纪和国法适用的范围、针对的对象、规范的方式、强制的手段是不同的。国法的适用范围要广于党纪，针对的对象要大于党纪，规范的方式要硬于党纪，强制的手段要强于党纪。因此，从国法的形式上看，国法要高于党纪。但是，中国共产党是执政党，党是由无产阶级先进分子所组成，党员比普通群众应有较高的觉悟和素养，应有更高更严的要求。因此，从党纪的内容上看，党纪又严于国法。因此，党的政策与国家法律法规有一个递进关系。反过来，国法与党纪的内容，从严格的标准和严格的程度上看，又有一个倒递进的关系。

第四，遵守关系。既然国法是对所有公民行为所划定的行为底线，党纪是对所有党员的行为所立的规矩。那么，国法对所有的公民具有强制力，党纪对所有的党员具有约束性。在中华人民共和国管辖范围内的所有中国人、外国人都必须无条件地遵守人民政府颁布的各项法律。中国共产党的所有党员都必须无条件地遵守党所作出的各项纪律规定。在中国，没有法外之地，没有法外之民。在党内，没有纪律外的党员，没有纪律外的党员领导干部。任何违反了国法的中国公民和外国公民都要受到法律的制裁，任何违反了党纪的党员、党员领导干部都要受到党纪的处理。既违反国法又违反党纪的党员、党员领导干部，就要既受国法的追究，又受党纪的追究。共产党员特别是"关键少数"的党员领导干部，不仅要严格遵守党纪，还要严格遵守国法，并且要在遵纪守法上起模范带头作用。

通过以上几个关系的梳理和分析，我们可以清楚地看到，不能把党和法、党的领导和依法治国对立起来、割裂开来。党和法分属于不同性质的问题和领域，政党的本质是政治组织，法的本质是行为规则。分析究竟是"党大还是法大"，要设置正确的前提和条件，否则，就会出现逻辑混乱，就会产生谬论。如果不讲条件、不设前提，直接诘问"党大还是法大"，就是一个伪命题。究其实质，是按照西方法治理论的逻辑来观察中国问题，以西方国家的政治制度标准来衡量我国的法治制度，这在理论上是站不住脚的，在政治上是十分有害的，很容易在一些干部群众当中引起思想混乱等严重后果。我们可以得出以下结论：从领导关系、依存关系看，在中国，党政军民学，东西南北中，党是我国最高的政治领导力量。宪法明确规定了中国共产党的领导地位。从这个意义上说，党是最大的。但是，从递进关系、遵守关系看，作为社会主义法治的领导者、组织者、推动者、倡导者，党又必须在宪法法律范围内活动，严格按照宪法法律治国理政。党员领导干部，无论职务高低、权力大小、贡献多少，都没有超越宪法法律的特权，都必须牢记法律红线不可触、法律底线不可越，自觉依照宪法法律行使权力和权利、履行职责和义务。从这个意义上说，法又是最大的。

这里还要特别强调一个与之相关的问题，就是如果说"党大还是法大"是个伪命题，而在现实生活中有些人提出的"权大还是法大"则是个真命题。为什么这样说呢？因为，这个命题是人们对一些社会现象提出的问题。受封建社会长期人治传统的影响，过去在相当长一段时间内，在党和国家政治生活中，严重存在着像邓小平同志在《党和国家领导制度的改革》讲话中所说的那些现象，由于种种原因，官僚主义现象、权力过分集中现象、家长制现象、干部领导职务终身制现象和形形色色的特权现象不同程度上广泛存在，由此产生权力滥用，造成很大的危害。改革开放以来，我们党在推进法治建设中虽然已经取得很大成就，但是，现实中仍然有一些领导干部法治意识比较淡薄，有的依然存在着有法不依、执法不严，甚至徇私枉法等问题。"黑头（法律）不如红头（文件），红头不如笔头（批示），笔头不如口头（命令）"，老百姓这样讽刺社会上某些权大于法、违法行政和以权压法现象，虽然不很准确，但反映了一些群众的不满情绪。这些都成为腐败的根源和特权的温床，使党和国家的形象、威信受到影响，使政治、经济、文化、社会、生态文明领域的正常秩序受到损害，也使社会主义法治的尊严和权威受到挑战，人民群众对此深恶痛绝。

权力是把双刃剑，在法治轨道上行使可以造福人民，在法律之外行使则必然祸害国家和人民。在现代社会，权力的行使和运行必须要有法的依据，必须以法的规定使权力上下左右受限有控。全面依法治国，要害的问题就是要解决公权力是否得到有效约束、手握公权力的人能否依法办事、宪法法律是否不折不扣得到遵行的问题。因此，必须以法设定权力、规范权力、制约权力、监督权力，做到有权必有责、用权受监督、违法必追究，坚决纠正有法不依、执法不严、违法不究的行为。党的十八大以来，习近平同志一再强调，要坚持用制度管权管事管人，把权力关进制度的笼子里，抓紧形成不敢腐、不能腐、不想腐的有效机制。全面推进法治建设，一个重要任务就是要逐步形成不能腐的制度体系，真正把权力的篱笆扎得更紧，切实做到法定职权必须为、法无授权不可为。我们还要不断加强党员领导干部的党性修养，坚定理想信念，强化宗旨意识，牢固树立道路自信、理论自信、制度自信，最终实现"不想腐"。

遵义会议精神永放光芒[*]

今年是遵义会议召开 80 周年。我们纪念遵义会议的召开，学习和弘扬遵义会议精神，具有重大的现实意义和历史意义。在我们党的历史上，遵义会议是一个生死攸关的转折点，这是党的历史决议所下的判断和结论。因为，遵义会议挽救了党，挽救了红军，挽救了中国革命。我们党领导人民在新民主主义革命时期奋斗了 28 年。28 年一分为二，中间的坐标正好是遵义会议，它成为我们党在民主革命时期的一个重要历史节点。以这个节点来分界，向前看是党早期 14 年的历史，向后看是党 14 年走向壮大成熟和不断取得胜利的历史。前 14 年，我们党曾遭受两次重大历史挫折，一次是大革命的失败，一次是中央根据地第五次反"围剿"的失败。第二次失败使我们党和红军遭受了重大损失，几乎陷入绝境。正是以遵义会议召开为标志，中国共产党从这里重新站起，党的成熟的领导集体和核心从这里开始逐步形成，我们党有了正确的前进方向。从此，中

---

* 本文发表于《光明日报》2015 年 1 月 7 日。

国共产党带领中国人民克服一个又一个艰难险阻，先后取得抗日战争的胜利、解放战争的胜利，最终取得新民主主义革命的胜利，建立了中华人民共和国。这是一段波澜壮阔的历史，展现了历史的必然！正确解读这段历史，明确揭示历史现象背后的规律和必然，正是我们今天纪念遵义会议，从中获取智慧和力量的目的所在。

遵义会议为什么能成功召开，为什么能产生如此重大的历史作用和意义，我们可以从多方面、多角度去概括和总结，但实事求是、独立自主、民主集中制和党指挥枪是其中最主要、最基本的方面。

实事求是是根本

实事求是，是马克思主义的根本观点，是我们党的思想路线的核心内容，是毛泽东思想三个活的灵魂之一。遵义会议的第一个鲜明特点，就是坚持了实事求是的原则。作为党的思想路线的核心内容，虽然这时我们党还没有对其进行概括和提炼，但是，遵义会议贯彻了这一精神，会议的各项决定是实事求是的产物，是实事求是的具体体现。实事求是成为我们党结束"左"倾教条主义错误在中央的统治最有力的思想武器。遵义会议前党内曾一度出现了把马克思主义教条化、把共产国际决议和苏联经验神圣化的错误倾向，如果继续照搬教条、照套本本，那会是一个什么样的结局呢？严酷的现实摆在党的面前。遵义会议前的湘江之战，红军付出了极为惨重的代价；会后的四渡赤水取得战略转移中具有决定意义的胜利，与之前形成鲜明的对照，活生生的现实深刻地教育了广大党员和红军将士。遵义会议的历史告诉我们，必须坚持实事求是，只有坚持实事求是，马克思主义才有活力、才有生命力；只有坚持实事求是，才能解决中国的实际问题。过去，在革命战争年代我们党坚持实事求是，取得了革命的胜利。今天，我们党要团结带领全国各族人民全面建成小康社会、全面深化改革、全面推进依法治国、全面从严治党，也必须继续坚持实事求是，必须坚持一切从实际出发，理论联系实际，在实践中检验真理和发展真理。

独立自主是关键

对于一个国家、一个民族、一个政党来说，要不要坚持独立自主，是一个至关重大的问题。对此，我们有切肤之痛，有切身的感受。习近平同志指出，坚持独立自主，就要坚持中国的事情必须由中国人民自己作主张、自己来处理。独立自主是中国共产党、中华人民共和国立党立国的重要原则，也是毛泽东思想三个活的灵魂之一。为什么要将独立自主列为毛泽东思想活的灵魂？看一看党的历史，看一看遵义会议，我们就清楚了、明白了。中国共产党是在共产国际的帮助下建立的，党的二大通过决议正式加入共产国际，成为其下属的一个支部。毛泽东同志对于共产国际与中国革命的关系，有一个总的评价。他说："两头好，中间差。"中间差就是指共产国际对我们党内部干预太多，尤其是王明"左"倾错误路线的发生，正是与共产国际及其代表有关。遵义会议是在我们党同共产国际中断联系的情况下召开的，会议作出了一系列被实践证明是正确的重大决策和重大决定，这些成果都是我们党独立自主取得的。遵义会议的历史表明，"中国革命斗争的胜利要靠中国同志了解中国情况"，中国共产党的事情要由中国共产党根据中国的实际自己来做决定。外国的经验可以学习，外党的经验可以借鉴，但不能照抄照搬。人类历史上，没有一个民族、没有一个国家可以通过依赖外部力量、跟在他人后面亦步亦趋实现强大和振兴。那样做的结果，不是必然遭遇失败，就是必然成为他人的附庸。今天的中国共产党已经成为世界第一大党，在一个13亿多人口的大国长期执政，面临的世情国情党情十分复杂和独特，我们必须坚持独立自主，走自己的路，走中国特色社会主义道路。

民主集中制是保证

民主集中制是我们党的根本组织制度和领导制度，它正确规范了党内政治生活、处理党内关系的基本准则，是反映、体现全党同志和全国人民利益与愿望，保证党的路线方针政策正确制定和执行的科学的合理的有效率的制度。因此，这是我们党最大的制度优势。遵义会议之所以开得好、开得成功，是民主集中制起了作用。试想，如果没有民主集中制，会上张闻天同志能作反对"左"倾军事错误的报告吗？毛泽东同志能对军事指挥上的错误展开批评吗？中央领导机构和军事指挥机构能够改组吗？不能。由于有了这样一个制度，党内开展了积极的思想斗争，解决了在战争时期党内所面临的最迫切、最急需解决的组织人事问题和军事领导问题，既纠正了错误，又团结了同志。有了正常的党内生活，我们党就开始逐步形成了党的稳定的领导核心。遵义会议的历史证明，民主集中制作为我们党的一个根本组织原则和组织领导制度，必须长期坚持。只有坚持民主集中制，我们党才能不断克服自身存在的问题，完善自我，提升自我，我们党才有凝聚力、战斗力，才能不断发展壮大，更加坚强。

党指挥枪是原则

党指挥枪是我们的人民军队在创建之初，由毛泽东同志在"三湾改编"时确立的原则，在古田会议上得到重申和强调。习近平同志指出，"八十多年来，我军之所以能始终保持强大的凝聚力、向心力、战斗力，经受住各种考验，不断从胜利走向胜利，最根本的就是靠党的坚强领导。这是我军的军魂和命根子，永远不能变，永远不能丢。"党对军队的绝对领导，体现在遵义会议对重大军事行动的决策上，体现在对军事"三人团"的改组和调整上。这个重要原则，保证了红军的转危为安，保证了人民军队能打仗、打胜仗。遵义会议的历史昭示我们，保证党对军队的绝对领导，关系我军的性质，关系我军的宗旨。在新的历史条件下，人民军队要履行职责，完成好使命，以强军梦支撑中国梦，就必须铸牢强军之魂，继续牢牢地把握好党指挥枪这一根本原则，为保卫国家的主权、安全和领土完整，为捍卫中国特色社会主义、维护人民的根本利益服务。

遵义会议召开至今已经 80 年过去了，中国发生了翻天覆地的变化。虽然，随着岁月的流逝，我们翻开了新的一页，迈出了新的脚步，但是，历史不可忘记。正如习近平同志所强调的，历史是最好的教科书，中国革命历史是最好的营养剂。历史的启迪永在，精神的价值永存。我们纪念遵义会议召开 80 周年，就要深入挖掘和整理、继承和发扬光大它的精神和价值，为我们今天改革开放和社会主义现代化建设服务，为实现"两个一百年"奋斗目标和中华民族伟大复兴的中国梦服务。